दलित चिन्तन

अनुभव और विचार

दलित चिन्तन

अनुभव और विचार

डॉ. एन. सिंह

वाणी प्रकाशन

वाणी प्रकाशन
4695, 21-ए, दरियागंज, नयी दिल्ली 110 002

शाखा
अशोक राजपथ, पटना 800 004

फ़ोनः +91 11 23273167 फ़ैक्स: +91 11 23275710

www.vaniprakashan.in
vaniprakashan@gmail.com

DALIT CHINTAN : ANUBHAV AUR VICHAR
by Dr. N. Singh

ISBN : 978-93-5072-787-4
Criticism

प्रथम संस्करण

मूल्य : ₹ 450

शुभम् ऑफ़सेट, दिल्ली-110 032 में मुद्रित

वाणी प्रकाशन का लोगो मक़बूल फ़िदा हुसेन की कूची से

सतत दलित संघर्ष
के
नाम

दो शब्द

घटना उस समय की है जब डॉ. अम्बेडकर नेहरू मंत्रिमण्डल में विधि मंत्री थे। एक रात लगभग दो–ढाई बजे कुछ सामाजिक कार्यकर्ता उनसे मिलने आये, तो उन्होंने डॉ. अम्बेडकर को अपने पुस्तकालय में अध्ययन करते हुए पाया। कार्यकर्ता शालीनतावश बोले–"हमें आपसे कुछ बातें करनी थीं, लेकिन रात बहुत बीत गयी है, इसलिए आप सुबह का कोई समय दे दीजिए।"- डॉ. अम्बेडकर ने कहा–"आप बात कीजिए, सुबह की क्या बात है, मेरे पास अभी भी समय है।" उन लोगों ने कहा–"हम लोग इस समय कई नेताओं के यहाँ गये, सभी को सोते हुए पाया, केवल एक आप ही हैं जो इस समय जाग रहे हैं। इसका क्या कारण है?" इस प्रश्न के उत्तर में जो बात डॉ. अम्बेडकर ने कही वह आज भी प्रासंगिक है। उन्होंने कहा–"देखिए! जिन लोगों के पास आप गये थे, उनकी जातियाँ जाग रही हैं। इसलिए वे आराम की नींद सो रहे हैं और मेरी जाति सो रही है, इसलिए मैं जाग रहा हूँ, पहरेदारी कर रहा हूँ कि कोई उसके अधिकारों पर डाका न डाल ले।" उनके इस कथन को हम आज के सन्दर्भ में परखें कि क्या आज हमारे पास कोई ऐसा नेता है, जो हमारे हक के लिए लड़े और हमें सामाजिक सम्मान दिला सके? उसका उत्तर पूरी तरह नकारात्मक है। अतः हमें स्वयं जागना है और उन लोगों को भी जगाना है, जो अब तक भी सो रहे हैं। जिनके पास रोशनी की किरण अभी तक भी नहीं पहुँची है।

आज हमारे सम्मुख कई तरह के खतरे हैं। कुछ लोग हमारी जागृति से भयभीत हैं। अतः जहाँ–जहाँ भी दलित अपने हक के लिए संघर्ष कर रहे हैं, वहीं–वहीं उस पर अत्याचार हो रहे हैं। यदि वह अन्तर्जातीय विवाह करता है, तो उसे सरेआम फाँसी दे दी जाती है, या बिरादरी की पंचायत में लाठियों से पीट–पीटकर मार दिया जाता है। महराना (हरियाणा) और हुदेगड़ा (बिहार) की घटनाएँ इसकी साक्षी हैं। यदि वह सार्वजनिक रूप से किये गये अपमान को सहन करने से इन्कार करता है या उसका प्रतिकार करता है, तो उसके मोहल्लों पर सामूहिक रूप से हमला किया जाता है, बस्ती जला दी जाती है, महिलाओं के साथ बदसलूकी की जाती है। कुम्हेर (राजस्थान) में यही हुआ। छोटी–सी गलती पर उसकी महिलाओं को गाँव

में नंगा करके घुमाया जाता है। यही नहीं अब तो फासीवादी हिन्दू बाकायदा कार्यक्रम बनाकर दलितों में आ रही चेतना का सिर कुचल देना चाहते हैं। उनका उद्‌देश्य दलित चेतना के विकास को रोकना तथा दलित-पिछड़े और मुसलमानों की संगठित शक्ति को तोड़ने का प्रयास करना है। जो अब सम्भव नहीं है। उत्तर प्रदेश और बिहार के राजनीतिक परिवर्तनों ने यह साबित कर दिया है कि अब दलित समाज को और अधिक दिनों तक वंचित नहीं रखा जा सकता। अब चाहे स्वयं चाणक्य भी इस धरती पर आ जाएँ, उनके षड्‌यंत्रों को भी दलित समाज सफल नहीं होने देगा।

अब समय आ गया है कि दलित और पिछड़ा समाज एकजुट होकर अपने नेताओं और सत्ता पर दबाव बनाए कि जितने भी आरक्षित पद हैं, उन्हें तत्काल पूरा भरा जाए। इस सिलसिले में हो यह रहा है कि किसी भी विभाग में जितने रिक्त पद हैं, उनका विज्ञापन निकालते समय, केवल उनमें ही आरक्षण दे दिया जाता है और घोषणा कर दी जाती है कि आरक्षण पूरा है। जबकि होना यह चाहिए कि किसी विभाग की प्रत्येक श्रेणी में कुल सृजित पद कितने हैं और उस विभाग में उस श्रेणी में आरक्षित वर्ग के कर्मचारी कितने हैं। कुल आरक्षित पदों में से आरक्षित श्रेणी के कर्मचारियों की संख्या घटाकर, शेष-पदों को तब तक आरक्षित रखा जाए, जब तक कि आरक्षण का कोटा पूरा न हो जाए।

इस तथ्य पर न शिक्षित दलित समाज का ध्यान आज तक गया है और न ही दलित नेताओं का ही। वर्तमान समय में सरकारी पदों पर आरक्षित वर्ग के उम्मीदवारों का प्रतिशत इस प्रकार है—प्रथम श्रेणी 8.83:; द्वितीय श्रेणी 10.47:; तृतीय श्रेणी में 15.05:; तथा चतुर्थ श्रेणी में 19: (नगरपालिका के भंगियों सहित)। यहाँ सोचने की बात यह है कि प्रथम और द्वितीय श्रेणी की नौकरियों के लिए तो यह तर्क दिया जा सकता है कि अनुसूचित जाति और जनजाति में योग्य अभ्यर्थी उपलब्ध नहीं (हालाँकि यह तर्क असत्य है) हैं। लेकिन चतुर्थ श्रेणी के लिए तो किसी प्रकार की विशेष योग्यता की आवश्यकता नहीं है—वहाँ क्यों आरक्षण पूरा नहीं हो पाया, पिछले 64 वर्षों में भी?

1991 की जनगणना के अनुसार अब भारत की जनसंख्या में अनुसूचित जाति और जनजाति की जनसंख्या 24.65 प्रतिशत हो गयी है। जबकि अभी उन्हें केन्द्रीय सेवाओं में आरक्षण 17.5: ही प्राप्त है। और अब तो इस आरक्षण के माध्यम से ही एक समरस भारतीय समाज के निर्माण की जो बात की जा रही थी, उसे मुक्त अर्थव्यवस्था के माध्यम से तोड़ने का प्रयास किया जा रहा है। सारे उद्योग-धंधे निजी क्षेत्र को सौंप दिए जा रहे हैं और वहाँ आरक्षण का प्रावधान नहीं है। लेकिन घबराने की बात नहीं है, जब दलित, पिछड़े और मुसलमान संसद पर अधिकार कर लेंगे, तो वह निजी क्षेत्र के उद्योगों, व्यापारिक संस्थानों में भी आरक्षण देने की

व्यवस्था ही नहीं करेंगे, बल्कि उसे कड़ाई से लागू कराने की व्यवस्था भी करेंगे, तथा जो लागू नहीं करेगा उसके लिए सजा का प्रावधान भी किया जाएगा।

एक दूसरे धरातल पर भी दलित एकता को तोड़ने की मुहिम शुरू हो गयी है। आधार उसका भी आरक्षण ही बनाया गया। 19 अक्टूबर 1994 को वाल्मीकि जयन्ती के अवसर पर हरियाणा के मुख्यमंत्री भजनलाल ने अनुसूचित जाति को दिए जाने वाले आरक्षण में आधा वाल्मीकि समाज के लिए आरक्षित कर दिया है। फिलहाल यह आरक्षण हरियाणा में होगा, धीरे-धीरे इसकी माँग सम्पूर्ण देश में होगी, कुछ सिरफिरे इसका विरोध करेंगे, राजनीति की रोटियाँ सेंकने वाले कुटिल राजनीतिज्ञ आग में घी का काम करेंगे, और इस प्रकार पुख्ता होती दलित एकता में एक और दरार पड़ जाएगी। हमें इस प्रकार की सभी साजिशों पर नजर रखनी होगी कि कौन हमारा हितैषी बनकर लूट रहा है हमें! हमारी नजर इस समय सत्ता पर होनी चाहिए, आरक्षण जैसी छोटी-मोटी चीज पर नहीं और सत्ता तक पहुँचने के लिए लोकतन्त्र की रक्षा करना जरूरी है। अत: जो शक्तियाँ लोकतन्त्र को तोड़ना चाहती हैं, उसका मुकाबला एकजुट होकर करना होगा और इस एकजुटता के लिए, जो शक्तियाँ दलित एकता को तोड़ने का षड्यंत्र कर रही हैं, उन्हें मुँहतोड़ जवाब देना होगा।

हम अपने अधिकारों के लिए क्यों नहीं लड़ पाए? यदि लड़े तो प्रताड़ित हुए, क्योंकि हम संगठित नहीं हो पाए। अत: संगठित होना हमारी पहली आवश्यकता है। संगठन के अभाव में ही हमारे साथ ज्यादतियाँ होती रही हैं। एक उदाहरण देखें—1975 में स्व. इन्दिरा गाँधी ने इमरजेन्सी लगा दी। विपक्ष के सभी बड़े-छोटे नेताओं को जेलों में बन्द कर दिया गया। इसका परिणाम यह हुआ कि भारत के सम्पूर्ण विपक्ष ने जनता पार्टी के रूप में संगठित होकर अगला चुनाव लड़ने का फैसला किया। 1977 में आपात्काल हटा लिया गया और चुनाव की घोषणा कर दी गयी। बाबू जगजीवन राम भी कांग्रेस छोड़कर जनता पार्टी में आ गये। 1977 में चुनाव का मुख्य नारा था 'किसान का बेटा राष्ट्रपति होगा हरिजन का बेटा प्रधानमंत्री' जनता पार्टी को बहुमत मिला। हिन्दुस्तान का 22 करोड़ दलित जनता पार्टी के साथ इसलिए हो गया कि जगजीवन राम इस देश के प्रधानमंत्री होंगे। अपनी योग्यता, वरिष्ठता एवं अपने सर्वाधिक लम्बे राजनीतिक अनुभव के कारण। लेकिन जब प्रधानमंत्री का चुनाव होने लगा और बाबू जी का नाम आया, तो बीमारी की अवस्था में भी चौधरी चरण सिंह ने कहा—"यदि जगजीवन राम को प्रधानमंत्री बनाया गया, तो मैं सरकार में शामिल नहीं हूँगा।" इस विवाद के चलते प्रधानमंत्री को नामजद करने के लिए कार्यसमिति ने जे.बी. कृपलानी, एवं जयप्रकाश नारायण को सर्वाधिकार प्रदान कर दिए और उन्होंने मुरारजी देसाई (ब्राह्मण) को नामजद कर दिया। सरकार लगभग ढाई वर्ष चली। मुरारजी देसाई की अध्यक्षता के कारण सत्तारूढ़ पार्टी में असंतोष फूटा और उसके काफी सदस्यों ने पार्टी छोड़ दी। तभी चह्वाण ने अविश्वास

का प्रस्ताव रखा और मुरारजी देसाई ने अविश्वास प्रस्ताव पर मतदान होने से पूर्व ही त्यागपत्र दे दिया। इस समय संसद में विभिन्न दलों की सदस्य संख्या इस प्रकार थी—"जनता पार्टी-205, कांग्रेस-75, कांग्रेस (इन्दिरा)-72, जनता (एस)-77, कम्युनिस्ट (मार्क्सवादी)-22, अन्ना डी.एम.के.-18, अकाली दल-9, कम्युनिस्ट पार्टी-7, पी.डब्ल्यू.पी.-6, यूनाइटेड पार्लिमेन्टरी फ्रन्ट-5, आर.एस.पी.-4, फारवर्ड ब्लाक-3, मुस्लिम लीग-2, नेशनल कान्फ्रेंस-2, रिपब्लिकन (खोबरगडे), स्वतन्त्र दल, जिसमें 15 वे भी शामिल थे, जो जनता पार्टी से अलग थे, किन्तु किसी दल में शामिल नहीं थे-29, रिक्त स्थान-5, अध्यक्ष-1, कुल योग-544, ऐसी स्थिति में अपेक्षित बहुमत-271 था।" (स्रोत : भारत का संविधान, डॉ. पाण्डेय, पृ. 314) चूँकि अविश्वास का प्रस्ताव चह्वाण ने रखा था अत: राष्ट्रपति ने उन्हें सरकार बनाने के लिए आमंत्रित किया। लेकिन उन्होंने इन्कार कर दिया। फिर संयुक्त दल के लिए नेता चौधरी चरण सिंह को सरकार बनाने के लिए आमंत्रित किया, जिनकी सूची में 262 नाम थे। लेकिन राष्ट्रपति ने उन्हें दिए नियुक्ति पत्र में कहा कि वह लोकसभा में अपना बहुमत सिद्ध करें। लेकिन उन्होंने लोकसभा के सामने जाने से पूर्व ही त्यागपत्र दे दिया और लोकसभा को विघटित करके चुनाव की घोषणा कर दी। जबकि इस समय तक चुनी हुई संसद का कार्यकाल अभी ढाई वर्ष शेष था और राष्ट्रपति चौधरी चरण सिंह की सलाह मानने के लिए संवैधानिक दृष्टि से बाध्य भी नहीं थे। उन्हें संसद में इस समय सबसे बड़े दल के नेता श्री जगजीवन राम को नियमानुसार (परम्परानुसार भी) सरकार बनाने का निमंत्रण देना चाहिए था। क्योंकि उनके दल में 205 सदस्य थे और उनके नाम पर संसद के विभिन्न दल उन्हें समर्थन दे देते और वे संसद में अपना बहुमत सिद्ध कर देते तथा सरकार को अगले ढाई वर्ष तक सफलतापूर्वक चलाते। लेकिन ब्राह्मण राष्ट्रपति नहीं चाहते थे कि एक चमार (अनुसूचित जाति का व्यक्ति) इस देश का प्रधानमंत्री हो। इस प्रकार फिर एक चाणक्य ने एक 'नन्द' को राजगद्दी तक पहुँचने से पूर्व ही अपने षड्यंत्र से रोक दिया। स्वतन्त्रता के बाद हुए इस घोर अन्याय को क्या दलित समाज भूल पाएगा।

अब दलित समाज और उसके रहनुमाओं को इस तथ्य पर भी नजर रखनी होगी कि फिर कोई चाणक्य किसी नन्द को सत्ता के सर्वोच्च सिंहासन पर बैठने से वंचित न कर सके। बस यही हमारी जागरूकता का एक मात्र बिन्दु है। इसके लिए आवश्यक है—शिक्षा, संगठन और संघर्ष का बीजमंत्र—यही उस तीर का रास्ता है, जो सत्ता की चिड़िया की आँख तक जाएगा और हजारों वर्षों से पिछड़े, यातना भोगते, सामाजिक अपमान सहते दलित को सम्मान की द्रोपदी दिलाएगा। सावधान! यदि इस बार अवसर चूके तो, फिर सदियों तक उसी भट्ठी में जलना पड़ेगा जिसमें जलकर हमारी पीढ़ियां नष्ट हो गयीं।

'दलित चिन्तन' में संकलित मेरे इन लेखों में वर्तमान और अतीत की कुछ ऐसी सच्चाइयाँ हैं, जो हमें दहला तो देती ही हैं, भविष्य के लिए सचेत भी करती हैं कि भावी पीढ़ियों के लिए भी हमारा कुछ दायित्व है, हम उन्हें एक अच्छा और सुरक्षित भविष्य दे जाएँ यह हमारी क्रियात्मक सोच से ही संभव हो सकता है। हमारे राजनेता कभी-कभी यह सोचने की गलती कर जाया करते हैं कि वह जो कुछ कर रहे हैं, वही पर्याप्त है—लेकिन यह आंशिक सच है। पूरा सच यह है कि वह जो कुछ कर रहे हैं, उसकी उम्र बहुत छोटी होती है। इस तथ्य को डॉ. अम्बेडकर के साथ उनके समकालीन किसी भी दलित राजनेता की तुलना करके देखा जा सकता है और सहजता से इस निष्कर्ष पर पहुँचा जा सकता है कि क्या वे जीवन भर सत्ता के केन्द्र में रहकर भी उतना दे पाए हैं, जो डॉ. अम्बेडकर जीवन के अधिकांश समय सत्ता से दूर रहकर दे गये हैं। अतः आज सवर्ण मानसिकता अपने सम्पूर्ण ढाँचे के टूटने का भय अम्बेडकर के विचारों में देखती है, अन्य नेताओं के सत्ता सुखभोग में नहीं। किसी भी राजनीति को साहित्य ही स्थायित्व प्रदान करता है। साहित्य राजनीति के आगे चलने वाली मशाल है। इसलिए आज आवश्यकता इस बात की है कि ऐसा साहित्य रचा जाए, जो दलित राजनीति को एक सही दिशा दे सके।

मेरी मान्यता है कि दलित चिन्तन एक दर्शन भी है। जो हमें वह दृष्टि देता है कि हम समकालीन घटनाक्रम को दलित हित के दृष्टिकोण से देखें और जानने का प्रयास करें कि भविष्य में अमुक घटना का दलित जीवन पर क्या प्रभाव पड़ेगा और यदि वह प्रभाव प्रतिकूल है, तो उससे बचने का रास्ता क्या है। हमारी दृष्टि जितनी पारदर्शी तथा दूरदर्शी होगी, हमारा लेखन उतना ही सार्थक तथा प्रभावी होगा। मेरे इन लेखों में मेरी यह दृष्टि स्पष्ट परिलक्षित होती है। चाहे वह भारतीय समाज में अन्तर्जातीय विवाहों की बढ़ती संख्या हो, मुक्त अर्थव्यवस्था हो, अथवा दलित उत्पीड़न की घटनाएँ हों, चाहे धर्म में घटती व्यक्ति की आस्था हो। मैंने सब पर एकमात्र इसी दृष्टिकोण से विचार किया है। कहाँ तक सफल हो पाया हूं, यह तो आप ही बता पाएँगे।

इन लेखों का ढाँचा खड़ा करने में मेरे मित्र तथा सामाजिक न्याय के प्रखर प्रवक्ता प्रो. रूदल यादव ने महत्वपूर्ण भूमिका निभाई है, उनसे निरन्तर वैचारिक मुठभेड़ों के बाद ही यह लेख अंतिम रूप ले पाए, अतः इनमें से अधिकांश के पहले पाठक भी वही रहे हैं। मैं उनका हृदय से आभारी हूँ! इन्हें पाठकों तक पहुँचाने के लिए सर्वश्री मोहनदास नैमिशराय, प्रेम कपाड़िया (दिल्ली) डॉ. विमलकीर्ति (नागपुर), का आभार व्यक्त करना भी मैं अपना दायित्व समझता हूँ। मेरी पत्नी सुषमा सिंह—जिन्होंने मुझे लगभग सभी पारिवारिक दायित्वों से मुक्त कर लेखन का अवसर दिया, उनके प्रति अपना नेह व्यक्त करना भी मैं अपना कर्त्तव्य समझता हूँ। इन लेखों को पुस्तक का रूप देकर आप तक पहुँचाने का गुरुतर भार वाणी

प्रकाशन के स्वामी श्री अरुण माहेश्वरी जी ने उठाया है। उनकी इस अमूल्य कृपा को आभार जैसे शब्द से व्यक्त नहीं किया जा सकता। इसके अतिरिक्त इन लेखों की संरचना में प्रत्यक्ष-अप्रत्यक्ष जिन भी विद्वानों से सहयोग मिला है, उन सबको धन्यवाद देते हुए मुझे आप सब की प्रतिक्रिया की प्रतीक्षा रहेगी।

—डॉ. एन. सिंह

"विमर्श"
110, विनोद विहार, मल्हीपुर रोड,
सहारनपुर-247001 (उ.प्र.)
Website : drnsingh.com
E-mail : drnsingh27@gmail.com,
drnsingh110vv@rediffmail.com
Mobile : +91—9412355707

अनुक्रम

वर्ण व्यवस्था में दलित

भारत की इस पुण्य धरा पर उत्पन्न होने वाला 'सनातन धर्म' अपने आप में एक विचित्र अर्थ रखता है। 'सनातन' का अर्थ है-'स्व+न+तन' अर्थात् जिसका 'स्व' (सेल्फ) मात्र तन नहीं है। इसे इस प्रकार भी व्याख्यायित किया जा सकता है कि सनातन धर्म वह विज्ञान है, जो तन के माध्यम से मन को साधता है और मन के माध्यम से तन पर नियंत्रण करने की कला सिखाता है। इसे अपनी इस परिपक्व स्थिति तक पहुँचाने की तीन स्थितियाँ या पड़ाव हैं। पहला है—'ऋषि', जो प्रकाश रूपी ज्ञान को सीधे ग्रहण करता है, और मुनि को दे देता है, जो उस पर मनन करता है तथा निष्कर्ष निकालता है कि यह ज्ञान (जानकारी) समाज के लिए उपयोगी है या नहीं! यह दूसरा पड़ाव है और जब यह तय हो जाता है कि यह ज्ञान समाज के लिए उपयोगी है, तो वह उसे 'आचार्य' को दे देता है। आचार्य पहले उसे अपने आचरण में उतारता है और फिर शिष्यों के रूप में समाज को सौंप देता है। यह तीसरा पड़ाव है। इसलिए आज भी आचार्य का स्थान समाज में सर्वोपरि है। इस प्रकार सनातन धर्म ने व्यावहारिक जीवन में आत्मिक विकास के लिए वेदों के रूप में ऐसे अमर सूत्र सौंपे हैं, जिसके 80 प्रतिशत हिस्से को आचार्य रजनीश कूड़ा-करकट मानते हुए भी 20 प्रतिशत भाग को अमूल्य मानते हैं।

सनातन धर्म की चिन्ता में मूलत: मानव है और वह जिस भी स्थिति में है और जैसा भी काम करता है, वहीं पर अपना आत्मिक विकास करे, इसकी व्यवस्था करता है। जो धर्म 'कर्मेषु कौशलं योगा:' कहता हो, फिर कर्म के आधार पर वह किसी प्रकार की ऊँच-नीच की व्यवस्था नहीं दे सकता। उसने अलग-अलग प्रकार के कर्म करने वाले जनसमूहों को आत्मिक विकास के अलग-अलग रास्ते बताए हैं, जो पहुँचते एक ही जगह पर हैं। जैसे जो व्यक्ति सात्विक जीवन जी रहा है, वह 'सरस्वती' जैसी देवी की पूजा करे। जो व्यक्ति मारकाट का काम करता है अर्थात् जिसकी प्रवृत्तियों में रजोगुण प्रधान है, वह 'दुर्गा' की पूजा करे। जिसकी प्रवृत्तियाँ तामसिक हैं, मांस-मदिरा आदि का सेवन करता है, वह 'काली' की पूजा करें तथा जिस व्यक्ति का काम धन कमाना है, वह 'लक्ष्मी' की पूजा करें। यह धर्म

का लोकतन्त्र है, जिसके लिए प्रत्येक व्यक्ति समान है, यदि भेद है तो केवल गुण और प्रवृत्तियों के कारण! यही कारण है कि 'सनातन धर्मी' भारत मुसलमानों का गुलाम रहा हजारों वर्ष, और अंग्रेजों का गुलाम रहा सैकड़ों वर्ष, लेकिन नष्ट नहीं हुआ। अन्यान्य धर्म पैदा हुए और नष्ट हो गये। इसीलिए अल्लामा इकबाल जैसे मुसलमान शायर को भी कहना पड़ा था कि–

यूनानो मिस्त्र रोमा सब मिट गये जहाँ से।
कुछ हस्ती है हमारी कि मिटती नहीं जहाँ से॥

अब प्रश्न यह पैदा होता है कि ऐसे लोकतान्त्रिक धर्म में मानवाधिकारों का इतना जघन्य उल्लंघन कैसे हो गया कि एक पूरा वर्ग श्रमिक से गुलाम हुआ और फिर अस्पृश्य हो गया। दुनिया का कोई धर्म ऐसा नहीं है, जो मनुष्यों के इतने बड़े समूह को शिक्षा के अधिकार से वंचित कर दे, अपने ही धर्म के अनुयायियों का अपने पूजा-स्थलों में प्रवेश वर्जित कर दे, अपने धर्मग्रंथों को पढ़ने ही नहीं, सुनने पर भी कान में पिघला हुआ शीशा तथा उच्चारण करने पर जीभ काट लेने जैसे क्रूरतम दण्ड का विधान करता हो। इसलिए इस धर्म के नियंता तथाकथित 'इस धरती के देव' निश्चय ही देवता नहीं कसाई थे। जैसा कि एक विदेशी विद्वान सर जान उडरुफ ने लिखा भी है कि–'वह देखने में तो पुजारी है, किन्तु हृदय से कसाई है।' इस ओर संकेत करते हुए हीगेल ने भी लिखा है कि–"हिन्दू के चरित्र की बुनियादी विशेषता है चालाकी और धोखेबाजी। जो शूद्र उसके अधीन है, उसके प्रति उसकी बर्बरता की सीमा नहीं होती। ब्राह्मण खासतौर से भ्रष्ट होते हैं। वे खाने और सोने के अलावा कुछ नहीं करते।" इस एक दोष के कारण ही सनातन जो बाद में हिन्दू धर्म कहा जाने लगा, दुनिया का सबसे घटिया धर्म हो गया। इस एक बुराई ने उसके सारे गुणों को नष्ट कर दिया। जैसे सम्पूर्ण गुणों से परिपूर्ण व्यक्ति भी यदि चरित्रहीन हो, तो उसके सारे गुणों का लोप हो जाता है। इसलिए निश्चय ही हिन्दू धर्म में कहीं न कहीं कोई दोष था अवश्य। इस ओर संकेत करते हुए डॉ. अम्बेडकर ने लिखा भी है कि–"कुछ लोग कहते हैं हिन्दू सभ्यता छः हजार साल पुरानी है। कुछ को इससे भी संतोष नहीं होता, वे उसे इससे भी पुराना सिद्ध करना चाहते हैं। मुझे इस बात का अफसोस है कि इतनी पुरानी सभ्यता ने पांच करोड़ अस्पृश्य, दो करोड़ आदिवासी, लगभग पचास लाख अपराधी जातियों को जन्म दिया। इस सभ्यता को क्या कहा जा सकता है? यह कैसी सभ्यता है जिसके परिणाम इतने शोचनीय हैं? कहीं बुनियादी खराबी है और मैं समझता हूँ, हिन्दुओं को अब इस बात पर विचार करना चाहिए, क्या इस तरह की सभ्यता गर्व करने योग्य है? उन्हें इस पर एक बार नहीं सौ बार सोचना चाहिए कि क्या इस तरह के परिणामों के बावजूद उन्हें सभ्य कहा जा

सकता है?" निश्चय ही यह स्थिति उस वर्ण व्यवस्था की देन है, जिसका विकृत रूप जातियों के रूप में देखने को मिलता है। एक ही धर्म को मानने वाले इन विशाल जनसमूहों में एक-दूसरे के साथ विवाह सम्बन्ध तो होते ही नहीं, कुछ के साथ तो स्पर्श करने तक के सम्बन्ध नहीं हैं। जो धर्म अपने मानने वाले को समान अधिकार न देता हो, तो वह धर्म नहीं, अधर्म ही होता है और उसका विनाश निश्चित है।

हिन्दू धर्म मूलतः वर्णाश्रम पर आधारित है। प्रारम्भ में हिन्दू धर्म ने सम्पूर्ण समाज को उसके कार्यों के आधार पर चार वर्णों ब्राह्मण, क्षत्रिय, वैश्य और शूद्र में बाँटा, धीरे-धीरे यह व्यवस्था जन्म पर आधारित होती चली गयी। मनु ने लम्बे समय से चली आती व्यवस्था को कोड़बद्ध किया। 'मनुस्मृति' के आधार पर ही यहाँ हम हिन्दू धर्म में शूद्र की स्थिति का विवेचन कर रहे हैं। हिन्दू धर्म द्वारा प्रदत्त असमानता, अन्याय, अपमान और घृणा को इस धर्म के चौथे वर्ण ने ही वहन किया। हिन्दू धर्म में शूद्र की स्थिति क्या है? इस तथ्य की पड़ताल करना जरूरी हो जाता है। मनुस्मृति, जो 'हिन्दू धर्म का संविधान' है, में तरह-तरह की मानसिक, आर्थिक एवं सामाजिक यातनाओं की व्यवस्था शूद्रों के लिए की गयी है। हिन्दू समाज व्यवस्था चतुर्वर्ण पर आधारित है। मनुस्मृति के अनुसार—"लोक की वृद्धि के लिए ब्राह्मण, क्षत्रिय, वैश्य और शूद्र की सृष्टि क्रमशः ब्रह्मा के मुख, बाँह, उरू और पैर से हुई है।"

"लोकानां तु विवद्धद्धयर्थं मुखबाहूरुपादतः।
ब्राह्मणं क्षत्रियं वैश्यंशूद्रं च निरवर्तयत्॥"

हिन्दू धर्म की व्यवस्थाओं के अनुसार किसी भी देवता और सम्मान के लिए पुरुष के भी पैर ही स्पर्श किये जाते हैं। फिर ऐसा कैसे हो गया कि ब्रह्मा के उन्हीं पूज्य पैरों से उत्पन्न शूद्र अस्पृश्य हो गया। वैसे भी दुनिया के विकास का इतिहास गवाह है कि मनुष्य, चाहे वह दुनिया के किसी भी कोने में पैदा हुआ हो, अथवा किसी भी वर्ण का हो, पुरुष उसके जन्म का उपकरण तो है, लेकिन वह स्वयं उसे जन्म नहीं दे सकता। स्त्री के गर्भ से जन्म लेने का भी एक ही रास्ता है, वह भी अपने मुख, बाहु, उरू और पैर से किसी शिशु को जन्म नहीं दे सकती। इसलिए 'बज्रसूची' के यशस्वी रचनाकार 'अश्वघोष' ने अपनी इस पुस्तक में एक ऐसा तिलमिला देने वाला प्रश्न किया है कि "ब्राह्मण का जन्म ब्रह्मा के मुख से हुआ है, तो ब्राह्मणी का जन्म कहाँ से हुआ?" इसका उत्तर भी वे स्वयं ही देते है कि—"निश्चय ही ब्राह्मणी का जन्म भी ब्रह्मा के मुख से ही हुआ होगा।" और निष्कर्ष देते हैं कि—"एक ही स्थान से उत्पन्न हुए ब्राह्मण और ब्राह्मणी, भाई-बहन हुए तथा भाई का बहन से स्त्री

प्रसंग दुनिया का सबसे घृणित कृत्य है।" तो ऐसे घृणित लोगों ने ब्रह्मा के पवित्र पैरों से तथाकथित उत्पन्न जन-समुदाय को इतना घृणित बना दिया कि जन्म के समय ही उसका नाम 'जुगुप्सित' (घृणित) शब्द से रखने की व्यवस्था दी—

"मंगलस्यं ब्राह्मणस्य स्यात्क्षत्रियस्य बलान्वितम्।
वैश्यस्य धनसंयुक्तं शूद्रस्य तु जुगुप्सितम्॥"

अर्थात् ब्राह्मण का मंगलसूचक शब्द से युक्त, क्षत्रिय का बलसूचक शब्द से युक्त, वैश्य का धन सूचक शब्द से युक्त, तथा शूद्र का निन्दित शब्द से युक्त नामकरण करना चाहिए। इससे अगले श्लोक में स्पष्ट लिखा है कि—"शूद्रस्य प्रेष्य संयुक्तम्" अर्थात् शूद्र का नामकरण घृणित 'शब्द' के साथ 'दास' शब्द लगाकर करना चाहिए। इस व्यवस्था के कारण आज भी दलित वर्ग के लोगों में सुन्दर और अच्छे नाम नहीं मिलते। नामकरण की इस मनुवादी व्यवस्था पर डा.एन. सिंह ने अपने लेख *"व्यवस्था परिवर्तन का मिथक और दलित समाज"* में टिप्पणी करते हुए लिखा है कि इस व्यवस्था के अनुसार—"जब एक ही घड़ी, एक ही नक्षत्र में एक ब्राह्मण, एक क्षत्रिय तथा एक वैश्य और एक शूद्र के घर लड़के का जन्म होता है और ये चारों अपने बेटे का नाम पूछने पंडित के पास जाते हैं। माना 'ब' अक्षर से नाम निकलता है तो पंडित, ब्राह्मण को अपने बेटे का नाम 'बुद्धिवल्लभ', क्षत्रिय को 'बलवंत सिंह', वैश्य को 'बांके बिहारी लाल' और शूद्र को 'बुद्धू' रखने को कहते हैं। आगे चलकर ये चारों बच्चे बड़े होते हैं, तो 'बुद्धिवल्लभ' मूर्ख साबित होते हैं और छोले बेचते हैं तथा जूठी प्लेटें धोते हैं। 'बलवंत सिंह' कायर प्रमाणित होते हैं। वह एक कार्यालय में चपरासी है तथा आफिसर और क्लर्कों की झिड़कियाँ नित्यप्रति सुनना ही उसकी नियति है। वैश्यपुत्र—दरिद्र दुकानदार है, जो नीबू और बेर बेचकर अपना गुजारा चला रहा है। बुद्धू पढ़-लिखकर बुद्धिमान साबित होता है और आरक्षण का लाभ पाकर एक जिले का जिलाधिकारी बनता है। तो प्रश्न यह उठता है कि जो व्यवस्था पैदा होते ही ब्राह्मण के बच्चे को 'बुद्धिवल्लभ' और शूद्र के बच्चे को 'बुद्धू' बनाती रही है, वह व्यवस्था जो नाम में भी किस शूद्र बच्चे को समानता नहीं दे पायी, वह समाज में, अर्थ में, सम्मान में, सत्ता और शासन में क्या समानता दे पाएगी।" नामकरण के बाद बच्चा बड़ा होता है। पाँच वर्ष के बाद उसकी उम्र पाठशाला जाने की होती है, तो 'मनुस्मृति' सभी वर्णों के कर्मों का निर्धारण करतीं हुई शूद्र को शिक्षा प्राप्ति के सामान्य और मानवीय अधिकार से वंचित करती है। इस सम्बन्ध में 'मनुस्मृति' के निम्न श्लोकों को देखिए—

"अध्यापनमध्ययनं यजनं याजनं तथा।
दानं प्रतिग्रहं चैत, ब्राह्मणामकल्पयत्॥

प्रजानां रक्षणं दान मिज्याध्ययनमेव च।
विषयेठवप्रसक्तिश्व क्षत्रियस्य समासत:॥
पशूनां रक्षणं दानमिज्याध्ययनमेव च।
वाणिक्पथं कुसीदं च वैश्यस्य कृषिमेव च॥
एकमेव तु शूद्रस्य प्रभु: कर्म समादिशत्।
एतेषामेव वर्णनां शुश्रूषामन सूय या॥"

अर्थात् ब्राह्मणों के षट्कर्म पढ़ना, पढ़ाना, यज्ञ करना, कराना, दान देना और लेना बताए हैं। प्रजा की रक्षा, दान देना, यज्ञ कराना, पढ़ना और विषयों में न फँसना ये संक्षेप में क्षत्रिय के कर्म हैं। पशुओं का पोषण, दान देना, यज्ञ कराना, पढ़ना, व्यापार करना, ब्याज लेना और खेती ये वैश्य के कर्म हैं। प्रभु ने शूद्रों का केवल एक ही कर्म बताया है कि इन 'तीनों' वर्णों की निन्दा रहित 'जिसमें कोई निन्दा नहीं' सेवा करना। यहाँ ध्यान देने की बात यह है कि शेष तीनों वर्णों के लिए मनुस्मृतिकार पढ़ने और ब्राह्मण के लिए पढ़ाने की भी व्यवस्था देता है, लेकिन शूद्र का कर्म केवल सेवा बताकर उसे शिक्षा, कृषि, व्यापार आदि मानवीय अधिकारों से वंचित कर देता है और इतना ही नहीं, वह शूद्र के कर्म को ब्राह्मण द्वारा नहीं, प्रभु द्वारा निर्धारित बताता है ताकि भविष्य में पढ़लिखकर शूद्र वर्ग इस अपराध के लिए उसे अपराधी न समझे और भविष्य में उसकी सन्ततियों को दण्ड न दे।

यही नहीं, मनु ने शूद्र के लिए यह भी तय किया कि वह किसकी सेवा करे और उसकी दिनरात की गयी हाड़तोड़ सेवा के बदले उसे क्या मजदूरी दी जाए। मनुस्मृति के दसवें अध्याय में देखिए, 'मनु' की व्यवस्था—

"विप्रसेवैव शूद्रस्य विशिष्टं कर्म कीर्त्यते।
मदतोउन्यद्धि कुरते तद्भवत्यस्य निष्फलम्॥
उच्छिष्ट मन्नंदातव्यं जीर्णानिवसनाचि।
पुलाकाश्रैवधान्यानां जीर्णाश्रैव परिच्छदा:॥"

अर्थात् 'ब्राह्मण' की सेवा को शूद्र के अन्य कर्मों से श्रेष्ठ कहा है। इसलिए इसके अतिरिक्त वह जो कुछ करता है— वह निष्फल है। इस सेवा के बदले शूद्र को—"भोजन से बचा हुआ 'झूठा' अन्न, पुराने कपड़े, धानों की छटन थोथा 'अनाज' तथा पुराना बरतन—भांडा देना चाहिए।" इससे अगले श्लोक में कहा गया कि—"सेवक शूद्र को कोई पातक नहीं है, न वह संस्कार योग्य है और न ही धर्म में उसे कोई अधिकार है।" मनु ने ब्राह्मण को यह अधिकार दिया है कि वह शूद्र से हर हालत में सेवा ही करवाए—

"शूद्रंतु कारयेद्दास्यं क्रीतमक्रीतमेव वा।
दास्यायेव हि सृष्टो सौ ब्राह्मणस्य स्वयंभुवा॥"

अर्थात्–"शूद्र से तो सेवा ही करावें, वह शूद्र खरीदा हुआ हो या न खरीदा हुआ हो, क्योंकि ब्राह्मण की सेवा के लिए ही ब्रह्मा ने इसे उत्पन्न किया है।" यदि इतनी कम मजदूरी पर कोई शूद्र काम करने से मना कर दे, तो मनु ने राजा को अधिकार दिया है कि वह शूद्र से जबरदस्ती सेवा कराए–

"वाणिज्यं कारयेद्वैश्यं कुसीदं कृषिमेव च।
पशूनां रक्षणं चैव दास्यंशूद्रं द्विजन्मनाम्॥"

अर्थात्–"वाणिज्य, खेती और पशुओं की रक्षा वैश्यों से और शूद्र से द्विजों की सेवा राजा करावें।" मनु आगे स्पष्ट करते हैं कि राजा को इनसे बलात् इनके कर्म क्यों कराने चाहिए–

"वैश्य शूद्रौ प्रयत्नेन स्वानि कर्माणि कारयेत्।
तौ हि च्युतौ स्व कर्मभ्यः क्षोभयेता मिदं जगत्॥"

अर्थात्–"वैश्य और शूद्रों से प्रयत्नपूर्वक राजा अपने-अपने कर्म करावें, नहीं तो अपने-अपने कर्मों से अलग होकर ये जगत में क्षोभ करा देंगे।" इस प्रकार 'मनुस्मृति' के रचनाकार ने शूद्र को हिन्दू धर्म और उसके संस्कारों से वंचित कर दिया और यदि कोई ब्राह्मण उसका संस्कार करता है, तो उसके लिए भी दण्ड निर्धारित किया कि वह ब्राह्मण "असंवृत" नामक नरक में गिरता है–

"न शूद्रायमतिदंद्यान्नोच्छिष्टं नह विष्कृतम्।
न चास्योपदिशेद्धर्मन चास्यव्रतमा दिशेत्॥
योन्हस्य धर्ममाचष्टेय श्रैच्वादिशतिव्रतम्।
सोउसंवृतं नामतमः सहतैनैव मज्जति॥"

अर्थात–"शूद्र को बुद्धि, उच्छिष्ट और हविष्कृत अर्थात् होमशेष का भाग न दें और उसको धर्मोपदेश न करें और व्रत भी न बतावें। जो ब्राह्मण इस शूद्र को धर्मोपदेश और प्रायश्चित्त का उपदेश करे, वह उस शूद्र के साथ 'असंवृताश्य' नामक बड़े अधंकार वाले नरक में गिरता है।" इस अध्याय में शूद्र के साथ बैठने तक का निषेध किया गया है तथा शूद्रों के राज्य में निवास करने का भी निषेध किया गया है। शिक्षा, संस्कार से वंचित और सेवा के बदले थोथा अनाज, फटा वस्त्र प्राप्त करता हुआ भी यदि कोई शूद्र कुछ धन एकत्र कर लेता है, तो मनुस्मृतिकार ब्राह्मण को सलाह देता है कि वह उस शूद्र से उसका धन चालाकी से छीन ले, क्योंकि धन प्राप्त कर वह किसी ब्राह्मण की गुलामी नहीं करेगा–

"विस्रब्धंब्राह्मणः शूद्राद द्रव्योपादानमाचरेत्।
न हि तस्यास्ति किंचित्स्वं भर्तृहार्यधनोहिसः॥"

"शक्तेनापि हि शूद्रेण न कार्यो धनसंचयः।
शूद्रोहि धनमासाद्य ब्राह्मणानेव बाधते॥"

अर्थात–"भरोसे से ब्राह्मण शूद्र का धन ग्रहण कर ले, क्योंकि उसका कुछ भी नहीं है किन्तु उसका धन भतृग्राहय (स्वामी का) है।" ऐसा ब्राह्मण को क्यों करना चाहिए क्योंकि वह धन प्राप्त करके ब्राह्मण आदि को बाधा देता है। ब्राह्मण की चालाकी का शिकार होने से बचकर यदि वह कुछ धन एकत्र कर लेता है, तो 'मनु' राजा को आज्ञा देता है कि वह शूद्र का धन छीनकर उसे अपने राज्य से निकाल दे–

यो लोभाद्धमोजात्या जीवेदुत्कृष्ट कर्ममि।
तं राजा निर्धनं कृत्वा क्षिप्रमेव प्रवासेत्॥"

अर्थात–"जो निकृष्ट जाति (शूद्र) से उत्पन्न हुआ, लोभ से उत्कृष्ट जाति की वृत्ति करे, उसको राजा निर्धन करके अपने देश से निकाल दे।" शूद्र की हत्या से कुत्ते, बिल्ली, गधा, उल्लू, नेवला, कौआ, चिड़िया, मेढ़क की हत्या जितना पाप लगता है। मनुस्मृति के अनुसार–

"मार्जारन कुलौ हत्वा चाषं मण्ड्कमेव च।
वगोधोलूककाकांश्रव शूद्र हत्याव्रतं चरेत्॥"

इसका तात्पर्य यह है कि हिन्दू धर्म में शूद्र की स्थिति पशु से भी बदतर थी, क्योंकि यहाँ गाय 'पशु' और पत्थर तो पूज्य है, लेकिन शूद्र 'व्यक्ति' सम्मान का पात्र भी नहीं है। 'पाराशर स्मृति' इस तथ्य को और अधिक स्पष्ट रूप में प्रस्तुत करती है। उसके अनुसार–'ब्राह्मण दुश्चरित्र हो तब भी पूज्य है और शूद्र जितेन्द्रिय होने पर भी पूज्य नहीं, क्योंकि कौन ऐसा मूर्ख है जो दुष्ट गाय को छोड़कर सुशीला गधी को दुहेगा।' सम्भवतः मध्यकालीन कवि तुलसीदास ने अपने 'रामचरित मानस' में इसी का काव्यानुवाद किया है–

"पूजिए विप्र ज्ञान गुण हीना।
शूद्र न गुणगण ज्ञान प्रवीना॥"

इससे स्पष्ट होता है कि हिन्दू धर्म के नियन्ताओं ने शूद्र को इस हालत तक पहुँचा दिया कि वह किसी सवर्ण के साथ बैठने तक की बात सोच भी न सके यदि वह ऐसी इच्छा करता है, तो मनु का अमानुषिक विधान कहता है–

"सहासनमभिप्रेप्सुरूत्कष्टस्यापकृष्टजः।
कट्याकृताअंगों निर्वास्यः स्फिचं वाअस्थाव कर्तयेत्॥"

अर्थात्–"उच्च के साथ बैठने की इच्छा करने वाले नीच की कटि (कमर) को दाग कर निकाल दें या उसके चूतड़ को थोड़ा कटवा दें।" इतनी मानसिक, शारीरिक, सामाजिक और आर्थिक यातनाओं को सहकर भी यदि कोई शूद्र हिन्दू धर्म के किसी नियामक को कुछ अपशब्द कहता या प्रतिकार करता हुआ उस पर प्रहार कर दे, तो उसके लिए मनुस्मृति अमानवीय और भयानक दण्डों का विधान करती है–

"एक जाति द्विर्जातीस्तु वाचा दारुणया क्षिपन्।
जिव्हाया: माप्नुयाच्छेदं जघन्यप्रभावोहि स:॥
नाम जाति ग्रहंत्वेषामभिद्रोहेण कुर्वत:।
निक्षेप्योयोमय: शंकुर्ज्वलन्नास्येदशांगुल:॥"

अर्थात–"यदि शूद्र द्विजातियों को गाली दे, तो जीभ के छेदन का दण्ड प्राप्त हो, क्योंकि वह निकृष्ट से उत्पन्न है। जो शूद्र द्विजातियों के नाम और जाति का उच्चारण करे, उसके मुँह में जलती हुई दस अंगुल की छड़ ठोकनी चाहिए।" इस सबके उपरान्त भी यदि वह श्रोत परम्परा से कुछ ज्ञान प्राप्त कर लेता है और किसी अशिक्षित ब्राह्मण द्वारा दिए जा रहे गलत उपदेश को सुधारने का निवेदन कर बैठता है, तो मनुस्मृति उसके मुँह और कानों में उबला हुआ तेल डालने की व्यवस्था देती है–

"धर्मोपदेशंदर्पेण विप्राणामस्य कुर्वत:।
तप्तमासेचयेतैलं वक्त्रेश्रोत्रेचपार्थिव:॥"

अर्थात–"जो शूद्र अहंकार से ब्राह्मणों को उपदेश करे, उसके मुख, कान में राजा गर्म तेल डलवा दें।" प्रहार करने पर मनु का दण्ड देखिए–

"येनकेन चिदंगेन हिंस्याच्चेच्छेष्टमन्तयज:।
देत्तव्यंतत्तदेवास्य तन्मनोरनुशासनम्॥"

अर्थात–"शूद्र लोग जिस किसी अंग से द्विजातियों को मारें, उसका वही अंग कटवाना चाहिए। यह मेरा (मनु का) अनुशासन है।"

मनुष्य प्रकृति से सामाजिक प्राणी है और समाज में रहते हुए स्त्री-पुरुषों के बीच परस्पर प्रेम सम्बन्ध (यौन सम्बन्ध) का होना स्वाभाविक प्रक्रिया है। यह सम्बन्ध जाति और वर्ण देखकर तो विकसित होते नहीं हैं, लेकिन विकसित होने पर शूद्र के लिए जो दण्ड निर्धारित किये गये हैं, वे अमानवीय और पक्षपातपूर्ण हैं। ब्राह्मण के लिए यह व्यवस्था है कि वह अपने से हीन 'तीन वर्णों' की स्त्री से विवाह कर सकता है, लेकिन उसकी सम्पत्ति में से किस वर्ण की स्त्री से उत्पन्न पुत्र को कितना हिस्सा मिलेगा, यह व्यवस्था पक्षपात का सर्वोत्तम उदाहरण है–

"चतुरोंशा-हरे द्विपस्त्री नंशान्क्षत्रिया सुतः।
वैश्यापुत्री हरेद्द्वयंशमंशशूद्रा सुतो हरेत् ॥"

अर्थात–"दस भागों में से चार अंश ब्राह्मणी का पुत्र और क्षत्रिय का पुत्र तीन अंश तथा वैश्य का पुत्र दो अंश और शूद्रा का पुत्र एक अंश ले।" लेकिन आगे मनु शूद्रा पुत्र को एक अंश से भी वंचित कर देता है–

"ब्राह्मण क्षत्रिय विशां शूद्रापुत्रो नरिक्थसाक्।
यदेवास्य पिता दद्यात्त देवास्य धनंभवेत् ॥"

अर्थात–"ब्राह्मण, क्षत्रिय, वैश्यों का शूद्रा से उत्पन्न हुआ पुत्र धन का भागी नहीं, किन्तु जो कुछ उसका पिता उसे दे दे, वही उसका धन है।" अब आप देखिए कि ब्राह्मण किसी शूद्र स्त्री का यौन शोषण तो कर सकता है, लेकिन इसके लिए उसे किसी प्रकार की सजा नहीं दी जा सकती। उसके लिए मनु ने निम्न व्यवस्था दी है–

"अब्राह्मणा संग्रहणे प्राणान्तंदण्ड मर्हति।
चतुर्णामपिवर्णानां दारा रक्ष्यत्मा: सदा ॥"

अर्थात–"ब्राह्मण को छोड़कर अन्य जो कोई परस्त्री से यौन सम्पर्क रखे, वह प्राणान्त दण्ड योग्य है क्योंकि चारों वर्णों की स्त्रियाँ सर्वदा रक्षा करने योग्य हैं। आगे 8/365 वें श्लोक में उत्तम वर्ण के पुरुष से समागम करने वाली स्त्री को दण्ड मुक्त कर दिया गया है, लेकिन यदि कोई ब्राह्मणी किसी शूद्र के साथ यौन सम्बन्ध रखती है, तो शूद्र के लिए मनु का दण्ड विधान देखिए–

"शूद्रोगुप्तमगुप्तं वा द्वैजातं वर्णमावसन्।
अगुप्तम अंग सर्वस्वैर्गुप्तं सर्वेण हीयते ॥"

अर्थात–"रक्षिता या अरक्षिता द्विज जाति (ब्राह्मण) वर्ण की स्त्री के साथ यदि शूद्र गमन करे, तो अरक्षिता में अंग छेदन (लिंग काट देना) तथा सर्वस्व हरण करें और रक्षिता के सम्बन्ध में सब (शरीर तथा धनादि) से हीन कर दें।" आगे 8/377वें श्लोक में इस दण्ड को और अधिक स्पष्ट किया है कि "शूद्र को चटाई में लपेटकर जला दिया जाए।" जबकि दुनिया का कोई न्यायशास्त्र ऐसा नहीं, जो एक ही अपराध के लिए दो व्यक्तियों को अलग-अलग सजा दे। न्याय विधान में तो किसी अपराध-कर्म की सजा अपराध की प्रकृति तथा अपराधी की मंशा के अनुसार होती है–जाति या वर्ण के अनुसार कहीं भी दण्ड दिए जाने का विधान नहीं बनाया गया है।

उपर्युक्त विवेचन से स्पष्ट होता है कि हिन्दू धर्म में शूद्र की स्थिति पशु से भी

बदतर रही है। वरिष्ठ लेखक पद्मश्री कन्हैयालाल मिश्र 'प्रभाकर' ने लिखा भी है कि—"सामाजिक परिस्थितियों ने मूल्यों को ओझल कर दिया था और मानव समाज को छोटी-बड़ी जातियों में बाँट दिया। मानवों के एक बड़े समूह को उन अधिकारों से भी वंचित कर दिया, जो पशुओं को भी प्राप्त है।" लगता है कि हिन्दू धर्म में शूद्र की उक्त स्थिति किसी क्रूरतम सामाजिक साजिश का परिणाम थी, जो आज भी किसी न किसी रूप में भारतीय समाज में विद्यमान है। इसका परिणाम यह हुआ कि जब-जब शूद्र ने आगे बढ़कर पौरुष, विद्या और सम्पदा प्राप्त करने की कोशिश की उसे दण्डित किया गया। महाभारत काल में एकलव्य का अँगूठा कटवा लिया, राम ने शम्बूक की हत्या कर दी। आज स्वतन्त्र भारत में विभिन्न वर्णों की स्थिति को निम्न तालिकाओं में आँकड़ों के दर्पण में देखकर कोई भी चेतन व्यक्ति होश हवास खो बैठेगा—

तालिका-1

वर्ग	जनसंख्या में प्रतिशत	सरकारी नौकरियों में	राजनीति में	शिक्षा में	व्यापार में	कृषि में	पुरोहिताई में
ब्राह्मण	3.5%	64%	41%	50%	10%	5%	100%
क्षत्रिय	5.5%	10%	15%	16%	20%	80%	—
वैश्य	6%	10%	10%	11%	60%	6%	—

तालिका-2 : सरकारी नौकरियों में प्रतिशत

	ब्राह्मण	मुसलमान	कायस्थ
स्वतन्त्रता पूर्व	3	40	33
स्वतन्त्रता के बाद	84	2	3

तालिका-3 : उच्च सरकारी पदों पर ब्राह्मणों का प्रतिशत

	पद नाम	कुल पद	अकेले ब्राह्मणो की संख्या	प्रतिशत
1.	राज्यपाल	27	18	70
2.	राज्य के सचिव	26	14	54
3.	सचिव	50	31	62
4.	उपकुलपति	98	50	51
5.	सुप्रीम कोर्ट जज	16	09	56
6.	हाई कोर्ट जज	33	166	40
7.	राजदूत व हाई कमिश्नर	140	58	41

अन्य सरकारी नौकरियों में (प्रथम, द्वितीय, तृतीय तथा चतुर्थ श्रेणी में) - 64%

स्रोत—दलितों में दलित : हरिकिशन संतोषी, पृष्ठ-XII, XIII

सन् 1947 के बाद स्थितियाँ बदल गयी हैं। भारत की जनता ने अपनी राज्य

व्यवस्था के लिए लोकतांत्रिक संविधान को स्वीकार किया। जिसमें समानता को मौलिक अधिकार घोषित किया गया है। कोई भी व्यक्ति कोई भी व्यवसाय चुनने के लिए स्वतन्त्र है। अब ब्राह्मण जूता फैक्टरी का मैनेजर भी है और दुकान पर बैठकर जूता बेचता भी है। अब 'शूद्र' किसी विश्वविद्यालय, महाविद्यालय में किसी विभाग का अध्यक्ष भी है और किसी बौद्धिक स्थान का सर्वेसर्वा भी है। बनिया व्यापार छोड़कर खेती भी कर रहा है तो क्षत्रिय शौर्य-पूर्ण कार्य छोड़कर व्यापार और कृषि से भी जीवन यापन कर रहा है। कहने का तात्पर्य यह है कि जब कर्म पर ही (जिस पर वर्ण आधारित था) बन्धन नहीं रहा, तो फिर विवाह सम्बन्धों पर भी बन्धन नहीं रह सकता। अतः अन्तर्जातीय विवाहों में पिछले पचास वर्ष में काफी बढ़ोतरी हुई है। यह तथ्य साफ तौर पर दिखाई दे रहा है कि हिन्दू धर्म की यह वर्ण व्यवस्था और जाति व्यवस्था अब बहुत दिन तक नहीं ठहर सकती। तो जो स्वाभाविक है, उसकी समाप्ति के लिए किसी समाज सुधारक ने अब तक आवाज क्यों नहीं उठाई? क्योंकि इस व्यवस्था के टूटने से उसका और उसके वर्ग का जन्मना श्रेष्ठता का अधिकार समाप्त हो जाएगा और ऐसा वे क्यों चाहने लगे?

अस्पृश्यता एक सामाजिक बुराई है, जब सती प्रथा और बाल विवाह आदि कुप्रथाओं की समाप्ति के लिए राजा राममोहन राय और शूद्रों के शास्त्र पठन-पाठन के लिए स्वामी दयानन्द आन्दोलन चला सकते हैं, तो फिर अस्पृश्यता को समाप्त करने के लिए कोई शंकराचार्य आन्दोलन क्यों नहीं छेड़ सका? जबकि अब भी वे शूद्रों के मन्दिर प्रवेश को धर्म विरुद्ध, सती प्रथा को धर्म सम्मत और स्त्रियों के वेदपाठ को निषिद्ध घोषित करने में जरा भी विलम्ब नहीं करते। इसलिए वर्तमान समय में हिन्दू धर्म से दलितों का मोहभंग हो गया है और यह प्रवृत्ति सर्वत्र दिखाई दे रही है कि वह बौद्ध आदि अन्य धर्मों की ओर आकृष्ट हो रहा है। अब उसके लिए मन्दिर आदि का तो कोई महत्त्व रहा ही नहीं, किसी शंकराचार्य के प्रति भी सम्मान का भाव उसके मन में नहीं रहा। यह सब शंकराचार्यों की अमानवीय हरकतों के कारण ही हुआ है। इस लोकतांत्रिक व्यवस्था में वह दिन दूर नहीं है, जब हिन्दू अल्पसंख्यक हो जाएगा। यदि उसने अपनी इस गलती को नहीं सुधारा—अस्पृश्यता समाप्त करने के लिए हिन्दू धर्मशास्त्र को परिवर्तित कर अपनी मानसिकता में परिवर्तन नहीं किया। दलितों के साथ रोटी-बेटी का सम्बन्ध नहीं जोड़ा। कुल मिलाकर सामाजिक समता के लिए शहर से गाँव तक प्रयास नहीं किया तो परिणाम बहुत बुरे होंगे—और कितने बुरे होंगे? इसका अंदाज नहीं लगाया जा सकता।

दलित प्रवाह और साहित्य के तटबन्ध

शोषण चाहे मानसिक हो या सामाजिक, आर्थिक हो या धार्मिक उसके विरुद्ध विद्रोह होगा ही। उसमें समय कितना भी लग सकता है। जैसे भारत में शताब्दियाँ बीत गयीं, धर्म के नाम पर एक वर्ग को सामाजिक, मानसिक और आर्थिक शोषण सहते हुए। लेकिन जैसे ही उस वर्ग में जरा-सी चेतना आयी, उसके विद्रोह का विस्फोट हुआ। उसका ही परिणाम है—दलित साहित्य। हिन्दी में इस चेतना का पहला विस्फोट मध्यकाल के सन्त साहित्य में हुआ। जब शताब्दियों से चली आयी धार्मिक गैर-बराबरी की व्यवस्था को पहली बार निर्गुणी सन्तों ने सामाजिक धरातल पर चुनौती दी थी कि भगवान किसी मन्दिर में कैद पत्थर की मूर्ति नहीं है और वह किसी जाति विशेष की बपौती भी नहीं है। वैसे तो सभी निर्गुण सन्त इस व्यवस्था का विरोध कर रहे थे लेकिन जिस जाति ने विषमता के विष का सर्वाधिक पान किया, उसी जाति के सन्त रैदास ने इस व्यवस्था के मूल को समझकर उस पर चोट की और वह मूल था—वर्ण व्यवस्था—रैदास इसका आधार कर्म को मानते हैं—जन्म को नहीं। जबकि हिन्दू धर्म में इसे जन्म के आधार पर इसलिए माना गया है, ताकि व्यक्ति को जन्म से ही श्रेष्ठ या निकृष्ट मान लिया जाए। रैदास इस व्यवस्था से विद्रोह की स्पष्ट घोषणा कर देते हैं।

हिन्दू धर्म में व्याप्त छुआछूत के विरोध की जिस परम्परा का प्रारम्भ निर्गुणी सन्तों ने किया, उसका अनुसरण बाद के सुधारवादी धर्म प्रचारक और राजनीतिज्ञ भी करते रहे। इनमें स्वामी दयानन्द, आचार्य विनोबा भावे तथा महात्मा गाँधी के नाम महत्त्वपूर्ण हैं। स्वामी दयानन्द खंडन-मंडन की प्रक्रिया अपनाते हुए सबके लिए आर्य समाज में प्रवेश खोल देते हैं। जनेऊ धारण करने की आज्ञा भी देते हैं, यज्ञ-हवन में भाग लेने पर भी आपत्ति समाप्त कर देते हैं। लेकिन इससे वर्ण और जाति के बन्धन कहाँ तक ढीले पड़े? क्या सभी आर्य समाजी वर्ण-जाति भूलकर रोटी-बेटी का रिश्ता जोड़ने लगे? ऐसा नहीं हुआ। विनोबा भावे और गाँधी ने भी छुआछूत को हिन्दू धर्म का कलंक तो माना, लेकिन वर्ण-व्यवस्था को दुनिया की सर्वश्रेष्ठ यवस्था मानते हुए उस पर अपना पूरा विश्वास भी व्यक्त किया। इसका कारण क्या है? इसका स्पष्ट कारण है कि ये लोग अपने-अपने वर्ण के 'जन्मना

श्रेष्ठता' के अधिकार को छोड़ना नहीं चाहते थे। जिसके कारण भारत में सारी भौतिक उपलब्धियाँ प्राप्त होती हैं। फिर बताइए, इस देश से छुआछूत कैसे समाप्त होती? इसलिए रैदास और अम्बेडकर की अपनी एक अलग परम्परा है, जिसमें महात्मा फुले तो जुड़ते हैं—दयानन्द, विनोबा और गाँधी नहीं क्योंकि उन्होंने बीच-बीच में आकर इस आन्दोलन को भटकाया ही है। जिसका लाभ ब्राह्मणवाद को जीवनदान के रूप में मिला है।

आज हिन्दी के दलित साहित्यकार के सामने उसका लक्ष्य स्पष्ट है, उसे इसी प्रकार की समाज-व्यवस्था से लड़ना है—साहित्य के हथियार से अनुभव और विचार की एक व्यापक पृष्ठभूमि उसके पास है। इसमें डॉ. अम्बेडकर की विचारधारा से अनुप्राणित मराठी का सर्वमान्य साहित्य तो है ही, हिन्दी में गैर-दलित लेखकों द्वारा लिखित दलित चेतना का साहित्य भी है। जिसमें सर्वप्रथम हिन्दी के प्रतिष्ठित साहित्यकार महाप्राण 'निराला' का नाम लिया जा सकता है। जिन्होंने 'बिल्लेसुर बकरिहा' और 'चतुरी चमार' जैसे लघु उपन्यास लिखे, जिसमें समाज के तथाकथित निम्नवर्गीय लोगों के साथ खानपान का सम्बन्ध रखने पर किसी उच्च वर्ग के व्यक्ति को किस प्रकार का विरोध सहना पड़ता है। यहाँ तक कि उसका समाज से बहिष्कार कर दिया जाता है। उनके बाद आते हैं प्रेमचन्द—जो मूलत: ग्रामीण विसंगतियों के लेखक हैं। उन्होंने गाँव से बाहर रहते हुए दलितों को जीवन का नरक भोगते हुए देखा और उनकी पीड़ा को अपनी कहानियों में अभिव्यक्ति दी। इसके बाद प्रेमचन्द के कुछ समकालीन साहित्यकारों ने अपनी कुछ रचनाओं में दलित जीवन की विसंगतियों को उठाया जैसे—यशपाल और रेणुजी ने। फणीश्वरनाथ रेणु ने अपने दोनों महत्त्वपूर्ण उपन्यासों 'मैला आँचल' और 'परती परिकथा' में प्रसंगवश उच्च जाति के लोगों द्वारा दलित महिलाओं के दैहिक शोषण का वर्णन किया है। कि वैसे तो ब्राह्मण किसी शूद्र को छूने से परहेज करता है, लेकिन किसी शूद्र स्त्री का चुम्मा (चुम्बन) लेने में उसे छूत नहीं लगती।

उसके उपरान्त आधुनिक काल में हिन्दी के कुछ प्रतिष्ठित साहित्यकारों ने दलित जीवन की विसंगतियों पर अपनी कलम चलाई। इनमें सर्वश्री नागार्जुन, डॉ. शिवप्रसाद सिंह, गिरिराज किशोर, अमृतलाल नागर और हरिसुमन बिष्ट आदि के नाम उल्लेखनीय है। डॉ. शिवप्रसाद सिंह ने दलित चरित्रों को लेकर कई कहानियाँ लिखी हैं। उन्होंने अपने दिनांक 19-10-93 के पत्र में मुझे लिखा था—"अगर आपने वाणी प्रकाशन, दरियागंज, दिल्ली-2, से प्रकाशित मेरी कहानियों के दोनों (अब तीनों) खण्ड देखे होते तो आपको एक-दो नहीं, दलित वर्ग के 25 से अधिक अत्यन्त मार्मिक, दारूण पर अपराजेय चरित्र वाली नारियाँ पुरुष मिल जाते..... आपके पुस्तकालय में अगर 'इन्हें भी इन्तजार है' संग्रह हो तो देखिए—कौन-सा दलित कोना है, जो यहाँ उपस्थित नहीं है।" गिरिराज किशोर के उपन्यास 'यथा

प्रस्तावित' में कार्यालय में दलित वर्ग के चतुर्थ श्रेणी कर्मचारी का मानसिक और दैहिक शोषण करती सवर्ण मानसिकता का भयावह चित्रण किया गया है। 'यथा प्रस्तावित' का नायक बालेसर कहता है—"आखिर मैंने ऐसा क्या किया जो मुझे साँस तक नहीं लेने दिया जाता है! न मैं अपनी मर्जी से इस जाति में पैदा हुआ था और न इस जाति के छोटे-पन के कारण मैं प्राण त्याग कर दूसरी बड़ी जाति में पुनः जन्म ही ले सकता हूँ। जो चीज मेरे हाथ में नहीं, उसके लिए मुझे क्यों सताया जा रहा है।" 'परिशिष्ट' में गिरिराज किशोर ने आई.आई.टी. में आरक्षण के अन्तर्गत प्रवेश पाए दलित छात्रों के साथ सवर्ण छात्रों एवं प्राध्यापकों के उस अपमानजनक व्यवहार का चित्रण किया है, जिसके कारण उनमें से कितने ही इस मानसिक यंत्रणा को न सहकर आत्महत्या कर लेते हैं। इस उपन्यास को पढ़ना एक भयावह और दारुण मानसिक यातना से गुजरना है। नागार्जुन के उपन्यास 'बलचनमा' का नायक एक दलित नौकर है—उसके साथ किस प्रकार का व्यवहार किया जाता है, यही इस उपन्यास का मूल कथ्य है। दलित शोषण का यह एक महत्त्वपूर्ण दस्तावेज है। अमृतलाल नागर का उपन्यास 'नाच्यौ बहुत गोपाल' शूद्रों में भी अतिशूद्र मेहतर जाति की आन्तरिक और बाह्य विसंगतियों का चित्रण करता है। श्रीलाल शुक्ल के बहुचर्चित उपन्यास 'राग दरबारी' का एक पात्र है—शनिचर जो दलित वर्ग का है। गाँव के नेता वैद्य जी महाराज की बैठक पर हुक्का भरना, भाँग घोटना ही उसका काम है। जिसके बदले में दो वक्त की रोटी तथा वैसे कपड़े जैसे वह पहने रहता है (एक खाकी निकर और बस) उसे वैद्य जी के यहाँ से मिल जाता है। भारत की आजादी के बाद कुछ राजनीतिक पद आरक्षित कर दिये गये, तो उस गाँव के प्रधान का पद भी उस श्रेणी में आ जाता है और वैद्य जी अपने उस बेढंगे किन्तु मुफ्त नौकर को प्रधान बनवा देते हैं। देखा जाए तो आजादी के बाद से अब तक विधान सभाओं और संसद तक यही होता रहा है। इस दृष्टि से विचार करते हुए मुझे लगा कि दलित चेतना की दृष्टि से सम्पूर्ण हिन्दी साहित्य के पुनःपाठ की आवश्यकता है। हरिसुमन बिष्ट का उपन्यास 'आसमान झुक रहा है' उत्तर प्रदेश की पश्चिमोत्तर पहाड़ियों में बसे कुमायूँ अंचल में दलित और सवर्णों के बीच की व्यवहार पद्धति को रेखांकित करता है। इसके अतिरिक्त डॉ. गिरिराज शरण अग्रवाल द्वारा सम्पादित 'दलित जीवन की कहानियाँ', डॉ. एन. सिंह द्वारा सम्पादित दलित चेतना की हिन्दी कहानियों के दो महत्त्वपूर्ण कथा संग्रह 'काले हाशिए पर' (लोकवाणी संस्थान, दिल्ली) तथा 'यातना की परछाइयाँ' भी से प्रकाशित हुए हैं।

हिन्दी में दलित चेतना के साहित्य सृजन की एक लम्बी और समृद्ध परम्परा रही है, लेकिन जो वर्ग इस प्रकार के साहित्य का उपजीव्य रहा है, उस वर्ग से भी साहित्यकार आये, इसके भी क्रमबद्ध प्रयास किये गये। इस सम्बन्ध में डॉ. सत्यनारायण व्यास का यह कथन उद्धृत करना ही पर्याप्त होगा। वह लिखते है

कि—"इस सम्पूर्ण साहित्य के प्रवाह को हिन्दी में लाने के जो प्रयत्न हुए, उसमें समानान्तर साहित्य के आन्दोलन के साथ इस साहित्य को लेकर कुछेक विशेषांक प्रकाशित हुए तथा स्वतन्त्र रूप से कतिपय रचनाओं का हिन्दी में अनुवाद किया गया। 'सारिका' नामक पत्रिका के भारतीय दलित साहित्य विशेषांक—अप्रैल-मई 1975 इस बारे में महत्त्वपूर्ण हैं। यही नहीं 'संचेतना' (मराठी दलित साहित्य विशेषांक, दिसम्बर 1982), दया पंवार कृत 'बलुतं' का अनुवाद 'अछूत', डॉ. चन्द्रकांत पाटिल द्वारा मराठी से अनूदित 'सूरज के वंशधर', डॉ. सूर्यनारायण रणसुभे द्वारा सम्पादित दलित कहानियाँ, प्र. ई. सोनकांबले की कृति 'यादों के पंछी' दलित साहित्य के विकास मार्ग के मील के पत्थर हैं।" दलित साहित्य की इस सुदीर्घ पृष्ठभूमि से प्रेरणा लेकर हिन्दी में भी कुछ दलित रचनाकारों ने साहित्य सृजन प्रारम्भ किया। अन्य आन्दोलनों की तरह इस आन्दोलन का प्रारम्भ भी कविता से ही हुआ। आधुनिक काल में दलित कविता का प्रारम्भ सितम्बर 1914 में 'सरस्वती' में प्रकाशित श्री हीरा डोम की भोजपुरी कविता से माना जाता है, जिसका शीर्षक था 'अछूत की शिकायत' इस कविता की कुछ पंक्तियाँ देखिए—

"हमनी के इनरा के निगिचे ना जाइलेजा
पाके में भरी भरी पीअतानी पानी।
पनही से पिटि-पिटि हाथ गोड़ तुरि दहल
हमनी के एतनी काही के हलकानी।"

प्रेमचन्द की 'ठाकुर का कुआं' कहानी तथा इस कविता का कथ्य एक ही है। इसके बाद चन्द्रिका प्रसाद जिज्ञासु, बिहारी लाल हरित, माता प्रसाद आदि ने हिन्दी दलित साहित्य की नींव को पुख्ता करने की कोशिश की।

लेकिन आठवें और नवें दशक में हिन्दी के दलित कवियों की एक पूरी पीढ़ी पूरी तैयारी के साथ साहित्य में प्रवेश करती है। इसमें जिन कवियों के काव्य संग्रह प्रकाश में आये उनका विवरण इस प्रकार है—डॉ. मनोज सोनकर का 'शोषितनामा', डॉ. राम शिरोमणि 'होरिल' के 'करील के काँटे' व 'जीवन राग', डॉ. सुखवीर सिंह के 'बयान बाहर', 'अनन्तर' और 'सूर्यांश', डॉ. प्रेमशंकर के 'नयी गंध', और 'कविता : रोटी की भूख तक', डॉ. दयानन्द बटोही का 'यातना की आँखें', डॉ. सोहनपाल सुमनाक्षर का 'अंधा समाज बहरे लोग', डॉ. पुरुषोतम सत्यप्रेमी के 'सवालों के सूरज' तथा 'बिक चुका हो समय जब', डॉ. चन्द्र कुमार वरठे का 'अधूरी चिट्ठी रोशनी की', श्री ओमप्रकाश वाल्मीकि का 'सदियों का सन्ताप', श्री लालचन्द्र राही की 'मूक नहीं मेरी कविताएँ', श्री जयप्रकाश नवेन्दु का 'कविताएँ 1991', श्री लालित्य ललित का 'गाँव का खत शहर के नाम और शहर का खत गाँव के नाम', श्री हरिकिशन संतोषी का 'कमलिनी', तथा डॉ. एन. सिंह

का 'सतह से उठते हुए' के अतिरिक्त उनके द्वारा ही सम्पादित दलित कवियों का पहला समवेत संकलन 'दर्द के दस्तावेज' भी प्रकाश में आया है जिसमें हिन्दी दलित कविता के लगभग सभी प्रतिनिधि कवि मौजूद हैं।

रैदास से लेकर नवें दशक तक की दलित कविता को पढ़कर यह निष्कर्ष सहज ही निकाला जा सकता है कि सम्पूर्ण दलित कविता अपमानित पीढ़ियों की पीड़ा से उपजी है। अत: उसमें उस सम्पूर्ण हिन्दू समाज व्यवस्था के प्रति विद्रोह के अंकुर हैं, जिसने मनुष्य की स्थिति पशु से भी बदतर बना दी थी। दलित कविता उन सब स्थितियों पर टिप्पणी करती हुई आगे बढ़ती है। डॉ. सत्यप्रेमी ने सत्य ही लिखा है कि—"समकालीन दलित कविता शोषित-पीड़ित, प्रताड़ित, अवमानित दलित जनसाधारण की आवाज है।"

अब दलित साहित्य पहचान के संकट से गुजरकर एक सच्चाई के रूप में स्थापित हो चुका है। उसके लिए अब भाषा का प्रश्न बहुत महत्त्वपूर्ण नहीं रह गया है कि वह मराठी का है या हिन्दी का। अब तो भारत की लगभग हर भाषा और हर हिस्से में दलित साहित्य का सृजन हो रहा है। जो चर्चा का विषय तो है ही, कुछ लोगों की बेचैनी का कारण भी बना हुआ है। यही कारण है कि कुछ साहित्यकार दलित साहित्य के सम्बन्ध में ऐसी बचकाना बातें लिख रहे हैं, जिससे दलित साहित्य की कम, उन लोगों के ज्ञान की सीमाएँ अधिक उद्घाटित हो रही हैं। उनकी सोच का एक उदाहरण देखें—"दलित शब्द साहित्य की गरिमा को नकारता है, क्योंकि न तो साहित्य ही दलित होता है, न ही साहित्यकार। दलित जैसी भावनाएँ सृजन और सृजक दोनों को कुंठित करती हैं। दलित का भाव रखकर ज्ञानोपलब्धि नहीं हो सकती।" (अपमान का द्योतक : दलित साहित्य, लेखक रत्न कुमार सांभरिया, लोक शासन, जयपुर-2, जून-1993) श्री सांभरिया के इस कथन पर खुले मन से विचार करके देखें कि 'दलित' शब्द किस साहित्य की गरिमा को नकारता है? वह साहित्य जो राजाओं, रजवाड़ों की ऐयाशियों का चित्रण तो करता ही है, देवी और देवताओं की गुह्य क्रीड़ाओं का वर्णन करने में भी गुरेज नहीं करता। लेकिन उसके लिए तकलीफ झेलते हुए शूद्र का साहित्य में प्रवेश वर्जित है। क्योंकि यदि वह साहित्य में प्रवेश करेगा, तो उससे साहित्य की गरिमा आहत होगी। किसी दलित साहित्यकार के लिए ऐसे साहित्य का कोई मूल्य नहीं। उसकी आरती बिकी हुई कलम तथा गिरवी रखी बुद्धि के लेखक उतारना चाहें तो उतारें, जिसके बदले उन्हें उनकी लिखी बकवास को आसानी से छपने का सुख ही मिल सकता है, इससे अधिक कुछ नहीं, किन्तु इससे उनकी छवि एक ऐसे नासमझ व्यक्ति की ही बनती है, जो ब्राह्मणवादी व्यवस्था के षड्यंत्र का पुनः शिकार हो गया है। श्री सांभरिया अपने लेख का प्रारम्भ करते हुए लिखते हैं—"दलित शब्द का अर्थ है, दबा हुआ, आत्मसम्मान और आत्मविश्वास की जिसमें कमी हो। अपमान, उत्पीड़न

और प्रताड़ना को जिसने अपनी नियति मान लिया हो।" इस कथन पर गौर करने पर स्पष्ट हो जाता है कि दलित 'शूद्र' अपनी ऐतिहासिक नियति और वर्तमान स्थिति के लिए स्वयं ही जिम्मेदार हैं। उसमें तत्कालीन समाज, धर्म और व्यवस्था की कोई भूमिका नहीं है। लेकिन जो व्यक्ति थोड़ा बहुत भी पढ़ा-लिखा और चेतन है तथा जिसे थोड़ी बहुत भी इतिहास की जानकारी है, वह इस हास्यस्पद तथ्य को स्वीकार नहीं कर सकता, क्योंकि जिस सामाज का नियंता-धर्म 'स्त्रीशूद्रोनाध्यितिम' की व्यवस्था देता हो, वेद मंत्र के सुन लेने मात्र से कानों में पिघला हुआ शीशा डालने की व्यवस्था देता हो, वहाँ कोई शूद्र अपनी वजह से अशिक्षित रह गया हो ऐसा नहीं है। बल्कि उसे पाठशाला जाने से रोका गया। एकलव्य का उदाहरण इसके लिए पर्याप्त है। इसलिए यह कहना कि जिसमें आत्मसम्मान, आत्मविश्वास और मनोबल की कमी हो, वही दलित है—कुतर्क के अतिरिक्त और कुछ नहीं है। इसी तरह के तथ्य श्री शैलेश मटियानी ने भी अपने लेख—'दलित लेखक और दलित साहित्य' (देखें—राष्ट्रीय सहारा, नयी दिल्ली, 26 नवम्बर 1992) में भी प्रस्तुत किये थे। उन्हें दलित लेखकों का कृतित्व और व्यक्तित्व भी बहुत छोटा लगता है। वह लिखते हैं—"छोटी कृतियों या छोटे कृतित्व को आसमान की तरफ उछालना आगे की सम्भावनाओं के रास्ते बन्द करना है।" यह किसी नासमझ व्यक्ति का कथन होता, तो बात समझ में आ सकती थी, लेकिन यह हिन्दी के एक ऐसे प्रतिष्ठित साहित्यकार का कथन है, जो जानता है कि चीजें लघुता से ही विस्तार पाती हैं, जिसे अक्षर ज्ञान नहीं, वह कल कोई इबारत लिख सकेगा? यह कल्पनातीत है। हो सकता है कि आज का दलित लेखक अपने अतीत की विसंगतियों से पीड़ित होकर साधारण रचनाएँ लिख रहा है। यदि इन साधारण रचनाओं को स्थान नहीं मिल पाया, तो कल अच्छी रचनाओं की सम्भावना भी समाप्त हो जाएगी। वस्तुत: ये हिन्दी के परम्परागत (यथास्थितिवादी) अभिजात्य लेखक आज के दलित साहित्य और दलित साहित्यकार को क्या कुछ अच्छी रचनाओं की शुभकामनाओं के कारण नकार रहे हैं। यदि ऐसा होता तो बहुत अच्छा होता, लेकिन वस्तुस्थिति इसके बिल्कुल विपरीत है। इनकी सामन्ती सोच दलित साहित्य के विरुद्ध नकार का एक षड्यन्त्र रच देना चाहती है। जैसा कि वह अतीत में भी करती रही है। मध्यकाल के सन्त कवि रैदास का काव्य किसी भी अन्य सन्त कवि के मुकाबले इक्कीस ही ठहरता है। लेकिन कौन से पाठ्यक्रम में पढ़ाया गया उसे? एक वर्ग विशेष के अतिरिक्त कौन बना उसका अनुयायी? वस्तुत: समझना यह है कि दलित साहित्य उन सारे मिथकों को तोड़ रहा है जिसके कारण एक वर्ग विशेष को सत्ता, धन, धर्म और सम्मान का आरक्षण सदियों से प्राप्त रहा है, और इन मिथकों के टूटने से धर्म का धन्धा करने वाले इन लोगों की रोजी और रोटी प्रभावित होती है। अत: ये बौखलाए हुए लोग स्वयं तो दलित साहित्य का विरोध नहीं करते, बल्कि कभी किसी रत्न

कुमार सांभरिया को और कभी किसी शैलेश मटियानी को इस मुहिम में लगा देते हैं। जो लोग इनकी शताब्दियों पुरानी कार्य-प्रणाली से वाकिफ हैं, वह जानते हैं कि यह वही लोग हैं, जो क्षत्रिय के हाथ में तलवार पकड़ाकर उसे नृशंस, अत्याचारी और क्रूर बनाते रहे हैं और स्वयं रामनामी ओढ़कर आदर्शों का उपदेश करते हुए, लूट के माल में से अपना हिस्सा दक्षिणा के रूप में वसूलते रहे हैं। इनकी जड़ें बहुत गहरी हैं और ये जड़ों में मट्ठा डालना अच्छी तरह जानते हैं। इनसे सावधान रहने की जरूरत है।

डॉ. अम्बेडकर ने एक जगह लिखा है कि "गुलाम को गुलाम होने का अहसास दिलाइये, वह इसके प्रतिरोध में भड़क उठेगा।" दलित साहित्य, दलितों को उनके दलित होने का अहसास दिला रहा है। इसके ऐतिहासिक और वर्तमान कारणों से अवगत करा रहा है तथा इससे मुक्ति के रास्ते भी बता रहा है। इसलिए प्रेमकुमार मणि ने लिखा है कि "दलितों के लिए, दलितों के द्वारा लिखा जा रहा साहित्य, दलित साहित्य है, यह विलास का नहीं आवश्यकता का साहित्य है। सम्पूर्ण विज्ञान इसकी दृष्टि है और पीड़ित मानवता का उद्धार इसका इष्ट है।" ऐसे साहित्य का विरोध पीड़ित मानवता का विरोध करना है, जो बहुत देर तक नहीं ठहर सकेगा। क्योंकि अब वह जाग्रत हो चुकी है और रचनात्मक धरातल पर वैचारिक विकास कर रही है।

दलित साहित्य लम्बे समय तक जिन समस्याओं से जूझता रहा है, उनमें से एक नामकरण की भी है। किसी साहित्य की पहचान, उसकी चेतना एवं उसके उद्देश्य से होती है। नाम एक संज्ञा है, जो उस चेतना का बोध कराती है। अत: नामकरण वैसे तो एक गौण-सी समस्या है, फिर भी महत्त्वपूर्ण इसलिए है, क्योंकि सबसे पहले व्यक्ति की दृष्टि नाम पर ही जाती है या यूँ कहें कि किसी वस्तु का पहला परिचय उसका नाम ही है। वैसे दलित साहित्य दलित साहित्यकारों में एक बहु-प्रचलित एवं सर्वमान्य नाम है। फिर भी कुछ कवि मित्र 'दलित साहित्य' के लिए कुछ अन्य नामों को प्रचलित करना चाहते हैं। वस्तुत: यहाँ उन नामों के औचित्य एवं सार्थकता पर विचार करना ही हमारा उद्देश्य है। डॉ. प्रेमशंकर हिन्दी के प्रतिष्ठित साहित्यकार हैं। वह एक अनियतकालीन बुलेटिन भी निकालते हैं जिसका नाम है—अम्बेडकरीय कविता, जिसमें मूलत: दलित चेतना की और दलित कवियों की ही कविताएँ छपती हैं। उन्होंने अपनी पुस्तक 'नई कविता : नया मूल्यांकन' में भी इस प्रकार की कविताओं का मूल्यांकन करते हुए उन्हें 'अम्बेडकरीय कविता' ही कहा है। वह लिखते हैं कि—"सन् 1980 के उपरान्त अम्बेडकरीय कविता में तेजी आती है। प्रेमशंकर द्वारा अखिल भारतीय दलित साहित्य अकादमी की स्थापना ने अनेक पुराने और नये कवियों का समूह उत्पन्न कर दिया।"

प्रेमशंकर ने इसके पाँच सूत्र दिये, जो सर्वसम्मति से सभी कवियों ने मान लिए। इसमें डॉ. रामदयाल मुण्डा, रघुनाथ प्यासा, प्रेमशंकर, मलखान सिंह, मेघ सिंह, माणिक मृगेश, आनन्दस्वरूप, रणजीत सिंह, रामविलास शास्त्री, डॉ. चन्द्र कुमार वरठे, डॉ. दयानन्द बटोही, डॉ. शकुन्तला चौधरी, राजकुमारी राजा, डॉ. नगीना सिंह (डॉ. एन. सिंह), तिरखाराम, दुर्गाप्रसाद निशांत आदि कवि अपनी प्रजातांत्रिक मूल्यों के प्रति समर्पित अम्बेडकरीय कविता को नूतन दिशाएँ दे रहे हैं—अब केवल अम्बेडकरीय कविता या प्रजातांत्रिक मूल्यों से सिक्त कविता ही आज की कविता के रूप में विद्यमान है और भविष्य में यही कविता अपने अस्तित्व का वर्चस्व स्थापित करके मानवीय अवधारणाओं को नूतन मार्ग देगी।" (नयी कविता : नया मूल्यांकन, पृ. 115)

अब प्रश्न यह उठता है कि डॉ. प्रेमशंकर इस कविता को अम्बेडकरीय कविता क्यों कह रहे हैं? क्या इसलिए कि यह कविता प्रजातांत्रिक मूल्यों को समर्पित है और भारतीय प्रजातंत्र के संविधान निर्माता डॉ. अम्बेडकर की विचारधारा को रूपायित करती है? इसलिए यह अम्बेडकरीय कविता है। यदि हम इस तथ्य पर विचार करें तो इसके विसंगत होने का एहसास होता है। जैसे जब पन्त जी अरविन्द दर्शन पर आधारित कविताएँ लिखते हैं, तो क्या उन्हें 'अरविन्दीय कविता' कहा जाए? यहाँ तक कि मार्क्स के विचारों से अनुप्राणित होकर हिन्दी में विपुल साहित्य लिखा गया, लेकिन उसे भी विद्वानों ने और स्वयं रचनाकारों ने भी 'प्रगतिवादी' कविता या साहित्य ही कहाँ अम्बेडकरीय कविता या साहित्य एक अटपटा, असंगत और व्यक्तिवादी नाम है। जो कविता और साहित्य के क्षेत्र को सीमित करता है। जबकि इसके विस्तार की असीम सम्भावनाएँ हैं। जैसा कि स्वयं डॉ. प्रेमशंकर भी मानते हैं कि—"ये कविता (और साहित्य भी) भविष्य की कविता होगी।" और डॉ. सत्यप्रेमी लिखते हैं कि—"यह साहित्य केवल आज को ही प्रभावित नहीं करने वाला है, भविष्य को भी प्रभावित करेगा। क्योंकि अभिजात्य या सामन्ती, या ब्राह्मणवादी साहित्य आज की समकालीन स्थिति में पीलिया साहित्य है और जीवन शक्ति का साहित्य यदि है तो वह है दलित साहित्य।" इसलिए इसके नामकरण पर भी थोड़ा-सा गम्भीर होकर सोचने की आवश्यकता है।

डॉ. देवेन्द्र दीपक इस प्रकार की कविताओं को 'अन्त्यज कविताएँ' कहते हैं। वह अपने काव्य संग्रह 'हम बौने नहीं' की भूमिका 'पूर्विका' में लिखते हैं कि—'हम बौने नहीं' संग्रह की कविताएँ शिल्प और विचारणा की दृष्टि से मेरे पूर्व प्रकाशित संग्रहों की कविताओं से किंचित भिन्न हैं। ये अन्त्यज कविताएँ हैं—हम बौने नहीं की अन्त्यज कविताओं की यही पृष्ठभूमि है। सामाजिक और आर्थिक न्याय से वंचित व्यक्तियों की व्यथा और उनकी संघर्ष स्फूर्ति ही इन कविताओं का

केन्द्रीय भाव है। करुणा की माँग में नहीं, समता की माँग में इन कविताओं का उत्स है- "अन्त्यज कविताओं में आक्रोश है।" (हम बौने नहीं, पृ. 7 और 8) डॉ. दीपक की दृष्टि में 'अन्त्यज कविता' अन्य कविताओं से अलग है।

यह सामाजिक और आर्थिक न्याय के विरुद्ध है, यह दया नहीं समता के लिए संघर्षरत है और इसमें आक्रोश भी है। यह सभी विशेषताएँ दलित साहित्य की हैं। फिर भी डॉ. दीपक इन्हें 'अन्त्यज कविताएँ' कहते हैं। क्योंकि शूद्र को हिन्दू धर्मशास्त्रों में अन्त्यज ही कहा गया है। इसलिए अपने हिन्दू संस्कारों से विवश डॉ. दीपक उन्हें 'अन्त्यज कविताएँ' कहते हैं। जबकि यह कविता हिन्दू धर्म, शास्त्रों और संस्कारों को नकार कर ही आगे बढ़ती है। वैसे भी 'अन्त्यज' का शाब्दिक अर्थ है 'अन्त से उपजा है जो' और व्यक्ति तथा साहित्य का जन्म न तो अथ से होता है और न ही इति (अन्त) से ही अतः दलित साहित्य के लिए इस नाम को कतई स्वीकार नहीं किया जा सकता। क्योंकि इसमें से उस हिन्दू धर्म की दुर्गन्ध आती है, जिसके कारण दलित अपनी इस अधोगति तक पहुँचे हैं। इसमें उनके नकार का नहीं, स्वीकार का बोध है।

फिर इस साहित्य का नाम 'दलित साहित्य' ही क्यों रखा जाए? यहाँ दलित शब्द का अर्थ समझ लिया जाए तो 'दलित साहित्य' की सम्पूर्ण अवधारणा स्वयमेव ही समझ में आ जाएगी। 'दलित' का शाब्दिक अर्थ है—जिसका दलन या उत्पीड़न किया गया हो। यह उत्पीड़न चाहे शास्त्र द्वारा किया गया हो अथवा शस्त्र द्वारा। इसलिए इस शब्द की सीमा में केवल शूद्र ही नहीं आते, बल्कि स्त्री और पिछड़े वर्ग के साथ अन्य सवर्ण जातियों के वह लोग भी आते हैं, जिनका किसी भी दशा में मानसिक अथवा आर्थिक शोषण हुआ है। विस्तार की दृष्टि से 'दलित साहित्य' भारतीय समाज के बहुजन का साहित्य है, जो असमानता पर आधारित आभिजात्यवाद के कलात्मक झूठ का पर्दाफाश करने की क्षमता रखता है। डॉ. पुरूषोत्तम 'सत्यप्रेमी' 'दलित साहित्य' के विस्तार को रेखांकित करते हुए लिखते हैं कि— "दलित साहित्य में प्रयुक्त 'दलित' शब्द के अन्तर्गत संविधान या शासन द्वारा घोषित अनुसूचित जाति, अनुसूचित जनजाति एवं पिछड़े वर्ग की जातियों के लोग ही नहीं आते अपितु 'दलित' शब्द एक संवेदन है, विचार है जिसका अर्थ दबाया गया से है, दबा हुआ नहीं। सामाजिक, आर्थिक, राजनैतिक एवं सांस्कृतिक दृष्टि से शास्त्र एवं शस्त्र के बल पर दबाया गया मनुष्य किसी भी जाति, वर्ण, धर्म, मत, पंथ एवं भौगोलिक क्षेत्र का हो सकता है।" (सुमनलिपि, मासिक, फरवरी-मार्च 1994, पृ. 5) दलित साहित्य के उद्देश्यों को स्पष्ट करते हुए वे एक अन्य स्थान पर लिखते हैं कि—"भारत के सन्दर्भ में शताब्दियों की पारम्परिक समाज संरचना के अन्तर्गत, ब्राह्मणी, सामन्ती व्यवस्था के द्वारा शस्त्र के बल पर वेदोपनिषद के पठन-पाठन से

प्रतिबंधित और उपनयन संस्कारादि से प्रवंचित बहुजन समुदाय यानी बहिष्कृत एवं तिरस्कृत अनेक जातियों, उपजातियों, कबीलों-जमातों में विभक्त किन्तु शोषण, उत्पीड़न-अपमान की जन्म घूँटी पीने वाले दल विशेष के जनसाधारण ही दलित हैं– आज का दलित आन्दोलन आर्थिक–सांस्कृतिक शोषण से मुक्ति एवं समाजेतिहास की प्रज्ज्वलता का आन्दोलन नहीं है, अपितु वह 'अस्मितादर्शी मानव की प्रतिष्ठा' का और 'मानव की मानव से मुक्ति' का स्वतन्त्रता, समानता, बन्धुत्व तथा अन्याय पर आधारित, सत्यमेव जयते के बहुजन हिताय-बहुजन सुखाय की वैज्ञानिक सामाजिक संरचना का सृजनात्मक आन्दोलन भी है। जिसमें 'अपना दीपक आप बनो' की लोक चेतना के कारण निषेध, विद्रोह और संघर्ष के क्रान्ति मूल्य समाहित हैं और 'शिक्षित बनो, संगठित रहो, और संघर्ष करो' की सामूहिक दलित लोक शक्ति की गतिशीलता भी है।" (अगुंत्तर-अंक दो, जनवरी से मार्च 1994, पृ. 24) इस प्रकार के साहित्य को सर्वप्रथम डॉ. अम्बेडकर ने ही दलित साहित्य कहा था। उनकी अद्‌भुत चेतना का ही परिणाम है कि दलित साहित्य महाराष्ट्र में विपुल मात्रा में लिखा गया और अब स्थिति यह है कि 'दलित साहित्य' ही मराठी साहित्य की मुख्य धारा है। इसलिए कुछ विद्वान मित्र हिन्दी 'दलित साहित्य' पर मराठी दलित साहित्य की कलम होने का आरोप लगाते हैं जो सरासर मिथ्या और तथ्यातीत है। इसी से प्रेरित होकर हमारे कुछ अति उत्साही दलित साहित्यकार इस साहित्य के लिए कुछ अन्य नाम प्रचलित करना चाहते हैं जिससे इस साहित्य का क्षेत्र सिमटकर केवल शूद्रों तथा अम्बेडकर की जाति तक ही रह जाए। यही मन्तव्य है इन लोगों का जो निरर्थक मानसिक कसरत के अतिरिक्त और कोई खास महत्त्व नहीं रखता।

कुछ अन्य विद्वानों का मत है कि साहित्य 'दलित' हो ही नहीं सकता और न ही साहित्यकार। भला जब 'सन्त साहित्य' हो सकता है, 'नाथ साहित्य' हो सकता है, और 'बौद्ध साहित्य' हो सकता है, तो दलित साहित्य क्यों नहीं हो सकता? अतः इस मुद्दे पर विचार करना सर्वथा निरर्थक है। जो लोग इस नाम पर सिद्धान्त का लबादा ओढ़कर आपत्ति करते हैं, वस्तुतः उनका मन्तव्य कुछ और है। इसे हम उ.प्र. और मध्यप्रदेश की भाजपा सरकारों द्वारा लिए गये उस निर्णय के परिप्रेक्ष्य में देखें जिसके अनुसार–"अब कोई भी व्यक्ति किसी सरकारी प्रपत्र में 'हरिजन' या दलित शब्द का प्रयोग नहीं करेगा। बल्कि इसके स्थान पर केवल 'अनुसूचित जाति' शब्द का प्रयोग करेगा।" इन हिन्दूवादी सरकारों ने ऐसा क्यों किया? इसका मुख्य कारण है कि 'दलित' शब्द के अन्तर्गत 'शूद्र' या 'हरिजन' ही सम्मिलित नहीं हैं, बल्कि भारत की आबादी का आधा हिस्सा 'स्त्री' के साथ 'शूद्र' और पिछड़ी जातियाँ भी शामिल हैं। जिन्हें बहुमत में देखकर मुसलमान भी इनके साथ जुड़ गया है। यदि हम इसे थोड़ा सा और विस्तार दें तो इसमें वह प्रत्येक व्यक्ति

शामिल है, जिसका किसी भी प्रकार से आर्थिक, मानसिक अथवा सामाजिक शोषण हुआ है और शोषण का आधार शस्त्र या शास्त्र रहा है। इसी आधार पर कुछ दलित नेता स्वयं को भारत की 85 प्रतिशत आबादी का नेता होने का दावा करते हैं। इस बहुमत को तोड़ने के लिए इन हिन्दूवादी सरकारों ने यह आदेश जारी किया। इसी प्रकार यह साहित्य बहुजन का साहित्य न बन जाए, इस विस्तार भय से यह साहित्यकार 'दलित साहित्य' के लिए कुछ अन्य नाम प्रचलित करना चाहते हैं। इसलिए हमारा विनम्र मत है कि इस साहित्य को निर्विवाद रूप से 'दलित साहित्य' ही कहा जाए।

इस सन्दर्भ में एक और महत्त्वपूर्ण प्रश्न रह जाता है कि 'दलित साहित्य' किसे कहा जाए और दलित साहित्यकार किसे? क्या केवल 'दलितों के लिए, दलितों के द्वारा लिखा गया साहित्य ही दलित साहित्य है।' क्या गैर-दलित साहित्यकारों द्वारा दलित समस्याओं पर लिखा गया साहित्य भी दलित साहित्य के अन्तर्गत आता है? इस मुद्दे पर सभी दलित विद्वान लगभग एकमत हैं कि– "दलितों द्वारा, दलितों के लिए लिखा गया साहित्य ही दलित साहित्य है।" क्योंकि यदि कोई गैर-दलित लेखक दलित समस्याओं पर लिखता है, तो उसमें सहानुभूति होती है, आक्रोश नहीं। इस सन्दर्भ में श्री मोहनदास नैमिशराय का कथन द्रष्टव्य है– "दूर बैठकर कल्पना के आधार पर दलितों की पीड़ा के वर्णन को दलित साहित्य कहना न्यायसंगत नहीं। यह बिल्कुल ऐसे ही होगा, जैसे दलित शोषितों को दूर से फेंककर रोटी दान करना। जबकि दलित वर्ग से आये लेखकों ने जो लिखा उनकी रचनाओं में अथाह पीड़ा रही, आक्रोश का ज्वार बार-बार उफनता रहा, इसलिए कि वे सामाजिक विषमता के भुक्तभोगी थे।" (भीम चेतना, पृष्ठ 23) हिन्दू धर्मशास्त्रों पर आस्था रखकर दलित समस्याओं का समाधान नहीं हो सकता। इसके ऐतिहासिक प्रमाण हैं। जिन पर विचार करते हुए डॉ. विमलकीर्ति लिखते हैं कि– "जो महात्मा गाँधी और विवेकानन्द स्वयं हिन्दूवाद से, जातिवाद से मुक्त नहीं हुए, जो हिन्दू धर्मशास्त्रों की गुलामी से मुक्त नहीं हुए, वे दलितों की, पिछड़ों की मुक्ति के आदर्श पुरूष कैसे हो सकते हैं।" (अंगुत्तर, अंक तीन, अप्रैल से जून-1994, पृष्ठ 5) गैर-दलित लेखकों के लिए दलितों की यन्त्रणा भयावह एवं रोमांचक हो सकती है, वह उसका वर्णन किसी दलित लेखक से भी अच्छा कर सकते हैं, लेकिन यह होगा उस छात्र द्वारा 'रेलयात्रा' पर लिखे निबन्ध जैसा ही जिसने रेल यात्रा की नहीं, केवल पढ़ी है। अतः उसकी प्रामाणिकता निःसन्देह सन्देहास्पद है और उससे न किसी दलित का भला होगा और न ही साहित्य का।

ठीक इसी तरह प्रेम कविताएँ लिखने वाले उस साहित्यकार को भी, जो दलित वर्ग का तो है, लेकिन दलित समस्याओं से लेखन के स्तर पर उसका कोई सरोकार नहीं है। क्या उसे हम दलित साहित्यकार कहेंगे? फिर दलित साहित्यकार कौन

है? इस प्रश्न के उत्तर में हमें किसी दलित साहित्यकार के सम्पूर्ण साहित्य से गुजरना होगा और उसकी मूल चेतना को पकड़ना होगा। यदि वह सर्वात्मना दलित चेतना को समर्पित है, तो दलित साहित्यकार है, अन्यथा नहीं। इस सन्दर्भ में हम प्रेमचन्द को लें। प्रेमचन्द ने दलित समस्याओं पर कई कहानियाँ लिखीं और पूरी ईमानदारी से लिखीं। लेकिन क्या हम उन्हें दलित साहित्यकार मान सकते हैं और उनके साहित्य को दलित साहित्य? लेकिन फिर भी हमें दलित साहित्य की परिभाषा को थोड़ा विस्तार तो देना ही होगा और मेरे दृष्टिकोण से– "उत्पीड़न की रचनात्मक चेतना ही दलित साहित्य है, जो शस्त्र और शास्त्र के उत्पीड़न से मानव मुक्ति के लिए एकजुट होकर संघर्ष करने का आहवान करती है।" इस आधार पर किसी भी साहित्यकार के साहित्य के मूल्यांकन करने पर, उसके वर्ग पर दृष्टिपात करने की आवश्यकता नहीं रहेगी और साहित्य को तय करने में भी आसानी रहेगी।

दलित साहित्य के सम्मुख इस समय कई प्रकार की चुनौतियाँ हैं। एक ओर जहाँ उसे अपना क्षेत्र विस्तार करना है, वहीं दूसरी ओर अपनी वैचारिक प्रतिबद्धता को भी तय करना है। आज साहित्यिक मंच भी राजनीतिक अखाड़े बन गये हैं। इन अखाड़ेबाज साहित्यकारनुमा राजनीतिज्ञों से बचते हुए ही दलित साहित्य को आगे बढ़ना है। दलित साहित्य चूंकि भारत की दलित जनता में जागरण का शंखनाद कर रहा है, इससे सत्ता के समीकरण बदलते हुए प्रतीत हो रहे हैं। जिसका तत्कालीन परिणाम यह निकला है कि राष्ट्रवादियों (हिन्दुत्ववादियों) ने दलित साहित्य के प्रसार को रोकने के लिए कुछ कार्यक्रम तय किये हैं। उनमें से एक उनके द्वारा लिखे गये उस साहित्य को बाजार तथा मुफ्त वितरण के लिए प्रचुर मात्रा में उपलब्ध करवाना भी है जिसमें डॉ. अम्बेडकर को पूरी तरह हिन्दूवादी तथा मुस्लिम विरोधी साबित किया गया है।

इसका एक उदाहरण देखें–श्री गौरीशंकर रस्तोगी अपने एक लेख 'समता के सेनानायक' में लिखते हैं कि–"यदि आज बाबा साहब अम्बेडकर हमारे बीच होते तो वे भगवान श्री रामलला के पावन मन्दिर निर्माण के इस रचनात्मक कार्यक्रम में अग्रणी पंक्ति में सेनानायक के रूप में राष्ट्र का नेतृत्व कर रहे होते।" इसी लेख में वह आगे लिखते हैं–"अन्त में यही कहना अधिक तर्कसंगत होगा कि अयोध्या में रामजन्म स्थान पर भगवान श्री रामलला के मन्दिर का पावन निर्माण करना ही प्रातः स्मरणीय स्वर्गीय बाबा साहब अम्बेडकर की जन्म शताब्दी के पुनीत पर्व पर उनके प्रति इस कृतज्ञ राष्ट्र की श्रेष्ठ श्रद्धांजलि होगी।" (पांचजन्य, समरसता अंक, 17 मार्च, 1991, पृ. 71 एवं 72) बाबा साहब जीवन भर हिन्दू धर्म को कोढ़ समझकर झेलते रहे और अन्त में अपनी मृत्यु से कुछ ही पहले उन्होंने इस कोढ़ से मुक्ति पायी। उनके सम्बन्ध में इस प्रकार का कथन कितना बड़ा झूठ और छलावा है। दलित साहित्यकारों को इस साजिश को समझना है कि कौन हैं वह लोग जो डॉ.

अम्बेडकर को उस राम के बराबर बैठा रहे हैं, जो शम्बूक जैसे शूद्र ऋषि का हत्यारा था। वस्तुतः समझना यह है कि इन लोगों का इरादा क्या है? देखने में यह उदार लगते हैं, जो अयोध्या में राम मन्दिर का शिलान्यास किसी पासवान से करवा देते हैं। कभी बिहार में किसी डोम राजा के हाथ का परसा हुआ भोजन ग्रहण करते हैं।

क्या उस प्रस्तावित मन्दिर का पुजारी भी वे किसी पासवान को बनवा सकते हैं? जो बाबरी मस्जिद के विध्वंस की तिथि 6 दिसम्बर तय करते हैं, जो डॉ. अम्बेडकर की पुण्यतिथि है। ये वहीं लोग हैं जो भारत में संसद के समान्तर 'धर्म संसद' चलाते हैं। वस्तुतः ये लोग लोकतन्त्र (जो किसी दलित को सर्वोच्च पद तक पहुँचने वाली प्रक्रिया है) और भारतीय संविधान (जो किसी दलित द्वारा रचित तथा भारतीय लोकतन्त्र का नियामक और प्रहरी है) को तोड़कर इस देश में तानाशाही (रामराज्य) की स्थापना करना चाहते हैं। जिसमें 'धर्म संसद' के कानून लागू होंगे जिसका आधार होगा 'मनुस्मृति'।

और आपको याद होगा कि अभी बंगाल में एक स्त्री अरून्धति राय के वेदपाठ पर आपत्ति की गयी, कुछ वर्ष पूर्व दलितों द्वारा नाथद्वारा मन्दिर प्रवेश को अनुचित ही नहीं ठहराया, बल्कि हमलावर की तरह उन्हें रोका गया। सती प्रथा की वकालत की गयी और यह सब किया गया 'धर्म संसद' के सर्वेसर्वा एक शंकराचार्य द्वारा। वस्तुतः ये लोग अम्बेडकर को भगवान बनाकर कहीं उनका मन्दिर बनवा देंगे, आरती भी खुद ही लिखेंगे, और दलितों के हाथों में घंटी थमा देंगे, ताकि वे जीवन भर इस आरती को गाते रहें, अपने हक के लिए न लड़ सकें। इन तथाकथित धार्मिक उदार लोगों की इस साजिश को समझना है, इसे नाकाम करने की कोशिश करनी है।

क्योंकि आज नहीं तो कल दलित साहित्यकारों को भी खरीदने के प्रयास शुरू किये जाएँगे। कभी पद प्रतिष्ठा देकर, कभी पुरस्कार, सम्मान और उपाधि देकर। इन सभी स्थितियों पर विचार करके ही दलित लेखकों को अपनी प्रतिबद्धता तय करनी है। क्योंकि वे संघर्ष की उस भूमिका के वाहक हैं जो स्थायी होती है।

इसके अतिरिक्त दलित साहित्य के सामने जो महत्त्वपूर्ण प्रश्न है, उसमें से एक यह है कि यह साहित्य भारतीय परम्परा के अनुरूप नहीं है। दूसरा यह है कि यह कलात्मक नहीं है। इन दोनों आधारों पर ही आज दलित साहित्य को नकारा जा रहा है। इस संदर्भ में दलित साहित्यकारों को यह समझना होगा कि भारतीय परम्परा क्या है? क्या वह हमारी भी परम्परा है? भारतीय परम्परा में आते हैं—राम, जिसने शम्बूक की हत्या इसलिए कर दी थी कि वह अछूत होकर तपस्या कर रहा था। भारतीय परम्परा में आते हैं—द्रोण। जिन्होंने एकलव्य का अँगूठा इसलिए कटवा दिया कि वह धनुषबाण चलाना सीख गया था और आगे चलकर अपनी पूरी जाति को प्रशिक्षित कर सकता था। जो तत्कालीन सत्ताधारी और द्रोण के आश्रयदाताओं

को चुनौती दे सकता था। भारतीय परम्परा में आते हैं— गाँधी। जिन्होंने 'अछूतीस्तान' की माँग को तो स्वीकार होने ही नहीं दिया, दलितों के लिए पृथक निर्वाचन की व्यवस्था को भी नहीं होने दिया। जिसके कारण जितना दलित अहित हुआ है, आज उसका आकलन करना भी असम्भव है, जो किसी भी सोचने वाले व्यक्ति को असह्य पीड़ा देता है। तो जहाँ तक हमारी परम्परा का प्रश्न है, वह अपमान, घृणा, दरिद्रता और अशिक्षा की परम्परा है। इसी कारण विरोध, विद्रोह और संघर्ष की परम्परा है। यह सन्त रैदास, महात्मा फुले, डॉ. अम्बेडकर की परम्परा है। जिसमें किसी प्रकार का कोई भटकाव नहीं है।

जहाँ तक कलात्मकता का प्रश्न है, इस सन्दर्भ में श्री बी.एल. नय्यर का मत बहुत स्पष्ट है कि प्रत्येक चीज जो व्यक्ति को अपनी ओर आकर्षित करने की क्षमता रखती है। चाहे वह अपने बेढंगेपन के कारण ही क्यों न हो, कलात्मक है। आज मराठी दलित साहित्य के सम्बन्ध में यह बात बराबर उठाई जाती रही है कि मराठी का दलित साहित्यकार, सवर्ण साहित्यकार से अच्छा गद्य लिख रहा है। यह स्थिति मराठी दलित साहित्यकारों की निरन्तर 75 वर्षों की साधना का प्रतिफल है जो हिन्दी के लिए थोड़ी दूर की बात है। लेकिन फिर भी हम देखते हैं कि श्री ओमप्रकाश वाल्मीकि का गद्य और कहानियाँ अपनी कलात्मकता में किसी भी हिन्दी साहित्यकार से कम नहीं है, श्री मोहनदास नैमिशराय, डॉ. प्रेमशंकर एवं डॉ. पुरूषोत्तम 'सत्यप्रेमी' भी बहुत सधा हुआ गद्य लिख रहे हैं। यह बात मैं इससे पूर्व भी अपने एक साक्षात्कार में कह चुका हूँ (देखें— हिन्दी साहित्य का बासीपन दूर कर रहा है दलित साहित्य, सुमन लिपि, अक्टूबर-नवम्बर 1993, पृ. 35) चूंकि हिन्दी दलित साहित्य अपने पहले चरण में है, इसलिए अभी उससे परिपक्व शिल्प की अपेक्षा नहीं की जा सकती है। जिन विद्वानों को यह कमजोरी दिखाई देती है, वह दलित साहित्य की कम उनका अपना दृष्टिकोण अधिक है। दलित साहित्य का शब्द सौन्दर्य प्रहार में है, सम्मोहन में नहीं। वह समाज और साहित्य में शताब्दियों से चली आ रही सड़ी-गली परम्पराओं पर बेदर्दी से चोट करता है। वह शोषण और अत्याचार के बीच हताश जीवन जीने वाले दलित को लड़ना सिखाता है। वह सिर पर पत्थर ढोने वाली मजदूर महिला को उसके अधिकारों के विषय में बतलाता है। उसे धर्म की भूलभुलैया से निकालकर शोषण से मुक्ति का मार्ग दिखाता है। इसके लिए जिस शाब्दिक प्रहार क्षमता की आवश्यकता होती है वह उसमें है और यही दलित साहित्य का शिल्प सौन्दर्य है। लेकिन रेत में सिर गढ़ाकर हम बहुत देर तक रात को दिन नहीं कह पाएँगे। हमें दलित साहित्य के सौन्दर्यशास्त्र का विकास तो करना ही होगा। इसके लिए दलित साहित्यकारों को कठोर साधना करनी होगी और रचना को जब तक वह उच्च मानदण्डों तक न पहुँचे, छपने से परहेज करना होगा। भले ही थोड़ी देर लगे, श्रम और शक्ति का थोड़ा अधिक प्रयोग करना पड़े। लेकिन

जल्दबाजी में किसी भी रचना को छपने के लिए न भेजें।

इस सिलसिले में एक बात और कहकर मैं अपनी बात समाप्त करूँगा। दलित साहित्यकारों को आलोचकों की उदासीनता से परेशान नहीं होना चाहिए। हिन्दी में आलोचना की स्थिति वैसे भी बहुत अच्छी नहीं है क्योंकि वह खेमों में बँटी हुई है। जो अपने खेमे का रचनाकार है, वह श्रेष्ठ तथा जो अपने खेमे का रचनाकार नहीं है, वह या तो रचनाकार है ही नहीं, यदि है तो निकृष्ट कोटि का। ऐसी स्थिति में कोई आलोचक दलित लेखकों की कृतियों पर लिखेगा, इसकी कतई उम्मीद नहीं है।

अत: इस षड्यन्त्र को दलित लेखकों को स्वयं ही तोड़ना होगा और इसका एक ही रास्ता है जो छायावादी रचनाकारों और बाद में प्रगतिवादियों ने अपनाया कि हम लोग आपस में ही एक दूसरे की रचनाओं पर लिखें, लेकिन पूरी ईमानदारी और तटस्थता के साथ क्योंकि ऐसी स्थिति में आलोचना के आत्मग्रस्त हो जाने का पूरा खतरा है और लेखकों के लिए इससे खतरनाक कोई बात नहीं है।

हिन्दी दलित कविता

मनुष्य की जन्मजात प्रवृत्ति है कि सबल दुर्बल को दबाता और पीड़ित करता रहा है। हिन्दू धर्म की नींव इसी शाश्वत सत्य पर रखी गयी है। वेद यदि दुनिया के सबसे पुराने ग्रन्थ हैं, तो भारतीय सभ्यता और संस्कृति भी सबसे पुरानी है और शूद्रों का सामाजिक, धार्मिक, आर्थिक और मानसिक शोषण भी इस समाज व्यवस्था में उतना ही पुराना है। धार्मिक दृष्टि से भी शूद्रों का किसी धार्मिक अनुष्ठान में प्रवेश निषिद्ध हो गया। वेद मन्त्रों के उच्चारण तथा धर्म शास्त्रों के पढ़ने की बात तो शिक्षा न होने के कारण सम्भव ही नहीं थी। लेकिन इनका सुनना भी पाप करार दिया गया। श्री वियोगी हरि ने अपनी सम्पादित पुस्तक 'हमारी परम्परा' की भूमिका में लिखा है कि "यदि कोई शूद्र वेद मन्त्रों को सुन भी ले तो उसके कानों में पिघला हुआ शीशा डाल देने की और यदि मन्त्रों का उच्चारण करे तो उसकी जिव्हा काट देने की तत्कालीन धर्म में व्यवस्था थी।"

रामराज्य में ब्राह्मणों द्वारा शिकायत करने पर 'शम्बूक' नामक शूद्र उपासक की राम द्वारा हत्या का उल्लेख मिलता है, तथा महाभारत काल में द्रोणाचार्य द्वारा एकलव्य का अँगूठा कटवा लेने की कथा तो सर्वविदित है ही। शूद्र जो दास है, वह सार्वजनिक सम्पत्ति है। इस रूप में समाज द्वारा उसकी स्त्रियों को भी सार्वजनिक सम्पत्ति समझ कर उपभोग की सामग्री मात्र समझा गया। कुल मिलाकर निष्कर्ष यह है कि इस वर्ण के लोगों का सर्वस्व हरण कर इस दयनीय स्थिति तक पहुँचा दिया गया था कि शूद्रों और पशुओं में कोई अन्तर नहीं रह गया था। मजे की बात ये है हिन्दू समाज के इस बहुसंख्यक वर्ग में इस मानवद्रोही, धार्मिक, सामाजिक व्यवस्था के विरुद्ध कभी विद्रोह नहीं जागा। इसी से दमन की भयावहता का अन्दाजा लगाया जा सकता है। नहीं तो इस वर्ण में भी कोई परशुराम पैदा हो गया होता, जो अन्याय, विभेद और शोषण से युक्त इस समाज व्यवस्था के नियन्ताओं से भारतभूमि को पूर्णतः मुक्त कराने की प्रतिज्ञा ले लेता।

इसका परिणाम यह हुआ कि 15वीं शताब्दी तक हमें किसी भी दलित साहित्यकार का उल्लेख नहीं मिलता। किन्तु अवरोध कितने भी और कितने ही बड़े क्यों न हों, मानवता का विकास अवरुद्ध नहीं हो सकता। वह विकसित होती रही।

15वीं शताब्दी के मध्य में रैदास का जन्म हुआ और यही रैदास आगे चलकर 'दलित कविता' के आदि कवि हुए और इन्होंने सन्तकाव्य की अजस्त्र परम्परा में प्रतिष्ठा प्राप्त की। यह कोई आकस्मिक घटना नहीं है कि मध्यकाल के अधिकांश सन्त कवियों ने प्रभु को अपने घट के अन्दर ढूँढ़ा और पाया है। इसका स्पष्ट कारण है कि जब इन निम्नवर्गीय लोगों के लिए मन्दिर प्रवेश निषेध था, तो उन्होंने उसके विकल्प की तलाश की और मन्दिर के अस्तित्व को ही नकार दिया। जहाँ कुछ लोगों ने भगवान को बन्दी बना रखा था और अपने आर्थिक हितों के कारण उसकी पूजा-उपासना का अधिकार भी कुछ धनी लोगों को ही दे रखा था। इन खुले दिल और दिमाग के सन्तों ने उसे अपने दिल में ही पाया तो कोई आश्चर्य नहीं।

रैदास पहले दलित कवि ही नहीं हैं वह दलित चेतना के प्रथम कवि भी हैं। उनका जन्म बनारस के पास मडुहाडीह नामक ग्राम में संवत् 1433 वि. में एक चमार परिवार में हुआ था। उनके पिता का नाम राघवदास और माता का नाम कर्माबाई था। उनकी पत्नी का नाम लोना था। यह लोना चमारी आज तक भी चमार परिवारों में एक दैवी शक्ति के रूप में जानी जाती है। जिसका नामोल्लेख कई प्रकार के टोनों-टोटकों में आज भी किया जाता है। रैदास ने अपने निवास के लिए काशी को चुना, जो ब्राह्मण संस्कृति का गढ़ था और जहाँ किसी शूद्र के प्रतिष्ठित होने की सबसे कम सम्भावनाएँ थीं। रैदास उसी काशी में रहे, ब्राह्मणों से कई बार टक्कर ली, उन्हें पराजित किया और स्थापित किया कि व्यक्ति की आस्था, ज्ञान से बहुत बड़ी होती है। यह उनके व्यक्तित्व का प्रभाव है कि राणा सांगा के राजपरिवार ने मीरा और महारानी झाली के माध्यम से उन्हें अपना गुरु ग्रहण किया। उनका देहान्त चित्तौड़ में सं. 1584 वि. में हुआ। रैदास के चालीस पद सबसे पहले सन् 1604 में गुरु अर्जुनदेव ने सिक्खों के धर्मग्रन्थ 'गुरु ग्रन्थ साहब' में संकलित किये थे। लेकिन अब तक रैदास के लगभग ढाई सौ पद और लगभग सवा दो सौ साखियाँ तथा एक लघु ग्रन्थ 'प्रह्लाद चरित्र' उपलब्ध और प्रकाशित हो चुके हैं।

रैदास ने दलित समाज में प्रचलित लगभग सभी कुरीतियों, व्यसनों पर प्रबल कुठाराघात किया है। जिससे प्रमाणित होता है कि समाज की धड़कनों पर उनकी गहरी पकड़ थी। उसे नियंत्रित करने और दिशा निर्देश देने में वे पूर्ण सक्षम थे।

रैदास ने जिस हिन्दू समाज के विरुद्ध विद्रोह के बीज बोये थे वह लगभग साढ़े तीन शताब्दी के बाद अंकुरित हुए और दलित समाज को डॉ. अम्बेडकर के रूप में पहली बार एक प्रखर व्यक्तित्व मिला जो इसके लिए ज्योति स्तम्भ साबित हुआ। जिसने युगों से अँधेरे में भटकते हुए इस वर्ग को राह दिखाने का काम किया। डॉ. अम्बेडकर ने हिन्दू धर्म की आत्मा-परमात्मा, अवतारवाद, भाग्यवाद, पुनर्जन्मवाद जैसी सभी परिकल्पनाओं का विरोध किया और बताया कि वर्ण-व्यवस्था और

जातिवाद पर आधारित शोषणतन्त्र के ये सभी उपकरण हैं। जब तक हम इनसे मुक्त नहीं होंगे तब तक हमारी परेशानियाँ दूर नहीं होंगी। इसी चिन्तन का निष्कर्ष यह निकला कि उन्होंने नागपुर की सभा में अपने पाँच लाख अनुयायियों के साथ हिन्दू धर्म त्याग कर बौद्ध धर्म को ग्रहण कर लिया। लेकिन उन्हें लगा कि इस समस्या का यह आंशिक समाधान है। इस रोग की जड़ें बहुत गहरी हैं। इसलिए इसे लम्बे इलाज की आवश्यकता है। अतः उन्होंने नारा दिया– "शिक्षित बनो, संगठित हो और संघर्ष करो।" अपने लक्ष्यों की प्राप्ति के लिए डॉ. अम्बेडकर ने महाराष्ट्र के गाँव-गाँव में अध्ययन केन्द्र खोले, बम्बई से एक अखबार निकाला, जिससे दलित समाज को अभिव्यक्ति के महत्त्व का पता चला और यहाँ से दलित साहित्य के सृजन का सूत्रपात हुआ। जिसका प्रारम्भिक स्वरूप कविता ही था। मुझे लगता है कि रैदास के बाद सूखी हिन्दी दलित काव्य की स्रोतस्विनी यहाँ महाराष्ट्र में आकर 400 वर्षों के बाद प्रकट होकर प्रवाहित हुई। अन्ततः जिसने सर्वश्री दया पंवार, लक्ष्मण माने, नामदेव ढसाल, केशव मेश्राम और अमिताभ जैसे उत्कृष्ट रचनाकार दलित साहित्य को प्रदान किये जो आज साहित्य के क्षेत्र में पर्याप्त प्रतिष्ठा प्राप्त कर चुके हैं।

12 नवम्बर, 1930 को लन्दन में आयोजित गोलमेज सम्मेलन में डॉ. अम्बेडकर ने बताया कि हिन्दुस्तान में केवल हिन्दू और मुसलमान ही नहीं रहते, बल्कि वहाँ पर एक ऐसा वर्ग भी है, जो कहने को तो हिन्दू है, लेकिन न तो उसे हिन्दुओं के मन्दिरों में जाने का अधिकार है, न हिन्दू धर्म के शास्त्रों को पढ़ने का और न ही हिन्दू धर्म के किसी अनुष्ठान में भाग लेने का। यह अछूत वर्ग जो हिन्दुस्तान की सम्पूर्ण जनसंख्या का एक बहुत बड़ा हिस्सा है, वहाँ पशुओं से भी बदतर स्थिति में सम्पूर्ण मानवाधिकारों से वंचित होकर जीवन यापन कर रहा है। अतः इस अछूत वर्ग को स्वतन्त्र प्रतिनिधित्व दिया जाए। परिणामस्वरूप 25 अगस्त, 1932 को ब्रिटिश प्रधानमंत्री मैकडोनाल्ड ने कम्युनल एवार्ड की घोषणा की। जिसके विरोध में गाँधी जी ने यरवदा जेल में आमरण अनशन प्रारम्भ कर दिया। गाँधी जी की प्राणरक्षा के लिए देशभर के बड़े-बड़े हिन्दू नेताओं ने डॉ. अम्बेडकर पर जोर डालना प्रारम्भ किया और अंततः डॉ. अम्बेडकर को 24 सितम्बर, 1932 को पूना पैक्ट करना पड़ा। गाँधी जी ने अनशन तो अवश्य तोड़ दिया, लेकिन इस सम्पूर्ण प्रक्रिया में उन्होंने अछूत जागरण और उनके नेतृत्व की आँच को महसूस भी कर लिया और इससे पहले कि ये अछूत हिन्दू धर्म के जाल को तोड़ फेंके उन्होंने हिन्दुओं को अस्पृश्यता निवारण का नारा देकर सचेत कर दिया।

इधर डॉ. अम्बेडकर देश-विदेश के मंचों पर दलितों के लिए बराबरी के हक की माँग कर रहे थे उधर विश्व के रंगमंच पर मार्क्सवाद से अनुप्राणित प्रगतिशील

साहित्य की लहर उठ रही थी। सन् 1935 के लगभग ई.एम. फास्टर की अध्यक्षता में दुनिया के प्रगतिशील साहित्यकारों का सम्मेलन हुआ, तो 1936 में श्री मुल्कराज आनन्द और सज्जाद जहीर के प्रयास से लखनऊ में मुंशी प्रेमचन्द की अध्यक्षता में प्रगतिशील लेखक संघ की स्थापना हुई। जिसका प्रभाव हिन्दी कविता पर भी पड़ा और कविता का विषय मजदूर-किसान, दबी पिछड़ी जातियों के लोग, सामाजिक अन्तर्विरोध, धार्मिक रूढ़ियों का विरोध, स्त्री के लिए समान अधिकारों और सम्मान की माँग आदि हो गये। सन् 1947 में भारत आजाद हो गया और स्वतन्त्र भारत के संविधान की रचना के लिए जिस समिति का गठन किया गया, उसका अध्यक्ष डॉ. अम्बेडकर को बनाया गया। अतः उन्होंने भारत के संविधान में समता और समानता को सबका मौलिक अधिकार घोषित कर, सबको शिक्षा का समान अधिकार, और दलित जातियों के लिए सरकारी नौकरियों में आरक्षण की भी व्यवस्था की। जिसका परिणाम यह हुआ कि आरक्षण के कारण दलित लोग संसद और विधानसभाओं में जाने लगे। अध्ययन की सुविधा होने के कारण लोग शिक्षित होने लगे, उच्च शिक्षा के साथ ही साहित्य रचना का दौर भी प्रारम्भ हुआ। लेकिन अभी तक भी हिन्दी में किसी बड़े रचनाकार का नाम सामने नहीं आया है जिसे साहित्य के क्षेत्र में व्यापक मान्यता और प्रतिष्ठा प्राप्त हुई हो। फिर भी जिन रचनाकारों की रचनाएँ स्वतन्त्रता के बाद प्रकाश में आयी हैं, उनका उल्लेख ही हम यहाँ कर रहे हैं। हमारी जानकारी और ज्ञान की सीमाएँ हैं। यह सीमाएँ दलित साहित्य की नहीं हैं यदि किसी रचनाकार का नामोल्लेख छूट जाए तो क्षम्य है।

हिन्दी के दलित लेखन की इस पृष्ठभूमि को समझने के लिए इसकी गद्य-पद्य सभी प्रकार की ज्ञात रचनाओं का उल्लेख यहाँ पर आवश्यक प्रतीत होता है। सर्वप्रथम स्वतन्त्रता से पूर्व की पीढ़ी के लेखकों को लें, जिनकी रचनाएँ तो स्वतन्त्रता के बाद ही सामने आयीं। इनमें बाबू जगजीवन राम की 'भारत में जातिवाद और हरिजन समस्या' आचार्य पृथ्वी सिंह आजाद की रैदास पर कुछ लिखित और कुछ सम्पादित कृतियाँ, श्री बिहारीलाल हरित की 'रैदास रामायण', डॉ. रामजीलाल सहायक की 'कबीर और गाँधी के विचारों का तुलनात्मक अध्ययन', श्री इन्द्रराज सिंह चौधरी की 'रविदास' तथा श्री कालीचरण गौतम की भी कुछ प्रौढ़ शिक्षा से सम्बन्धित पुस्तकें सामने आयी हैं। देखने में आया है कि हिन्दी के दलित लेखकों ने अपनी कलम अधिकांशतः डॉ. अम्बेडकर और रैदास के जीवन और विचारों पर ही चलाई है। लेकिन अस्सी के दशक में कुछ अच्छे कवि भी उभर कर सामने आये हैं। उनके काव्य का सिंहावलोकन करना ही वस्तुतः हमारा लक्ष्य है।

दलित कविता की ऐतिहासिक पृष्ठभूमि, संवेदना और वर्तमान स्थिति की पड़ताल करने के लिए थोड़ा पीछे जाना पड़ेगा। क्योंकि इसकी शुरुआत हिन्दी

साहित्य के पूर्वार्द्ध में सन्त काव्य के रूप में हुई थी। जब सन्त कवि रैदास और कबीर ने भारतीय समाज की असमानता, अन्धविश्वास और रूढ़िवादिता पर निरन्तर, जमकर चोट की थी। इस समय के सन्त कवियों में अधिकांश तथाकथित निम्न जातियों से आये थे। हिन्दी दलित कविता की जो सोतस्विनी पन्द्रहवीं सदी के मध्य बनारस में प्रवाहित हुई थी, वह धीरे-धीरे सूखती चली गयी और लगभग पाँच सौ वर्षों तक दलित कविता के क्षेत्र में पूरी तरह सन्नाटा रहा। सन् 1914 में पटना के 'हीरा डोम' ने भोजपुरी में एक कविता 'अछूत की शिकायत' लिखी। जिसे श्री महावीर प्रसाद द्विवेदी ने 'सरस्वती' में प्रकाशित किया। इसकी पंक्तियाँ यहाँ प्रस्तुत हैं—

"हमनी के इनरा के निगिचे ना जाइलेजा
पाके में भरी-भरी पीअतानी पानी।
पनही से पीटि-पीटि हाथ गोड़ तुरि दइल
हमनी के एतनी काही के हलकानी॥"

सरस्वती (मासिक), सितम्बर, सन् 1914

आठवें और नवें दशक में हिन्दी के जिन महत्त्वपूर्ण कवियों की कविताएँ या काव्य संग्रह प्रकाश में आये हैं, उनमें डॉ. मनोज सोनकर, डॉ. रामशिरोमणि होरिल, डॉ. सुखबीर सिंह, डॉ. चन्द्रकुमार वरठे, डॉ. प्रेमशंकर, डॉ. दयानन्द बटोही, डॉ. सोहनपाल 'सुमनाक्षर', श्री मोहनदास नैमिशराय, श्री जयप्रकाश नवेन्दु, श्री रघुनाथ प्यासा, और डॉ. एन. सिंह के नाम उल्लेखनीय हैं। इन रचनाकारों की रचनाओं में इस वर्ग के प्रति शताब्दियों से बरती जा रही भेदभाव की नीति, अपने विकास के लिए छटपटाहट और उसके मार्ग में अवरोध उपस्थित करने वाली व्यवस्था के प्रति सतत आक्रोश दृष्टिगोचर होता है। धार्मिक और सामाजिक रूढ़ियों के प्रति विद्रोह भी इन कवियों की कविताओं का मुख्य स्वर है। डॉ. सुखबीर सिंह की कविता 'बयान बाहर' गाँव में अलग-थलग रहकर अलगाव के दुःख को भोगते हुए दलित जनों की पीड़ा को इस प्रकार स्वर देती है—

"ओ! मेरे गाँव! तेरी जमीन पर / घुटी-घुटी साँसों के साथ / पलना पड़ता है अलग-थलग / लड़खड़ाते कदमों से / चलना पड़ता है अलग-थलग मरने के बाद भी जलना पड़ता है अलग-थलग।"

दीर्घा, पृष्ठ 13

इसके कारण को वर्तमान संदर्भो में उकेरते हुए डॉ. सुखबीर सिंह आगे लिखते हैं—
"यहाँ न वर्तमान सत्य है / न सच है भविष्य / जो कुछ है सिर्फ भूत है / इसीलिए आजादी का बहुत बड़ा हिस्सा / एकदम अछूत है।"

भारत में दलितों की स्थिति में आंशिक सुधार आया अवश्य है, लेकिन हजारों वर्षों से चली आ रही परम्पराएँ इतने कम समय में पूरी तरह कैसे बदल सकती हैं? अतः

आज भी परम्परागत शिक्षा से वंचित इस वर्ग के छात्रों के साथ विद्यालयों में ही नहीं महाविद्यालयों और विश्वविद्यालयों में भी भेदभाव बरता जाता है। डॉ. दयानंद बटोही की कविता 'द्रोणाचार्य सुनें : उनकी परम्पराएँ सुनें' इस सम्पूर्ण स्थिति का पर्दाफाश करती है कि अब कोई द्रोणाचार्य किसी एकलव्य से अँगूठा माँगने का तो साहस नहीं करता, हाँ! उसे प्रेक्टिकल में फेल अवश्य कर देता है। यदि कक्षा में प्रथम स्थान पर हो तो उसे छठे या सातवें स्थान पर खिसकाकर द्रोणाचार्य की परम्परा का निर्वाह कर देता है। देखिए कविता का अंश इस प्रकार है—

"अब दान में अँगूठा माँगने का साहस कोई नहीं करता / प्रेक्टिकल में फेल करता है / प्रथम अगर आता हूँ तो छठा या सातवाँ स्थान देता है / जातिगंध टाइटिल में खोजता है / वह आत्मा को बेमेल करता है।"

अब भी जब दलित युवक पढ़-लिखकर आगे बढ़ने की सोचते हैं तो उन्हें अनेक अपमानजनक अवरोधों से दो-चार होकर गुजरना पड़ता है। जैसे उन्हें दफ्तरों में दूसरे सवर्ण साथियों द्वारा 'सरकारी पंडित' या 'सरकार के सगे दामाद' कहकर व्यंग्य बाणों की नोक से बराबर छेदा जाता है। इस स्थिति को डॉ. सुखबीर सिंह अपनी कविता में इस प्रकार अभिव्यक्त करते हैं—

"ओ! मेरे गाँव / उस दिन मैंने / दूसरों के आगे बढ़ने के लिए / रास्ता छोड़ देने की बन गयी लीक से / अलग हटकर अपना पाँव जमा / खुद आगे बढ़ना चाहा।/ तभी मैंने / आग को चिमटे की नोक पर नहीं / अपनी हथेली पर जलते पाया।"

ऐसी स्थिति में स्नेह को तरसता व्यक्ति यदि कटु हो जाए तो कोई आश्चर्य की बात नहीं है। केवल एक वर्ग विशेष में जन्म लेने मात्र से कोई व्यक्ति इतना हेय हो जाए कि व्यक्ति की नजर में उसके प्रति घृणा, विद्वेष और अपमान के भाव ही तैरते नजर आएँ। इससे दलित युवकों का मन आक्रोश से भर जाता है। डॉ. दयानन्द बटोही इस स्थिति को इस प्रकार रेखांकित करते हैं—

"लोग कहते हैं / नीम जैसी कड़वी बोलता हूँ / मैं सच कहता हूँ / अपने अन्दर की परत खोलता हूँ / कभी-कभी मैं बरसता हूँ / मेरे भीतर तृष्णा हमेशा छटपटाती है।"

डॉ. चन्द्रकुमार बरठे का कविता-संग्रह 'अधूरी चिट्ठी रोशनी की' दलित चेतना की कविताओं से परिपूर्ण है। उन्होंने अपने जीवन के संघर्ष को, जो शताब्दियों से उसकी जाति के लोग अन्धेरों के विरुद्ध करते आये हैं। इस प्रकार अभिव्यक्त किया है—

"सूरज का बेटा हूँ / मिट्टी का जाया / सदियों से / अन्धेरे की तानाशाही के खिलाफ / लड़ता हूँ आया।"

—**अधूरी चिट्ठी रोशनी की,** पृष्ठ 14

लेकिन ये मिट्टी के जाए, सदियों से जिनकी भूख ही बपौती रही है, परम्पराओं के मारे हुए हैं। 'मनुस्मृति' के अनुसार– "शूद्र की आजीविका ब्राह्मण से न चले तो उसे क्षत्रिय की सेवा करनी चाहिए, वह भी न हो सके तो धनी वैश्य की सेवा से जीविका करे। स्वर्ग अथवा परमार्थ के लिए शूद्र को ब्राह्मण सेवा ही करनी चाहिए। इसी से कृतकृत्यता होगी। ब्राह्मण सेवा शूद्र का विशिष्ट धर्म है, इसके अतिरिक्त अन्य कर्म विफल होता है। ब्राह्मण शूद्र की परिचर्या, सामर्थ्य, कार्य-कुशलता और उसके कुटुम्ब का व्यय देखकर अपने यहाँ से उसकी जीविका करे। उस सेवक शूद्र को जूठा अन्न, जीर्ण वस्त्र, असार धान्य तथा जीर्ण ओढ़ने-बिछाने का वस्त्र प्रदान करे। अखाद्य भक्षण से किसी शूद्र को कोई पाप नहीं लगता।" (संचेतना, अगस्त 1990, पृ. 35 पर उद्धृत) डॉ. चन्द्र कुमार बरठे को अपने वर्ग के इन भूखे बच्चों का बराबर खयाल रहा है। वे अपनी कविता 'इन्कलाब लिखता हूँ' में लिखते हैं–

"इक गुमनामी का सवाल है / जिनकी आँखों में / मैं! / उन बच्चों के लिए / ढूँढ़कर जवाब लिखता हूँ / वो जो लड़ता रहा / उम्र भर रोटी के लिए / उसकी भूख और प्यास का / हिसाब लिखता हूँ।"

—अधूरी चिट्ठी रोशनी की, पृ. 13

डॉ. चन्द्रकुमार बरठे को लगता है कि इस वर्ग के लोगों के लिए अभी भी सूर्योदय नहीं हुआ है। जबकि यहाँ का पूरा तन्त्र इसी का ढोल पीट रहा है। लेकिन वस्तुतः जब तक अन्त्योदय नहीं हो जाता, तब तक सूर्योदय कैसे देख पाएँगे इस वर्ग के लोग–

"कहते हैं, सूर्योदय हुआ है / लेकिन / मैं क्यों नहीं देख सकता / सूरज का लाल गोला।"

—अधूरी चिट्ठी रोशनी की, पृ.–36

इसका कारण वे अपनी कविता 'बसन्तोत्सव' में स्पष्ट करते हुए कहते हैं कि हम और हमारी पूरी नस्ल बसन्तोत्सव और सूर्योदय आज भी इसलिए नहीं देख पा रहे हैं, क्योंकि हमारी आँखे तो पहले ही इस संस्कृति ने निकाल दी थीं। वे लिखते हैं–

"मगर क्या तुम जानते हो कि / हमारी पूरी की पूरी नस्ल / आज भी अन्धी है / उसकी आँखें तो बहुत पहले ही / निकाल दी गयी हैं / तुम्हारे बसन्तोत्सव की संस्कृति ने / और काट दिए थे हाथ / ताकि, वे मुट्ठी, की शक्ल में खड़े न हो सकें।"

वही, पृ.–33

शोषण की चक्की में पिसते हुए ये लोग, इतने-इतने अत्याचार सहकर भी जब विद्रोही नहीं हो पाते तो कवि झल्ला उठता है, और कह उठता है कि तुम जड़ पत्थर से भी गये बीते हो 'मैं तुम्हें पत्थर भी नहीं कहूँगा' देखिए–

"ओ अनाम बस्तियों के लोगों / मैं तुम्हें पत्थर भी नहीं कहूँगा / अरे! पत्थर तो / शीश महलों को भी / किरचों-किरचों में / तब्दील कर सकते हैं।"

—अधूरी चिट्ठी रोशनी की, पृ.-38

अब दलित भी धीरे-धीरे विद्रोही हो रहे हैं, जिसके संकेत कुछ दलित रचनाकारों की कविताओं में मिलने भी लगे हैं, जो इस सम्पूर्ण दुरवस्था का जिम्मेदार इस व्यवस्था को मानते हैं क्योंकि उस सामन्ती युग में तो दलित शोषण और अत्याचार के शिकार थे ही, लेकिन आज भी उन पर अत्याचारों की कमी नहीं आयी है। यहाँ पर कानून अन्धा हो जाता है, पुलिस तन्त्र नकारा हो जाता है। नेता इस स्थिति को दूसरे राजनीतिक दल को बदनाम करने के लिए एक राजनीतिक हथियार के रूप में इस्तेमाल करते हैं, इन सभी के लिए दलित व्यक्ति नहीं, वोट होकर रह गया है, इस स्थिति को डॉ. एन. सिंह, अपनी एक कविता में इस प्रकार अभिव्यक्त करते हैं-

"उड़ रही हैं चिंदियाँ कानून की।
धार पैनी हो रही नाखून की॥
अर्थ बदले जा रहे हर शब्द के।
व्याख्याएँ यूँ हो रहीं मजमून की॥
जुल्म बढ़ते जा रहे हैं भाव से।
राजनीति हाट है परचून की॥
वोट की कीमत यहाँ सब आँकते।
किन्तु कीमत कुछ नहीं है खून की॥"

हिन्दी की सर्वश्रेष्ठ ग़ज़लें : गिरिराज शरण अग्रवाल, पृ. 96।।

परिवर्तन प्रकृति का शाश्वत नियम है, इसलिए हमको आस नहीं छोड़नी चाहिए कि यह वर्ग जो शताब्दियों से हर प्रकार के अत्याचार सहकर भी समाप्त नहीं हो पाया, भस्मांकुर की तरह हर युग में नया रूप लेकर अपनी चिता पर उगता और बढ़ता रहा है। एक दिन निश्चय ही जागेगा और अपनी अस्मिता को बचाने के लिए प्राणपण से प्रयास करेगा, इस स्थिति को, इस आशा को डॉ. एन. सिंह एक कविता में इस प्रकार व्यक्त करते हैं।

"कितनी व्यथा झरी आज तक बदली से,
रोक सका है कौन अरे! मधुमास को!
जाने कितने टूटे हैं एहसास मगर,
तोड़ सका है कौन अनश्वर आस को!"

—जाह्नवी, नवम्बर 1993

डॉ. चन्द्रकुमार बरठे इस तथ्य को दूसरी तरह से रेखांकित करते हैं। देखिए—

"सोचता हूँ- / दुनिया में कोई ऐसा नहीं / जिसे वक्त ने मारा न हो / मगर जीतता है वही / जो अपने से हारा न हो।"

—**अधूरी चिट्ठी रोशनी की,** पृ. 24

श्री माताप्रसाद ने यूं तो 'भीमशतक' और 'एकलव्य' खण्डकाव्य भी लिखे हैं। लेकिन उनकी पहचान 'राजनीति की अर्द्धसतसई' से ही हुई। इसमें उन्होंने 350 दोहों में दलित, नारी और राजनीति को अपने दोहों का विषय बनाया है। इनके यह दोहे बहुत प्रभावकारी हैं तथा उनकी साधना और अनुभव को रेखांकित करते हैं। उनकी पीड़ा को महसूसने के लिए यह एक ही दोहा पर्याप्त है—

"मनुष न पैदा होत यहाँ, जाति पेट से आय।
कंटक बनि वह गडि रहीं, 'मित्र' कष्ट है पाय॥"

—**राजनीति की अर्द्धसतसई,** पृष्ठ 26

श्री लालचन्द 'राही' का नाम हिन्दी दलित कविता में बड़े सम्मान के साथ लिया जाता है। उन्होंने सामाजिक स्थिति के कष्ट को लगभग सबसे अधिक भोगा है। वे मजदूरी करते हुए पढ़े और फिर अध्यापक बने! अत: उनके अनुभवों का फलक बहुत बड़ा है। सम्भवत: इसीलिए वह लिख सके—''मेरी स्थिति धोबी के कुत्ते से कम नहीं थी। मेरा नाम स्कूल में दर्ज था न कारखाने में। मेरे भाग्य में मूँगफली बेचना या कप बशी धोना ही था।'' उनकी कविताओं का संग्रह 'मूक नहीं मेरी कविताएँ' सचमुच हमें दिल दहला देने वाले अनुभवों से गुजारता है। बहुत कुछ कहता है, सोचने-समझने के लिए! उनकी कविताएँ हमारे समय का सच बयान करती हैं। उनकी एक कविता 'स्वतन्त्रता के बाद' का यह अंश देखने योग्य है—

"पन्द्रह अगस्त के दिन/फूल चढ़ाने पर/डंडे मिले/पंडे 'देवपाल' के/अछूत को/उसी की बेटी के साथ/बलात्कार हुआ/और मन्दिर अपवित्र नहीं हुआ/छब्बीस जनवरी की रात को/स्वतन्त्र भारत के/एक छोटे से गाँव में।"

—**मूक नहीं मेरी कविताएं,** पृष्ठ-21

डॉ. पुरूषोत्तम 'सत्यप्रेमी' हिन्दी दलित कविता के एक अन्य महत्त्वपूर्ण हस्ताक्षर हैं। जो डॉ. आम्बेडकर अस्मितादर्शी साहित्य अकादमी, उज्जैन के अध्यक्ष भी थे। यह अकादमी हिन्दी दलित साहित्य के प्रचार-प्रसार में तो संलग्न है ही, प्रत्येक वर्ष दलित साहित्यकारों का सम्मान कर उन्हें साहित्य सृजन के लिए प्रोत्साहित भी करती रही है। डॉ. 'सत्यप्रेमी' के अब तक 'द्वार पर दस्तक' तथा 'सवालों के सूरज' दो काव्य संग्रह प्रकाशित हो चुके हैं। 'राही' की तरह इनकी कविता भी मोहभंग की कविता है। अपनी 'आँसू ही आँसू' कविता में वे लिखते हैं—

"आँसू ही आँसू हैं/मेरे भारत/नम हुई है आँसू से/हर आदमी की आँख/और स्वतन्त्रता, स्वराज्य व समता का/सपना सँजोती भारतमाता/संशय की पीड़ा भोग रही है।"

—**सवालों के सूरज**, पृष्ठ 47

डॉ. सोहनपाल 'सुमनाक्षर' भारतीय दलित साहित्य अकादमी, दिल्ली के अध्यक्ष तथा 'हिमायती' पाक्षिक पत्र के सम्पादक हैं। अब तक इनके दो काव्य संग्रह– 'अन्धा समाज बहरे लोग' तथा 'सिन्धु घाटी बोल उठी' प्रकाशित हो चुके हैं। लेकिन इनकी कविता राजनीतिक बयान होने से नहीं बच सकी है। इसका उदाहरण उनकी कविता 'फूलन हमारा आदर्श है' से देखिए–

"फूलन/दलित शोषित समाज का प्रतीक है/चाहे उसे कितना ही बदनाम करो/तोहमत धरो/वह/हमारी ही नहीं/सारी नारी जाति की/शौर्य गाथा है।"

—**हिन्दी काव्य में दलित काव्यधारा**, पृष्ठ 300

श्री मोहनदास नैमिशराय ऐसे दलित पत्रकार और कवि हैं, जिन्हें हिन्दी जगत् में पर्याप्त सम्मान मिला है। देशभर के स्तरीय पत्रों एवं पत्रिकाओं में उनकी रचनाएँ छपती रहती हैं। उन्होंने लगभग जिद्दपूर्वक स्वतन्त्र लेखन को अपनाया। 'लोकायन' और 'क्रांतिधर्मी', पत्रिकाओं के वे सहसम्पादक रहे और 'बाबा साहेब डॉ. अम्बेडकर सम्पूर्ण वाड्मय' के वे सम्पादक भी रहे। उनकी आत्मकथा 'अपने-अपने पिंजरे' किसी हिन्दी दलित लेखक की पहली आत्मकथा है। अब तक उनका एक कविता संग्रह 'सफदर एक बयान' प्रकाशित हुआ है। अपनी एक प्रसिद्ध कविता 'फर्क तय करना है' में उन्होंने दलित जीवन की एक महत्त्वपूर्ण समस्या को उठाया है। कि सिर्फ जाति के कारण ही अपमानसूचक शब्द जो कल तक गाँव और कस्बों में ही कहे जाते थे, अब महानगरों में भी क्यों कहे जाने लगे हैं–

"एक ही मनुष्य जाति के होने पर भी/जातिगत सम्बोधनों के आधार पर/कसैले से लगने वाले स्वर/कल तक जो गाँव और कस्बों के/परिवेश में सुनाई देते थे आज उजालों के प्रतीक/महानगरों में भी/वही जातिगत सम्बोधन के आधार पर/कसैले से लगने वाले स्वर/सुनाई पड़ने लगे हैं।"

—**दर्द के दस्तावेज**, पृष्ठ 89

अपने विद्रोही तेवर के कारण श्री जयप्रकाश 'नवेन्दु' का नाम समकालीन हिन्दी दलित कविता में अब किसी परिचय का मोहताज नहीं है। उनका कविता संग्रह 'कविताएँ 1991' जिस क्रांतिकारी रूप को हमारे सम्मुख प्रस्तुत करता है, उससे लगता है कि अब दलित अपनी मुक्ति के लिए किसी भी हद तक जाने के लिए तैयार है। प्रमाण स्वरूप उनकी एक कविता का यह अंश देखिए–

"मत रोक अब मत रोक/ मुझे सम्पूर्ण उत्तेजना के साथ/अपनी पीढ़ी की तरह से वक्त के सीने पर/फट जाने दे बम की तरह/मैं शेष न रहने के लिए पूरी तरह कटिबद्ध हूँ।"

—**कविताएँ** 1991

इसके अतिरिक्त लगभग दो दर्जन कवि और दलित कविता के क्षेत्र में रचनात्मक संघर्ष कर रहे हैं, जो निश्चय ही स्थान बना लेंगे। इसमें सर्वश्री डॉ. मनोज सोनकर, कंवल भारती, कर्मशील भारती, विजय चक्रवर्ती, रत्नकुमार सांभरिया, सूरजपाल चौहान, जयप्रकाश कर्दम, डॉ. धर्मवीर, डॉ. कुसुम वियोगी, हरिकिशन संतोषी, आचार्य गुरु प्रसाद मदन, रामभरत पासी, लालित्य ललित, राजपाल सिंह 'राज', श्यामलाल शमी, मंशाराम विद्रोही, डॉ. कालीचरण स्नेही, एन.आर. सागर, लक्ष्मीनारायण सुधाकर, डॉ. भूप सिंह, रघुनाथ प्यासा, महेन्द्र बेनीवाल और भगीरथ मेघवाल के नाम उल्लेखनीय हैं।

सबसे महत्त्वपूर्ण बात यह है कि हिन्दी दलित कविता के क्षेत्र में कुछ महिलाएँ भी अपना रचनात्मक योगदान कर रही हैं। इनमें कुसुम मेघवाल, डॉ. सुशीला टाकभौरे, कावेरी और सुनीता महेन्द्रा के नाम लिए जा सकते हैं। इनमें सुशीला टाकभौरे के— 'स्वाति बूँद और खारे मोती' तथा 'यह तुम भी जानो' दो काव्य संग्रह प्रकाशित हो चुके हैं। दलित नारी की मुक्ति का स्वर ही उनकी कविताओं का मुख्य स्वर है। वे अपनी 'विद्रोहिणी' कविता में लिखती हैं—

"माँ-बाप ने पैदा किया था/गूँगा/परिवेश ने लँगड़ा बना दिया/चलती रही/निश्चित परिपाटी पर/बैसाखियों के सहारे/कितने पड़ाव आये/आज जीवन के चढ़ाव पर/बैसाखियाँ चरमराती हैं/अधिक बोझ से अकुलाकर/विस्फारित मन हुंकारता है/बैसाखियाँ तोड़ दूँ।"

—**यह तुम भी जानो**, पृष्ठ 24

डॉ. देवेन्द्र 'दीपक' एक ऐसे कवि हैं, जो लम्बे समय से रचनारत रहे हैं, लेकिन चर्चित हुए अपने दलित कविता (जिसे वे अंत्यज कविता कहते हैं) संग्रह— 'हम बौने नहीं' के साथ ही। इस संग्रह में संगृहीत छोटी-छोटी कविताएँ बहुत ही मारक हैं। इनका शिल्प भी बहुत मँजा हुआ है। उनकी कविता 'रासायनिक परिवर्तन' से उनकी रचनात्मक बुलंदियों का अन्दाज सहज ही लगाया जा सकता है—

"बड़ा आत्मीय था कल तक/एक सीमा तक आदरणीय भी/तुम मेरी कर्मठता, निष्ठा/और कार्य कुशलता के एकान्त प्रशंसक थे/रात में एक शब्द कान में पड़ा/और एक रासायनिक परिवर्तन के लिए/वह शब्द काफी था/तुमने एक कोयला उठाया/उस कोयले से एक काला वृत्त खींचा/और उस वृत्त में/मुझे

स्थापित कर दिया/वह शब्द था अछूत/वह कोयला था उपेक्षा।"

—**हम बौने नहीं,** पृष्ठ 14

हिन्दी दलित कविता को पहचान के स्तर पर जिन कवियों ने स्थापित किया है। इनमें— डॉ. सुखवीर सिंह, डॉ. प्रेमशंकर, डॉ. चन्द्र कुमार बरठे, डॉ. श्यौराज सिंह 'बेचैन' तथा श्री ओमप्रकाश वाल्मीकि के नाम लिए जा सकते हैं। इनकी कविताओं में अनुभूति की गहनता और शिल्प की प्रौढ़ता तो देखने को मिलती ही है, लेकिन अभिव्यक्त अनुभवों की प्रामाणिकता ही उनकी कविताओं का प्राण है, जिसके कारण ये कविताएँ बोधक तो हैं ही बेधक भी हैं।

डॉ. प्रेमशंकर लम्बे समय से दलित कविता की रचना यात्रा से जुड़े हैं। वे अनियतकालीन पत्रिका 'अम्बेडकरीय कविता' भी प्रकाशित करते हैं। वे इस प्रकार की कविता को 'दलित कविता' के स्थान पर 'अम्बेडकरीय कविता' कहना उचित समझते हैं। अब तक उनके कुछ समीक्षात्मक ग्रन्थों के अतिरिक्त दो काव्य संग्रह— 'नयी गन्ध' तथा 'कविता : रोटी की भूख तक' भी प्रकाशित हुए हैं। अपनी बात को उत्तेजना के साथ कहना उनकी कविताओं की विशेषता है। अपनी एक कविता 'वे सभ्य हैं' (जिसका अंग्रेजी में अनुवाद भी हुआ हैं) में उनकी प्रहारात्मक क्षमता देखते ही बनती है—

"वे सभ्य हैं/आदमी से/हाथ मिलाने के बाद/वे/हाथ धोते हैं, माँजते हैं/और फिर/मुस्कराकर कहते हैं..... /हम एक हैं/फिर हाथ धोते हैं/ताकि/हाथ में आदमी की/'जाति' न छप गयी हो।"

—**कविता : रोटी की भूख तक,** पृष्ठ 14

डॉ. श्यौराज सिंह 'बेचैन' हिन्दी दलित कविता के अपेक्षाकृत युवतर कवि हैं। वे पूरी तैयारी के साथ इस क्षेत्र में आये हैं। हिन्दी दलित कविता को उनसे बड़ी आशाएँ हैं। उनके अब तक दो काव्य संग्रह— 'नई फसल' और 'क्रौच हूँ मैं' प्रकाशित हुए हैं। उनके दूसरे काव्य संग्रह 'क्रौच हूँ मैं' की भूमिका में प्रतिष्ठित कवि और आलोचक डॉ. केदारनाथ सिंह ने लिखा है कि— "मुझे जिस खास बात ने आश्वस्त किया, वह है, कवि की वह क्षमता, जिसके चलते वह छन्दोबद्ध और लगभग छन्दहीन, दोनों प्रकार की कविताएँ लिखने में सफल हैं। जो छन्दोबद्ध कविताएँ हैं, उनकी बनावट में भी खुलापन अधिक है और अनावश्यक कसाव कम, शायद नये यथार्थ की माँग भी यही है।" दलित जीवन के संघर्ष का जितना व्यापक अनुभव उनके पास है, श्री लाल चन्द राही के अतिरिक्त उतना सम्भवत: किसी अन्य दलित कवि के पास नहीं है। इसकी एक छोटी-सी बानगी उनकी कविता 'मातृस्मरण' में हमें देखने को मिलती है। जिसमें वह लिखते हैं कि—

"पेट भरने के लिए क्या-क्या नहीं/मैंने किया/लोग बचपन के/लिए आवाज देते

है/कि वह लौटे/उजालों की करे बरसात/पर ओ!/मेरे दु:खों भरे बचपन/न आ, नहीं लौटा/पुराने दर्द, काली रात।" **क्रौंच हूँ मैं**, पृ. 54

लेकिन उनकी कविता की विशेषता यह है कि वह जिन्दगी का इतना जहर पीकर भी कटु नहीं हो पाये। उन्हें लगता है कि उनसे बदतर जिन्दगी जीने वाले भी कुछ लोग हैं, बस उन्हें उन्हीं की चिन्ता है। वह कविता 'मुंह खोलो' में लिखते हैं–

"इन आँखों के/सपने तो टूट गये लेकिन/जिन आँखों में/जन्मे ही नहीं, उनकी सोचो/तुमने तो/कह ली/अपनी और पराई भी/अब खोल/सको तो/बेजुबान का मुँह खोलो।"

–**क्रौंच हूँ मैं**, पृ. 53

कवि और कथाकार ओमप्रकाश वाल्मीकि हिन्दी दलित कवियों में एक ऐसा नाम है, जिसे हिन्दी साहित्य की मुख्य धारा में भी सम्मान प्राप्त है। उनकी कविता हमारी सोच को बराबर ठकठकाती हैं। और प्रश्न बनकर तीर की तरह चुभती है और हमारी चेतना को पीड़ा का अहसास कराती है। उनके काव्य संग्रहों में 'सदियों का सन्ताप' तथा 'बस्स! बहुत हो चुका' प्रमुख हैं। उनकी चर्चित कविता 'ठाकुर का कुआँ' के साथ 'झाडू वाली' भी है। जिसके माध्यम से उन्होंने भारत की सम्पूर्ण लोकतांत्रिक व्यवस्था पर ही प्रश्न लगा दिया है–

"जब तक रामेसरी के हाथ में/खडांग-खांग घिसटती लौह गाड़ी है मेरे देश का लोकतंत्र/एक गाली है।"

–**सदियों का सन्ताप**, पृ. 17

धर्म, दर्शन और पौराणिक मिथकों की पुनर्व्याख्या उनकी कविताओं की मुख्य विशेषता है। उनकी एक प्रसिद्ध कविता है–'शायद आप जानते हों' – इस कविता में उन्होंने हिन्दू दर्शन की उस मान्यता पर प्रहार किया है, जो समस्त मानव की ही नहीं जीव मात्र की आत्मा को एक मानती है और 'चूहड़े' तथा 'चमार' से अस्पृश्यता का व्यवहार करती है। इस पर टिप्पणी करते हुए वे लिखते हैं–

"तुम्हारे रचे शब्द/तुम्हें डसेंगे साँप बनकर/गंगा किनारे कोई वटवृक्ष ढूँढ़ लो/कर लो भागवत का पाठ/आत्मतुष्टि के लिए/कहीं अकाल मृत्यु के बाद/भयभीत आत्मा/भटकते भटकते, किसी कुत्ते या सूअर की मृत देह में/प्रवेश न कर जाए/या फिर पुनर्जन्म की लालसा में/किसी डोम या चूहड़े के घर, पैदा न हो जाए, चूहड़े या डोम की आत्मा/ब्रह्म का अंश क्यों नहीं हैं/मैं नहीं जानता/शायद आप जानते हों।"

–**नवभारत टाइम्स**, नयी दिल्ली, 26 जुलाई 1992

हिन्दी साहित्य का आधुनिक काल विभिन्न वादों और विवादों की राह से गुजर कर अपना विकास करता रहा है। कुछ विचारक इसे ह्रास भी मानते हैं। उनकी दृष्टि में गीत या अनुगीत में आगे कविता होती ही नहीं, लेकिन ऐसा है नहीं।

कविता समय की जरूरत है और वह समय के अनुरूप ही अपने आकार, प्रकार (शिल्प) में ही नहीं, संवेदना में भी परिवर्तन करती रही है। चूंकि कविता प्रकृत है, अतः प्रकृति की ही तरह परिवर्तनशीला भी। भारतेन्दु से लेकर अद्यतन छायावाद, रहस्यवाद, प्रगतिवाद, प्रयोगवाद, हालावाद ही नहीं नई कविता आदि उसकी संवेदना का रूपान्तरण ही तो है, जिन्होंने अपने समय की संवदेना और सच को अभिव्यक्ति दी है। कवि दो तरह के होते हैं। एक वह, जिन्हें एअर कंडीशन कमरों में बैठकर काव्य सृजन का सुयोग प्राप्त है। इनके लिए सिगरेट, कॉफी और शराब की तरह कविता लिखना भी, एक शगल है और चूंकि इनके पास पैसा है, पद है, प्रतिष्ठा है, साहित्य अकादमियों और मीडिया (अखबार, रेडियो, दूरदर्शन और पत्रिकाओं) में इनके समवर्गीय मित्र बैठे हैं तथा सत्ता के गलियारों तक इनकी पहचान और पहुँच है। अतः इनका यह समय-बिताऊ शगल पहले प्रकाशित, प्रसारित होकर स्थापित हो जाता है और बाद में पुरस्कृत भी। यही काव्य की मुख्य धारा है। इस काव्यधारा के समानान्तर एक दूसरी काव्यधारा भी निरन्तर प्रवाहित होती रही है जिसकी ओर अभी तक भी आलोचकों का ध्यान नहीं गया है। इस काव्यधारा के रचनाकार गाँव और छोटे-बड़े कस्बों में रहकर आम आदमी की सारी दिक्कतों को झेलते हुए समय मिलते ही अपनी लहूलुहान चेतना को इस प्रतिबद्धता के साथ अभिव्यक्ति देते रहे कि शायद आसपास बिखरा गूँगा-बहरा जनसमूह, मेरी आवाज सुनकर जाग जाए। ये कवि पसीने में डूबकर पसीने की बात कहते हैं कि शायद त्रासद स्थितियों में कहीं कुछ परिवर्तन आ जाए। दूसरी तरह के इन रचनाकारों की सर्जना को अब हिन्दी में दलित कविता के नाम से जाना जाने लगा है। जो हिन्दी काव्ययात्रा का एक महत्त्वपूर्ण पड़ाव है ।

मुझे लगता है कि हिन्दी की समकालीन दलित कविता अपने दर्द भरे अतीत को आज के समय संदर्भो में रखकर विश्लेषित कर रही है, जो भविष्य की राह को हमवार करने का प्रयास ही है, अब दलित जनता और कवि यह जानने लगे हैं कि हमारी स्थिति को केवल राजनीतिक शक्ति ही बदल सकती है, जैसा कि डॉ. अम्बेडकर ने कहा भी था कि– "हम अनुभव करते हैं कि कोई दूसरा हमारे दुःख-दर्द दूर नहीं कर सकता और जब तक हमारे हाथों में राजनीतिक शक्ति नहीं आ जाती, हमारे दुःख-दर्द भी दूर नहीं हो सकते।" लेकिन दलित वर्ग अभी तक भी अपनी शक्ति को पहचान नहीं पाया है, इसे श्री जगजीवन राम ने भी माना था, वे लिखते हैं, "ये निरीह अनुसूचित जाति और जन-जाति के लोग स्वयं अपनी शक्ति से परिचित नहीं हैं, और यह शक्ति है, इनकी अपार जनसंख्या।" इस अपार जनसंख्या को संगठित करके अपने हक के लिए संघर्ष की प्रेरणा देना ही दलित कविता का उद्देश्य है। डॉ. चन्द्रकुमार बरठे ने अपनी पुस्तक की भूमिका में लिखा भी है कि "मुझे लगता है कि भारतीय समाज के सदियों से घुन खाए जख्मी जिस्म

का अगर कविता के द्वारा कुछ भी इलाज करने की कवि की इच्छा हो तो उसे कार्ल मार्क्स और डॉ. अम्बेडकर के बताए रास्ते से जन-जन को परिचित करना होगा, सच्ची कविता चाहे जन की हो या मन की, उसके लिए सही रास्ता यही है।" इसलिए मुझे लगता है कि ये दलित कवि आज जो 'दर्द के दस्तावेज़' लिख रहे हैं, वे निश्चय ही इस वर्ग के लोगों के लिए एक दिन मशाल बनेंगे, जिसकी रोशनी में ये लोग अपना लक्ष्य स्पष्ट होता देख सकेंगे और उसे प्राप्त करने के लिए संघर्षशील हो सकेंगे, दलित कविता इसके लिए ही पूर्व भूमिका तैयार करने का प्रयास कर रही है।

हिन्दी दलित कविता की नित नयी सम्भावनाएँ खुल रही हैं। लेकिन उसकी कुछ सीमाएँ भी स्पष्ट होती जा रही हैं। जैसे प्रत्येक दलित कवि लगभग एक ही प्रकार की संवेदनाओं को अभिव्यक्ति दे रहा है। इस पुनरावृत्ति का कारण सम्भवतः सभी कवियों का एक ही प्रकार की स्थितियों और अनुभवों से गुजरना है। सच मायने में यह कविता अपमानित पीढ़ियों की कोख से जन्मी है। बावजूद इसके दलित कवियों की कविताएँ आत्माख्यान से निकल कर अपने शिल्प को निरन्तर निखारने का प्रयास कर रही हैं। वह अब विकास की प्रारम्भिक सीढ़ियां पार कर चुकी हैं।

समकालीन दलित कथा साहित्य

हिन्दी में पहली कहानी कब और किसने लिखी, इस पर विवाद हो सकता है। लेकिन यह निर्विवाद है कि कहानी का जन्म तो मनुष्य के जन्म के साथ ही हुआ है। कहानी कहने-सुनने की परम्परा उतनी ही पुरानी है, जितनी कि मनुष्य के जैविकीय विकास की कथा। लेकिन हिन्दी की पहली कहानी 1900 के बाद ही प्रकाशित हुई 'सरस्वती' में। यह युग हिन्दी कहानी के विकास का प्रारम्भिक काल है। जिसे इतिहासकार और आलोचक प्रसाद युग के नाम से जानते हैं और यह युग ऐसा है, जिसमें दलितों का विद्रोह धीरे-धीरे सुलगता हुआ सामाजिक धरातल तक आ पहुँचा था। एक तो स्वतन्त्रता आन्दोलन के क्षितिज पर महात्मा गाँधी का उदय हो चुका था, जिन्होंने पहली बार समझा था कि यह लड़ाई किसी एक वर्ग या जाति के लड़ने से नहीं जीती जा सकती। इसमें सभी धर्मों, जातियों और वर्गों के लोगों ने सहयोग दिया। जिनमें अछूत भी थे। तभी अपनी विस्फोटक विद्रोही चेतना लेकर डॉ. अम्बेडकर भी भारत के राजनीतिक फलक पर अपनी उपस्थिति दर्ज कराने के लिए आ पहुँचे थे। जो केवल भारत की आजादी ही नहीं चाहते थे, बल्कि अछूतों की हिन्दू धर्म से मुक्ति भी चाहते थे। अम्बेडकर कहीं अपने मिशन में सफल न हो जाएँ अतः गाँधी ने कांग्रेस के अन्दर ही 'अछूतोद्धार' कार्यक्रम प्रारम्भ कर दिया। जिसके कारण एक प्रकार की गाँधीवादी सहानुभूति हिन्दुओं में अछूतों के प्रति देखने को मिलने लगी थी। हिन्दी के प्रारम्भिक युग के कुछ कथाकारों की कहानियों में यही सहानुभूति देखने को मिलती है। खासतौर पर सूर्यकान्त त्रिपाठी 'निराला' और यशपाल की कहानियों में। 'निराला' की दो लम्बी कहानियों (या लघु उपन्यासों) 'चतुरी चमार' और 'बिल्लेसुर बकरिहा' को हम ले सकते हैं। जहाँ तक यशपाल का प्रश्न है, सन् 1936 के आसपास हिन्दी साहित्य में प्रगतिशील विचारधारा का प्रवेश हो चुका था। जिसके कारण शोषित, स्त्री और मजदूरों के प्रति सहानुभूति प्रकट करती हुई रचनाएँ लिखी गयीं। अतः यशपाल की कहानियों में भूख, गरीबी, शोषण का अत्यन्त दारुण चित्रण हुआ है। मूलरूप में यही दलित चेतना है।

हिन्दी कथा साहित्य में प्रेमचन्द का पदार्पण एक अभूतपूर्व घटना है। पंडित बनारसी दास चतुर्वेदी ने लिखा है कि प्रेमचन्द अपने समय के एक मात्र ऐसे

साहित्यकार थे, जिनके कारण हिन्दी साहित्य देश की सीमाएँ लाँघकर विदेशों तक जा पहुँचा और यह सच भी है क्योंकि प्रेमचन्द साहित्य का अनुवाद दुनिया की लगभग हर भाषा में हो चुका है। हिन्दी कथा साहित्य के प्रेमचन्द ही ऐसे कथाकार हैं जिन्होंने पहली बार भारतीय (हिन्दू) समाज में नरक भोगते दलित को अपनी कहानियों का विषय बनाया, उसकी सम्पूर्ण यातनाओं के साथ।

भारतीय समाज में अछूतों और सवर्णों की स्थिति के दो उदाहरण डॉ. अम्बेडकर ने अपनी पुस्तक 'इनहिलेशन ऑफ कास्ट' में दिए हैं। इनमें से पहला विवरण शिमला पहाड़ की किसी देशी रियासत का है। हरिजनों ने अपनी स्थिति का वर्णन करते हुए 'हरिजन सेवक' (सम्पादक-महात्मा गाँधी) में सम्पादक के नाम पत्र लिखा था, जिसमें कहा गया था कि—

1. जब किसी ऊँचीजाति के हिन्दू का कोई डंगर मर जाता है, तो डंगर का मालिक खुद उसे छूने में छूत मानता है और हरिजनों को उसे ले जाकर गाड़ना पड़ता है।
2. कोई ब्राह्मण किसी हरिजन के यहाँ सत्यनारायण की कथा कहने या कोई यज्ञ कराने नहीं आता।
3. किसी ऊँची जाति के लिए किसी हरिजन की स्त्री या लड़की को जबरदस्ती ले जाना कोई जुर्म या दोष नहीं माना जाता।
4. कोई हरिजन हिन्दू तरीके से कन्यादान करके अपनी लड़की की शादी नहीं कर सकता।
5. सरकारी अफसरों के दौरे के वक्त दूध, लकड़ी, घास और हर तरह की बेगार हरिजनों से ली जाती है। ऊँची जाति वालों से ये चीजें नहीं ली जातीं। इन चीजों की कीमत अगर कोई अफसर देता भी है तो, वह नम्बरदार वगैरह ले लेते हैं, हरिजनों को नहीं मिलती।
6. ऊँची जाति वालों की तुलना में उतनी ही जमीन की माल गुजारी हरिजनों से दुगुनी ली जाती है। इस पर हरिजनों को जमीन का मौरूसी हकदार नहीं माना जाता।
7. जो हरिजन इस तरह के अत्याचारों पर एतराज करते हैं, उन पर झूठे मुकदमे चलाए जाते हैं।
8. रियासतों के प्रजामण्डलों में ऊँची जाति वाले लोग हरिजनों को प्रजामण्डल के मेम्बर नहीं बनने देते और अगर बनने भी देते हैं तो उन्हें चुनाव वगैरह में बराबरी के हक नहीं देते।

दूसरा विवरण इन्दौर रियासत के 15 गाँव के सवर्णों का है। जिन्होंने वहाँ के अस्पृश्यों को निम्नलिखित आज्ञाओं का पालन करने को कहा था, अन्यथा गाँव छोड़कर चले जाने की धमकी दी थी—

1. कोई पुरुष सुनहरी किनारी की पगड़ी न लगाए, रंगीन किनारी की धोती न पहने।
2. किसी हिन्दू के मर जाने पर उसके रिश्तेदारों को खबर दें, भले ही वह दूर क्यों न रहता हो।
3. हिन्दुओं के शादी-ब्याह में बाजा बजावें।
4. अछूतों की औरतें सोने-चाँदी के गहने तथा फैन्सी लहँगा और जाकेट न पहनें।
5. हिन्दू औरतों को बच्चा पैदा होने के समय वे दाई का काम करें।
6. अछूतों को चाहिए कि वे बिना वेतन हिन्दुओं के यहाँ नौकरी करें, और जो उन्हें खुश होकर दे दिया जाए, उसे स्वीकार कर लें।

प्रेमचन्द की कहानियों में शूद्रों और सवर्णों की इन सभी प्रकार की मानसिक और सामाजिक स्थितियों का चित्रण हुआ है। 'ठाकुर का कुआँ' उनकी दलित चेतना की सर्वोत्कृष्ट कहानी है। इस काहनी का मूल स्वर यह है कि इन्सान होने की हैसियत से जीने के लिए हरिजन का प्रकृति प्रदत्त वस्तुओं पर अधिकार नहीं है। स्वच्छ हवा और पानी जिस पर किसी भी व्यक्ति का निजी स्वामित्व नहीं है उसे भी वह अपनी मर्जी से नहीं पा सकता। समाज में अलग-अलग जातियों के अलग-अलग कुएँ हैं। किन्तु हरिजनों को छोड़कर सवर्णों के कुएँ से शेष सभी पानी निकाल सकते हैं। हरिजन मात्र हरिजनों के लिए बने कुएँ से ही पानी निकाल सकते हैं। 'ठाकुर का कुआँ' का पात्र जोखू बीमार है। हरिजनों के कुएँ में कोई जीव गिर कर मर गया है। पानी सड़ गया है। सड़ा पानी पीने से जोखू मर भी सकता है। जोखू की पत्नी गंगी दूसरे कुएँ से पानी लाकर जोखू को पिलाना चाहती है। किन्तु जोखू सवर्णों के रवैये को जानता है और गंगी को ऐसा न करने के लिए कहता है—"हाथ पांव तुड़वा आयेगी और कुछ न होगा। बैठ चुपके से। ब्राह्मण देवता आशीर्वाद देंगे, ठाकुर लाठी मारेंगे, साहू एक के चार लेंगे। गरीबों का दु:ख-दर्द कौन समझता है। हम तो मर भी जाते हैं, तो कोई दुआर पर झाँकने नहीं आता, कन्धा देना तो बड़ी बात है। ऐसे लोग कुएँ से पानी भरने देंगे।"

जोखू के इस कथन की गंगी पर जबरदस्त प्रक्रिया होती है और वह बोल उठती है —"गंगी का विद्रोही दिल रिवाजी पाबन्दियों पर चोट करने लगता है। हम क्यों नीच हैं और ये लोग क्यों ऊँचे हैं? इसलिए कि वे लोग गले में तागा डाल लेते हैं। यही तो जितने हैं, एक से एक छँटे हैं। चोरी ये करें, जालफरेब ये करें, झूठे मुकदमे ये करें। अभी इसी ठाकुर ने तो उस दिन बेचारे गड़रिये की एक भेड़ चुरा ली थी और बाद में मारकर खा गया। इन्हीं पंडित जी के घर में तो बारहों मास जुआ होता है। यही साहू जी तो घी में तेल मिलाकर बेचते है। काम करा लेते हैं, मजूरी देते नानी मरती है।"

किसी हरिजन महिला के मुँह से इस तरह की बातें सुनकर और ठाकुर के कुएँ से पानी निकालने की हिम्मत देखकर किसी का भी मन प्रसन्न हो सकता है। लेकिन जैसे ही इन पंक्तियों पर दृष्टि पड़ती है, तो मन हरिजनों के प्रति हो रहे अत्याचार के प्रति विद्रोह कर उठता है– जब मैदान किसी तरह खाली होता है। और गंगी पानी खींचती है– "तभी ठाकुर का दरवाजा खुलता है। शेर का मुँह भी इतना भयानक न होगा। गंगी के हाथ से रस्सी छूट जाती है और वह भागती हुई घर पहुँचती है। देखती है कि जोखू मुँह से लोटा लगाए वही गन्दा पानी पी रहा है।" प्रेमचन्द की यह कहानी हिन्दू समाज में दलित जीवन के अन्तर्विरोधों एवं अन्तसम्बन्धों को बड़ी सहजता से अभिव्यक्त करती है।

वस्तुतः अछूत भावना या अस्पृश्यता मुख्यतः तीन रूढ़िवादी मान्यताओं पर आधारित है–"खानपान सम्बन्धी नियम, शादी का सम्बन्ध तथा धार्मिक उत्सव। अछूत के साथ बैठकर भोजन करना तो दूर की बात है, उसके छूने मात्र से सवर्ण हिन्दू शरीर को अशुद्ध हुआ मानते हैं। मन्दिर प्रवेश तथा धार्मिक उत्सवों में अछूत का सहयोग तो दूर, वह मन्दिर में रखी हुई मूर्ति का दर्शन भी नहीं कर सकता है। प्रेमचन्द ने इन तीनों रूढ़िवादी मान्यताओं के प्रति विद्रोह किया है। जिसका प्रमाण उनकी 'ठाकुर का कुआँ', 'घासवाली', 'दूध का दाम', 'सद्‌गति', 'मन्दिर', 'मंत्र' तथा 'बाबा का भोग' आदि कहानियाँ हैं।" श्री ब्रजकुमार पाण्डेय ने दलित चेतना के सन्दर्भ में प्रेमचन्द का मूल्यांकन करते हुए लिखा है कि–"प्रेमचन्द द्वारा वर्णित हरिजन पात्रों और उनकी समस्याओं को हम दो स्तरों पर देखते हैं– 1. सामाजिक स्तर और 2. आर्थिक स्तर। सामाजिक स्तर पर ये समस्याएँ छुआछूत, मन्दिर प्रवेश निषेध, वेदपाठ निषेध से जुड़ती हैं तो दूसरी ओर आर्थिक स्तर पर खेत-मजदूरों की समस्या से। महात्मा गाँधी ने हरिजन समस्या को सामाजिक समस्या के रूप में देखा था और उन्होंने उसका समाधान भी उसी स्तर से किया था। उन्होंने हरिजन आन्दोलन चलाया था। इस आन्दोलन की मूल प्रेरणा थी– शूद्रों के प्रति सवर्णों की दयावृत्ति को उकसाना। इसका एक तो यह परिणाम हुआ कि अर्थनीति के कारणों से सवर्णो के प्रति शूद्रों में जो घृणा, विद्वेषमय संघर्ष बढ़ रहा था, वह धीमा पड़ गया। यह आन्दोलन बुद्ध, महावीर और स्वामी रामानन्द से आगे जाने की प्रेरणा नहीं रखता था। इस आन्दोलन से शूद्रों को कुछ मन्दिरों में भरमने का आत्मसंतोष प्राप्त हुआ, पर अर्थनीतिक व्यवस्था के बदलने से इन आन्दोलनों का कुछ भी सम्बन्ध नहीं था। सामान्यतः समूह रूप में हरिजन गुलाम के गुलाम ही थे। प्रेमचन्द जी इस सन्दर्भ में गाँधीजी से आगे जाते हैं और वे इसके आर्थिक पहलुओं को उजागर करते हैं और उस पर चोट करते हैं।"

प्रेमचन्दोत्तर कहानी विशेषकर नई कहानी मूलतः मध्यवर्गीय नगरीय जीवन के

यथार्थ से जुड़ी रही है। इस कहानी का संसार मानव-मानव के बनते-बिगड़ते सम्बन्धों और उनके बदलते मूल्यों की तलाश, परम्पराबोध और आधुनिकता की टकराहट, सामाजिक-राजनीतिक गतिविधियों से उत्पन्न मानवीय विकृतियों को भोगे हुए यथार्थ के धरातल पर चित्रित करता है। इतना होते हुए भी दलित इन कथाकारों द्वारा नजरअन्दाज कर दिया गया। सातवें दशक की कहानी में भी दलित चेतना को उभारने का प्रयास नहीं किया गया। हिन्दी कथा साहित्य में दलित चेतना की अभिव्यक्ति के दृष्टिकोण से आठवाँ दशक महत्त्वपूर्ण है। श्री रमेश कुमार ने अपने लेख—'आधुनिक हिन्दी कहानियों में दलित चेतना' में लिखा है कि - "आठवें दशक के समानान्तर आन्दोलन के माध्यम से समाज के कमजोर वर्ग की समस्याओं को कहानी का केन्द्र बनाया गया। स्वतन्त्रता के पचास वर्ष बाद भी निम्न दलित वर्ग का जीवन बद से बदतर होता चला गया है। ऐसी स्थिति में दलित उन्नायकों ने अपनी कहानियों के माध्यम से इस वर्ग के जीवन का यथार्थ निरूपण किया है। इन कहानियों में दलित मानव की वेदना, निरन्तर संघर्ष करते रहने की अनिवार्यता, सुविधाभोगी लोगों के प्रति उनकी विरोध मुद्रा, प्रतिकूल नारकीय स्थिति में भी जीने की विवशता और अपने मानवीय अधिकारों की प्राप्ति हेतु आत्मसजगता जाग्रत हुई है।"

इस आत्मसजगता का कारण वस्तुतः शूद्रों के प्रति सवर्णों का उपेक्षापूर्ण व्यवहार है। खासकर गाँव के पढ़े-लिखे हरिजन युवक को भी गाँव का सवर्ण असम्मान की दृष्टि से देखता है। जिसके कारण वह गाँव से पलायन करके शहर आ जाता है। यहाँ पर उसे केवल एक ही सुविधा है— आजीविका की। लेकिन यहाँ पर वह अपने सामाजिक परिवेश से कटकर जीने लगता है। अतः उसके सामने अपनी पहचान का संकट पैदा हो जाता है और फिर वह अपनी पहचान के लिए संघर्ष करता है। यह संघर्ष तीन धरातलों पर है—एक—राजनीतिक, दूसरा—आर्थिक तथा तीसरा—साहित्यिक। संसद और विधान सभाओं में स्थान आरक्षित होने के कारण वह सत्ता प्राप्ति के लिए संघर्ष करता है लेकिन इसके मूल में केवल व्यक्तिगत महत्त्वाकाक्षाएँ ही रही हैं। क्योंकि अम्बेडकर के बाद भारत की संसद में सौ सवा सौ सांसद आरक्षित श्रेणी के सदैव ही रहे हैं। लेकिन देश भर में दलितों की स्थिति में क्या परिवर्तन हुआ? यही स्थिति प्रदेशों की विधान सभाओं की भी रही और यहाँ भी हमारे गूँगे-बहरे और अकर्मण्य प्रतिनिधि ही पहुँचाए जाते रहे। दूसरे आर्थिक धरातल पर भी संघर्ष हुआ लेकिन जो दलित युवक पढ़-लिखकर नौकरी पा गया, वह अपने समाज से, जाति से कटकर जीने लगता है। एक तरह से वह दूसरा सवर्ण ही हो जाता है।

अस्मिता के लिए तीसरा और सबसे सशक्त संघर्ष साहित्यिक धरातल पर

हुआ। क्योंकि जिस शूद्र के लिए शिक्षा प्राप्त करने का निषेध था, उसके लिए साहित्य में प्रवेश किस प्रकार सम्भव हो सकता था। वह साहित्य में आया भी तो गुलाम, दास या बन्धुओं की हैसियत से ही और यदि शूद्र स्त्री आयी तो केवल भोग्या, दासी या मजदूरिन की हैसियत से ही। बस स्वतन्त्रता के बाद पढ़-लिखकर साहित्य में आये दलितों ने भी कलम पकड़ी, उसका प्रारम्भ तो कविता से ही हुआ। धीरे-धीरे वह कहानी की ओर भी आये। दलित चेतना की कथाओं के रूप में श्री सूर्यकान्त त्रिपाठी 'निराला', प्रेमचन्द, शिवप्रसाद सिंह आदि ने एक पृष्ठभूमि प्रदान की और उस पर जिन दलित कथाकारों ने दलित कथा का सृजन करने का प्रयास किया उनमें सर्वश्री ओमप्रकाश वाल्मीकि, पुरुषोत्तम सत्यप्रेमी, मोहनदास नैमिशराय, दयानन्द बटोही, रघुनाथ प्यासा, शिवचन्द्र उमेश, कालीचरण स्नेही, बी.एल. नय्यर आदि के नाम उल्लेखनीय हैं। इन सभी कथाकारों की कहानियाँ परम्परा के विरोध की कहानियाँ हैं। जो परम्परा से पहले संघर्ष, फिर विद्रोह और अंततः उसे नकार देती हैं।

हिन्दी कथा साहित्य में यदाकदा दलित पात्रों का चित्रण भी होता रहा, लेकिन हिन्दी में प्रेमचन्द ही एक मात्र ऐसे कथाकार हैं, जिन्होंने दलित पात्रों को केन्द्र में रखकर कहानियाँ लिखीं। उनकी परम्परा बहुत आगे नहीं जा सकी। प्रगतिवादी कथा साहित्य में भी दलित पात्र, दलित की तरह नहीं, बल्कि शोषित के रूप में ही आये। इसका कारण शायद यही रहा है कि मार्क्सवाद सारी समस्याओं को आर्थिक नजरिए से ही देखता है। जबकि भारतीय संदर्भ में दलित समस्या समाजार्थिक है। इस समस्या का निदान करने में गाँधी इसलिए असफल हो गये, क्योंकि वे इसे धार्मिक समस्या मानते थे, अतः वे इसका निदान मन्दिर प्रवेश में ही ढूँढ़ पाये और असफल हो गये। मार्क्सवादी आर्थिक गैर-बराबरी को समाप्त कर इस समस्या का समाधान करना चाहते थे, अतः इस धरातल पर कुछ ज्यादा सफलता प्राप्त नहीं कर पाये। वैसे दलित समस्या उनके चिन्तन के मूल में कभी रही भी नहीं! इस समस्या को जी भोगकर केवल डॉ. अम्बेडकर ही आत्मसात कर पाये। इसलिए उन्होंने चिन्तन और व्यवहार दोनों ही स्तरों पर इस समस्या का समाधान प्रस्तुत करने का प्रयास किया। जिसके कारण महाराष्ट्र में ही नहीं, सम्पूर्ण भारत में दलित आन्दोलन ने जन्म लिया। महाराष्ट्र में इस आन्दोलन की ही एक धारा दलित साहित्य है। जो शिक्षा के प्रसार के साथ उत्तर भारत में आयी और अब हिन्दी क्षेत्र में उसका प्रभाव स्पष्ट रूप से दिखाई देने लगा है। कविता, उपन्यास और आत्मकथाओं के साथ ही अब कहानी के रूप में भी। दलित कथा से हिन्दी को परिचित कराने के लिए कथाकार कमलेश्वर का बहुत ही महत्त्वपूर्ण योगदान है। उन्होंने सर्वप्रथम 'सारिका' जैसी व्यावसायिक कथा पत्रिका के दो 'दलित साहित्य विशेषांक' अप्रैल और

मई–1975 में प्रकाशित किये। जिसके मई अंक में मराठी के प्र. ई. सोनकांबले, शंकरराव खरात, अविनाश डोलस, योगीराज बाघमारे आदि कहानीकारों की कहानियाँ प्रकाशित हुई। इसके उपरान्त डॉ. महीप सिंह ने भी 'संचेतना' का 'मराठी दलित साहित्य विशेषांक' प्रकाशित किया। जिसे बाद में पुस्तक के रूप में भी प्रस्तुत किया गया। धीरे-धीरे मराठी दलित लेखकों की आत्मकथाएँ भी अनूदित होकर हिन्दी में आती रहीं। इनमें अछूत–दया पंवार, अपरा–लक्ष्मण माने, यादों के पंछी–प्र. ई. सोनकांबले, अक्करमाशी–शरण कुमार लिंबाले, अन्त्यज–माधव कोंडविलकर, आदि महत्त्वपूर्ण हैं। इनसे प्रभावित होकर हिन्दी में भी कुछ कथाकारों ने दलित चेतना को केन्द्र बिन्दु बनाकर कुछ कहानियाँ लिखीं। इन कथाकारों में कुछ दलित जातियों में उत्पन्न कथाकार भी हैं। इस प्रकार की कहानियों को सबसे पहले डॉ. गिरिराज शरण अग्रवाल ने 'दलित जीवन की कहानियाँ' (प्रभात प्रकाशन, दिल्ली) नामक पुस्तक में सम्पादित किया। इस पुस्तक में अभय कुमार सिन्हा, आलमशाह खान, आशीष सिन्हा, गिरिराज शरण अग्रवाल, जगदीश अग्रवाल, जवाहर सिंह, नरेन्द्र मौर्य, बलराम, मधुकर गंगाधर, मधुकर सिंह, रघुनाथ प्यासा, रमाकांत, रमेश चन्द्र शाह, रामदरश मिश्र, राम सुरेश, शशिप्रभा शास्त्री, श्री विलास डबराल, और सच्चिदानन्द धूमकेतु की कहानियाँ संकलित हैं।

हिन्दी के दलित कथाकारों के पास मराठी दलित कथा साहित्य की एक सुदृढ़ पृष्ठभूमि तो है ही, उसे और अधिक पुख्ता किया हिन्दी के अदलित कथाकारों के दलित चेतना सम्पन्न कथा साहित्य ने। और अब हिन्दी में दलित कथाकारों की एक पूरी पीढ़ी सक्रिय है। जिनकी कहानियाँ पिछले एक दशक से समकालीन भारतीय साहित्य, हंस, पहल, कथानक, संचेतना, इन्द्रप्रस्थ भारती, हम दलित और अंगुत्तर आदि पत्रिकाओं तथा नवभारत टाइम्स, लोकमत समाचार आदि दैनिक पत्रों में प्रकाशित होती रही हैं और व्यापक पाठक समुदाय का ध्यान अपनी ओर आकर्षित कर रही हैं। इन्हीं में से कुछ कहानियों को हमने विवेचित करने का प्रयास किया है।

हिन्दी के दलित कथाकारों में श्री ओमप्रकाश बाल्मीकि ही एक ऐसे कथाकार हैं, जिन्होंने अब अपनी पहचान स्थापित कर ली है। उनकी 'हंस' में प्रकाशित कहानियाँ 'बैल की खाल' और 'सलाम' काफी चर्चा में रही हैं। इनके अतिरिक्त 'ग्रहण' (हम दलित–30 मार्च, 1990) तथा लघुकथाओं में—'मुंशी जी का गिलास' (प्रहार–जुलाई–सितम्बर, 1992) आदि भी चर्चित रचनाएँ हैं। इन कथाओं में किसी भी वाद-विवाद से हटकर तथा किसी जाति, वर्ण के प्रति घृणा न रखते हुए दलित जीवन की विद्रूपता का जितना प्रभावशाली चित्रण है, वह अन्यत्र दुर्लभ है। उनका शिल्प किसी भी हिन्दी कथाकार की तरह मँजा हुआ एवं पूरी तरह परिष्कृत है। उनकी कहानियों में दलितों के साथ बाहर समाज में हो रहे अन्तर्द्वन्द्वों के साथ

उनके आन्तरिक द्वन्द्वों का भी बेखौफ चित्रण हुआ है। 'सलाम' कहानी का एक पात्र कमल प्रगतिशील ब्राह्मण युवक है। अपने एक भंगी सहपाठी मित्र की बारात में उत्तर प्रदेश के एक गाँव में चला जाता है। वहाँ सुबह-सुबह उसे चाय की तलब लगती है और वह गाँव की चाय की दुकान पर पहुँचकर चाय वाले से चाय बनाने के लिए कहता है। पहले तो चाय वाला उसे चाय देने को कह देता है, परन्तु जब वह बातों से यह जान लेता है वह चूहड़ों की बारात में आया है (अतः चूहड़ा ही है) तो चाय देने से मना कर देता है। इस मुद्दे पर बात होते-होते विवाद में बदल जाती है। तभी वहाँ बल्लू रांघड़ (ठाकुर) का रामपाल भी आ जाता है। रामपाल का कमल से व्यवहार देखिए– "बात पूरी होने से पहले ही रामपाल ने उसे डाँटा–"ओ, शहरी जनखे हम तेरे भाई हैं? साले जबान सिंभाल करके बोल, गांड में डंडा डाल के उलट दूँगा, जाके जुम्मन चूहड़े से रिश्ता बणा। इतनी जोरदार लौंडिया लेके जा रहे हैं सहर वाले, जुम्मन के तो सींग लिकड़ आये हैं। अरे लौंडिया को किसी गाँव में ब्याह देता तो म्हारे जैसों का भी कुछ भला हो जाता।" एक तीखी हँसी का फव्वारा छूटा, आसपास खड़े लोगों ने उसकी हँसी में अपनी हँसी मिला दी। कमल को लगा जैसे अपमान का घना बियाबान जंगल उग आया है। उसका रोम-रोम काँपने लगा। उसने अपने आसपास खड़े लोगों पर निगाह डाली, हिंसक शिकारी तेज नाखूनों से उस पर हमला करने की तैयारी कर रहे थे। उसने पहली बार अखबारों में छपी उन खबरों को शिद्दत से महसूस किया, जिस पर विश्वास नहीं कर पाता था वह। फलाँ जगह दलित युवक को पीट-पीट कर मार डाला। फलाँ जगह आग में भून दिया। घरों में आग लगा दी।" उनकी अन्य कहानियों में बैल की खाल, ग्रहण, कहाँ जाए सतीश आदि अनेक महत्त्वपूर्ण कहानियाँ हैं। उनकी कहानियाँ एक ऐसा वातावरण रचती हैं, जिनमें बहुत ही सूक्ष्मता से दलित उत्पीड़न की मानसिक, शारीरिक, सामाजिक या आर्थिक स्थितियाँ खुलकर सामने आ जाती हैं। यह उनकी परिपक्व समझ का ही परिचायक है। 'सपना' उनकी एक ऐसी ही कहानी है। जिसका नायक 'गौतम' फैक्टरी के पास पड़ी जमीन पर मन्दिर बनाने के लिए कुछ लोगों के कहने पर तन-मन से चन्दा एकत्र करता है। पूरी निष्ठा से मेहनत करता है। लेकिन जब मन्दिर में मूर्ति की प्राण प्रतिष्ठा का समारोह होता है, उस पंडाल में गौतम के परिवार को आगे की पंक्ति में बैठा देखकर सवर्ण सहन नहीं कर पाते और उन्हें वहाँ से उठाने के लिए घुमा-फिराकर बार-बार प्रयत्न किये जाते हैं और जब वह वहाँ से उठने को तैयार नहीं होते तो अंततः नटराजन गौतम के मित्र ऋषिराज से कह ही देता है–'ये गौतम...... एस.सी. है। "नटराजन ने आखिरी चाल चल दी। "तो इससे क्या फर्क पड़ता है ..... श्री नटराजन जी....।" ऋषि ने व्यंग्य से कहाँ फर्क पड़ता है...... पूजा अनुष्ठानों में उन्हें आगे नहीं बैठाया जा

सकता है। यह रति है। शास्त्रों की मान्यता है।' नटराजन ने गहरे अवसाद में भरकर कहा, "तो यह बात है..... मिस्टर नटराजन यह ज्ञान आपको आज ही प्राप्त हुआ है कि गौतम एस.सी. है। जब यह दिन-रात अपना खून-पसीना बहा रहा था, इस मन्दिर को खड़ा करने में, तब आप नहीं जानते थे कि वह एस.सी. है। तब आपने क्यों नहीं कहा कि जो एस.सी. है, वह मन्दिर के काम में हाथ न बँटाये। इसके चूने-गारे में अपने जिस्म का पसीना न मिलाये। क्यों नहीं आपने ऐलान किया कि जो ईंट किसी एस.सी. ने बनाई है या पकाई है, ट्रक में चढ़ाई या उतारी है, वह ईंट इस मन्दिर में नहीं लगेगी। उस वक्त भी तो सोचना चाहिए था.....।" ऋषि ने अपनी पूरी शक्ति से विरोध किया और इस विरोध में धक्का-मुक्की शुरू हो जाती है, भगदड़ मच जाती है तथा पाण प्रतिष्ठा का समारोह ध्वस्त हो जाता है। ऋषिराज और गौतम को मार-पीट करने तथा अशान्ति फैलाने के आरोप में गिरफ्तार कर लिया जाता है, लेकिन यह कहानी दलितों के लिए एक सन्देश छोड़ जाती है। गौतम के इस कथन के रूप में कि-"चलो भाई, हम लोग घर चलते हैं। ऐसे अनुष्ठानों में बैठकर क्या होगा, जहाँ आदमी को आदमी की तरह न समझा जाए।" ओमप्रकाश वाल्मीकि एक ऐसे सम्भावनाशील दलित कथाकार हैं, जिनसे दलित कथा साहित्य को बहुत आशाएँ हैं।

मोहनदास नैमिशराय एक प्रतिबद्ध दलित कथाकार हैं। उनकी कहानियाँ हिन्दी की सभी प्रतिष्ठित पत्र एवं पत्रिकाओं में ससम्मान स्थान पाती रही हैं। लोकमत समाचार (नागपुर) संचेतना, एवं समकालीन भारतीय साहित्य (दिल्ली) में प्रकाशित उनकी कहानियाँ पर्याप्त चर्चा में रही हैं। उनकी कथाओं पर उनका पत्रकार हावी रहता है और कहीं-कहीं ये कहानियाँ रपट बनने से नहीं बच पातीं। लेकिन उनकी कहानियों में परिवर्तन की आहटें साफ सुनाई देती हैं और साथ ही रहता है उनमें उपदेश भी। शिल्प साधना के दौर से गुजरकर शायद वे इससे कभी मुक्ति पा जाएँ। 'संचेतना' के दलित अंक में प्रकाशित उनकी कहानी 'आवाजें' एक सशक्त कहानी है। जिसमें गाँव के मेहतर ठाकुर औतार सिंह की गुलामगिरी करने से साफ मना कर देते हैं। जिसके कारण पहले उनको डकैती में फँसवाकर पिटवाया जाता है। जब यह मामला 'दलितों पर अत्याचार' का बन जाता है और कानून उनकी इस हद तक मदद करता है कि इस षड्यंत्र में शामिल कानून के रखवाले भी सजा पा जाते हैं। जब मेहतर अपनी इस जीत का जश्न मना रहे होते हैं, तो ठाकुर औतार सिंह उनकी बस्ती में आग लगवा देता है। इस कहानी में परिवर्तन के स्वर देखिए-

"तभी कारिन्दा पुनः कह उठता है-'इतवारी तुम्हें ठाकुर ने बुलाया है.....।' कारिन्दे के पहली बार कहने को इतवारी ने अनसुना कर दिया। जब दुबारा कारिन्दे ने उसी लहजे में कहा तो वह उबल-सा पड़ा-

'कौन ठाकुर..... ?'

'गाँव में कौन ठाकुर है तुम्हें पता नहीं है...... ?' कारिन्दा क्षणभर में ही भभक उठता है।

'नाहीं, हमें कुछ पता नाहीं। अब कहीं किसी की ठकुराहट नहीं चलती, सब अपने-अपने घर में ठाकुर हैं।'

'क्या ?' कारिन्दा अब पूरी तरह से गर्मा गया था। उसे सपने में भी विश्वास न था कि इतवारी, जिसकी उम्र मैला ढोते-ढोते तथा दूसरों की जूठन खाते-खाते बीत गयी, ऐसा कह सकता है।

'मुझे ठाकुर औतार सिंह ने भेजा है।' कारिन्दे ने मूँछों पर उँगली फिराते हुए कहा।

'हूँ, कह देना अब कोई न जावत है। बहुत दिन हो गये गुलामगिरी करते-करते।"

इस प्रकार हम देखते हैं कि श्री मोहनदास नैमिशराय एक अच्छे सम्भावनाशील कथाकार हैं। डॉ. दयानन्द बटोही का एक कथा-संग्रह 'कफनखोर' मगध विश्वविद्यालय में बी.ए. के पाठ्यक्रम में नियत है। ये स्वयं एक लघु पत्रिका 'साहित्य यात्रा' के सम्पादक हैं। इनकी कहानियाँ यदा-कदा पत्र-पत्रिकाओं में छपती रहती हैं। 'नई लहर' में प्रकाशित इनकी कहानी 'सुरंग' पिछले दिनों चर्चा में रही है। जीवन और जगत का कटु यथार्थ इनकी कहानियों में बहुत ही तल्ख होकर सामने आता है। 'सुरंग' का कथानक शिक्षा जगत की बदरंग छवि हमारे सम्मुख प्रस्तुत करता है कि किस तरह एक दलित शोधार्थी को विश्वविद्यालय में शोध करने से रोका जाता है। क्योंकि यह वह रास्ता है जो अच्छे जीवन की ओर जाता है। इसलिए इसमें सिद्धान्त, विचार और योग्यता के काँटे बिछाये जाते हैं। ताकि उस पर चलने से पूर्व ही दलित छात्र लहूलुहान हो जाए। दलित जीवन की विसंगतियां बटोही की कहानियों का सच हैं, जो भोगकर लिखा गया है। इसलिए बहुत मारक है। देर तक बेचैन किये रहता है अपने पाठकों को।

डॉ. प्रेमशंकर की कहानी 'बित्तेभर जमीन' आत्मबोध की कथा है। दलितों में एक आम कहावत प्रचलित है कि—"चमार का चूल्हा तो टोकरी में ही रहता है।" उसकी न जमीन होती है, न धन और न ही सम्मान! यह बित्ताभर जमीन भी इस कथा नरेटर (लेखक)के परिवार वालों को अस्सी साल पहले जमींदार ने यूँ ही बता दी थी, बिना किसी लिखा-पढ़ी के। जिस पर उन्होंने अपना घेर बना लिया था। पहले यह जमीन गाँव के बाहर थी, तो इसकी कीमत कुछ नहीं थी, लेकिन अब यह जमीन गाँव के बीच में आ गयी तो इसकी कीमत लाखों रूपए हो गयी। अतः इसे खाली करवाने के लिए जमींदार ने हरिजनों की पूरी बस्ती में आग लगवा दी और जब किसी तरह एक दलित पत्रकार ने यह खबर अखबार में छपवा दी, तो इलाके

के भूतपूर्व एल.एल.ए. पंडित हरप्रसाद ने उसे नौकरी से निकलवा दिया। बाद में अशान्ति फैलाने के आरोप में पत्रकार तथा उसके घरवालों को भी पुलिस पकड़ लेती है। इस कहानी से स्पष्ट होता है कि दलित उत्पीड़न कभी धर्म के कारण होता था, लेकिन अब राजनीति और प्रशासन का गठजोड़ इसका महत्त्वपूर्ण कारण है। मैंने इस कहानी को आत्मबोध की कहानी इसलिए कहा था कि इस कहानी में तीन पीढ़ियों का चित्रण हुआ है। पहली पीढ़ी ने अस्सी साल पहले से जमींदार के यहाँ काम किया। लेकिन उसके पास एक बीघा खूढ़ (जमीन) भी नहीं है। दूसरी पीढ़ी में चेतना जागी है जिसका प्रतिनिधि है—पत्रकार (लेखक) जिसे डकैती और गलत रिपोर्टिंग के आरोप में बन्द कर दिया जाता है। साथ में बन्द एक डकैत की सलाह पर कि सुरक्षित सीट से जयकिशन एम.एल.ए. हैं, उनसे मिल लो। तो वह कहता है— "वह तो गाँधीवादी है, हमें तो बित्ते भर जमीन चाहिए गाँधीवाद नहीं।" तीसरी पीढ़ी का प्रतिनिधि है, लेखक का भतीजा, जिसमें आत्मबोध पूरी तरह उद्बुद्ध हुआ दृष्टिगोचर होता है। वह कहता है— "चाचा, माँ की कसम खा के कह रहा हूँ, शामू को कुछ हो गया तो गाँव भर को फूँक दूँगा। हम छोटी जात के समझ लिए, तो क्या ताकत में भी छोटे ही समझ लिए।" यह घटनाक्रम प्रमाणित करता है कि अब दलितों में भी आत्मबोध जाग रहा है, अब उसका जाति का छोटा होना उसके पुरूषार्थ में और अधिक समय तक अवरोध उत्पन्न नहीं कर पाएगा। इस दृष्टि से यह एक महत्त्वपूर्ण कहानी है।

जयप्रकाश कर्दम दलित कथा के एक ऐसे महत्त्वपूर्ण हस्ताक्षर हैं, जिनका उपन्यास 'छप्पर' हिन्दी में किसी दलित लेखक का पहला 'दलित चेतना सम्पन्न' उपन्यास है। 'मुक्ति की तलाश' उनकी एक ऐसी कहानी है जो बताती है कि किसी दलित युवक की शिक्षा में किस-किस तरह की बाधाएँ आती हैं। सुक्खा चमार का बेटा चन्दन शहर में पढ़ने के लिए चला जाता है। इस पर काणे पंडित की टिप्पणी देखिए— "टकराते ही बात छेड़ दी काणे पंडित ने—सुना है सुक्खा, तेरा बेटा पढ़ने के लिए शहर गया है।"

"हाँ पंडित जी, गया तो है आपके आशीर्वाद से।"

"आशीर्वाद कहता है इसे। अनर्थ कर दिया तूने, महा अनर्थ" और महा अनर्थ के अपराध में काणे पंडित की सलाह पर गाँव के ठाकुर और बनिए मिलकर सुक्खा को बेघर कर देते हैं। वह घर जमीन से बेदखल होकर अनेक प्रकार की यातनाएँ सहता है। मजदूरी करके चन्दन को पढ़ाई का खर्च भेजता है। उत्तर भारत के गाँवों का जितना सच्चा चित्रण इस कहानी में उपलब्ध है, वह अन्यत्र दुर्लभ है।

डॉ. दयानन्द बटोही अपनी कहानी 'सुरंग' में इस तस्वीर का दूसरा रुख प्रस्तुत करते हैं कि जब दलित युवक इन बाधाओं को पार कर विश्वविद्यालयों में पहुँचकर

शोध जैसी उच्च शिक्षा प्राप्त करना चाहता है, तो वहाँ पर विभागाध्यक्ष, कुलपति और शोध निदेशक जो अपने हिसाब से विश्वविद्यालयों में वर्ण व्यवस्था स्थापित किये हुए हैं। कैसे दलित शोधार्थी के मार्ग में अवरोध खड़े करते हैं। यह कहानी शिक्षा तन्त्र में व्याप्त भ्रष्टाचार का पर्दाफाश करती है।

बी.एल. नय्यर की कहानी 'चतुरी चमार की चाट' सरकार और हिन्दू समाज की उन समस्त घोषणाओं को बेनकाब करती है जिनमें बताया गया है कि अब भारत में किसी प्रकार की कोई छुआछूत नहीं है, सब सामाजिक, धार्मिक और राजनीतिक स्तर पर समान हो गये हैं। चन्दन चौबे जब देखते हैं कि गाँव में साहे वगैरह खत्म हो गये हैं, तो वह शहर में जाकर चाट बेचने लगते हैं। अपनी ठिलिया पर 'चन्दन चौबे की चाट' लिखवा कर वह जिस चौराहे पर चाट बेचते हैं, वहाँ एक चाय की दुकान है, जिस पर बराबर बहस चलती रहती है। एक दिन इसी बहस में चौबे सुनते हैं कि– "देखो, हिन्दू लोगों में कितना बदलाव आ गया है। अयोध्या के मंच पर श्री रामचन्द्र जी के साथ-साथ अम्बेडकर भी अवतरित हो गये। राम के साथ उनका भी चित्र लगाया गया। गौरतलब बात यह कि राम के मुकाबले अम्बेडकर का ज्यादा गुणगान किया गया।" आगे एक दिन चौबे ने अखबार पढ़ते उन्हीं लोगों से सुना– "देखो हिन्दुओं में कितना सुधारवाद आ गया है। मकर संक्रांति के दिन हिन्दू नेताओं ने दलितों को गले लगाया। उनके साथ सहभोज का आयोजन किया गया। समाज में अब भेदभाव कहाँ रह गया है।" तीसरी बार चौबे ने जो कुछ सुना उससे वे फूले नहीं समा रहे थे। बैंचों पर बैठे लोगों की बतकही में उन्होंने सुना– "भैया अब कौन सी कसर बाकी रह गयी है। अब और कौन-सा सुधार चाहिए। बनारस में हिन्दुओं ने एक डोम के घर की बनी पूड़ियाँ तक खा लीं। ऊँच-नीच सब खत्म। अब तो सचमुच रामराज्य आ गया है।" तभी उसे लगा कि क्यों न वह गाँव से चतुरी को बुला ले, इससे उसे कुछ आराम भी मिल जाएगा और चतुरी को दिया गया उसका कर्ज भी चुकता हो जाएगा। अतः वह तार देकर गाँव से चतुरी को बुला लेता है और ठिलिया लेकर चतुरी को ठिकाने पर भेजता है लेकिन जातीय हीनता के कारण चतुरी को लगता है कि उसकी जाति जानकर लोग उसे अपमानित करेंगे। अतः वह 'चन्दन चौबे की चाट' की जगह 'चतुरी चमार की चाट' लिखवा कर जैसे ही तिवारीयन टोले के तिराहे पर आता है तो थोड़ी ही देर बाद वहाँ कुछ नवयुवक आते हैं और चतुरी को धमकाते हुए कहते है–"क्यों बे साले चमरे। तेरी हिम्मत कैसे हुई यहाँ चाट लगाने की। हम तो समझदार हैं, तो बच जाएँगे। लेकिन बेचारे बच्चे क्या जाने! तेरी चाट खाकर सब बेदीन हो जाएँगे। आज तेरा पहला दिन है। इसलिए बख्शे दे रहे हैं। कल से यहाँ शक्ल दिखाई तो खैर नहीं। जल्दी फूट यहाँ से।" अपमानित-भयभीत चतुरी, लौटकर कमरे पर आता है और चौबे को पूरी दास्तां कह

सुनाता है। दु:खी स्वर में चौबे कहता है– "चतुरी तुम वापस गाँव चले जाओ। वहीं जाकर मेहनत-मजदूरी करो। अभी तुम्हारी चाट बिकने का समय आने में देर है।" यह कहानी एक ओर नाथद्वारा मन्दिर प्रवेश के सत्य से जुड़ती है कि वहाँ कोई दलित वैसे रोज जाए, किन्तु वह घोषणा करके वहाँ नहीं जा सकता। दूसरी ओर उस धार्मिक साजिश की ओर भी संकेत करती है, जिसने जातियों के पेशे तक निर्धारित कर दिए हैं। जो भारतीय लोकतन्त्र के इतने लम्बे वर्षो बाद भी खत्म नहीं हुए हैं।

प्रेम कपाडिया की कहानी 'हरिजन' भारत के मन्दिरों में अभी भी जारी देवदासियों की समस्या को उठाती है। ये देवदासियाँ अशिक्षा, गरीबी और धार्मिक अन्धविश्वास के कारण दलित परिवारों से ही आती हैं। 'हरिजन' कहानी के नायक प्रेम के ससुर इस तथ्य को स्पष्ट करते हुए कहते हैं कि– "मध्यप्रदेश के तमाम बड़े मन्दिरों में आज भी देवदासियाँ बनाई जा रही हैं... व्यवस्था और शासन–सभी लोग इन गरीब हरिजन महिलाओं का शोषण करते हैं।" दरअसल ये देवदासियाँ धर्म के नाम पर बनायी गयी वेश्याएँ हैं, जो पुजारियों की वासना पूर्ति का सामान तो बनती ही हैं, ये पुजारी दल्लों की तरह इन्हें ग्राहकों को सप्लाई भी करते हैं। यह रहस्य तब खुलकर हमारे सम्मुख आता है, जब स्कूल में बच्चे प्रेम को हरामी कहते हैं और वह घर आकर अपनी माँ से अपने बाप का नाम पूछता है। तब उसकी माँ परबतियाँ उसे बताती है कि– "बेटा... ये हमारी बदनसीबी है कि तेरे बाप का पक्का पता नहीं... जो औरत रोज नये मर्द के साथ सोती हो... उसके बाप का नाम कैसे पता चल सकता है।" यह कहानी हिन्दू धर्म के उस घृणित चेहरे को बेनकाब करती है, जो हरिजन महिलाओं को धर्म के नाम पर वेश्याएँ बनाता है। दरअसल यह कहानी इस घृणित धर्म से दलितों की मुक्ति का सन्देश देती है। परबतिया की मुक्ति इसका प्रमाण है।

रत्नकुमार सांभरिया की कहानी 'क्षितिज' जमींदारों द्वारा दलित महिलाओं के यौन शोषण की कथा कहती है। लेकिन यह प्रतिशोध की कहानी है। जब जमींदार नानक सिंह कथा नायक सोमा की पत्नी रेवती की अस्मत खेत में लूटने का प्रयास करता है, तो वह उसकी नाक पर खुरपा दे मारती है। लेकिन इसका परिणाम रोंगटे खड़े कर देने वाला है। सोमा और रेवती को गाँव से भागकर शहर में मजदूर बन जाना पड़ता है। गाँव में उनकी माँ भूख तथा जमींदार के अत्याचार से पीड़ित होकर दम तोड़ देती है और अंततः भूख और ठंड से तड़पकर एक दिन सोमा भी दम तोड़ देता है। पुलिस रेवती को सोमा की हत्या के आरोप में गिरफ्तार कर अपमानित करती है। यह दलित उत्पीड़न की एक ऐसी सशक्त कहानी है जो रत्नकुमार सांभरिया को एक श्रेष्ठ कथाकार प्रमाणित करती है।

डॉ. कुसुम मेघवाल की कहानी 'समय के शिलालेख' एक अन्य स्थिति को

प्रस्तुत करती है। अब दलित उच्च शिक्षा प्राप्त कर प्रशासनिक सेवाओं में भी आने लगे हैं। जब कोई दलित प्रशासन की सर्वोच्च कुर्सी पर बैठता है, तो उसके प्रति सवर्ण किस प्रकार का दृष्टिकोण रखते हैं। जिले में जब नया कलक्टर आया तो यह जानकर कोटड़ा का ठाकुर कहता है– "क्या कहा चमट्टा है।" लेकिन फिर यही ठाकुर पहले अपने आदमियों को दावत देने भेजता है। मना करने पर फिर स्वयं जाता है। उसका एक मुकदमा भी गाँव के दलितों के साथ चल रहा है। इस पर कलक्टर साहब की न्यायप्रियता भी दाँव पर लगी है। अंततः कलक्टर दलितों के पक्ष में उचित निर्णय देता है। यह कहानी हमें यह सन्देश भी देती है कि दलितों को उस समय तक न्याय नहीं मिल पाएगा जब तक कि वह उच्च कुर्सियों पर नहीं पहुँचेंगे जहाँ पर निर्णय लिए जाते हैं और उन्हें क्रियान्वित किया जाता है।

'इन्द्रप्रस्थ भारती' में प्रकाशित राजेन्द्र लहरिया की कहानी 'यहाँ कुछ लोग थे'– धनवान होकर भी कोई दलित किसी हिन्दू उत्सव की अध्यक्षता नहीं कर सकता, जबकि उस पद की सार्वजनिक नीलामी की जाती है। इधर सूरजपाल चौहान भी कहानियों पर हाथ आजमा रहे हैं। उनकी एक कहानी 'हम दलित' में तथा एक कहानी 'अगुंत्तर' में आयी है। वह अपनी कहानियों में समस्याओं को तो उठा रहे हैं, लेकिन कहानी के शिल्प को अभी साधना है उन्हें। उनमें सम्भावनाएँ हैं, बशर्ते वह उन्हें विकसित कर पाएँ।

हिन्दी दलित कहानी और उपन्यासों में दलित समाज में हो रहे परिवर्तनों की आहट बहुत साफ सुनाई दे रही है। चाहे वह व्यक्ति के भीतर हो रहे हों या बाहर। दलित कहानी का प्रभाव उसकी सच की बेखौफ अभिव्यक्ति में है जिसके लिए बहुत साहस की आवश्यकता है। दलित कथाकारों में यह साहस है, यह कहने में मुझे कोई संकोच नहीं है। दलित कहानी का भविष्य बहुत उज्ज्वल है, उसके क्षेत्र विस्तार की बहुत सम्भावनाएँ हैं। उसे पाठकों की कमी नहीं रहेगी। लेकिन उसके लिए दलित कथाकारों को अपने दायित्व को बखूबी निभाना होगा, उन्हें अपने सामाजिक सरोकारों को समझना होगा। भविष्य में यही दलित कहानी के जीवन स्रोत होंगे।

दलित नाट्य-साहित्य : एक सर्वेक्षण

हिन्दी में दलित नाट्य-साहित्य अभी अपने शैशव काल में है। लेकिन सन्त रैदास जयन्ती तथा डॉ. अम्बेडकर जयन्ती के अवसर पर नाटकों के मंचन की परम्परा रही है। अब दलित नाटकों का मंचन कुछ नाट्य ग्रुपों द्वारा भी किया जाने लगा है इसलिए अब अच्छे दलित नाटकों के लिखे जाने की आवश्यकता महसूस होने लगी है। हिन्दी में जिन दलित लेखकों ने नाटक लिखे हैं उनमें कुछ महत्त्वपूर्ण हस्ताक्षरों में सर्वश्री माताप्रसाद, एन. आर. सागर, कर्मशील भारती तथा डॉ. एन. सिंह के नाम लिए जा सकते हैं। हिन्दी में प्रथम दलित नाटक श्री शिव प्रसन्न दास का 'हरिजन' नाटक है जिसका प्रकाशन श्री जगजीवन राम के अभिनन्दन-ग्रंथ 'देश गौरव : बाबू जगजीवन राम' में सन् 1959 में हुआ था। नाटक को यूँ तो 'एकांकी अभिनय' का नाम दिया गया है लेकिन इसे देखने से पता चलता है कि यह दो अंकों का पूर्ण नाटक है, जिसके प्रत्येक अंक में आठ-आठ दृश्य हैं। इस नाटक की सम्पूर्ण संवेदना को समझने के लिए मैं इसके प्रथम अंक के पाँचवें दृश्य का एक अंश यहाँ प्रस्तुत कर रहा हूँ—

"स्थान— कुँआ। समय— प्रातःकाल।

बहुत से लोग पानी लेने के लिए खड़े हैं। दो पंडित पानी लेते हुए।

पहला हरिजन— पंडित जी! हमहू के एक घड़ा, पंडित जी।

दूसरा हरिजन—महाराज हम कब से खड़ा हई, पंडित जी।

बच्चा—पंडित जी! मेरी बुढ़िया माँ कब से प्यासी है। उसे बुखार है।

पहला पंडित—चल रे हट, आया है बुढ़िया माँ वाला! जा, जा, जाता है कि नहीं ?"

दूसरा पंडित—मैं तेरे बाप का नौकर हूँ, जो तुझे पानी दे दूँगा ?

बच्चा—नौकर कौन बोलता है, पंडित जी, हम प्यासे हैं! पानी दे दो।

पहला हरिजन—(घड़ा उठाकर रखता है) पंडित जी, हम प्यासे हैं। पानी दे दो।

पहला पंडित—अरे रे रे! शैतान, तू कुँआ ही छू देना चाहता है क्या रे ? देखता नहीं! तू हटेगा कि नहीं ?

दूसरा पंडित—तू दूर हटता है कि नहीं ?

पहला हरिजन–महाराज! हम लोग दो घंटे से खड़ा हुई।

दूसरा पंडित–खड़ा है, तो क्या मेरे लिए खड़ा है?"

इस पूरे वार्तालाप की परिणति चन्द्रा के कथन के रूप में होती है जहाँ नाटककार स्वयं बोलता हुआ प्रतीत होता है या यूँ कहें कि इसीलिए नाटककार ने इस पूरे दृश्य की रचना की है। चन्द्रा का कथन इस प्रकार है–"जब ये गरीब खून-पसीना एक करके, मिट्टी खोदकर पानी निकालते हैं, तब तो तुम्हारे धर्म की क्षति नहीं होती है आज ये पीने के लिए पानी माँगते हैं, तुम्हारा धर्म डूबा जाता है। धिक्कार है, तुम्हारे इस धर्म के विधान को।"

हिन्दी के दलित नाट्य-साहित्य को सबसे अधिक नाटक श्री माताप्रसाद ने दिए हैं। उनके नाटकों में–धर्म के नाम पर धोखा (1977), अछूत का बेटा (1990), वीरांगना झलकारी बाई (1995), तड़फ मुक्ति की (1999), वीरांगना ऊदा देवी पासी (1999), प्रतिशोध (1999), धर्म परिवर्तन (2000), अंतहीन बेड़ियाँ (2000), सन्त शिरोमणि गुरु रविदास (2003), हम सब एक हैं तथा जातियों का जंजाल। श्री माता प्रसाद हिन्दी के एक सिद्धहस्त दलित नाटककार हैं।

उन्होंने अपने नाटकों में दलित-समाज के सम्मान के लिए संघर्ष करने वाले महापुरुषों पर तो नाटक लिखे ही हैं। अन्य दलित समस्याओं का चित्रण भी बहुत ही सजीव ढंग से किया है। श्री माताप्रसाद ने अपने प्रत्येक नाटक में दलित-समाज की किसी-न-किसी समस्या को उठाया है और अंततः उसका समाधान भी प्रस्तुत किया है। कुछ नाटकों में ऐसे नायक एवं नायिकाओं को भी प्रस्तुत किया है, जिनकी पहचान भारतीय इतिहास से मिटाने का प्रयास किया गया। माताप्रसाद एक ऐसे सिद्धहस्त नाटककार हैं, जिनके नाटकों में युगबोध अपनी सम्पूर्ण अर्थवत्ता के साथ मुखरित हुआ है। उनके नाटकों का गम्भीरतापूर्वक अध्ययन करने के उपरान्त डॉ. शिप्रा बैनर्जी ने लिखा है कि–"नाटककार माताप्रसाद जी अपनी सामाजिक चेतना से प्रेरित हो, समाज में व्याप्त बुराइयों को उद्घाटित कर, एक ओर जहाँ दर्शकों की रुचि का परिष्कार करते हैं। इसके लिए पहले वे एक वैज्ञानिक की भांति समस्या के तल तक जाते हैं। उसके कारणों का अन्वेषण करते हैं। फिर एक दार्शनिक के समान उसके प्रभाव की प्रतिक्रिया पर विचार करते हैं। और अन्त में एक समाज-सुधारक की तरह उस समस्या का समाधान प्रस्तुत करके ही अपने कर्त्तव्य की इतिश्री करते हैं। माताप्रसाद जी के नाटक हिन्दी नाट्य-साहित्य में अपना विशिष्ट स्थान बनाने में समर्थ होंगे तथा आज ही नहीं, आने वाला कल भी, इन नाटकों को स्वीकृति देगा।" मैं उनके नाटक 'अंतहीन बेड़ियाँ' का एक दृश्य यहाँ प्रस्तुत कर रहा हूँ–

"द्रोणाचार्य–अच्छा तो प्रतीक रूप में ही सही, तुमने मुझको गुरु मान लिया है। अगर मुझे तुमने गुरु माना है तो तुम्हें कुछ गुरु दक्षिणा भी देनी चाहिए। बोलो, अपने

गुरु को गुरु दक्षिणा देने को तैयार हो?

एकलव्य—हाँ! गुरु तो मैंने आपको मान ही लिया। मैं अवश्य आपको गुरु दक्षिणा दूंगा! आप आज्ञा करें।

द्रोणाचार्य—(अर्जुन की ओर मुस्कराते हैं) अगर तुम मुझे गुरु मानते हो, तो मुझे अपने दाएँ हाथ का अगूँठा काटकर दे दो।

एकलव्य—मान्यवर! मैं आपको वचन तो दे चुका हूँ। आपकी आज्ञा का पालन तो करूँगा, लेकिन आप यह बताएँ कि भील बालक के स्वअर्जित कौशल की जानकारी विश्व को न होने पाए, अभिजात लोगों के गुरुओं के लिए क्या आप यही आदर्श रख रहे हैं? नस्ल, रंग, जाति, वर्ण का बिना विचार किये सभी शिष्यों पर समान दृष्टि रखने के पथ से क्या आप विचलित नहीं हो रहे हैं?

द्रोणाचार्य—एकलव्य! तुम्हारा बहस करना व्यर्थ है! तुमने वायदा किया है, अगर गुरु-दक्षिणा देना चाहते हो, तो अपना वायदा पूरा करो।

एकलव्य—मैं अपनी बात से मुकरने नहीं जा रहा हूँ। भील लोग अपनी बात से टल नहीं सकते। अगर आपको मेरा अंगूठा ही लेना है, तो लीजिए।"

उपर्युक्त कथोपकथन में हम देख सकते हैं कि माताप्रसाद ने द्रोणाचार्य को कितनी सहजता से कठघरे में खड़ा करके साबित कर दिया है कि उसका बिकाऊ ज्ञान खरीददारों के लिए कितना नीचे तक गिर गया है और एकलव्य का व्यक्तित्व अचानक पहाड़ से भी ऊँचा हो गया है।

श्री एन. आर. सागर ने 'मार्ग का काँटा' तथा 'अन्तिम अवरोध' दो नाटकों का सृजन किया है। ऐसा प्रतीत होता है कि ये दोनों नाटक ही आकाशवाणी से प्रसारण हेतु लिखे गये थे। ये नाटक दलित दृष्टिकोण से अधिक महत्त्वपूर्ण नहीं हैं। यही स्थिति श्री मोहनदास नैमिराय के नाटक 'अदालत नामा' और 'हैलो कामरेड' की भी है। लेकिन श्री कर्मशील भारती का नाटक 'फाँसी' इंडिया टुडे में छपी रिपोर्ट 'पंच बने यमराज' के आधार पर लिखा गया है जिसमें महराना (हरियाणा) में एक दलित युवक को सवर्ण युवती से प्रेम करने के कारण दिन दहाड़े पंचायत ने गाँव में ही फाँसी पर लटका दिया था। इस नाटक के दिल्ली में कई मंचन हुए, लेकिन यह प्रकाशित नहीं हो पाया।

श्री रघुवीर सिंह अरविन्द का नाटक 'इतिहास की पहली घटना' अपने कथ्य और लेखक के दृष्टिकोण के कारण एक महत्त्वपूर्ण नाट्यकृति है। इस नाटक में डॉ. अम्बेडकर और हिन्दू नेताओं के बीच 24 सितम्बर 1932 को हुए उस समझौते, जिसे आज 'पूना पैक्ट' के नाम से जाना जाता है, को आधार बनाया गया है जिसके तहत अब दलितों को आरक्षण की सुविधा प्राप्त हो रही है। ब्रिटिश प्रधान मंत्री रैमजे मैकडोनाल्ड ने गोलमेज सभा में अम्बेडकर के तर्कों को सुनकर 'कम्युनल अवार्ड'

की घोषणा कर दी थी, जिसके विरोध में गाँधी ने यरवदा जेल में आमरण अनशन प्रारम्भ कर दिया था। गाँधी की प्राण-रक्षा के लिए हिन्दू-नेताओं ने डॉ. अम्बेडकर पर दबाव डालना प्रारम्भ किया, तो अंततः उन्हें यह समझौता करना पड़ा जिसमें दलितों को पूर्ण मुक्ति के बदले यह आरक्षण प्राप्त हुआ। श्री रघुवीर सिंह 'अरविन्द' ने डॉ. अम्बेडकर की पीड़ा और विवशता तथा गाँधी जी की राजनीतिक चतुरता का बहुत ही मार्मिक चित्रांकन इस नाटक में किया है। इस नाटक के प्रथम अंक के तीसरे दृश्य का यह अंश देखिए–

"(बम्बई में मुंबा देवी का मन्दिर। एक सुनियोजित जुलूस में डॉ. अम्बेडकर और उनके साथी)

डॉ. अम्बेडकर– बाडेकर! मन्दिर-प्रवेश में भी संघर्ष ! ईश्वर का बँटवारा।
बाडेकर–हैरान न हों डॉ. साहब! आपको मालूम है, सनातनी कुछ शर्तें दलितों के सामने रखने वाले हैं। मामला दबाने के लिए फिर एक कुचक्र।

डॉ. अम्बेडकर–सनातनियों के चक्रव्यूह में प्रवेश तो आसान है, लेकिन निकलना कठिन! मानसिक परिवेश को बदलना ही पड़ेगा बाडेकर।"

कुल मिलाकर यह नाटक एक बहुत ही सशक्त कृति बन पड़ा है।

डॉ. एन. सिंह और ललित मैन्दोला द्वारा लिखित नाटक 'कठौती में गंगा' भी एक महत्त्वपूर्ण नाट्यकृति है जिसमें सन्त रैदास के जीवन और उपदेशों को आधार बनाया गया है। इस नाटक में सन्त रैदास को समाज-सुधारक के रूप में प्रस्तुत किया गया है। दलित-समाज में मदिरापान एक आम व्यसन है, जिसके कारण परिवारों में प्रायः झगड़े होते हैं। कुछ इसी मुद्दे को इस नाटक के दसवें खण्ड के एक दृश्य में चित्रित करने का प्रयास नाटककारों द्वारा यूँ किया गया है–

"रैदास–क्या बात है बुद्धू? कहाँ भेज रहे हो इसको?

बुद्धू–आप ही बताओ! ये इसके बा...बा... आपका घर है कि मेरा? मैं इससे कह रहा हूं कि तू अपने घर चली जा, इसका मेरा रिश्ता खत्म!

रैदास–जो तूने कह दिया वो हो गया? कैसे कह सकते हो तुम कि तुम्हारे कह देने भर से रिश्ता खत्म हो जाएगा ये जो छोटे-छोटे बच्चे हैं क्या ये...

बुद्धू–जाने दो ब...बच्चों को भी.. मैं...मु..झे कोई लेना-देना नहीं।

रैदास–सुनो! घर परिवार से बनता है और वो किसी एक आदमी के कहने से नहीं टूटता।

बुद्धू–(सिर झुका लेता है।)

रैदास– तेरी बीवी बीमार और कमजोर है और तू इसे हर शाम इसी तरह सताता है। अब यदि तूने कभी भी दारू पीकर बच्चों से झगड़ा किया, तो सारा गाँव पंचायत बुलाकर, तुझे बिरादरी से अलग कर देगा और हो सकता है, तुझे दंड भी

मिले! इस घर में तुझसे बड़ा कोई नहीं है, तो तू मनमानी करता है? ये गाँव है गाँव, हमारी जन्म भूमि, गाँव वाले बच्चों और महिलाओं पर अन्याय नहीं होने देंगे। बोल, इतने लोगों के बीच कि तू सुधरता है या नहीं?

बुद्धू—मैं...मैं...मैं तो यूँ ही कह रहा था...(और वह खिसक लेता है।)

नेपथ्य से— रैदास मदिरा क्या पीजिये, जो चढ़े-चढ़े उतराय।
नाम महारस पीजिये, जो चढ़े नहीं उतराय॥"

इस नाटक के सम्बन्ध में मध्य प्रदेश साहित्य अकादमी, भोपाल के निदेशक एवं प्रतिष्ठित साहित्यकार डॉ. देवेन्द्र दीपक ने लिखा है कि—'कठौती में गंगा' की कथावस्तु की संरचना अपने ढंग की है। प्राचीन नाट्यशास्त्र के सहारे इसका मूल्यांकन सम्भव नहीं है। इसमें एक नहीं अनेक क्लाइमैक्स हैं। यहाँ हर संघर्ष की अपनी एक चरमसीमा है और हर संघर्ष का अपना एक सुखद अन्त है। मैं इसे झलकियों का नाटक कहना चाहूँगा। सभी झलकियाँ एक अन्तःसूत्र से बँधी हुई हैं। इसीलिए कथा में प्रभाव की अन्विति भरपूर है। नाटक की भाषा, जनभाषा के निकट है। 'कठौती में गंगा' रैदास के सार्थक और सात्त्विक जीवन पर केन्द्रित एक प्रेरक ओर तेजस्वी कृति है। अपनी आस्थाओं के लिए कष्ट सहने की क्षमता यह कृति हमें देती है। साथ ही हम में यह बोध भी जगाती है कि सन्त-संकल्प कभी पराजित नहीं होता।"

हिन्दी के दलित-साहित्य के विकास की इस संक्षिप्त अवधि में इतनी उत्कृष्ट नाट्य-कृतियों का प्रकाशन हो जाना हिन्दी के दलित नाटक के उज्ज्वल भविष्य की आश्वस्ति देता है। वस्तुतः नाटकों के माध्यम से श्री माताप्रसाद जैसे कुछ दलित नाटककारों ने एक तो सन्त रैदास एवं भीमराव डॉ. अम्बेडकर के जीवन से प्रेरक प्रसंग लेकर दलितों को शक्ति देने का काम किया है, दूसरी ओर वीरांगना झलकारी बाई और ऊदा देवी पासी जैसी महिलाओं के चरित्रों को उकेरकर दलित-समाज में नयी चेतना फूँकने का महत्त्वपूर्ण दायित्व निभाया है। हिन्दी के दलित नाट्य-साहित्य में निश्चय ही अनेक सम्भावनाएँ निहित हैं। अब यह दलित रंगकर्मियों पर निर्भर करता है कि वे इसका उपयोग किस तरह करते हैं इन नाट्य-कृतियों को अपनी ऊर्जा एवं प्रतिभा से उन्हें ही मंचन-योग्य बनाना है।

दलित साहित्य के अन्तर्विरोध

हिन्दी साहित्य में दलित विमर्श जैसे-जैसे एक अनिवार्यता बनती गयी, वैसे-वैसे सवर्ण साहित्यकार इस बात पर केन्द्रित होते गये कि कैसे दलित साहित्यकारों में विघटन उत्पन्न किया जाए। सम्भवतः इसका बीज-वपन दलित साहित्य की स्थापना के साथ ही हो गया था, जब 1996 में श्री ओमप्रकाश वाल्मीकि को देहरादून में आयोजित एक समारोह में 'परिवेश'-सम्मान प्रदान किया गया था। इस समारोह के अधिकांश वक्ताओं ने अपने वक्तव्यों में कहा था कि जब हिन्दी साहित्य में प्रेमचन्द दलित चेतना के सबसे मुखर लेखक हैं और सूर्यकांत त्रिपाठी 'निराला' ने भी 'बिल्लेसुर बकरिहा', 'कुल्ली भाट', और 'चतुरी चमार' जैसी रचनाएँ लिखी हैं, तो फिर किसी दलित को साहित्य लिखने की क्या आवश्यकता है? समारोह के अध्यक्ष कथाकार काशीनाथ सिंह ने कहा था कि–"दलितों पर लिखने के लिए दलित होना आवश्यक नहीं है। हिन्दी में दलित लेखक हैं, दलित साहित्य नही है।" इस पर जब बर्दाश्त से बाहर हो गया, तो स्वयं ओमप्रकाश वाल्मीकि को ही प्रतिवाद करना पड़ा था। उन्होंने अपने आभार सम्बोधन में कहा था– "दलित के नाम पर वाल्मीकि और व्यास ने ब्राह्मणवाद की बात की है। कोई दलित होकर ब्राह्मणवाद की बात करता है, तो वह दलित साहित्य का रचयिता कैसे हो सकता है? व्यक्ति को मुक्त करने वाला साहित्य ही दलित साहित्य है। यह जनता का आन्दोलन है। तमाम हिन्दी साहित्य सवर्णवादी साहित्य है, जो खलनायक को नायक का खिताब देता है। घटिया रचनाएँ छापी जा रही हैं। दलित साहित्य नहीं छापा जाता।" नकार का यह तिलस्म तब टूटा, जब श्री विभांशु दिव्याल के संयोजन में 'राष्ट्रीय सहारा' दैनिक, दिल्ली ने 18 और 25 जनवरी 1997 में 'हस्तक्षेप' के दो अंकों का प्रकाशन किया। इन अंकों में दलित साहित्य की अवधारणा, दलित लेखकों के साक्षात्कार और उनकी उपलब्धियों का विस्तार से विवरण दिया गया है। व्यापक स्तर पर पहली बार हिन्दी लेखकों को हिन्दी में दलित साहित्य की उपस्थिति का आभास हुआ, तो उनमें खलबली मच गयी। जब सवर्ण लेखकों को इस बात का प्रमाण मिल गया कि हिन्दी में दलित लेखक भी हैं और दलित साहित्य भी है, तो उन्होंने उस पर यह आपत्ति उठानी प्रारम्भ की कि दलित साहित्य

केवल 'दलित' ही नहीं लिख सकता, बल्कि सवर्ण साहित्यकार भी लिख सकते हैं। इस विषय में डॉ. नामवर सिंह से श्री दूधनाथ सिंह, काशीनाथ सिंह, परमानन्द श्रीवास्तव और सुधीर कुमार सिंह द्वारा की गयी बातचीत, 'नयीपथ' में प्रकाशित हुई थी, जिसे बाद में, डॉ. सदानन्द शाही ने एक पुस्तक में भी छापा। इस बातचीत में डॉ. नामवर सिंह ने प्रकारान्तर से डॉ. अम्बेडकर को 'देशद्रोही' और 'अंग्रेजों का पिट्ठू' तो कहा ही, दलित साहित्य पर यह आरोप भी लगाया कि—"वह ताकत अभी भी है, जो दलित साहित्य को फोर्ड फाउंडेशन से संचालित कर रही है।" डॉ. नामवर सिंह के फतवे के बाद दलित साहित्य के विरोध में दूधनाथ सिंह, काशीनाथ सिंह, परमानन्द श्रीवास्तव, डॉ. मैनेजर पाण्डेय, रामदरश मिश्र आदि, एक-दूसरे के विरोधी होते हुए भी, एकजुट होकर खड़े हो गये। इन लोगों ने जिन तर्कों का प्रयोग किया, वे भी देखने योग्य हैं। दलित साहित्य का विकास साम्राज्यवादी ताकत के तहत हुआ है। दलित अब साहित्य में भी आरक्षण की मांग कर रहे हैं। डॉ. रामदरश मिश्र ने लिखा—"साहित्य में आरक्षण नहीं चल सकता। साहित्य हल्ले गुल्ले से भी नहीं चलता।" दलित साहित्यकारों में साधना का अभाव है, जिसके कारण दलित साहित्य कलात्मक नहीं है। दूधनाथ सिंह ने कहा— "जन्मना दलित ही दलित लेखक होगा, यह मान लेने के बाद गुणवत्ता का प्रश्न फिलहाल कहाँ उठता है। सिर्फ कैटेगरी ही रह जाती है।" इसके बाद नामवर सिंह ने हिन्दी दलित साहित्य पर प्रहार करते हुए कहा— "मूल पौधा तो मराठी का है, अब हिन्दी में इसकी कलम लगाई जा रही है।" जब दलित साहित्य को पाठ्यक्रम में लगाने की बात आयी, तो डॉ. मैनेजर पाण्डेय ने एक संगोष्ठी में कहा कि पाठ्यक्रम तो एक म्यूजियम है, जब चीजें पुरानी हो जाती हैं, उन्हें म्यूजियम में रख दिया जाता है। दलित साहित्य तो जीवन्त साहित्य है, उसे जनता के बीच रहना चाहिए। इस पर दलित लेखकों ने प्रतिवाद किया कि यह दलित साहित्य को पाठ्यक्रम में लगाये जाने का छद्म विरोध है। श्री शैलेश मटियानी ने अपने लेख 'दलित लेखक और दलित साहित्य' में लिखा कि— "छोटी कृतियां या छोटे कृतित्व को आसमान की ओर उछालना आगे की सम्भावनाओं के रास्ते बन्द करना है।" सिद्धान्तकारों ने हिन्दी दलित साहित्य के विरोध में अपना तर्क जाल फैला दिया और इस तर्क जाल में दलित साहित्य को फँसाने की जो स्ट्राटैजी बनी, उसमें दलित लेखकों को जातीय आधार पर बाँटने और आमने-सामने खड़े कर देने को तरजीह दी गयी, जिससे दलित लेखकों में जातीय युद्ध प्रारम्भ हो जाए। इसके शिकार ओमप्रकाश वाल्मीकि तो कुछ ही अंशों तक हुए, लेकिन मुख्यत: श्री भगवानदास मोरवाल, सूरजपाल चौहान, और रत्नकुमार सांभरिया आदि अधिक हुए। इन लेखकों के अन्तर्जगत में जो वर्षों से खदबदा रहा था, उसकी शुरुआत भगवानदास मोरवाल ने बाकायदा एक

लेख 'दलित विमर्श के अन्तर्विरोध' लिखकर की। वे लिखते हैं कि– "जिस तरह पिछड़े होने का अर्थ केवल यादव है, उसी तरह दलित होने का अर्थ केवल 'जाटव' है। यदि समानान्तर दृष्टि से देखा जाए, तो पिछड़ों के नाम पर यादव और दलितों के नाम पर जाटव, इन दो विशिष्ट वर्गों का सभी क्षेत्रों में आधिपत्य और एकाधिकार बना हुआ है।" इसका समर्थन श्री ओमप्रकाश वाल्मीकि ने एक पत्र लिखकर किया। वे लिखते हैं कि- "वर्तमान साहित्य के जनवरी-2001 के अंक में लेख 'दलित विमर्श के अन्तर्विरोध' ने ध्यान खींचा और सबसे पहले इसे ही पढ़ डाला। इस लेख में अन्तर्विरोधों की ओर संकेत किये हैं। उनसे इस विमर्श की धुंध हटाने की कोशिश होगी। अवसरवादिता और पारस्परिक होड़ इस विमर्श को ही नही, और कई आन्दोलनों में विचलन पैदा कर चुकी है। कई लोग तो ऐसे भी भीड़ में शामिल हुए हैं, जो कल तक विरोध में थे या दलित साहित्य के औचित्य पर सवाल उठा रहे थे। 'शवयांत्रा' कहानी को लेकर दिल्ली में हुई टीका टिप्पणी और सूरजपाल चौहान के आक्रोश को मोरवाल ने गहरी सूझबूझ से पाठकों के सामने रखा है।" मैं नहीं समझ पाया कि इन लेखकों की "गहरी सूझबूझ" कैसी है कि क्या ये नहीं जानते कि यह दलित साहित्य में "भंगी और चमार" को आमने-सामने लड़ाकर दलित साहित्य के आन्दोलन को तोड़ने की साजिश है।

इस पूरे प्रकरण पर टिप्पणी करते हुए वरिष्ठ कथाकार श्री उदय प्रकाश ने लिखा है कि– "हिन्दी का दलित साहित्य अभी निर्माण की अवस्था में है। इसे अधिक से अधिक एकजुटता, सूझबूझ से लागू किया जाना चाहिए। लेकिन दलित साहित्यकार मित्रों की दोस्त दुश्मन वाली समझ में कच्चापन दिखता है। उपन्यास 'काला पहाड़' के चर्चित युवा लेखक 'भगवानदास मोरवाल' ने वर्तमान साहित्य के जनवरी अंक में 'दलित विमर्श के अन्तर्विरोध' नामक अपने लेख में लिखा "वास्तव में दलितों में एक ऐसा वर्ग है, जो हिन्दी साहित्य पर ब्राह्मणवादी सोच के मठाधीशों की तरह दलित साहित्य में छा जाना चाहता है।

प्रसंग यह था कि ओमप्रकाश वाल्मीकि की कहानी 'शवयात्रा' को कुछ दलित साहित्यकारों ने 'दलित विरोधी' करार दे दिया था, क्योंकि उस कहानी में जाटवों द्वारा भंगियों को ओछा समझने की प्रवृत्ति का निरुपण हुआ है। इसलिए इस कहानी को चमार विरोधी कहा गया। फिर ओमप्रकाश वाल्मीकि ने मोरवाल के समर्थन में सम्पादक को पत्र लिखा, वहीं सूरजपाल चौहान ने 'दलित साहित्यकारों का अनुवाद' नामक लेख इसी पत्रिका में लिख डाला। इस लेखक के अनुसार दलित साहित्य में वर्चस्वता का शीत युद्ध जाटव साहित्यकारों और वाल्मीकि 'भंगी' साहित्यकारों के बीच चल रहा है। 'शवयात्रा' कहानी को चमार विरोधी कहने के पीछे यही जात पाँत और श्रेष्ठतावाद का अहं है।

कंवल भारती ने मोरवाल पर व्यक्तिगत आरोप लगाया, पर मनमोहन वशिष्ठ ने अपनी भाषा में मोरवाल को एहसानफरामोश, दोमुँहा, अवसरवादी, खुशामदी, खलनायक, सवर्ण दलित आदि कह डाला। वास्तव में सच कहना जितना कठिन होता है, सच सुनना उससे भी कठिन होता है। दलित साहित्य में संकीर्णता के बजाय पारस्परिक सहिष्णुता और एक लयबद्धता आये, तो साहित्य की इस नव्यतम धारा का भला होगा। लेकिन यह विवाद अभी थमा नहीं है। इसे हवा देने में कुछ पत्रिकाएँ बहुत ही महत्त्वपूर्ण भूमिका निभा रही हैं। इसमें 'कथाक्रम' ने तो 'दलित विशेषांक' भी प्रकाशित किया और फिर श्रीलाल शुक्ल का एक साक्षात्कार प्रकाशित कर स्थापित करने का प्रयास किया कि स्वानुभूति और सहानुभूति की बात करना दलित साहित्य के सन्दर्भ में व्यर्थ है। दलित साहित्य कोई भी लिख सकता है। 'वर्तमान साहित्य' और 'कथादेश' तो बाकायदा एक आन्दोलन सा ही चला रही हैं। 'कथादेश' ने अपने अगस्त-2001 के अंक में श्री दूधनाथ सिंह की 'निष्कासन' तथा अखिलेश की 'ग्रहण' कहानियाँ छाप कर यह साबित करने का प्रयास किया है कि गैर-दलित साहित्यकार भी दलित साहित्य लिख सकते हैं। ये दोनों ही स्थापित कथाकार हैं और मैं नहीं समझता कि इनकी कामना दलित साहित्य में स्थापित होने की होगी। 'ग्रहण' की प्रस्तुति से पूर्व लिखा गया है कि- "जो दलित है, पीड़ित है, वंचित है— चाहे वह व्यक्ति हो या समूह— उसकी वकालत और हिमायत करना उसका (साहित्यकार का) फर्ज है? इसी प्रकार 'ग्रहण' से पहले दर्ज किया गया है कि—"इस कहानी को 'दलित गैरदलित लेखक' की कसौटी पर परखने के लिए हर कोई स्वतन्त्र है।" इन दोनों कहानियों को दलित साहित्य की कसौटी पर कसने से पता चलता है कि ये दोंनों दलित कहानियाँ नहीं हैं। हाँ, दलितों के प्रति घृणा का प्रचार करने वाली कहानियाँ जरूर हैं, क्योंकि इन दोनों कहानियों में सवर्ण लेखकों के मन में दलितों के प्रति पहले से रची बसी घृणा खुलकर बाहर आ गयी है। श्री दूधनाथ सिंह की 'निष्कासन' की कथा एक दलित छात्रा को हॉस्टल अधीक्षिका द्वारा अपने आका को परोसने और लड़की के विद्रोह से ताल्लुक रखती है। लेकिन दूधनाथ सिंह ने जिस तरह इसे प्रस्तुत किया है, उससे उनके दिल दिमाग की सडांध को इस कहानी में बराबर सूँघा जा सकता है। जैसे लड़की को छात्रावास की अधिष्ठाता मैम अपने अतिथि के सामने परोसने की तैयारी में लड़की की साड़ी के चुन्नट ठीक करने का प्रयास करती है। इस प्रसंग को आप दूधनाथ सिंह के शब्दों में ही देखिए— "अब वह मैम के सामने थी, मैम ने उसे एक जगह खड़ा करके थोड़ी दूर हटकर तरह-तरह से देखा उन्हें लगा आगे साड़ी की चुन्नट थोड़ा ज्यादा फूली हुई है और बेतरतीब ढंग से खुँसी हुई हैं। फाल ठीक नहीं उतरा है। वे पास गयी और एक झटके से चुन्नटें खींचकर खोल दी। लड़की इस

अप्रत्याशित खिंचाव से आगे को झुक आयी और उसने पेटीकोट पकड़ लिया।

"सीधी खड़ी हो बेवकूफ।" मैम ने आदेश दिया।

लड़की ने सीधी खड़ी होने की कोशिश की।

मैम ने चुन्नटे बनार्यी और खोस दीं। खोंसते हुए, पता नहीं जान बूझकर या अनजाने, उनकी उँगलियां कुछ ज्यादा ही भीतर तक चली गयीं। उनके चेहरे पर एक अश्लील मुस्कुराहट और घिन एक साथ उभरी और उन्होंने उँगलियों को यों खींचा जैसे बिच्छू का डंक छू गया हो। वे बगल के वाश बेसिन पर गयी और लिक्विड डिटॉल साबुन से हाथ धोया पोंछा और ड्रेसिंग टेबिल के पास जाकर उँगलियों में क्रीम मला। क्रीम मलते हुए, लड़की को शीशे में देखते हुए उनके मुँह से निकला "स्टुपिड गँवार" लड़की जो बेतरह चिहुँक गयी थी, चुपचाप सिर नीचा किये खड़ी रही।" इस प्रसंग को देखिए एक सवर्ण महिला जो स्वयं अनैतिक कार्यों में लिप्त है, एक दलित युवती के स्पर्श मात्र से अपने हाथ को डिटॉल साबुन से धोती और क्रीम लगाती है। मैम तो एक काल्पनिक पात्र है, जिसे दूधनाथ सिंह ने मार्क्सवादियों के चरित्र हनन के लिए गढ़ा है, कि वे स्वयं जनता को बेवकूफ बनाने के लिए कामरेडी चोला ओढ़े घूमते हैं। लेकिन सम्पत्ति के लिए चरित्रहीन बीवी, जो स्वयं तो चरित्रहीन है ही, लड़कियों को भी सप्लाई करती है, को प्रसन्नतापूर्वक झेलते ही नहीं, बल्कि उसकी गतिविधियों में मदद भी करते हैं। दलित युवती के स्पर्श मात्र से जिस घृणा की अभिव्यक्ति कथाकार ने की है, वह उनकी निजी मनोवृत्ति है। इस कहानी में तीन बातें और उन्होंने कही हैं। एक—कि लड़की की मदद मनोज पाण्डेय ने की, लड़की की आत्महत्या तक उस पूरी लड़ाई में। दो—दलित नेताओं ने लड़की की कोई मदद नहीं की, चाहे वे महामहिम राज्यपाल हों, या नन्हेंलाल खटिक जो पूर्व आबकारी मंत्री भी थे, अथवा अनुसूचित जाति-जनजाति आयोग के अध्यक्ष मि. छागला हों। तीन—इस संघर्ष में हारकर लड़की ने आत्महत्या कर ली। इन तीनों बिन्दुओं पर विचार करने के उपरान्त इस कहानी को दलित चेतना या दलित पृष्ठभूमि की कहानी नहीं कहा जा सकता है। मेरे विचार से यह कहानी कला के नाम पर कलाबाजी अधिक है, जो दलित पृष्ठभूमि के नाम पर अपने नेताओं से वितृष्णा उत्पन्न करने, सवर्णों विशेष तौर पर ब्राह्मणों के प्रति सहानुभूति उत्पन्न करने तथा दलितों को संघर्ष न करके आत्महत्या करने को प्रेरित करने वाली कहानी है।

इसी प्रकार अखिलेश की कहानी 'ग्रहण' जिस दलित पात्र राजकुमार को पेट हगना के रूप में प्रस्तुत करती है, जो पूरी कहानी में सडांध बिखेरता रहता है। दरअसल यह सडाँध राजकुमार की नहीं, बल्कि अखिलेश के दिमाग की सडाँध है। इस कहानी का सन्देश साफ तौर पर दलितों को ब्राह्मणों के खिलाफ हिंसक

कार्यवाहियाँ करने को प्रेरित करना है। जबकि सच्चाई यह है कि ब्राह्मण चाहे कितना भी षड़यंत्रकारी क्यों न हो, उसका हथियार हमेशा ही दूसरे रहे हैं। व्यक्तिगत जीवन में वह बहुत उदार और परिस्थितियों से समझौता करने वाली कौम रही है। उसकी तरक्की का यही एक रहस्य है। अखिलेश की दलितों के प्रति जो घृणास्पद धारणाएँ हैं, उसकी कुछ बानगियाँ मैं यहाँ प्रस्तुत कर रहा हूँ। राजकुमार के जन्म की जो कथा और चमारों के उत्स की जो कथा अखिलेश ने लिखी है, उसे पढ़कर मनु जैसा अधम प्राणी भी शरमा जाएगा। उनके अनुसार सृष्टि के प्रारम्भ में चार भाई थे। एक बार उनकी गाय मर गयी, तीनों बड़े भाइयों ने उस गाय को सबसे छोटे भाई को उठाने को मजबूर कर दिया और बाद में उसे परिवार में शामिल न करके गाँव से बाहर रहने को विवश कर दिया। कुछ दिन बाद उन तीनों की भैंस मर गयी, जिसे पिटाई के बाद भी, छोटा भाई, जो चमार बन गया था, नहीं उठा पाया। तब शंकर जी प्रकट भये और बोले–'अच्छा तू अकेले भैंस नहीं उठाएगा तो एक काम कर, जा आसपास का सब कूड़ा करकट बटोर ला' चमार ने वैसा ही किया। तब भगवान ने कहा, 'अब इस पर पेशाब कर' चमरवा पहिले तो हिचका पर जब शंकर जी ने कहा 'डर मत मैं कह रहा हूँ' तब वह पेशाब करने के लिए तैयार हुआ, जैसे ही उसने पेशाब किया, कि तुरन्त उसकी गुदा से एक हट्टा-कट्टा आदमी भैंस ढोने में उसकी मदद के लिए निकला। वह कुरील था।

बाद में चमार से ढेर सारे चमार हुए और कुरील से ढेर सारे कुरील पैदा हुए, चमार लात-घूँसा खाते ही थे, कुरील भी कम नहीं खाते थे, लेकिन कुरीलों में एक साधू बन गया। साला कहे कि वह भी कथा कराएगा, श्रीमद्भागवद् का पाठ कराएगा। तब मनु महाराज के कोई वंशज थे, पटक कर चढ़ बैठे, उसकी छाती फाड़ दिए, निकला गन्दे खून का फौव्वारा, अपने कुत्ते से बोले, 'पी जा इसका खून' मरते-मरते उस कुरील ने अपनी अन्तिम इच्छा बताई कि उस चमार को उसके सामने लाया जाए, जिसकी गुदा से पहला कुरील पैदा हुआ था। वह चमार हाजिर किया गया, तो मर रहा कुरील चिल्लाया, "जो तेरे गुदा न होती तो हम नरक के कीड़े की यह जिन्दगी जीने के लिए पैदा नहीं होते। इसलिए जा मैं तुझे शाप देता हूँ कि तेरा एक जन्म ऐसा भी होगा, जब तेरे गुदा नहीं होगी। तो श्रोताओ यह विपदराम का लड़का वही चमार है।" अखिलेश के दृष्टिकोण में इन चमारों के लिए राष्ट्र, राष्ट्रीयता आदि का कभी कोई मतलब नहीं रहा। वे लिखते हैं– "उसके लिए क्या, उसकी सात पुश्तों के लिए राष्ट्र, राष्ट्रीयता और राष्ट्रनेता की कोई अहमियत नहीं रही।" इसलिए इस कथा की परिणति अपराध और हत्या में होती है। 'ग्रहण' का नायक राजकुमार पुरोहित पुत्र मुन्ना की हत्या कर पुरोहित की आँखें निकाल लेता है और एक दिन वह बागी होकर जंगल में चला जाता है। जहाँ उसके गैंग में कुछ

दलित युवक और शामिल हो जाते हैं। क्या अखिलेश से यह पूछा जा सकता है कि उत्पीड़न से मुक्ति का क्या यही एक रास्ता है कि दलित युवक बागी हो जाएँ? और हथियार उठा लें। दरअसल किसी आन्दोलन को दबाने का यह एक तरीका है कि ऐसी स्थिति पैदा कर दो कि वह आन्दोलन हिंसक हो जाए, फिर आप उस पर जितनी चाहे बर्बरता पूर्ण कार्यवाही करें। आपको कोई गलत नहीं कहेगा। अखिलेश जी, दलित अब इतना नासमझ नहीं रहा कि वह आपके षड़यंत्रों को समझ न सके। अब उसने कलम उठा ली है और साहित्य लिख रहा है, ताकि आपको जवाब दे सके आप ही की भाषा में।

इन दोनों कहानियों पर विचार करने पर इस निष्कर्ष पर सहज ही पहुँचा जा सकता है कि इन दोनों कहानियों को हिन्दी साहित्य में लम्बे समय से चली आ रही उस बहस कि क्या दलित साहित्य गैर-दलित लेखक भी लिख सकते हैं? की परिणति के रूप में देखा जा सकता है। दलित साहित्य की कसौटी पर ये दोनों कहानियाँ ही खरी नहीं उतरतीं, क्योंकि दलित लेखक बेशक कला का बाजीगर नहीं है, लेकिन दलित समाज के प्रति उसकी धारणा, जागृति और प्रेरणा की है, जिससे वह शिक्षित, संगठित हो और समस्याओं के समाधान के लिए संघर्षशील हो सके। दलित लेखक दलित पात्रों को घृणित और पराजित नहीं दिखाते, बल्कि उनकी पूर्ण जिजीविषा के साथ संघर्ष करते हुए चित्रित करते हैं, न कि आत्महत्या करते हुए। दलित साहित्य का उद्देश्य दलितों को अपराधी, हत्यारे और बागी बनाना भी नहीं है। दलित साहित्य दलितों को अपने हक की लड़ाई लड़ना सिखाता है। ये दोनों कहानियाँ दलित पृष्ठभूमि के नाम पर दलितों का उपहास हैं। इससे हमारी यह धारणा कि 'दलित साहित्य केवल दलित ही लिख सकता है' और अधिक पुख्ता होती है।

वर्तमान समय में दलित साहित्य समस्त भारतीय भाषाओं में लिखा जा रहा है। मराठी दलित साहित्य से तो हिन्दी मानस पहले से ही परिचित था, लेकिन तेलुगू और गुजराती दलित साहित्य से परिचित करवाने के लिए हम श्रीमती रमणिका गुप्ता जी के आभारी हैं, जिन्होंने तेलुगू और गुजराती दलित साहित्य पर 'युद्धरत आम आदमी' के विशेषांक प्रकाशित करके उन्हें पुस्तक का रूप दे दिया। दलित साहित्य के सन्दर्भ में यह धारणा प्रायः प्रचलित रही कि इसका उद्‌भव मराठी से ही हुआ था। हिन्दी दलित साहित्य पर तो उसकी 'कलम' होने का आरोप भी लगता रहा था। लेकिन यह सच नहीं है। हिन्दी में जब हम सिद्ध और नाथ कवियों के काव्य का अध्ययन करते हैं, तो पाते हैं कि चौरासी सिद्ध कवियों में लगभग तीस शूद्र थे। इसी प्रकार नाथों में भी कई शूद्र थे। बौद्ध साहित्य भी एक तरह से ब्राह्मणवाद के विरुद्ध उपजा था। इन सबको भी जाने दें, तो भी मध्यकाल में रैदास

हिन्दी दलित साहित्य के प्रथम दलित चेतना सम्पन्न कवि हैं, जिन्होंने वर्णव्यवस्था का विषपान स्वयं किया था। उन्होंने सबसे पहले वर्ण के जन्मगत आधार को ही नकारा—

"रैदास जन्म के कारणै होत न कोई नीच।
नर को नीच करि डारि है ओछे करम की कीच॥"

आगे चलकर रैदास ने इसे और स्पष्ट कर दिया कि एक ही प्रक्रिया से उत्पन्न होने के कारण कोई ऊँचा या नीचा नहीं होता—

"रैदास एक ही बूँद सौ, सब ही भयो वित्थार।
मूरिख हैं जो करत है वरन अवरन विचार॥"

× × ×

"रैदास एक ही नूर ते जिमि उपज्यौ संसार।
ऊँच-नीच किहि विध भये ब्राह्मण और चमार॥"

'हीरा डोम' की जिस कविता 'अछूत की शिकायत' का प्रायः जिक्र किया जाता है वह सितम्बर-1914 में प्रकाशित हुई थी। हो सकता है, छपने से एक-दो वर्ष पूर्व लिखी गयी हो। लेकिन अब तो इससे पूर्व के भी हिन्दी दलित कवियों को ढूँढ़ निकाला गया है। लेकिन फिर भी हिन्दी के मध्यकाल और आधुनिक काल के बीच एक अन्तराल अभी विद्यमान है, जिसके द्वारा हिन्दी दलित साहित्य की परम्परा विशृंखलित सी लगती है। शोधकर्ता हो सकता है भविष्य में इसकी पूर्ति कर लें।

हिन्दी प्रदेश 'उत्तर प्रदेश, मध्य प्रदेश, बिहार और राजस्थान' के अतिरिक्त रैदास के साहित्य ने हरियाणा, पंजाब और गुजरात में भी अपना प्रभाव छोड़ा है जिसे हम जातीय हीनता से मुक्ति के रूप में देखते हैं। जब रैदास अपने पदों और साखियों में स्पष्ट घोषणा करते हैं कि "कहे रैदास चमारा" या "मेरी जाति विख्यात चमार" तो यह ठीक उसी प्रकार का उद्घोष है, जिस प्रकार ठाकुर और ब्राह्मण अपने नाम के साथ 'राणा' या 'चतुर्वेदी' लगा कर करते हैं। इसने रैदास सम्प्रदाय को जातीय हीनता से मुक्ति दिलाने में एक हद तक सफलता प्राप्त की, जिसका प्रभाव पंजाब में स्पष्ट दिखाई दिया। गुरु गोविन्द सिंह के 'पंज प्यारे' निहंग ही थे, जो रैदासी थे। इसके कारण गुरु अर्जुनदेव ने गुरु ग्रन्थ साहब में रैदास की वाणी को भी शामिल किया। रैदास ने स्पष्ट घोषणा की कि—

"का मथुरा का द्वारिका का कासी हर द्वार।
रैदास खोजा दिल आपना तऊ मिलिया दिलदार॥"

मध्यकाल के सन्त कबीर, रैदास, पीपा, धन्ना, सहजोबाई आदि ने ईश्वर को अपने मन के अन्दर ही ढूँढ़ा और पाया। यह आकस्मिक नहीं था, बल्कि एक

विवशता थी, क्योंकि हिन्दुओं ने इनका अपने मन्दिरों में जाना तथा अपने धर्मग्रंथों का पढ़ना वर्जित कर रखा था। अतः इन्होंने अपने मन को ही मन्दिर माना। सामाजिक परिवर्तन की दृष्टि से इसका परिणाम यह निकला कि दलितों ने हिन्दुओं के मन्दिरों को, उनके देवी-देवताओं को नकार कर, रैदास के ही मन्दिर बना लिए और उनकी पूजा करने लगे। यह कोई छोटा परिवर्तन नहीं है। इसका विस्तार होना चाहिए।

सामाजिक परिवर्तन के सन्दर्भ में दलित साहित्य की एक महत्त्वपूर्ण भूमिका है, जिसे हम हिन्दी दलित साहित्य के सन्दर्भ में चाहे उतनी स्पष्टता से न देख पाएँ, जितनी स्पष्टता से मराठी दलित साहित्य के सन्दर्भ में देख पाते हैं। इसके कारणों पर भी विचार किया जाना चाहिए। मुझे लगता है कि मराठी दलित साहित्य दलित जनान्दोलनों की उपज है, हिन्दी दलित साहित्य में ऐसा नहीं है। हिन्दी पट्‌टी में इस प्रकार का कोई दलित आन्दोलन रहा ही नहीं है। महाराष्ट्र! चूँकि डॉ. अम्बेडकर की कर्मभूमि रही है। वहाँ पर उन्होंने मन्दिर प्रवेश और जलस्रोतों पर समान अधिकार आन्दोलन, जो अंततः धर्म परिवर्तन तक गये, चलाये। यह परम्परा दलित पैंथर तक जारी रही। इन्हीं आन्दोलनों की कोख से वहाँ नामदेव ढसाल, राजा ढाले, दया पंवार आदि साहित्यकार जन्मे, जो सीधे दलित आन्दोलनों से जुड़े थे। इसलिए वहाँ पर दलित साहित्य ने दलित जीवन में परिवर्तन की लहर पैदा कर दी। इस तथ्य को हम कौशल्या बैंसंत्री की आत्मकथा 'दोहरा अभिशाप' से भली-भाँति समझ सकते हैं।

हिन्दी दलित कवियों ने अभी तक एक भी ऐसा जनगीत नहीं रचा, जिसे दलित अपने जनान्दोलनों में इस्तेमाल कर सकें। जब उत्तराखण्ड आन्दोलन चल रहा था, तब वहाँ जिस तरह हर व्यक्ति की जुबान पर बल्ली सिंह चीमा का जनगीत था—

"ले मसालें चल पड़े हैं लोग मेरे गाँव के।
अब अन्धेरे जीत लेंगे, लोग मेरे गाँव के॥"

ऐसा एक भी जनगीत क्या कोई दलित कवि रच पाया है? श्री एन.आर. सागर ने प्रयास किया था, लेकिन उन्हें काल ने असमय हमसे छीन लिया। मैं ससम्मान उनके उस उद्‌बोधन गीत की कुछ पंक्तियां यहाँ उद्‌धृत कर रहा हूँ—

"जिसने तुम्हें दबाया फेंका बदहाली के हाल में।
उठो कसम लो, बदला लोगे तुम उससे हर हाल में॥
जिसने छीन मकान तुम्हारे, अपना बंगला बनवाया।
खड़ी फसल खेतों की काटी, खलियानों को जलवाया॥
माँ-बेटी की अस्मत लूटी, बन्दूकों से धमकाया।
झूठी रपट लिखा थाने में, पुत्र जेल में भिजवाया॥

तहसील-कचहरी, पुलिस वकीलों के उलझाकर जाल में।
उठो कसम लो, बदला लोगे तुम उससे हर हाल में॥"

दलित कवियों को ऐसे कुछ जनगीतों की रचना अवश्य करनी चाहिए। इन जनगीतों का कोई साहित्यिक मूल्य हो या न हो, लेकिन ये सामाजिक परिवर्तन की दृष्टि से बहुत ही कारगर सिद्ध होंगे।

सामाजिक दृष्टि से यदि हम देखें, तो पाते हैं कि वर्ण व्यवस्था में ब्राह्मण, क्षत्रिय और वैश्य इन तीनों वर्णो में जातियाँ नहीं हैं। इसे दूसरे शब्दों में यूँ कह सकते हैं कि ये तीनों वर्ण भी हैं और जातियाँ भी हैं, लेकिन चौथे वर्ण शूद्र में तीन सौ से अधिक जातियाँ हैं। इसका क्या कारण है? कारण स्पष्ट है। जनसंख्या की दृष्टि से शूद्र बहुत अधिक हैं। यदि इन्हें जातियों में न बाँटा जाता, तो ये कभी भी अपनी दासता के विरूद्ध विद्रोह कर देते। जातियों में बंटे शूद्र आपस में ही लड़ते रहे और शेष वर्णों की सत्ता सुरक्षित रही। आज के सन्दर्भ में हम इस तथ्य को देखें तो पाएँगे कि—आज दक्षिण पंथी, चमार और वाल्मीकि को आरक्षण का नाम लेकर लड़ाने का प्रयास कर रहे हैं। इसी प्रकार खटीक और दूसरी दलित जातियों को दलित आन्दोलन से अलग करने के प्रयास हो रहे हैं। क्या दलित साहित्यकारों ने अपने प्रयासों से इन दलित जातियों को आपस में जोड़ने का प्रयास किया? इस सम्बन्ध में मैं श्री मोहनदास नैमिशराय को बधाई देना चाहता हूँ कि उन्होंने अपने उपन्यास 'मुक्तिपर्व' में एक चमार छात्र द्वारा एक वाल्मीकि बच्चे का स्कूल में प्रवेश कराकर तथा उन दोनों परिवारों में खान-पान के सम्बन्धों का चित्रण करके 'चमार-वाल्मीकि' एकता को प्रदर्शित करके एक सराहनीय कार्य किया है। यहाँ मैं यह जोड़ना भी उचित समझता हूँ कि जब तक शूद्र जातियाँ ही आपस में कम से कम रोटी का सम्बन्ध नहीं जोड़ेंगी, तब तक यह एकता मजबूत नहीं होगी। जब हम आपस में ही ऊँच-नीच के भेदभाव को समाप्त नहीं करेंगे, तो ब्राह्मण-क्षत्रिय और वैश्यों से इस ऊँच-नीच को समाप्त करने के लिए कैसे कह पाएँगे। यहाँ प्रसंगवश मैं ओमप्रकाश वाल्मीकि की कहानी 'शवयात्रा' का उल्लेख करना भी आवश्यक समझता हूँ, जिसमें उन्होंने दिखाया है कि एक वाल्मीकि बालक के मर जाने पर चमार जाति के लोग उसको श्मशान ले जाने में सहायता नहीं करते और उसके पिता को ही अकेले उसे श्मशान तक ले जाना पड़ता है। इस कहानी के माध्यम से ओमप्रकाश जी ने यह दिखाने का प्रयास किया है कि जिस तरह प्रेमचन्द की 'सद्गति' कहानी में चमार के शव को ब्राह्मण श्मशान नहीं ले जाते और अकेले उस ब्राह्मण को ही, जिसके घर में उस चमार की मृत्यु हुई थी, को उस शव को खींच कर शमशान तक ले जाना पड़ा था। उसी तरह से एक वाल्मीकि बालक के शव को भी चमार श्मशान नहीं

पहुँचाते। यहाँ उन्होंने 'चमार और ब्राह्मण' को एक ही धरातल पर खड़ा कर दिया है। कुछ अंशों में यह बात ठीक भी हो सकती है, लेकिन यह बात दलित एकता को तोड़ती है और बिखरा हुआ दलित किसी भी सूरत में मुक्ति के इस संग्राम को जीत नहीं पाएगा। इसलिए दलित साहित्यकारों को इन तथ्यों को समझकर ही साहित्य सृजन करना चाहिए, तभी वे सामाजिक परिवर्तन को सही दिशा दे सकेंगे।

विगत एक दशक से इस देश में भूमण्डलीकरण, उदारीकरण और निजीकरण की जो हवा चली है, उसने दलितों के जीवन में आने वाले परिवर्तनों को प्रभावित करना प्रारम्भ कर दिया है। पूँजीवादी देशों ने भूमण्डलीकरण की जो अवधारणा दी, उसने हमारे देश में उदारीकरण को जन्म दिया, जिसका परिणाम निजीकरण के रूप में निकला। आज स्वास्थ्य, शिक्षा और उद्योगों को सरकार जिस तेजी से निजी हाथों में दे रही है, इससे ऐसा प्रतीत होता है कि सार्वजनिक क्षेत्र में शायद ही कोई उद्योग रह पाए। यह पूरी प्रक्रिया आरक्षण के विरोध में है। इसका परिणाम एक छोटे से उदाहरण से आप समझ पाएँगे। एम.एन.आर. इंजीनियरिंग कॉलिज, इलाहाबाद में अन्तिम वर्ष के छात्रों के कैम्पस इंटरव्यू करके निजी क्षेत्र की कम्पनियाँ अपने यहाँ नौकरी देती हैं। इस बार के एक छात्र ने मुझे बताया कि इस बार निजी कम्पनी के जो लोग आये, उन्होंने कॉलिज प्रशासन से कहा कि– एस.सी., बी.सी. और ऐसे छात्र जो बैक पेपर दे रहे हैं, को छोड़कर शेष छात्रों की सूची हमें दें तो दलित और पिछड़े छात्र अपने आप छंट गये। सरकारें तो सरकारी नौकरियों में लगातार कटौती कर ही रही हैं। निजी कम्पनियाँ अपने यहाँ दलितों को रखेंगी नहीं। कुल मिलाकर अगले दस-बीस वर्षों में दलित फिर वहीं पहुँच जाएगा, जहाँ वह स्वतन्त्रता से पूर्व था। दलित साहित्यकारों को इस तथ्य पर दृष्टि रखकर कोई राह खोजनी पड़ेगी। इस सन्दर्भ में मैं फिर श्री ओमप्रकाश वाल्मीकि की कहानी 'कूड़ाघर' का यहाँ उल्लेख किये बिना नहीं रह पा रहा हूँ, जिसका मुख्य पात्र एक दलित कार्यकर्ता है वह दिल्ली में आयोजित एक बड़ी 'आरक्षण बचाओ' रैली में भाग लेने देहरादून से दिल्ली जाता है, लेकिन जब रैली की समाप्ति पर वह देहरादून लौटने के लिए बस में बैठता है, तो उसे लगता है कि जैसे उसे "भावनात्मक ब्लैक मेल करके ठगा गया है।" इस कहानी का निष्कर्ष यह है कि किसी भी दलित कार्यकर्ता को ऐसे दलित आन्दोलनों में भाग नहीं लेना चाहिए। ओमप्रकाश वाल्मीकि एक बड़े कथाकार हैं और अन्य दलित कथाकारों की अपेक्षा उनका कथाशिल्प भी काफी प्रौढ़ है, लेकिन किसी दलित साहित्यकार की ऐसी कलाकारी सराहनीय नहीं है, जो दलित एकता को तोड़कर उसे भटकाने का काम करती हो। सनसनीखेज वक्तव्य देकर चर्चा में बने रहना एक बात है और सामाजिक परिवर्तन के लिए साहित्य सृजन करना एक दूसरी बात है। इस दृष्टि से सूरजपाल चौहान की दृष्टि कहीं ज्यादा साफ है।

उनकी कहानी 'साजिश' सामाजिक परिवर्तन की राह में वर्णवादी अफसरशाही के अवरोध को बहुत ही बारीकी से पकड़कर बेनकाब करती है। इस कथा का नायक नत्थू जब बैंक से लोन लेकर एक मैटाडोर खरीदना चाहता है, तो बैंक मैनेजर रामसहाय उसे सलाह देता है कि– "ट्रांसपोर्ट के काम में कई प्रकार के लफड़े हैं, फिर तुझे इस काम का कोई अनुभव भी नहीं है। यह काम तो बड़े-बड़े व्यापारियों का है।

"तो साहब, आप ही बताइए मैं क्यां करूँ?" नत्थू ने असमंजस की स्थिति में कहाँ

"तू पढ़ा-लिखा है, तू पिगरी लोन हेतु फार्म भरकर क्यों नहीं देता" इस कहानी पर टिप्पणी करते हुए ओमप्रकाश वाल्मीकि लिखते हैं कि–"दलित यदि अपने व्यवसाय में कुछ बदलात्र लाना चाहे, तो यह तन्त्र उसे घसीट कर वहीं डाल देता है। रामसहाय बहुत ही चालाकी से नत्थू को सलाह देता है। तन्त्र की ये मनोगत स्थितियाँ दलितों की यथास्थिति बनाये रखने के लिए सक्रिय होती है।" मेरा कहना है कि दलित लेखकों को अपने साहित्य में ऐसी स्थितियों का पर्दाफाश करना चाहिए, न कि दूसरों को आपस की छोटी-छोटी दरारों को दिखाकर, उन्हें चौड़ा करने का अवसर देना चाहिए। यह स्थिति दलितों में आ रहे सामाजिक परिवर्तन के लिए बहुत ही घातक है।

वरिष्ठ दलित लेखक श्री माताप्रसाद जी का एक नाटक 'अंतहीन बेड़ियाँ' है, जिसमें विभिन्न कालखण्डों में दलित-चेतना के विकास की विभिन्न घटनाओं का चित्रण उन्होंने अलग-अलग एकांकियों में किया है। इसमें एक एकांकी है–'ब्राह्मणों का वर्चस्व'। इस एकांकी में अन्तिम बौद्ध शासक बृहद्रथ की हत्या उसका सेनापति ब्राह्मण पुष्यमित्र शुंग करके भारत पर अपना साम्राज्य स्थापित कर लेता है, तो वह अपने देश के बड़े-बड़े ऋषि-मुनियों 'बुद्धिजीवी साहित्यकारों' की एक बैठक बुलाता है और उनसे एक ऐसा विधान बनाने का आग्रह करता है जिससे ब्राह्मण और ब्राह्मणवाद का वर्चस्व कायम हो सके। इसी के परिणाम स्वरूप 'मनुस्मृति' की रचना हुई। क्या दलित मुक्ति के लिए और दलित वर्चस्व की स्थापना के लिए दलित साहित्यकार भी ऐसा कोई योजनाबद्ध और सामूहिक प्रयास कर सकते हैं? इस सम्भावना पर विचार किया जाना चाहिए।

जैसा कि मैं पहले भी कह चुका हूँ कि भारत में 95 प्रतिशत दलित अभी भी गाँवों में ही रहते हैं। गाँव में ही शोषण, पीड़ा और उत्पीड़न अधिक है। अभी हिन्दी दलित साहित्य में ग्रामीण दलित की यह पीड़ा उस तरह नहीं आ पायी है, जिस तरह मराठी में डॉ. शरणकुमार लिंबाले की आत्मकथा 'अक्करमासी' और माधव कोडविलकर की आत्मकथा 'अन्त्यज' में उभरकर आयी है। दलित साहित्य को गाँव में यातना भोगते हुए उस दलित तक पहुँचना है जो अपनी पीड़ा और अपमान

को न समझ पा रहा है और न कह पा रहा है। दलित साहित्य को उस तक पहुँचाने के लिए 'रामचरितमानस' और 'सत्यनारायण की कथा' की प्रविधि को अपनाना पड़ेगा, जिसमें 'किस्सा तोता मैना' की रोचकता का भी समावेश होना चाहिए, तभी यह लोकप्रिय होकर जन जीवन में प्रवेश कर पाएगा। मैं अपनी बात को थोड़ा और खोलकर कहता हूँ। यदि 'रामचरितमानस' के अखण्ड पाठ और रामलीलाओं के मंचन न होते, तो यह पुस्तक उतनी लोकप्रिय न होती और हिन्दू सामाजिक जीवन को इतना प्रभावित न करती। यदि 'सत्यनारायण की कथा' इतनी सरल न होती, तो अनपढ़ हिन्दू जनता तक उसकी पहुँच न हो पाती– और 'किस्सा तोता मैना' में यदि रोचकता न होती, तो वह बच्चे बूढ़े और नौजवानों तक अपनी पहुँच न बना पाती। इसलिए यदि दलित साहित्यकार, दलित जीवन में साहित्य के माध्यम से परिवर्तन लाने के सचमुच आकांक्षी हैं तो उन्हें ऐसी कृतियों की रचना करनी पड़ेगी, जिनके अखण्ड पाठ हो सकें और जिन्हें अनपढ़ दलित जनता भी समझ सके और उनमें रोचकता भी हो। जब तक दलित साहित्य गाँव में पीड़ा भोगते हुए बेजुबान लोगों की जुबान नहीं बनेगा, तब तक वह सार्थक नहीं होगा। दलित साहित्य पीड़ा भोगते हुए लोगों की जुबान बने, यही उसकी सार्थकता है।

आज कल जितने भी दलित साहित्य के सम्मेलन आयोजित होते हैं, वे सब देश और प्रदेशों की राजधानियों में या कुछ बड़े शहरों तक ही सीमित रहते हैं, जिनमें केवल दलित लेखक ही शामिल होते हैं। इनकी भी उपयोगिता है, लेकिन यदि आपस में ही कहते और सुनते रहे, तो उनको कब सुनाएँगे, जिनको इसकी जरूरत है। अतः अब समय आ गया है कि दलित साहित्य के ये सम्मेलन गाँवों और कस्बों में भी आयोजित किये और कराए जाएँ।

दलित साहित्य : उपलब्धि और सम्भावनाएँ

हिन्दी दलित साहित्य का अध्ययन करते समय, हमें हिन्दू समाज में दलित की स्थिति पर विचार करते हुए लगा कि यहाँ पर तो मनुष्य की स्थिति पशु से भी बदतर बना दी गयी है, क्योंकि पशु को भी, जो लोग पालते हैं, उसके प्रति मोह, ममता कुछ तो होती ही है, लेकिन दलित, जो सबकी सेवा करता है उसके लिए हिन्दू धर्म में ऐसे-ऐसे प्रतिबन्धों का विधान किया गया है कि उन्हें पढ़ते हुए ही मन आक्रोश से भर उठता है। यदि किसी व्यक्ति को पढ़ने का अधिकार न हो, धर्म के किसी अनुष्ठान में भाग लेने का अधिकार न हो तथा इससे भी आगे बढ़कर यदि किसी दलित के कान में वेद मन्त्र भी पड़ जाए, तो उसके कान में पिघला हुआ शीशा डालने जैसा क्रूर तथा अमानवीय विधान हो, तो समझा जा सकता है कि वह दलित साहित्य कैसे रच सकता है? और ये बन्धन इतने कठोर थे कि इनका उल्लघंन करने पर दलित को मृत्युदण्ड दिए जाने तक का विधान था। राम द्वारा शम्बूक की हत्या तथा द्रोण द्वारा एकलव्य का अँगूठा कटवा लेना, इसका सशक्त प्रमाण है। इस व्यवस्था के विरुद्ध पहला विद्रोह ढाई हज़ार वर्ष पहले महामानव बुद्ध ने किया, जिन्होंने सड़क पर झाड़ू लगाते हुए एक युवक को अपना शिष्य बनाकर, उसे संन्यासी बनाया। उन्होंने ही दलित और स्त्री को सामाजिक और धार्मिक स्तर पर समानता का अधिकार प्रदान किया। यह परम्परा बौद्धों के विच्छेद के बाद भी अवशिष्ट रही, नाथ और सिद्धों के रूप में धीरे-धीरे विकसित होती रही और मध्यकाल में निर्गुण भक्ति धारा के रूप में इसका विस्फोट हुआ। जहाँ कबीर ने हिन्दू और मुसलमान दोनों को खरी-खोटी सुनाई, वहीं हिन्दू वर्ण व्यवस्था का सबसे अधिक विषपान करने वाले महान सन्त रैदास ने इस वर्णव्यवस्था पर चोट करते हुए एकदम समाजवादी व्यवस्था की कल्पना प्रस्तुत की, लेकिन मध्यकाल के बाद हिन्दू वर्णव्यवस्था से यह सशक्त विद्रोह ठंडा पड़ गया या हम ही इसकी उन कड़ियों को खोजने में असमर्थ रहे, जो इसे बीसवीं शताब्दी के साठवें दशक में प्रस्फुटित मराठी दलित साहित्य से जोड़ती हैं और जिसकी प्रेरणा डॉ. अम्बेडकर और महात्मा फुले की विचारधारा है। जिस समय महाराष्ट्र में दलित साहित्य का

सृजन हो रहा था, उस समय उत्तर भारत के हिन्दी भाषी क्षेत्र में भी इसकी सुगबुगाहट सुनाई देने लगी थी। यह लोकगीतों के रूप में थी तथा इसी ने धीरे-धीरे कविता का रूप ग्रहण कर लिया था। अस्सी के दशक तक आते-आते यह पूरी तरह स्पष्ट हो गयी थी, जब लगभग दो दर्जन से भी अधिक कवियों के कविता संग्रह प्रकाशित हुए। "भारतीय दलित साहित्य अकादमी" का दिल्ली में तब तक गठन हो चुका था, जिसने अपनी प्रदेश शाखाओं का विस्तार लगभग पूरे देश में कर लिया था। इस संस्था ने अखिल भारतीय दलित साहित्यकार सम्मेलनों का आयोजन कर दलित साहित्य के विस्तार को गति प्रदान की। अब तक यह संस्था 15 अखिल भारतीय और 2 अन्तर्राष्ट्रीय दलित साहित्यकार सम्मेलन आयोजित कर चुकी है। अब इस दिशा में कई और भी संस्थाएँ कार्यरत हैं।

बीसवीं सदी का अन्तिम दशक दलित साहित्य के विकास में अपना महत्त्वपूर्ण स्थान रखता है, क्योंकि इसी दशक में हिन्दी दलित साहित्य ने अपना विधागत विस्तार किया है। कविता, कहानी, उपन्यास, आत्मकथा, निबन्ध, नाटक और आलोचना के क्षेत्र में ही नहीं, अनुवाद और शोध के क्षेत्र में भी पर्याप्त लेखन हुआ है। इसकी बढ़ती हुई लोकप्रियता के कारण कुछ ऐसे लोग भी जागे जिन्होंने यह प्रश्न भी उठाया कि न तो साहित्य दलित होता है और न ही साहित्यकार, दलित की भावना रखकर कोई व्यक्ति अच्छा साहित्य लिख ही नहीं सकता। इसका उत्तर भी दलित साहित्यकारों ने दिया कि **'दलित'** शब्द हिन्दुओं की उस कुत्सित मानसिकता का प्रतीक है, जिसके तहत उन्होंने एक पूरे वर्ग का दैहिक, मानसिक, आर्थिक, धार्मिक तथा नैतिक उत्पीड़न किया है। अब हमने अपने संघर्ष को तेज करने के लिए ही इसे स्वयं सोच समझकर ग्रहण किया है। जब साहित्य 'सन्त' हो सकता है, तो 'दलित' क्यों नहीं हो सकता? कुछ साहित्यकारों ने साहित्य में आरक्षण की बात कही, तो दलित साहित्यकारों ने इसका भी तार्किक विरोध किया। फिर सवर्ण साहित्यकारों द्वारा दलित साहित्य का विरोध इसके सौन्दर्यशास्त्र एवं काव्यशास्त्र को लेकर किया गया। दलित साहित्यकारों ने कहा कि दलित साहित्य का सौन्दर्य उसकी प्रहार क्षमता में निहित है, उत्पीड़न की चीख कभी सुन्दर नहीं हो सकती, वह तो बेधक ही होती है। धीरे-धीरे सारा विरोध और विरोधी स्वर शान्त होते चले गये और अब हिन्दी में दलित साहित्य स्थापित हो गया है। वह पाठ्यक्रम में भी पढ़ाया जा रहा है और उस पर शोध भी हो रहे हैं।

वर्तमान समय में दलित साहित्य भारत की लगभग सभी भाषाओं में लिखा जा रहा है। अब प्रश्न हिन्दी या मराठी का नहीं है, प्रत्युत दलित साहित्य का स्वरूप अखिल भारतीय हो गया है। इसकी चेतना सम्पूर्ण भारत में हिन्दूवादी उत्पीड़न के विरुद्ध है, जिसे हिन्दी के कुछ वरिष्ठ आलोचक 'गुस्सा' और 'नफरत' कहते हैं।

जैसा कि डॉ. नामवर सिंह ने एक परिसंवाद में कहा है कि— "इसकी कुछ विशेषताएँ हैं – सारी सवर्ण व्यवस्था के खिलाफ गुस्सा और उसको तोड़कर एक नयी व्यवस्था के निर्माण के लिए पहल। लेकिन वह गुस्सा है फिलहाल! गुस्सा और नफरत उसका नया कार्यक्रम है।" लेकिन सम्पूर्ण दलित साहित्य का अध्ययन करने पर पता चलता है कि डॉ. नामवर सिंह का यह आरोप निराधार है। दलित साहित्य में शोषणवादी व्यवस्था के प्रति विरोध अवश्य है, लेकिन वह नफरत का हामी नहीं है। जैसा कि श्री ओमप्रकाश वाल्मीकि ने लिखा भी है— "दलित शब्द भाषावाद, अलगाववाद, जातिवाद, क्षेत्रवाद को नकारता है तथा पूरे देश को एक सूत्र में पिरोने का कार्य करता है।" श्री कंवल भारती इस पर टिप्पणी करते हुए लिखते हैं कि— "कुछ आलोचक दलित कविता के सर्जनात्मक मूल पर आघात करते हुए आरोप लगाते हैं कि दलित कविता अपने सहयोगी समुदायों के प्रति घृणा और विरोध व्यक्त करती है। दलित कविता का सर्जनात्मक मूल क्या है? वह है, समाज में मानवोचित समानता और सम्मान प्राप्त करना। दलित रचनाकार की रचनाधर्मिता मानवीय मूल्यों की प्रतिष्ठा पर केन्द्रित है, उसे घृणा और विरोध की संज्ञा देना स्पष्ट शब्दों में दासता को घोषित करना है।" कुल मिलाकर दलित साहित्य वैमनस्य का नहीं, बल्कि मैत्री का पक्षधर है जो ब्राह्मणवादी व्यवस्था, जातिवाद और वर्ण व्यवस्था का इसलिए विरोधी है कि ये व्यवस्थाएँ ही दलितों की दुर्गति का कारण रही हैं।

अभी तक दलित साहित्य की सर्वमान्य परिभाषा है—"दलितों का, दलितों द्वारा दलित समस्याओं पर लिखित साहित्य ही दलित साहित्य है" क्योंकि हिन्दी के सभी वरिष्ठ आलोचक भी इसे स्वीकार करने लगे हैं। डॉ. नामवर सिंह ने कहा कि "जन्मना दलित होने के कारण अनुभव के जिन आसंगों से एक आदमी को गुजरना पड़ता है, उसका प्रत्यक्ष अनुभव स्वयं एक दलित को जैसा है, अपनी पूरी अनुभूतियों व कल्पना का विस्तार करने के बावजूद मैं, जो एक गैर-दलित हूँ, उस अनुभव को उसी तीव्रता और तनाव से आपको अनुभव नहीं करा सकता। इस बात को समझते हुए अगर साहित्य में उनका अनुभव उसी तीव्रता से व्यक्त होता है, जैसा कि मराठी की अनेक दलित रचनाओं को पढ़कर अनुभव होता है, तो वह सच्चे अर्थों में दलित साहित्य है।" डॉ. मैनेजर पाण्डेय ने भी अपने एक साक्षात्कार "केवल राख ही जानती है जलने का अनुभव" में कहा है कि—"सच्चा दलित साहित्य वही होगा जो दलितों के बारे में दलित लिखेंगे। अपने समुदाय के जीवन के यथार्थ और अनुभवों के बारे में कोई दलित लिखता है, तो उसकी दृष्टि में जो आग, चित्रों में जो आभा और भाषा में जो ऊर्जा होती है, वह गैर-दलितों के द्वारा दलितों के बारे में लिखे गये साहित्य में नहीं होती।" इनके अतिरिक्त श्री राजेन्द्र यादव, श्री कमलेश्वर, डॉ. महीप सिंह और रमणिका गुप्ता आदि तो पहले से ही

इसी परिभाषा को स्वीकार करते थे। अब दलित साहित्य की इस परिभाषा पर कोई विवाद नहीं है।

दलित साहित्य के नामकरण पर भी विवाद रहा है। कुछ दलित साहित्यकारों ने उसे 'अम्बेडकरीय साहित्य' कहना चाहा, तो कुछ गैर-दलित साहित्यकारों ने उसे 'अत्यंज साहित्य' कह दिया, लेकिन समस्त दलित साहित्यकारों की आम सहमति अब इस साहित्य की समस्त विशेषताओं और प्रतिबद्धता के साथ इसे 'दलित साहित्य' ही स्वीकार करती है।

दलित साहित्य की विशेषताओं पर यदि हम विचार करें, तो पाते हैं कि दलित साहित्य समता, स्वतन्त्रता और बन्धुता का पक्षधर है। वह किसी प्रकार के उत्पीड़न का, चाहे वह मानसिक हो, आर्थिक हो, या धार्मिक हो या सामाजिक हो, का घोर विरोधी है।

दलित साहित्य जातिवादी व्यवस्था का घोर विरोधी है, जबकि कुछ साहित्यकार और आलोचक उस पर जातीय वैमनस्य भड़काने और जातिवादी होने का आरोप लगाते हैं। लेकिन समझा जा सकता है कि जिस व्यक्ति ने जाति के कारण, शताब्दियों तक अपमान की यातना को झेला हो, वह जातिवादी कैसे हो सकता है? जातिवादी वह होगा, जिसे अपनी सम्पूर्ण मूर्खता और अज्ञान के बावजूद जाति के कारण ही सम्मान मिला हो। अतः दलित साहित्य जातिवाद के उच्छेद के लिए सर्वात्मना प्रयत्नशील दृष्टिगोचर होता है।

दलित साहित्य हिन्दू धर्म की समस्त मान्यताओं, भाग्य, भगवान, पुनर्जन्म, अवतारवाद, आत्मा, परमात्मा, देवी-देवताओं के अस्तित्व को नकारता है, क्योंकि इन सभी मान्यताओं के कारण ही हिन्दुओं ने दलितों की शिक्षा तथा उपासना आदि को प्रतिबंधित कर रखा था।

दलित साहित्य का मूल प्रेरणास्रोत डॉ. भीमराव अम्बेडकर की विचारधारा एवं साहित्य है, लेकिन गौतम बुद्ध सन्त रैदास और महात्मा फुले भी दलित साहित्य के प्रेरणा स्रोत हैं, जिन्होंने वर्चस्ववादी हिन्दू व्यवस्था के विरुद्ध विद्रोह किया।

दलित साहित्य ने अपने वैचारिक आधार को खड़ा करने के लिए कुछ प्रचलित मिथकों का, जैसे शम्बूक और एकलव्य का भी प्रयोग किया, साथ ही कुछ नये मिथकों को भी खोज निकाला, जैसे रावण, वीरांगना झलकारीबाई, वीरांगना ऊदादेवी पासी आदि। इन मिथकों के माध्यम से दलित इतिहास की शौर्य गाथा और उसके संघर्ष पूर्ण अतीत को लोगों तक पहुँचाने का प्रयास दलित साहित्यकारों ने किया है।

दलित साहित्य के उद्भवकाल को खोजते हुए दलित इतिहासकारों ने जहाँ मोहन जोदडों और हड़प्पा की सभ्यता को 'वणिक और शूद्रों' की सभ्यता घोषित

किया, तो दलित साहित्य के इतिहास को नाथ और सिद्धों के साहित्य में देखने का भी प्रयास किया गया है।

दलित साहित्य में सन्त रैदास को पहला दलित कवि स्वीकार किया जाता है, जिन्होंने अपने काव्य में वर्णव्यवस्था का खुलकर विरोध किया है।

दलित साहित्य का प्रारम्भ तो लोकगीत और कविता से ही हुआ है, लेकिन अब हिन्दी में उपन्यास, कहानी, नाटक, एकांकी, गद्यनाट्य, लघुकथा, आलोचना, शोध, अनुवाद, इतिहास लेखन, आत्मकथा आदि सभी विधाओं में लेखन हो रहा है।

कुल मिलाकर प्रति वर्ष जितना हिन्दी दलित साहित्य प्रकाशित हो रहा है और उस पर जिस तरह चर्चा हो रही है, उससे लगता है कि दलित साहित्य का भविष्य बहुत उज्ज्वल है और आगे चलकर दलित साहित्य ही हिन्दी साहित्य की मुख्य धारा होगा। ऐसा ही दलित साहित्यकारों का विश्वास है।

हिन्दी में नाथ और सिद्ध कवियों के बाद दलित चेतना का पहला विस्फोट मध्यकाल के सन्त साहित्य में हुआ। शताब्दियों से चली आयी धार्मिक गैर बराबरी की व्यवस्था को पहली बार निर्गुणी सन्तों ने सामाजिक धरातल पर चुनौती दी थी कि भगवान किसी मन्दिर में कैद पत्थर की मूर्ति नहीं है और न वह किसी जाति विशेष की बपौती ही कहा जा सकता है। वैसे तो सभी निर्गुणी सन्त इस व्यवस्था का विरोध कर रहे थे, लेकिन जिस जाति ने विषमता के विष का सर्वाधिक पान किया, उसी जाति के सन्त रैदास ने इस व्यवस्था के मूल को समझकर, उस पर सबसे पहले करारी चोट की और वह मूल था—वर्ण व्यवस्था। रैदास इस व्यवस्था पर सबसे पहले टिप्पणी करते हैं

रैदास जन्म के कारणै, होत न कोई नीच।
नर को नीच करि डारि है, औंछे करम की कीच॥

हिन्दी धर्म में व्याप्त छुआछूत के विरोध की जिस परम्परा का प्रारम्भ निर्गुणी सन्तों ने किया, उसका अनुसरण बाद में सुधारवादी धर्म प्रचारक और राजनीतिज्ञ भी करते रहे। इनमें स्वामी दयानन्द, आचार्य विनोबा भावे तथा महात्मा गाँधी के नाम महत्त्वपूर्ण हैं। स्वामी दयानन्द खंडन-मंडन की प्रक्रिया अपनाते हुए सबके लिए आर्य समाज में प्रवेश खोल देते हैं। जनेऊ धारण करने की आज्ञा भी देते हैं, यज्ञ-हवन में भाग लेने पर भी आपत्ति समाप्त कर देते हैं, लेकिन इससे वर्ण और जाति के बन्धन कहाँ तक ढीले पड़े? क्या सभी आर्य समाजी वर्ण-जाति भूल कर रोटी-बेटी का रिश्ता जोड़ने लगे? ऐसा नहीं हुआ, विनोबा भावे और गाँधी ने भी छुआछूत को हिन्दू धर्म का कलंक तो माना, लेकिन वर्ण-व्यवस्था को दुनिया की सर्वश्रेष्ठ व्यवस्था मानते हुए उस पर अपना पूरा विश्वास भी व्यक्त किया। इसका कारण क्या है? इसका स्पष्ट कारण यह है कि ये लोग अपने-अपने वर्ण के जन्मना

श्रेष्ठता के अधिकार को छोड़ना नहीं चाहते थे, जिसके कारण भारत में सारी भौतिक उपलब्धियाँ प्राप्त होती हैं। फिर बताइए, इस देश से छुआछूत कैसे समाप्त हो? इसलिए रैदास और अम्बेडकर की एक अपनी अलग परम्परा है, जिसमें महात्मा फुले तो जुड़ते हैं– दयानन्द, विनोबा भावे, गाँधी नहीं, क्योंकि उन्होंने बीच-बीच में आकर इस आन्दोलन को भटकाया ही है, जिसका लाभ ब्राह्मणवाद को जीवनदान के रूप में मिला है।

आज हिन्दी के दलित साहित्यकारों के सामने लक्ष्य स्पष्ट है, उसे इसी प्रकार की समाज-व्यवस्था से लड़ना है—साहित्य के हथियार से। अनुभव और विचार की एक व्यापक पृष्ठभूमि उसके पास है। इसमें डॉ. अम्बेडकर की विचारधारा से अनुप्राणित मराठी का सर्वमान्य दलित साहित्य और हिन्दी में गैर दलित लेखकों द्वारा दलित चेतना का साहित्य है। इस सिलसिले में सर्वप्रथम हिन्दी में प्रतिष्ठित साहित्यकार श्री सूर्यकान्त त्रिपाठी 'निराला' का नाम लिया जा सकता है, जिन्होंने 'बिल्लेसुर बकरिहा' तथा 'चतुरी चमार' जैसे लघु उपन्यास लिखे, जिनमें दिखाया गया है कि समाज के तथाकथित निम्नवर्गीय लोगों के साथ खानपान का सम्बन्ध रखने पर किसी उच्चवर्ग के व्यक्ति को किस प्रकार का विरोध सहना पड़ता है। यहाँ तक कि उसका समाज से बहिष्कार कर दिया जाता है उसके बाद आते हैं—प्रेमचन्द, जो मूलतः ग्रामीण विसंगतियों के लेखक हैं। उन्होंने गाँव से बाहर रहते हुए दलितों को जीवन का नरक भोगते हुए देखा और उनकी पीड़ा को अपनी कुछ कहानियों का उपजीव्य बनाया। उनकी कहानियों में– 'ठाकुर का कुआँ', 'घासवाली', 'दूध का दाम', 'सद्गति', 'मंत्र' तथा 'बाबा का भोग' आदि के नाम लिये जा सकते हैं। प्रेमचन्द के कुछ परवर्ती साहित्यकारों ने भी अपनी छद्म रचनाओं में दलित जीवन की कुछ विसंगतियों को उठाया है। जैसे यशपाल और फणीश्वरनाथ 'रेणु' ने अपने दोनों महत्त्वपूर्ण उपन्यासों 'मैला आँचल' और 'परती परिकथा' में प्रसंगवश उच्च जाति के लोगों द्वारा दलित महिलाओं के दैहिक शोषण का वर्णन किया है कि ब्राह्मण वैसे तो किसी शूद्र स्त्री को छूने से परहेज करता है, लेकिन किसी शूद्र स्त्री का चुम्मा 'चुम्बन' लेने में उसे छूत नहीं लगती।

इसके उपरान्त आधुनिक काल में हिन्दी के कुछ प्रतिष्ठित साहित्यकारों ने दलित जीवन की विसंगतियों पर अपनी कलम चलाई है। इनमें सर्व श्री नागार्जुन, डॉ. शिवप्रसाद सिंह, गिरिराज किशोर, अमृतलाल नागर और हरिसुमन बिष्ट के नाम उल्लेखनीय हैं। गिरिराज किशोर के उपन्यास 'यथाप्रस्तावित' में कार्यालय में दलित वर्ग के चतुर्थ श्रेणी कर्मचारी के मानसिक और दैहिक शोषण करती सवर्ण मानसिकता का भयावह चित्रण किया गया है। 'यथाप्रस्तावित' का नायक बालेसर कहता है– "आखिर मैंने ऐसा क्या किया जो मुझे साँस तक नहीं लेने दिया जाता

है? न मैं अपनी मर्जी से इस जात में पैदा हुआ था और ना इस जात के छोटेपन के कारण मैं प्राण त्याग कर दूसरी बड़ी जात में पुनः जन्म ही ले सकता हूँ। जो चीज मेरे हाथ में नहीं, उसके लिए मुझे क्यों सताया जा रहा है।" 'परिशिष्ट' उपन्यास में गिरिराज किशोर ने आई.आई.टी. में आरक्षण के अन्तर्गत प्रवेश पाये दलित छात्रों एवं प्राध्यापकों के प्रति किये जाने वाले उस अपमानजनक व्यवहार का चित्रण किया है, जिसके कारण उनमें से कितने ही इस मानसिक यातना को न सहकर आत्महत्या कर लेते हैं। इस उपन्यास को पढ़ना एक भयावह और दारुण मानसिक यंत्रणा से गुजरना है। नागार्जुन के उपन्यास 'बलचनमा' का नायक एक दलित नौकर है, उसके साथ किस प्रकार का व्यवहार किया जाता है, यही इस उपन्यास का मूल कथ्य है। अमृतलाल नागर का उपन्यास 'नाच्यौ बहुत गोपाल' शूद्रों में भी अतिशूद्र मेहतर जाति की आन्तरिक और बाह्य विसंगितयों का चित्रण करता है। श्रीलाल शुक्ल के बहुचर्चित उपन्यास 'रागदरबारी' का एक पात्र है 'शनीचर' जो दलित वर्ग का है। गाँव के नेता वैद्य जी महाराज की बैठक पर हुक्का भरना, भांग घोटना ही उसका काम है, जिसके बदले में दो वक्त की रोटी तथा वैसे कपड़े जैसे वह पहने रहता है। (एक खाकी निकर और बस) उसे वैद्य जी के यहाँ से मिल जाते हैं। भारत की आजादी के बाद जब कुछ राजनीतिक पद आरक्षित कर दिये गये तो उस गाँव के प्रधान का पद भी उस श्रेणी में आ जाता है और वैद्य जी अपने उस बेढंगे किन्तु मुफ्त नौकर को प्रधान बनवा देते हैं। देखा जाए तो आजादी के बाद के वर्षों में भी विधान सभाओं और संसद तक में यही होता रहा है। इस दृष्टि से विचार करते हुए मुझे लगा कि दलित चेतना की दृष्टि से सम्पूर्ण साहित्य के पुनःपाठ की आवश्कता है।

हिन्दी में दलित चेतना के साहित्य सृजन की एक लम्बी और समृद्ध परम्परा रही है, लेकिन इस वर्ग से भी साहित्यकार आये, इसके भी क्रमबद्ध प्रयास किये गये हैं। इस सम्बन्ध में डॉ. सत्य नारायण व्यास का यह कथन उद्‌धृत करना ही पर्याप्त होगा। वह लिखते हैं कि "इस सम्पूर्ण साहित्य प्रवाह को हिन्दी में लाने के जो प्रयत्न हुए, उसमें समानान्तर साहित्य के आंदोलन के साथ इस साहित्य को लेकर कुछ एक विशेषांक प्रकाशित हुए तथा स्वतन्त्र रूप से कतिपय रचनाओं का हिन्दी में अनुवाद किया गया। 'सारिका' नामक पत्रिका का 'भारतीय दलित साहित्य विशेषांक' अप्रैल-मई 1975 इस बारे में महत्त्वपूर्ण है। यही नहीं, 'संचेतना' (मराठी दलित साहित्य विशेषांक) दिसम्बर 1982, दया पवार कृत 'बलुतं' का अनुवाद 'अछूत', डॉ चन्द्रकान्त पाटिल द्वारा मराठी से अनूदित 'सूरज के वंशधर' डॉ. सूर्यनारायण रणसुभे द्वारा सम्पादित 'दलित कहानियाँ' प्र.ई. सोनकांबले की कृति 'यादों के पंछी' दलित साहित्य के विकास मार्ग के मील के पत्थर हैं। दलित

साहित्य की इस सुदीर्घ पृष्ठभूमि से प्रेरणा लेकर हिन्दी में भी कुछ दलित रचनाकारों ने साहित्य सृजन प्रारम्भ किया।"

आधुनिक काल में दलित कविता का प्रारम्भ सितम्बर 1914 में 'सरस्वती' में प्रकाशित श्री हीरा डोम की भोजपुरी कविता से माना जाता है जिसका शीर्षक था अछूत की शिकायत। इस कविता की कुछ पंक्तियाँ देखिए—

"हमनी के इनरा के निगिचे ना जाइलेजा
पांके में भरी भरी पीअतानी पानी
पनही से पिटि पिटि हाथ गोड तुरि दइल
हमनी के एतनी काही के हलकानी।"

प्रेमचन्द की 'ठाकुर का कुआँ' कहानी तथा हीरा डोम की इस कविता का कथ्य एक ही है। इसके बाद अधूतानन्द हरिहर, चंद्रिका प्रसाद जिज्ञासु, बिहारी लाल हरित, माताप्रसाद आदि ने हिन्दी दलित साहित्य की नींव को पुख्ता करने की कोशिश की।

लेकिन आठवें और नवें दशक में हिन्दी के दलित कवियों की एक पूरी पीढ़ी तैयारी के साथ साहित्य में प्रवेश करती है। इनमें जिन कवियों के काव्य संग्रह प्रकाश में आये, उनका विवरण इस प्रकार है— डॉ. रामशिरोमणि 'होरिल' के 'करील के काँटे' व 'जीवन राग', डॉ. सुखबीर सिंह के 'बयान बहार', 'अनन्तर' और 'सूर्यांश', डॉ. प्रेमशंकर की 'नयी गन्ध' और 'कविता रोटी की भूख तक', डॉ. सोहनलाल सुमनाक्षर का 'अन्धा समाज बहरे लोग', डॉ. पुरुषोत्तम सत्यप्रेमी के 'सवालों के सूरज' तथा 'बिक चुका हो समय जब', डॉ. चन्द्र कुमार वरठे का 'अधूरी चिट्ठी रोशनी की', श्री ओमप्रकाश वाल्मीकि का 'सदियों का संताप', श्री लालचंद राही का 'मूक नहीं मेरी कविताएँ', श्री हरिकिशन संतोषी का 'कमलिनी' तथा डॉ. एन. सिंह का 'सतह से उठते हुए' के अतिरिक्त, उनके द्वारा ही सम्पादित दलित कवियों का पहला समवेत संकलन 'दर्द के दस्तावेज' भी प्रकाश में आया है, जिसमें हिन्दी दलित कविता के लगभग सभी प्रतिनिधि प्रतिष्ठित कवि मौजूद हैं। अब हिन्दी दलित कविता में युवा पीढ़ी पूरी सक्रियता के साथ मौजूद है। इनमें जिन कवियों के काव्य संग्रह प्रकाशित हुए हैं, उनमें डॉ. विमल थोराट के अनुसार "राज वाल्मीकि, शिवनाथ 'शीलबोधि', जयप्रकाश लीलवान, अजय यतीश, अमित कुमार, विपिन बिहारी, रूप नारायण सोनकर, पद्माराम परिहार आदि उल्लेखनीय हैं।" इनके अतिरिक्त चिरंजी कटारिया, रजनी तिलक, अजय नावारिया और सुरेश तंवर भी अच्छी कविताएँ लिख रहे हैं।

रैदास से लेकर नवें दशक तक की दलित कविता को पढ़कर यह निष्कर्ष सहज ही निकाला जा सकता है कि सम्पूर्ण दलित कविता अपमानित पीढ़ियों की

पीड़ा से उपजी है, अतः उसमें उस सम्पूर्ण हिन्दू समाज व्यवस्था के प्रति विद्रोह के अंकुर हैं, जिसने मनुष्य की स्थिति पशु से भी बदतर बना दी थी और दलित कविता उन सब स्थितियों पर टिप्पणी करती हुई आगे बढ़ती है। डॉ. सत्यप्रेमी ने सत्य ही लिखा है कि –"समकालीन दलित कविता शोषित, प्रताड़ित, अवमानित दलित जन साधारण की आवाज है।"

इस अवधि में जितने कहानी संग्रह प्रकाशित हुए हैं, वह हिन्दी के दलित साहित्य के विकास का स्पष्ट प्रमाण है। इस दृष्टि से सर्वश्री ओमप्रकाश वाल्मीकि, पुन्नी सिंह, गोपाल आवटे, रघुनाथ प्यासा, सूरजपाल चौहान, जयप्रकाश कर्दम, मोहनदास नैमिशराय, डॉ. दयानन्द बटोही, पुरुषोत्तम सत्यप्रेमी, डॉ. कालीचरण स्नेही, रत्नकुमार सांभरिया, कुसुम वियोगी, डॉ. श्योराज सिंह 'बेचैन', रजतरानी मीनू, कुसुम मेघवाल, और सुशीला टाकभौरे के नाम उल्लेखनीय हैं।

भगवानदास की आत्मकथा 'मैं भंगी हूँ' से हिन्दी दलित साहित्य में आत्मकथाओं का सिलसिला शुरू हुआ था। अब तक श्री मोहनदास नैमिशराय, माताप्रसाद, सूरजपाल चौहन, के. नाथ, डॉ. डी. आर. जाटव, कौशल्या बैसंत्री, डॉ. सुशीला टाकभौरे तथा डॉ. तुलसीराम की आत्मकथाएँ प्रकाशित हो चुकी हैं।

हिन्दी दलित साहित्य में बलवन्त सिंह चार्वाक, जयप्रकाश कर्दम, मोहनदास नैमिशराय, डॉ. धर्मवीर तथा प्रेम कपाड़िया आदि ने उपन्यास भी लिखे हैं। कहने का तात्पर्य यह है कि हिन्दी साहित्य की लगभग सभी विधाओं में चाहे वह निबन्ध हो या नाटक, संस्मरण हो या यात्रा-वृत्तात या फिर अन्य कोई विधा, दलित साहित्य प्रचुर परिमाण में प्रकाशित हो रहा है 'जो मात्रा में ही नहीं' गुणात्मकता में भी पर्याप्त महत्त्वपूर्ण है।

अब दलित साहित्य पहचान के संकट से गुजर कर, एक सच्चाई के रूप में स्थापित हो चुका है। उसके लिए भाषा का प्रश्न बहुत महत्त्वपूर्ण नहीं रह गया है कि वह मराठी का है कि हिन्दी का, अब तो भारत की लगभग प्रत्येक भाषा में दलित साहित्य का सृजन हो रहा है, जो चर्चा का विषय तो है ही, कुछ लोगों की बेचैनी का कारण भी बना हुआ है।

जहाँ तक दलित साहित्य के भविष्य का प्रश्न है, अब हिन्दी के लगभग सभी विद्वान उसके उज्ज्वल भविष्य के प्रति आश्वस्त हैं। डॉ. नामवर सिंह ने कहा है, "आज इसे स्वीकार करने के अलावा कोई चारा नहीं है। दलितों द्वारा लिखा गया साहित्य, मात्रा और गुण दोनों ही में काफी आ गया है..... इसका भविष्य बहुत उज्ज्वल है।" कथाकार कमलेश्वर की मान्यता है कि "भविष्य तय है। तय इसलिए क्योंकि दलित साहित्य अब तक ठीक दिशा की ओर चला है। दलित साहित्य और साहित्यकार ने भूमण्डलीकरण और अन्य सवालों का सामना किया है। दलितों की

लोकधर्मिता, लोकधर्मी संस्कृति ही इन सवालों का जवाब हो सकती है। उन्हीं की संस्कृति अब बड़े रूप में हमारे सामने आएगी।" श्री अशोक वाजपेयी की धारणा है कि—"दलित विमर्श ने जो नयी प्रश्नवाचकता पैदा की है वह हमारे साहित्य, समाज और राजनीति के लिए, अंततः गुणकर है और वह ऐसी प्रवृत्ति है जो आगे काफी समय सक्रिय और उर्वर रहने वाली है।" श्रीमती रमणिका गुप्ता, जो दलित साहित्य आन्दोलन के साथ प्रारम्भ से ही जुड़ी रही हैं, की बेबाक टिप्पणी है— "दलित साहित्य का ही भविष्य उज्ज्वल है, बाकी सब कुंठाग्रस्त है। जो अभिजात साहित्य है, अपनी-अपनी कुंठाएँ लिखता है। दलित और आदिवासी पूरे समाज की बात लिखते हैं। परिवर्तन की बात करते हैं। यह गैर-दलित साहित्य और अहम् को तोड़ता है। यह देवता और भगवान नहीं, मनुष्य की बात करता है।"

उपर्युक्त समस्त विद्वानों के मतों का अध्ययन, विश्लेषण करने पर स्पष्ट रूप से कहा जा सकता हैं कि हिन्दी दलित साहित्य की उपलब्धियाँ बहुत महत्त्वपूर्ण हैं तथा उसका भविष्य बहुत उज्ज्वल है, जिसमें अनेक सम्भावनाएँ विद्यमान हैं।

हिन्दी दलित साहित्य : कुछ विचार

हिन्दी दलित-साहित्य के सन्दर्भ में एक भ्रान्त धारणा यह प्रचलित है कि यह मराठी दलित-साहित्य की देन है जबकि हिन्दी में दलित-साहित्य का आविर्भाव बहुत पहले ही नाथ और सिद्धों के समय में हो गया था। इन नाथ और सिद्धों में कई दलित जातियों से सम्बन्धित थे। उन्होंने वर्ण-व्यवस्था और ब्राह्मणवादी व्यवस्था का विरोध अपनी वाणी में किया था। यदि इसे भी हम छोड़ दें, तो भी भक्तिकाल में निर्गुण काव्यधारा के कई कवि दलित जातियों से सम्बन्धित हैं। इनमें रैदास का स्वर तो बहुत ही स्पष्ट है। उन्होंने वर्णव्यवस्था की जड़ पर ही प्रहार किया है—

"रैदास एक ही बूँद सौं सब ही भयौ वित्थार।
मूरिख हैं जो करत हैं वरन अवरन विचार॥"

इसी धारा के दूसरे कवि कबीर ने ब्राह्मण को फटकारते हुए कहा है—"जो तू बामन बमनी का जाया, आन बाट हवैं क्यों नहीं आया।" इस प्रकार वर्तमान हिन्दी दलित-साहित्य की एक पूरी परम्परा है जिसका क्रमानुसार अध्ययन किया जाना शेष है।

अभी कहा जा रहा है कि हिन्दी में दलित-साहित्य की चर्चा अपने शिखर पर है। सच बात यह है कि अभी भी किसी दलित-लेखक का कोई बहुत महत्त्वपूर्ण उपन्यास नहीं आया है। कुछ कविता की पुस्तकें, कुछ कहानी-संग्रह तथा कुछ आत्मकथाएँ ही आ पाई हैं जिन पर बराबर चर्चा होती रहती है। अभी हिन्दी दलित-साहित्य के नाम पर जो चर्चा हो रही है उसमें से कुछ स्थायी निकल पाएगा, इसकी सम्भावनाएँ कम हैं। जैसे संकेत हैं—कि अभी से दलित लेखकों में गुटबाजी उभरने लगी है। इससे मैं नहीं समझता कि दलित-साहित्य का कुछ भला हो पाएगा। कुछ अखाड़ेबाज तो पहले से ही यह कह रहे थे कि जिन लेखकों को साहित्य-जगत् में कोई जानता तक नहीं, उन्हें राष्ट्रीय और अन्तर्राष्ट्रीय पुरस्कार दिए जा रहे हैं। अब कुछ गम्भीर लेखक (जिनमें सम्भावनाएँ हैं) भी दूसरे तरीके से इसी प्रकार के हथकंडे अपना रहे हैं। फिलहाल समय अच्छी रचनाएँ लिखने और उसके प्रकाशन की व्यवस्था करने का है।

हिन्दी का मानस सदैव ही हिन्दूवादी रहा है। उसने ऐसा ही हिन्दी का पाठ्यक्रम भी बनाया है, जिससे विद्यार्थी में वही संस्कार पनपें। इधर 1936 के बाद साहित्य में मार्क्सवाद के प्रवेश के बाद उसकी प्रवृत्ति में थोड़ा-बहुत अन्तर आया और कबीरदास जैसे लोगों को पढ़ाया जाने लगा है। आज भी लोग प्रेमचन्द के नाम पर नाक-भौं सिकोड़ते हुए विश्वविद्यालयों और महाविद्यालयों में देखे जा सकते हैं। ऐसी स्थिति में मुझे नहीं लगता कि हिन्दी में कभी दलित साहित्यकारों के प्रति रुचि रही होगी।

एक ओर जब 'सारिका'-1975, सं. कमलेश्वर, ने दो दलित-साहित्य विशेषांक निकाले और फिर 'संचेतना' (सं. डॉ. महीप सिंह) का भी दलित-साहित्य-विशेषांक आया तो हिन्दी साहित्य में उनका पर्याप्त स्वागत किया गया क्योंकि ये दोनों ही विशेषांक, मराठी दलित-साहित्य को रेखांकित करते हैं। लेकिन जब हिन्दी के दलित लेखन में उभार आया, तो साहित्य के पहरुए कलम की तलवार लेकर खड़े हो गये। इधर दलित लेखक अपनी सभाएँ करते, तो उधर सवर्णवादी और मार्क्सवादी अपनी सभाएँ करके प्रेमचन्द, निराला, अमृतलाल नागर और गिरिराज किशोर आदि को दलित-साहित्य का प्रतिनिधि लेखक घोषित करते। परिणाम यह हुआ कि प्रेमचन्द को लेकर दलित लेखकों और मार्क्सवादियों का विवाद काफी लम्बा चला। इसकी वजह क्या थी? ये लोग हिन्दी में दलित-लेखन को पचा क्यों नहीं पाये? इसका एक स्पष्ट-सा कारण है कि जब तक यह ब्राह्मणवाद को गाली-गलौज दूसरे के दरवाजे पर (दूसरी भाषा में) हो रहा था, तो ठीक था। लेकिन जब अपने दरवाजे पर (अपनी भाषा में) होने लगा, तो उन्हें अपने और अपनी भाषा के सामन्ती संस्कार याद आने लगे। इस पवित्र भाषा में (जिसकी माँ देवभाषा है) यह भदेस साहित्य भला कैसे सम्मान पा सकता है। एक दूसरा कारण भी था—ये दलित लेखक पुरस्कारों के सम्बन्ध में भी अपनी आवाज उठाने लगे हैं कि केन्द्रीय साहित्य अकादमी और हिन्दी भाषी प्रदेशों के हिन्दी संस्थान करोड़ों रुपये लेखकों को प्रतिवर्ष बाँटते हैं। इसमें दलित-लेखकों का हिस्सा कहाँ है? कोई मोदी, बिड़ला या साहू-जैन अपना धन किसे और कैसे देता है, इससे हमारा कोई सरोकार नहीं, लेकिन सरकारी धन अन्धे की रेवड़ी क्योंकर होना चाहिए? यह दलित लेखकों को भी मिले। इसलिए कभी शिल्पविधान और कभी सौन्दर्यशास्त्र को लेकर दलित-साहित्य के नकार की एक लम्बी प्रक्रिया प्रारम्भ हो गयी जिसका प्रत्युत्तर दलित-लेखकों ने दिया। तीसरा कारण एक और है—दलित-साहित्य ने पाठ्यक्रम में भी अपना दखल प्रारम्भ कर दिया। मेरे प्रत्यावेदन पर उत्तर प्रदेश सरकार ने दलित-साहित्य को उत्तर प्रदेश के समस्त विश्वविद्यालयों में पढ़ाया जाना अनिवार्य कर दिया। जिसे केवल कुमायूँ

विश्वविद्यालय, नैनीताल ने ही स्वीकार किया। इससे हिन्दूवादी लेखकों को अपने आर्थिक हितों पर कुठाराघात होता नजर आने लगा जिसके कारण वे इसके विरोध में खड़े हो गये। डॉ. मैनेजर पाण्डेय (जो हिन्दी दलित-साहित्य के समर्थक समझे जाते हैं) ने दलित-साहित्य को पाठ्यक्रम में लगाये जाने के सवाल पर एक गोष्ठी में कहा था कि– "पाठ्यक्रम तो एक म्यूजियम है, जहाँ चीजें पुरानी होने पर रखी जाती है। दलित-साहित्य तो जीवन्त साहित्य है, इसे तो जनता के बीच में रहना चाहिए।" यह छद्म विरोध नहीं तो और क्या है?

एक अन्य कारण भी है—आज हिन्दी के बड़े-से-बड़े लेखक के सम्मुख पाठकों का अभाव मुँह बाये खड़ा है। वह आलोचकों के माध्यम से पत्र और पत्रिकाओं में प्रायोजित चर्चा-परिचर्चा कराकर लोकप्रियता अवश्य हासिल कर लेता है। लेकिन कहाँ तक? वह भी केवल लेखकनुमा पाठकों तक ही सीमित रहता है। आम पाठक की नजर तब भी उस तक नहीं पहुँच पाती! अच्छी-से-अच्छी पुस्तक का पाँच सौ प्रतियों का संस्करण, यदि सरकारी खरीद में न आये तो वर्षों न बिके! लेकिन दलित साहित्य, सरकारी खरीद में तो बिल्कुल नहीं बिकता, किन्तु उसे पाठकों की कमी नहीं है। वह अवाम तक पहुँच रहा है। तभी तो विश्व पुस्तक मेले की रिपोर्ट में लिखा गया था कि एक ओर जहाँ हिन्दी प्रकाशन अपने बुक स्टालों पर खरीददारों की बाट जोह रहे थे, वहीं दलित-साहित्य के बुक-स्टॉल पर खरीददारों की भीड़ लगी थी और 'रामायण की सच्ची चाबी' गर्म पकौड़ी की तरह बिक रही थी।" इन सब बातों पर गम्भीरता से विचार करने पर लगता है कि दलित-साहित्य के विरोध का कारण उसका वैचारिक आधार तो है ही, आर्थिक आधार भी है।

रही बात दलित-साहित्य के आलोचकों की सहृदयता प्राप्त करने की, तो इस सिलसिले में मुझे उच्च अध्ययन संस्थान शिमला द्वारा 'दलित साहित्य और अश्वेत लेखन : समकालीन प्रवृत्तियाँ' विषय पर आयोजित एक सेमिनार (अक्टूबर 1997) की याद आती है जिसमें मुझे भी भाग लेने का अवसर मिला था। इस सेमिनार में पढ़े जाने वाले शोधपत्रों के लिए किसी दलित-लेखक की कृति का समालोचनात्मक अध्ययन भी एक विषय था लेकिन किसी भी विद्वान ने किसी दलित लेखक की कृति पर शोध-लेख नहीं लिखा था। केवल मैंने ही ओमप्रकाश वाल्मीकि की आत्मकथा 'जूठन' पर अपना आलेख पढ़ा था। इसके बाद के समीक्षा परिदृश्य पर दृष्टिपात करने से मुझे ऐसा आभास होता है कि किसी हिन्दी समालोचक की सहृदयता दलित-साहित्य प्राप्त कर सकेगा, मुझे इसमें सन्देह है। लेकिन उपाय भी हमने सोच लिया है। जिस प्रकार प्रगतिवादियों ने एक दूसरे की कृतियों पर टिप्पणियाँ लिखी थीं उसी प्रकार दलित लेखक भी एक-दूसरे की कृतियों का

तटस्थ मूल्यांकन कर रहे हैं। वैसे जिनकी वैचारिक स्थापनाओं का हम विरोध कर रहे हैं, उनसे हम मान्यता मिलने की उम्मीद क्यों करें। फिर भी जो लोग अपनी प्रतिबद्धताओं के कारण हमारा समर्थन कर रहे हैं, जैसे श्री राजेन्द्र यादव, रमणिका गुप्ता, डॉ. महीप सिंह और डॉ. देवेन्द्र दीपक आदि; हम उनका हृदय से स्वागत करते हैं और उनके आभारी हैं।

हिन्दी दलित-साहित्य आने वाले समय में हिन्दी की मुख्य धारा से जुड़ जाएगा, जैसा कि मराठी में हो गया है जैसा कि मैंने अपने एक साक्षात्कार में कहा था कि 'हिन्दी साहित्य का बासीपन दूर कर रहा है दलित-साहित्य (देखें, सुमनलिपि, मासिक, बम्बई, अक्टूबर-नवम्बर-1993)। मराठी के नाम पर दिये जाने वाले पुरस्कारों को यदि हम देखें, तो मराठी दलित लेखक ही सबसे आगे दिखाई देते हैं। साहित्य अकादमी की पत्रिका 'समकालीन भारतीय साहित्य' में मराठी का जो अनुवाद छप रहा है, उसमें भी मराठी दलित लेखक ही विशेषतः दिखाई देते हैं। भविष्य में यही स्थिति हिन्दी दलित-लेखन की होगी। ऐसा मेरा विश्वास है।

प्रत्येक युग का साहित्यकार अपने लिए साहित्य का पाठ स्वयं तय करता रहा है। यह युगीन आवश्यकताओं के अनुरूप भी होता है। इस तथ्य को रामकथा के कुछ पड़ावों पर दृष्टिपात करके समझा जा सकता है। राम तो वही हैं, लेकिन वाल्मीकि, तुलसी, मैथिलीशरण गुप्त, नरेश मेहता तथा भगवान सिंह के राम नितान्त अलग-अलग हैं, क्योंकि इन पाँचों रचनाकारों के समय और दृष्टि में भेद है। वाल्मीकि का राम ब्राह्मणों के कहने पर शूद्र ऋषि शम्बूक की हत्या कर देता है, जिसे वर्ण-व्यवस्था के अतिक्रमण का दण्ड कहा गया। तुलसी ने निर्गुण साहित्य के रूप में ईश्वर के अस्तित्व और ब्राह्मणवाद को जीवित रखने के लिए राम का सहारा लिया, जो 'रामचरितमानस' में ब्राह्मण को 'इस धरती का देव' तथा शूद्र और स्त्री को पशु की श्रेणी में रखकर 'ताड़न का अधिकारी' घोषित करते हैं। मैथिलीशरण गुप्त का राम एकदम गाँधीवादी और जननायक है, जबकि नरेश मेहता का राम आज के जटिल यथार्थ का उद्‌गम स्रोत है जो युद्ध नहीं चाहता और कहता है कि 'मुझे स्वजनों के खून पर पाँव रखकर आती हुई सीता भी स्वीकार नहीं'। दूसरी ओर भगवान सिंह रामकथा को एकदम आधुनिक धरातल पर लाकर खड़ा कर देते हैं। इसमें वशिष्ठ तथा विश्वामित्र की प्रतिद्वन्द्विता देखने को मिलती है। 'अपने अपने राम' में ब्राह्मणवादी छद्‌म का खुलासा हुआ है, जो राजा के रूप में किसी मन्दबुद्धि और जड़ (भरत) को स्थापित करता रहा तथा स्त्री (कैकेयी) उसकी इस कार्ययोजना का मुख्य अंग रही है। इसी प्रकार 'कामायनी' का अध्ययन कर डॉ. नगेन्द्र जिस निष्कर्ष पर पहुँचते हैं, वहीं मुक्तिबोध अपनी वैचारिक प्रतिबद्धता के कारण कुछ दूसरा ही निष्कर्ष देते हैं। तात्पर्य यह है कि प्रत्येक व्यक्ति

के लिए साहित्य का पाठ अपनी आवश्यकताओं के अनुरूप होता है। ऐसे में यदि दलित साहित्यकार और पाठक परम्परागत हिन्दी साहित्य का अपनी दृष्टि के तहत अध्ययन करता है, तो किसी को क्योंकर ऐतराज होना चाहिए।

अब दलित साहित्यकारों द्वारा पुरातन साहित्य का पुनर्मूल्यांकन शुरू हो गया है। हौशिला प्रसाद ने 'भारत भारतीय भारतीयता' में ऋग्वेद, गीता और रामचरितमानस का अध्ययन कर विश्लेषित किया है कि उक्त पुरातन ग्रन्थ दलित विरोधी हैं। ओमप्रकाश वाल्मीकि ने प्रेमचन्द की कहानी 'कफन' पर टिप्पणी की थी, जिस पर छिड़ी बहस अभी तक थमी नहीं है। दरअसल दलित साहित्यकारों द्वारा परम्परागत हिन्दी साहित्य का पुनर्मूल्यांकन हिन्दी साहित्यकारों के मन में बैठी 'जाति श्रेष्ठता की गाँठ' को पकड़ने का प्रयास है जिसके कारण कोई भी सवर्ण लेखक दलित समस्याओं पर लिखते समय विचलन का शिकार हो जाता है, जैसे—अमृतलाल नागर—'नाच्यौ बहुत गोपाल' में। इस उपन्यास की नायिका एक ब्राह्मणी है, जो अपनी अतृप्त यौनेच्छा के कारण मोहना भंगी के साथ भाग जाती है। भंगियों के बीच रहकर भंगी बनती है, लेकिन नागर जी के घर के मन्दिर में रखी मूर्ति के सम्मुख जैसे ही आती है, श्लोक बोलने लगती है। ये है सवर्ण लेखक का संस्कार, जो प्रख्यात साम्यवादी होकर भी अपने हिन्दू संस्कार लेखन में भी नहीं छोड़ पाता। इससे भी आगे जब एक दिन मोहना भंगी का गिरोह एक मुसलमान लड़की को अगवा करके लाता है, तो मोहना अपने आदमियों को आदेश देता है, कि 'साली को मार-मार कर भंगिन बना दो।' इस पर प्रतिक्रिया व्यक्त करते हुए वह कहती है कि—'अरे नाश पीट्टे! दल बल सहित इसका मजा ले ले, इसे भंगिन क्यों बनाता है। रण्डी बना दे।' इस कथन का तात्पर्य यह है कि तमाम सच्चरित्र भंगिनें रंडियों से भी गयी बीती हैं। इससे पता चलता है कि सम्पूर्ण परम्परागत हिन्दी साहित्य में उन हिन्दू संस्कारों की खोज दलित साहित्यकारों का लक्ष्य है जो दलितों के विरुद्ध हैं, ताकि स्वयं उनके साहित्य में ऐसे विचलन न हों।

दरअसल सम्पूर्ण हिन्दी साहित्य हिन्दू-साहित्य है, जिसमें किसी दलित के लिए कभी स्थान रहा ही नहीं। सृजन ही नहीं, पाठकीय धरातल पर भी यह बात लागू होती है। राजेन्द्र यादव हिन्दी साहित्य के विगत सौ वर्ष के इतिहास पर टिप्पणी करते हैं कि इन सौ वर्षों में हिन्दी साहित्य की मुख्य धारा में एक-दो कायस्थ तथा दो-चार वैश्यों के अतिरिक्त सारे ब्राह्मण साहित्यकार हैं। तब भला एक वर्ग विशेष द्वारा लिखा गया साहित्य सम्पूर्ण देश का साहित्य कैसे कहा जा सकता है? इस पर भी साजिश यह कि यह साहित्य मजबूरन सारे देश को पढ़ना पड़ रहा है। उन दलितों को भी जिनके वह विरुद्ध हैं, जिन्हें वे हीन घोषित करते हैं तथा वर्णव्यवस्था में दूसरे (क्षत्रिय) और तीसरे (वैश्य) दर्जे के लोगों को भी यही

साहित्य पढ़ना पड़ता है। इसलिए आज देश-भर का दलित साहित्यकार हिन्दी के मौजूदा पाठ्यक्रम को बदलने के लिए प्रयासरत है। हालाँकि उसे केवल महाराष्ट्र में ही सफलता मिली है। हिन्दी प्रदेशों में भी अब प्राथमिक शिक्षा से लेकर इंटरमीडिएट तक की पाठ्यपुस्तकों में रैदास के पद और दोहे, दलित साहित्यकारों के परामर्श से लगाये जा रहे हैं तथा एम.ए. (हिन्दी) पाठ्यक्रम में 'सन्त रैदास' को अन्य कवियों की भाँति विशेष अध्ययन के वैकल्पिक विषय तथा बी.ए. (हिन्दी) में 'दलित साहित्य' को भी वैकल्पिक विषय के रूप में पढ़ाया जा रहा है। इसके अतिरिक्त पाठ्यक्रमों में नियत 'कहानी संकलनों' काव्य संकलनों में दलित कवियों, कथाकारों की भी कविताएँ एवं कहानियाँ आनुपातिक रूप में रखी जा रही हैं। नाटक के प्रश्नपत्र में भी किसी दलित नाटककार का नाटक पढ़ाया जाए। देखने में आया है कि विश्वविद्यालयों की शोध समितियाँ 'दलित साहित्य' और 'दलित साहित्यकारों' पर प्रस्तुत शोध की रूपरेखाओं को या तो स्वीकार करती नहीं और करती भी हैं, तो शोधार्थी को यथेष्ट मानसिक और शारीरिक कष्ट देकर ही। इस मानसिकता को एक वर्ग-विशेष की शैक्षिक इजारेदारी समाप्त करके ही बदला जा सकता है। प्रत्येक बोर्ड तथा विश्वविद्यालयों की पाठ्यक्रम समितियों में दलितों को प्रतिनिधित्व देकर ही कुछ नया कर पाना सम्भव होगा।

यह सर्वमान्य तथ्य है कि हिन्दी में दलित साहित्यकारों की एक पूरी पीढ़ी रचनात्मक धरातल पर सक्रिय है, जिनके काव्य संकलन, कथासंग्रह, उपन्यास और आत्मकथाएँ प्रतिवर्ष छप रहे हैं। यहाँ तक कि अखबारों में प्रतिवर्ष में प्रकाशित दलित कृतियों के सर्वेक्षण भी छप रहे हैं। लेकिन हिन्दी भाषी राज्यों—उत्तर प्रदेश, मध्य प्रदेश, बिहार, राजस्थान, हरियाणा, पंजाब और हिमाचल प्रदेश की साहित्यिक अकादमियों अथवा भाषा विभागों द्वारा हिन्दी में सम्पन्न दलित साहित्य के लिए कोई पुरस्कार निर्धारित नहीं किया गया। यहाँ तक कि केन्द्रीय साहित्य अकादमी द्वारा भी नहीं, इसके लिए प्रयास और संघर्ष किया जाना चाहिए।

डॉ. प्रेमशंकर ने अपने लेख 'दलित संघर्ष : संस्कृति एवं साहित्य की सबल अभिव्यक्ति' में दो घटनाओं का उल्लेख किया है। वह लिखते हैं "जनवरी 1970 में एक दलित कवि की कविताओं का आकाशवाणी मथुरा से प्रसारण हुआ। केन्द्र निदेशक को यह ज्ञात होने पर कि यह एक दलित कवि का प्रसारण था, तो उस कवि को आज तक आकाशवाणी ने दुबारा नहीं बुलाया।" दूसरी घटना यूँ है— "बम्बई हिन्दी विद्यापीठ की पत्रिका 'भारती' ने एक हिन्दी के दलित कवि के प्रकाशन का पता चलते ही उसकी रचनाएँ छापने से मना कर दिया।" निजी स्वामित्व में छप रहा कोई पत्र या पत्रिका भले ही दलित साहित्य न छापे, क्योंकि वह उसका निजी मामला है, इसमें उसका वर्चस्व, विचार, मान्यता और वर्गहित

शामिल है। लेकिन जब आकाशवाणी और दूरदर्शन दलित साहित्यकारों के साथ इस प्रकार का व्यवहार करते हैं, तो आश्चर्य होता है, क्योंकि आकाशवाणी पर तो 'रामचरितमानस' का अखण्ड पाठ किया जा रहा है। इस प्रश्न को संसद में उठाया जाना चाहिए।

मनुष्य के ज्ञानवर्धन के लिए ही नहीं, उसे संस्कार प्रदान करने के लिए भी शिक्षा की आवश्यकता है। बाल्यकाल से लेकर उच्च शिक्षा तक के पाठ्यक्रम के द्वारा यह आवश्यकता पूरी की जाती है। इस देश के नियन्ताओं ने प्रारम्भ से ही इस तथ्य को समझा था। इसलिए उन्होंने अपने गुरुकुलों में ब्राह्मण और क्षत्रिय कुमारों को जो शिक्षा दी थी, एकलव्य का अंगूठा कटवाना तथा शम्बूक का वध उसी का परिणाम था। क्योंकि यह सम्पूर्ण शिक्षा व्यवस्था ब्राह्मणवाद की पक्ष पोषक तथा दलित विरोधी थी। यही कारण है कि उस सम्पूर्ण काल में शूद्र को शिक्षा के अधिकार से वंचित रखा गया। देश की स्वतन्त्रता के बाद हमारे विद्यालयों तथा महाविद्यालयों में साहित्य का जो पाठ्यक्रम पढ़ाया जाता रहा। उसमें संस्कृत तो छात्र को कर्मकाण्डी तथा संकीर्ण बनाती ही है। लेकिन हिन्दी में मुख्यत: तुलसीदास, सूरदास और मीराबाई आदि को ही पढ़ाया गया, जो छात्र को राम और कृष्ण भक्त ही बनाती है। और यदि किसी कक्षा में अन्य महापुरुषों के जीवन परिचयों के साथ रैदास का संक्षिप्त जीवन परिचय भी पढ़ाया गया, तो उसमें बताया गया कि रैदास ने रांपी से अपनी छाती फाड़ी और उसमें से सात सोने के जनेऊ निकालकर दिखाए। यदि इस घटना को हम तर्क की कसौटी पर कसें, तो निष्कर्ष निकलते हैं। (1) रांपी से छाती फाड़कर कोई व्यक्ति इस स्थिति में नहीं रहता कि वह जनेऊ दिखा सके। (2) जनेऊ सोने के नहीं होते। फिर जिन विद्वानों ने यह झूठ गढ़ा क्या वे मूर्ख थे? इसके साथ ही दूसरा प्रश्न यह उठता है कि उन्होंने यह झूठ क्यों गढ़ा? तीसरा प्रश्न यह है कि विगत पचास वर्षो से जो अध्यापक यह पाठ पढ़ा रहे हैं, क्या उन्होंने कभी इस पर सोचा? इन तीनों प्रश्नों के उत्तर इस प्रकार हैं। जिन विद्वानों ने यह झूठ गढ़ा, बहुत सोच समझकर गढ़ा! वे बहुत चालाक और शातिर लोग थे। वे यह साबित करना चाहते थे कि ऐसा तपस्वी और सिद्ध पुरुष चमार नहीं हो सकता! वह तो सात जन्मों से जनेऊधारी ब्राह्मण था और जो अध्यापक पचास वर्षो से यह पढ़ा रहे हैं, वे जानते हैं कि यह झूठ है, लेकिन उनके लिए उनका वर्गहित सर्वोपरि है! अत: पीढ़ी-दर-पीढ़ी वे यह ब्राह्मणवादी संस्कार पुख्ता कर रहे हैं।

इस संदर्भ में हम 'कृष्ण और सुदामा' प्रसंग को देखें। पहले कृष्ण, जो एक दबंग अहीर शासक था, को जब ब्राह्मणवाद के पक्षपोषक राजपूत दबा या पराजित नहीं कर पाये, तो ब्राह्मणों ने उसका चरित्र हनन इस हद तक किया कि उसे वर्तमान के 'टपौरी' नायक जैसा बना दिया। जो राह चलती स्त्रियों को छेड़ता था, तथा स्नान

करती हुई स्त्रियों के वस्त्र चुरा लेता था और कुंजों में रंगरलियाँ बनाना तो उसके लिए आम बात थी। लेकिन जब उसके प्रति लोक जीवन में फिर भी श्रद्धा कम नहीं हुई, तो लिखा कि उसकी तो सवा लाख रानियाँ थीं। लेकिन इससे भी जब उनके प्रति लोकश्रद्धा में कोई अन्तर नहीं आया, तो ब्राह्मणवादियों ने कहा कि वे तो भगवान हैं और जो कुछ वे कर रहे हैं– वह सब उनकी लीलाएँ हैं। उनकी दृष्टि में तो 'समरथ को नहीं, दोष गुसाई' पहले से था ही। अतः जब उन्होंने कृष्ण को पहले राजा और फिर भगवान घोषित कर दिया। तो फिर 'कृष्ण और सुदामा' प्रसंग रचा। जिनका फलितार्थ यह है कि ब्राह्मण, चाहे जितना भी दरिद्र, मूर्ख और अकर्मण्य क्यों न हो, भगवान स्वयं आकर उसे गले मिलते हैं, तथा उसे मनोवांछित दान-दक्षिणा देते हैं। भला जब स्वयं भगवान ऐसा करते हैं, तो फिर साधारण आदमी (धनवानों) की क्या मजाल कि वह ब्राह्मण को दान-दक्षिणा देने से मना कर सके। और इस प्रकार ब्राह्मण-वर्ग ने बिना कमाये खाने का युगों-युगों तक प्रबन्ध कर लिया।

इस प्रकार का पाठ्यक्रम यहाँ पर पढ़ाया जा रहा है, जो व्यक्ति को तर्कहीन, अन्धविश्वासी तथा ब्राह्मणवाद का पोषक बनाता रहा है। जिसमें आमूलचूल परिवर्तन की आवश्यकता है। जिसे कम्युनिस्टों ने समझा और उन्हीं के प्रयासों से साहित्य में कबीर, रैदास जैसे उदारचेता सन्तों के साथ अन्य प्रगतिशील कवि और लेखकों का साहित्य के पाठ्यक्रमों में समावेश हुआ।

जब प्रदेशों में भाजपा सरकारें अस्तित्व में आयी तो उन्होंने सबसे अधिक पाठ्यक्रम बदलने पर ही जोर दिया। यह पाठ्यक्रम केवल साहित्य और इतिहास का ही बदला गया। उत्तर प्रदेश में संस्कृत भाषा और साहित्य पढ़ाया जाना अनिवार्य कर दिया। संस्कृत जो एक मृत भाषा है, जिसका वर्तमान समय में न आम आदमी के व्यावहारिक जीवन में और न ही सरकारी कामकाज में कोई अस्तित्व है। उसके विद्यालयों को बढ़ा-चढ़ाकर अनुदान देना, संस्कृत अकादमी की स्थापना करना इसलिए आवश्यक समझा गया, क्योंकि यह हिन्दू धर्म का आधार स्तम्भ है, इसे बचाये रखना और बनाये रखना हिन्दूवादियों के लिए आवश्यक है। सावरकर, हेड़गेवार तथा नाथूराम गोडसे की जीवनियाँ अन्य महापुरुषों के साथ पढ़ाया जाना क्यों आवश्यक हैं? इसी प्रकार हम वर्तमान में सरकारी शिक्षा व्यवस्था पर भी दृष्टिपात करें। प्राथमिक स्तर की सरकारी पाठशालाओं में केवल निर्धन वर्ग के ही छात्र-छात्राएँ पढ़ते हैं। क्योंकि धनी वर्ग तो अपने बच्चों को पब्लिक स्कूलों में पढ़ाता है। यहाँ पर कार्यरत अधिकांश अध्यापक शिक्षण की अपेक्षा अन्य धन्धों में लगे हैं तथा शिक्षिकाएँ स्कूल को केवल समय बिताऊ काम समझती हैं। अधिकारी उनकी अनदेखी कर रहे हैं। यह सब एक सोची-समझी रणनीति के तहत किया जा रहा है। कि न तो निर्धन वर्ग (जिसमें अधिकांशतः अनुसूचित जाति एवं मुस्लिम

लोग आते हैं) का बच्चा अच्छी शिक्षा पाएगा और न ही उसकी चेतना जागेगी तथा न ही वह नौकरी प्राप्त कर सकेगा। शिक्षा के इस गिरते स्तर का जिम्मेवार आरक्षण के अन्तर्गत आये अनुसूचित जाति एवं पिछड़े वर्ग के अध्यापक एवं अध्यापिकाओं को ठहरा दिया जाता है। जबकि सच्चाई इसके बिल्कुल विपरीत है। क्योंकि आरक्षित वर्ग के अध्यापक छात्रों को अच्छी शिक्षा देना चाहते हैं। जब वे छात्रों को मेहनत से पढ़ाते हैं, तो दूसरे अध्यापक उन्हें कहते है कि "अरे! नये-नये मुल्ला हैं, इसलिए ज्यादा बांग दे रहे हैं। भाई ज्यादा काम करने से ज्यादा तनख्वाह नहीं मिलेगी।" इस तरह वे भी जो स्कूलों में अच्छी शिक्षा तथा अच्छे संस्कार देने का एक स्वर्णिम सपना लेकर आये थे, सवर्ण अध्यापक-अध्यापिकाओं की देखा-देखी अकर्मण्य, आलसी और व्यसनग्रस्त हो जाते हैं। इसका परिणाम भोगना पड़ता है, निर्बल-वर्ग के छात्र-छात्राओं को और प्रकारान्तर से इस वर्ग को।

इस प्रकार हम देखते हैं कि पाठ्यक्रम प्राथमिक स्तर पर संस्कार प्रदान करता है। माध्यमिक स्तर पर उन्हें पुख्ता करता है और उच्च स्तर पर उन संस्कारों की नयी सोच उत्पन्न करता है। मैं लम्बे समय से दलित साहित्य के क्षेत्र में काम कर रहा था और बार-बार मुझे यह बात अखर रही थी कि दलित साहित्यकारों को उनका हक और सम्मान नहीं मिल रहा है। न तो देश की और नहीं प्रदेशों की साहित्य अकादमियाँ दलित साहित्य पर कोई पुरस्कार प्रदान करती हैं और न ही दलित साहित्य को पाठ्यक्रम में ही पढ़ाया जाता है। यह तथ्य मैंने अपने लेख– 'परम्परागत हिन्दी साहित्य के पुनर्मूल्यांकन की अपरिहार्यता' (राष्ट्रीय सहारा, हस्तक्षेप, 18 जनवरी 1997) में भी रेखांकित किया था। मैंने 16-05-97 को एक प्रत्यावेदन सुश्रीमायावती, मुख्यमन्त्री उ.प्र. को प्रेषित किया था। सुश्री मायावती जी के निर्देश पर उनकी सरकार ने दलित साहित्य पर—डॉ. अम्बेडकर, कबीर, रैदास और वाल्मीकि के नाम पर एक-एक लाख के चार पुरस्कारों की घोषणा की। इससे भी आगे बढ़कर मैंने एम.ए. (हिन्दी) तथा बी.ए. (हिन्दी) के लिए एक-एक वैकल्पिक प्रश्नपत्र का प्रारूप तैयार किया तथा उसे महामहिम श्री माताप्रसाद जी, राज्यपाल, अरुणाचल के संस्तुति पत्र के साथ 16-05-97 को उ.प्र. की तत्कालीन मुख्यमन्त्री सुश्री मायावती जी को प्रेषित किया। जिस पर उन्होंने त्वरित कार्यवाही की तथा 'अनुसचिव, उच्च शिक्षा अनुभाग-1', ने अपने पत्र संख्या- 105 मुख्यमन्त्री/70-1-97 - 15(35) 97, लखनऊ, दिनांक 15 जुलाई, 1997 के साथ मेरे द्वारा प्रस्तावित पाठ्यक्रम में सम्मिलित की जाने वाली पुस्तकों की सूची संलग्न कर, उ.प्र. के समस्त विश्वविद्यालयों के कुलपतियों को प्रेषित किया तथा निर्देश दिया कि वे अपने-अपने विश्वविद्यालयों की एम.ए. (हिन्दी) तथा बी.ए. (हिन्दी) के पाठ्यक्रम में दलित साहित्य का एक-एक प्रश्नपत्र पढ़ाने की व्यवस्था करें।

सम्पूर्णानन्द संस्कृत विश्वविद्यालय, वाराणसी तथा कुमायूँ विश्वविद्यालय, नैनीताल के पत्र मुझे मिले थे और जैसी सूचना है 'दर्द के दस्तावेज' कुमायूँ विश्वविद्यालय के एम.ए. (हिन्दी) पाठ्यक्रम में लग गयी है। दिल्ली, इलाहाबाद, लखनऊ और बनारस हिन्दू विश्वविद्यालयों में भी दलित साहित्य का पाठ्यक्रम निर्माण की प्रक्रिया में है। इसके अतिरिक्त 'इन्दिरा गाँधी राष्ट्रीय मुक्त विश्वविद्यालय' दिल्ली भी बी.ए. (हिन्दी) तथा एम.ए. (हिन्दी) में दलित साहित्य लग गया है।

अब दलित साहित्य पाठ्यक्रमों में स्वीकृत साहित्य है। जिससे दलित साहित्यकारों को भी प्रतिष्ठा प्राप्त हुई है। इससे भी बड़ी बात यह है कि हमारा छात्र जो हिन्दी साहित्य पढ़कर जिस तरह के अन्धविश्वास और कूपमंडूकता के संस्कार लेकर आता था, अब ऐसा नहीं होगा। अब वह ज्यादा तार्किक और जाति तथा वर्ण के दुष्परिणामों के प्रति ज्यादा जागरूक होगा। अतः उन्हें शिद्दत से तोड़ने का भी आग्रही होगा। एक तरह से दलित साहित्य हिन्दी साहित्य के संस्कार परिवर्तित करने का काम करेगा।

दलित साहित्य में नारी

'कथादेश' मासिक पत्रिका के जनवरी-2003 अंक में बजरंग बिहारी तिवारी का लेख 'दलित साहित्य-विमर्श में स्त्री' अपने आप में बहुत महत्त्वपूर्ण है, जिसके माध्यम से तिवारी जी दलित लेखकों तथा चिन्तकों के विभिन्न सन्दर्भों में आये स्त्री सम्बन्धी विचारों को रेखांकित कर यह प्रमाणित करने की कोशिश करते हुए प्रतीत होते हैं कि दलित लेखकों और चिन्तकों का नजरिया स्त्री के सम्बन्ध में हिन्दूवादियों या हिन्दू धर्म शास्त्रों जैसा ही अमानवीय तथा उत्पीड़न भरा है। अपनी इस बात को प्रमाणित करने के लिए वे श्री राजेन्द्र यादव का कथन इस्तेमाल करते हैं कि—'जो जितना ही दबा, कुचला, गुलाम है, उसका 'आदर्श आदमी' उतना ही निरंकुश, अत्याचारी, अमानवीय है। पहला अवसर मिलते ही वह दलित 'आदमी बनने' की उतावली में ठीक अपने मालिक का प्रतिरूप बन जाता है।" मेरा विचार है कि दलित पुरुषों, साहित्यकारों और चिन्तकों का जो स्त्री सम्बन्धी दृष्टिकोण है, वह उस समाज और संस्कृति से प्रभावित है, जिसमें वह शताब्दियों से रहता चला आ रहा है और कहना न होगा कि वह समाज और संस्कृति भी हिन्दूवादी है, जहाँ स्त्री सदैव ही "सम्पत्ति और पाँव की जूती" तथा भोग की वस्तु रही है। इसी कारण दलित स्त्री घर और बाहर दोनों जगह उत्पीड़ित रही है, लेकिन असुविधाओं भरा उसका जीवन, परिवार में आर्थिक दृष्टि से कमाऊ होने के कारण, अधिकार सम्पन्न रहा है। वहाँ उसे घर के मामलों में निर्णयों को प्रभावित करने का अधिक अवसर है। हिन्दी दलित साहित्य में दलित स्त्री की छवियों को दलित कवियों ने किस तरह उकेरा है, उसी को मैं यहाँ प्रस्तुत कर रहा हूँ—

दलित समाज में नारी पुरुष के कन्धे से कन्धा मिलाकर चलती है, अतः हम कह सकते हैं कि दलित समाज में स्त्री को समानता का अधिकार प्राप्त है। वह भी खेत में अपने पति के साथ काम करती है, सड़क पर रोड़ी डालती है, भवन निर्माण में मजदूरी करती है या इसी तरह अनेक काम—झाड़ू लगाने से लेकर मैला उठाने तक के वह करती है। कई बार तो यह भी देखने में आया है कि जब पुरुष शराब आदि के चक्कर में पड़ कर बर्बाद हो जाता है, तो मजदूरी करके स्त्री ही घर और पुरुष दोनों को सँभालती है। ऊपरी तौर पर देखने से लगता है कि दलित समाज में

स्त्री की हैसियत अन्य भारतीय हिन्दू समाज की स्त्रियों से कहीं बेहतर है, क्योंकि हिन्दू समाज में औरत का जितना शोषण हुआ है, उतना दुनियाँ के किसी समाज में नहीं हुआ। दलित कवियों की कविताओं में इस कामगार स्त्री का चित्रण प्राय: देखने को मिलता है, जिसके माध्यम से वे पूरी व्यवस्था पर ही प्रश्नचिह्न लगाते हैं। ओमप्रकाश वाल्मीकि दलित कविता के प्रतिष्ठित हस्ताक्षर हैं। उनके काव्य-संग्रह 'सदियों का सन्ताप' में एक कविता है–'झाड़ूवाली'। इसमें वे सड़क पर झाड़ू लगाने वाली, कूड़ा ढोती दलित महिला का चित्रण करते हैं कि सुबह पाँच बजते ही रामेसरी हाथ में झाड़ू थामे, लोहे की गाड़ी को धकेलते हुए, सड़क पर निकल पड़ती है। उसकी झाड़ू से उड़ती हुई धूल सदियों से निरन्तर उसके फेफड़ों में जमती जा रही है और समाज का ध्यान इस ओर गया ही नहीं। अत: वे निष्कर्ष देते हैं कि–

"जब तक रामेसरी के हाथ में खड़ांग-खांग घिसटती लौह गाड़ी है / मेरे देश का लोकतन्त्र / एक गाली है।"

श्री लालचन्द राही दलित कविता के क्षेत्र में लम्बे समय से सक्रिय हैं। उन्हें 'ढोल गँवार शूद्र पशु नारी, ये सब ताड़न के अधिकारी' वाली सवर्ण मान्यता पर घोर आपत्ति है। उनके काव्य-संग्रह 'मूक नहीं मेरी कविताएँ' में इस पर टिप्पणी करती हुई कई कविताएँ देखने को मिलती हैं, उनकी एक कविता है– 'शूद्र अरु नारी', जिसमें वह लिखते हैं–

"एक मैं और एक तुम दोनों गुमसुम / एक हरिजन एक नारी एक मशीन एक चर्म पिटारी / दोनों ही भोगने की वस्तु बन जी रहे हैं समाज का मैला घोलकर पी रहे हैं / बीड़ी के समान सुलगाते हैं कश खींचते हैं, मजा लेते हैं / और अवशेष को धरती पर रगड़ जूते से कुचल देते हैं, लोग हमारा स्वाभिमान।"

दलित स्त्री के स्वाभिमान को सवर्ण समाज किस तरह कुचलता है, इसका विवरण लालचन्द राही ने अपनी कविता 'शान्ति बेहोश है' में दिया है। इस कविता के अनुसार शान्ति भंगन गली की मेहतरानी है और मुंशी कामता प्रसाद अपनी बेटी के साथ गली में रहते हैं। वह शान्ति के साथ क्या और क्यों करते हैं। यह आप कविता के इस अंश गें ही देखें–

"सरकार हम आपका मल उठाते हैं हमल नहीं / जब तक पैखाने में पड़ा हमल नहीं उठाएँगे / हम मैला नहीं उठाएँगे / हम यह भी जानते हैं सरकार / घर में बाप बेटी के अलावा / तीसरा कोई नहीं रहता। / भला मुंशी अपनी बदनामी कैसे सहता / हरामजादी मुझे बदनाम करना चाहती है? / रौब जमाती है? तेरी तो माँ का.... / ले.......... और ले......... / मुंशी ने शान्ति की बोटी-बोटी नोच डाली / और तो और बेहोशी में........... / मुझे तो कहते भी शर्म आती है।"

यहीं पर गौर करने की बात यह है कि यदि नैतिकता की बात हम रहने भी दें

तो भी घर में भी और सड़क पर भी जिसकी अस्मत चीर-चीर होती है, वह तो औरत ही है। लेकिन दलित औरत कमजोर होकर भी मूक नहीं है, वह प्रतिकार करती है। अन्याय के खिलाफ आवाज़ उठाती अवश्य है, भले ही समाज सुने या न सुने, भले ही उसे स्वयं ही प्रतिहिंसा का शिकार होना पड़े। डॉ. सुशीला टाकभौरे का नाम दलित कवयित्रियों में बड़ी तेजी के साथ उभर रहा है। उनके अब तक दो काव्य-संग्रह प्रकाशित हो चुके हैं। 'स्वाति बूँद और खारे मोती' तथा 'यह तुम भी जानो'। डॉ. सुशीला टाकभौरे ने स्त्री होकर स्त्री के संत्रास को स्वयं भोगा है। अत: उनकी कविताओं में नारी की बेबसी के ऐसे-ऐसे संवेदनशील चित्र उपलब्ध हैं, जहाँ पर पाठक सहज ही ठहरे बिना नहीं रह सकता। उनकी 'विद्रोहिणी' कविता का एक अंश देखिए—

"माँ बाप ने पैदा किया था / गूँगा / परिवेश ने लँगड़ा बना दिया /चलती रही परिपाटी पर/बैसाखियों के सहारे / कितने पड़ाव आये / आज जीवन के चढ़ाव पर / बैसाखियाँ चरमराती हैं / अधिक बोझ से / अकुलाकर / विस्फारित मन हुंकारता है / बैसाखियों को तोड़ दूँ।"

'बैसाखियों को तोड़ने' से तात्पर्य यह है कि दलित स्त्री भी समाज की शेष स्त्रियों की तरह शिक्षा, पद और प्रतिष्ठा पाना चाहती है और यह तभी सम्भव है, जब उसे गरीबी, भूख और सामाजिक जहालत से मुक्ति मिले, उसकी इसी आकांक्षा को देखिए—

"मुझे अनन्त असीम दिगन्त चाहिए / छत का खुला आसमान चाहिए /आसमान की खुली छत चाहिए। / मुझे अनन्त आसमान चाहिए।"

स्वतन्त्रता के बाद भारतीय समाज में अनेक परिवर्तन आये। उनमें से एक महत्त्वपूर्ण यह है कि दलित स्त्री-पुरुषों के लिए विद्यालयों के द्वार खुल गये। वह अब शिक्षित होकर अपनी अस्मिता की खोज में लगे है। शिक्षा जहाँ व्यक्ति को और बहुत सारी चीजें प्रदान करती है, लेकिन उसकी सबसे महत्त्वपूर्ण देन है भय से मुक्ति। डॉ. श्योराज सिंह 'बेचैन' की कविता 'लड़की ने डरना छोड़ दिया' इसी ओर संकेत करती है--

"अक्षर के जादू ने / उस पर असर बड़ा बेजोड़ किया / चुप रहना छोड़ दिया हँस कर पाना सीख लिया / रोना पछताना छोड़ दिया / लड़की ने डरना छोड़ दिया।"

श्री रघुनाथ 'प्यासा' दलित कविता के एक ऐसे सरस लोक गीतकार हैं जिन्हें मंचों पर पर्याप्त सफलता मिली है। उनके कुछ लोकगीत 'दर्द के दस्तावेज' सं. डॉ. एन. सिंह में संकलित हैं। अपने इन लोकगीतों में उन्होंने दलित नारी की मनोदशा के ऐसे कारुणिक चित्र उपस्थित किये हैं, जिनसे उनकी निर्धनता और बेबसी

बूँद-बूँद टपकती है। उनका एक ऐसा ही लोकगीत है– 'इत मत आइए रे मनिहार', इस लोकगीत में नायिका मनिहार 'चूड़ी पहनाने वाले' को सम्बोधित करती हुई कहती है कि हे मनिहार इधर मत आना, क्योंकि मेरा पति बेरोजगार है, मेरे शरीर पर फटे-पुराने कपड़े हैं, फिर मैं चूड़ी कैसे पहनूँ। इस लोकगीत की कुछ पंक्तियाँ देखिए–

"रोटी की उलझन में उलझे, कैसे सुगन बिचारे / हाथ हथौड़ा लेके पत्थर, तोड़े सड़क किनारे / माटी ही सिन्दूर हमारा / माटी ही सिंगार / चूड़ी कैसे पहनूँ रे / बाबुल मेरा निर्धन मैं भी, निर्धन के ही ब्याही / काजल बन आँखों में फैली, इस जिन्दगी की स्याही / जब भी आवे तीर चुभावे / जालिम ठेकेदार / चूड़ी कैसे पहनूँ रे।"

डॉ. चन्द्रकुमार वरठे का कविता-संग्रह 'अधूरी चिट्ठी रोशनी की' जब सन् 1987 में प्रकाशित हुआ, तो उनकी कविता अपने सामाजिक सरोकारों के कारण बहुत चर्चित हुई। उन्होंने अपनी कविता 'यह कविता तुम्हारे नाम' में एक महत्त्वपूर्ण प्रश्न को भी रेखांकित किया है कि भूख, बेबसी और लाचारी से पीड़ित शोषित दलित महिला के लिए कविता की क्या कोई आवश्यकता है? उसे न वह ओढ़ सकती है और न बिछा सकती है। वह लिखते हैं–

"कविता लिखने बैठा / और / तुम्हारी याद आयी / लो यह कविता तुम्हारे नाम पढ़ो / और समझो / समझ न सको/ तो / फेंको मत नहीं तो ऐसा करो/तुम ही पहन लो / तुम्हारी धोती भी तो फट गयी है।"

डॉ. वरठे जानते हैं कि कविता फटी हुई धोती की जगह नहीं ले सकती, लेकिन उन्हें पता है कि यही स्त्री है जो उस कविता को अगली पीढ़ी को, उस पीढ़ी को सौंप सकेगी, जो सुनहले भविष्य के सपने देख रही है। वह आगे लिखते हैं–

"लो / यह कविता / इसे उढ़ा दो / कम्बल की तरह / अपने बच्चे को/और / उसकी गर्मी में उसे / देखने दो सपने / कल की सुबह के / उगने वाले सूरज का बछड़ा / उसी को तो पकड़ना है।"

डॉ. देवेन्द्र दीपक ने अपने काव्यसंग्रह 'हम बौने नहीं' में आदिवासी स्त्रियों के शोषण पर बड़ी तीखी प्रतिक्रिया व्यक्त की है। अपनी लम्बी कविता– 'गूँगे लोगों की निःशब्द चीख' में वह लिखते हैं कि–

"क्या / हम वनवासी कन्या, / तुम्हारे निकट धन्या / हम तुम्हारे लिए रुचिकर व्यंजन! / हमारा सांवलापन / हमारा केश विन्यास / हमारी गदरायी मांसलता तुम्हें बहुत भाती है / हमारा अधनंगापन देख / तुम्हारी शिराओं का खून हो जाता है गरम / और मैली आँखों से / तुम हमें घूरने लगते हो।"

वरिष्ठ दलित साहित्यकार श्री माताप्रसाद ने सम्भवतः इसीलिए लिखा है कि

"दलित स्त्री अपेक्षाकृत ज्यादा पीड़ित, प्रताड़ित और उपेक्षित रही है। दलित समाज में होने के कारण उसे ज्यादा पीड़ाएँ झेलनी पड़ीं। वे घर मजदूर रही, खेत मजदूर हैं, भवन निर्माण में मजदूर हैं, यहाँ इनका कई तरह का शोषण होता है। इनकी तालीम की किसी को चिन्ता नहीं है। स्थिति यहाँ तक है कि जब दाई बच्चा पैदा कराती है, तो न केवल मुँह में उँगली डालती है, कई बार अपना दूध तक पिला देती है। लेकिन बड़ा होते ही वही बच्चा उसे चौका तो दूर, आँगन में भी नहीं घुसने देता।"

दलित कविताओं में नारी कहीं-कहीं प्रेयसी के रूप में भी आयी है। जैसे दलित कविता के युवा कवि लालित्य ललित अपने काव्य संग्रह 'गाँव की चिट्ठी शहर के नाम' को समर्पित करते हुए लिखते हैं कि - "उस सहयात्री के नाम/जिसकी हँसी में हिमाचल की वादियाँ/गूँजती हैं/और हँसी में आकाश/जो मेरे साथ तो चली/पर समानान्तर।" उनके इस संकलन में इस संवेदना की, संयोग-वियोग की अनेक स्थितियाँ रूपापित हुई हैं। उनकी कविताओं में—तुम्हारा आकर्षण, पुकार, तुम्हारे जाने के बाद, मैं बिखरूँगा नहीं, तेरी याद, और स्नेहदंश आदि महत्त्वपूर्ण हैं। 'तुम्हारा आकर्षण' कविता में वह लिखते हैं—

"पता नहीं / क्यों मैं / तुम्हारे आकर्षण में / खिंचा चला आता हूँ।"

इनके अतिरिक्त जिन दलित कवियों के काव्यसंग्रह प्रकाशित हुए हैं, उनमें डॉ. रामशिरोमणि 'होरिल', डॉ. सोहनपाल 'सुमनाक्षर', डॉ. दयानन्द बटोही, डॉ. पुरुषोत्तम 'सत्यप्रेमी', डॉ. प्रेमशंकर, डॉ. सुखबीर सिंह, डॉ. कालीचरण स्नेही, सर्वश्री मंसाराम विद्रोही, कर्मशील भारती, श्यामलाल शमी, राजपाल सिंह 'राज', जयप्रकाश 'नवेन्दु', सूरजपाल चौहान तथा मोहनदास नैमिशराय के नाम उल्लेखनीय हैं। इन सब कवियों की कविताओं से गुजरते हुए और उनकी नारी सम्बन्धी मान्यताओं पर विचार करने से एक बात स्पष्ट होती है कि दलित कवि के लिए नारी साथी है, भोग्या नहीं, नारी के प्रति वह पूरी तरह संवेदनशील तो है ही, उसके सम्मान की रक्षा के लिए उसके साथ मिलकर संघर्ष करने को भी तत्पर है, वह नारी के उत्पीड़न और शोषण के विरुद्ध विद्रोह का सन्देश देता है और स्वयं बगावत करने को तैयार भी है।

दलित दृष्टि में रामचरितमानस

'रामचरितमानस' मनुस्मृति का अवधी रूपान्तरण है, जिसे हिन्दू समाज में एक धार्मिक पुस्तक का दर्जा प्राप्त है। आश्चर्य की बात है कि इस पुस्तक के अंश कक्षा तीन से लेकर एम.ए. तक सभी स्तरों पर निरन्तर पढ़ाये जाते रहे हैं। विद्यार्थी हिन्दी साहित्य के नाम पर हिन्दू धर्म पढ़कर जब कॉलेज और विश्वविद्यालयों से बाहर आता है, तो वह भी उतना ही संकुचित और अनुदार होता है, जितना हिन्दू धर्म। वह जाति, धर्म, छूत-अछूत के पचड़ों से निकल ही नहीं पाता, क्योंकि प्रारम्भ से अन्त तक उसे जो संस्कार दिए जाते हैं, उन्हें छोड़ना इतना आसान भी नहीं होता। तुलसीदास ने 'रामचरितमानस' के द्वारा हिन्दू धर्म की अनेक विकृत मान्यताओं का प्रचार किया है, जिससे हिन्दू धर्म के नियामकों की स्थिति मजबूत होती चली गयी और भारतीय समाज का शेष हिस्सा अन्धविश्वास, अशिक्षा, कुरीतियों और ब्राह्मणवाद के षड्यंत्रों मे फँसकर शोषित, घृणित और अंततः अस्पृश्य होता चला गया। तुलसीदास और उनके साहित्य पर अब तक लगभग 250 उपाधि सापेक्ष शोध प्रबन्ध लिखे जा चुके हैं और इससे दो-तीन गुणा उपाधि निरपेक्ष ग्रन्थ भी लिखे जा चुके हैं। रामचरितमानस तथा उससे सम्बन्धित साहित्य को जन-जन तक पहुँचाने में गीता प्रेस, गोरखपुर (जिसे भारत सरकार और भारतीय पूँजीपति मुक्त हस्त से करोड़ों रूपये अनुदान और दान देते हैं) का भी बहुत बड़ा हाथ है। लेकिन आज तक एक भी ऐसा विद्वान हिन्दी में दृष्टिगोचर नहीं होता जिसने 'रामचरितमानस' का विवेचन उस पर बिना श्रद्धा रखे तटस्थता से किया हो।

श्री के.एम. सन्त ने लिखा है कि—"भारतीय संविधान लागू हुए पचास वर्ष व्यतीत हो चुके हैं, परन्तु अत्यन्त दुःख की बात यह है कि भारतीय संविधान की समतावादी व्यवस्थाएँ एवं विचारधाराएँ हमारे समाज की इन असमानता की व्यवस्थाओं एवं विचारधाराओं में कोई महत्त्वपूर्ण बदलाव नहीं ला पा रही हैं, जिसके कारण अपेक्षित प्रगति नहीं हो पा रही है। इसके साथ यह जानने की उत्सुकता भी बढ़ जाती है कि इन असमानता की व्यवस्थाओं की जननी और जनक कौन है तथा भारतीय समाज में भारतीय संविधान की समतावादी व्यवस्थाओं के स्थापित न होने के क्या कारण हैं और इन कारणों को किस प्रकार दूर किया जा सकता है। जिससे

देश की प्रगति को सही दिशा एवं तीव्र गति मिल सके।" इस प्रश्न का उत्तर ढूँढ़ने के लिए हमें 'रामचरितमानस' के व्यापक प्रचार का कारण ढूँढ़ने का प्रयास भी करना होगा कि आखिर क्यों इस पुस्तक के अखण्ड पाठों, रामकथा के भव्य आयोजनों तथा रामलीलाओं के मंचन आदि के माध्यम से इसे अधिक से अधिक जनता तक पहुँचाने का प्रयास ब्राह्मणवादियों द्वारा किया जाता रहा है। इस सम्बन्ध में श्री के.एम. सन्त का स्पष्ट मत है कि 'रामचरितमानस' अपने आपमें 'प्रतिक्रांति का धर्मशास्त्र' है जिसके रचनाकार तुलसीदास ने बड़ी ही सूझ-बूझ के साथ राम को अवतार घोषित कर उसके माध्यम से भारतीय समाज में प्रचार किया कि राम ने इस धरती पर केवल 'गाय और ब्राह्मण' की रक्षा के लिए ही अवतार लिया था। यह लिखते समय तुलसीदास यह भूल गये कि आने वाली शताब्दियों में इस देश की आबादी का वह हिस्सा भी पढ़-लिख जाएगा, जिसके लिए शिक्षा लम्बे समय तक प्रतिबन्धित रही है और वह यह प्रश्न भी पूछेगा कि आखिर जब राम का अवतार केवल गाय और ब्राह्मण की रक्षा के लिए ही हुआ है, तो शेष समाज का उससे क्या लेना-देना है। इस पर प्रकाश डालते हुए श्री के.एम. सन्त ने लिखा है कि—"तुलसीदास द्वारा की गयी इस धार्मिक प्रतिक्रांति से मनुस्मृति, वाल्मीकि रामायण एवं गीता की विचारधाराएँ एवं व्यवस्थाएँ मानवतावादी एवं प्रगतिशील समाज की विचारधाराओं एवं व्यवस्थाओं से बिल्कुल भिन्न हो गयी हैं।" श्री सन्त यह पहले ही स्पष्ट कर चुके है कि—"भारतीय समाज की बहुत सारी विशेषताएँ हैं, परन्तु प्रथम और अन्तिम विशेषता यह है कि यह समाज पूर्ण रूप से असमानता की भावनाओं, विचारधाराओं एवं व्यवस्थाओं पर आधारित है।" ये व्यवस्थाएँ वेदों, महाभारत और गीता में भी बीज रूप में मौजूद हैं लेकिन इन्हें स्पष्ट कर विस्तार दिया गया है 'मनुस्मृति' में जिसकी रचना 170-150 ईस्वी पूर्व शुंग के शासनकाल में सुमित भार्गव नामक ब्राह्मण ने मनु के नाम से की थी। वस्तुतः हिन्दू धर्म की इन विसंगतियों के प्रति पहला विद्रोह महामानव गौतम बुद्ध ने किया था। जिसने राजपाठ का सुख छोड़कर लम्बे समय तक तपस्या की और मानवता पर आधारित वैज्ञानिक बौद्ध धर्म की स्थापना की। जिसका विस्तार भारत में ही नहीं, बल्कि आधी दुनिया में हो गया। बौद्ध शासक अशोक ने भारत के अधिकांश हिस्से पर शासन किया। श्री सन्त ने लिखा है कि—"बौद्ध धर्म की स्थापना के बाद भारत में बौद्ध धर्म के लगातार प्रचार-प्रसार से हिन्दू धर्म द्वारा स्थापित अमानवीय व्यवस्थाओं की नींव हिल चुकी थी तथा सम्राट अशोक द्वारा बौद्ध धर्म को राज्यधर्म घोषित करने के बाद ब्राह्मणवाद को और अधिक झटका लगा था। अशोक ने हिंसक यज्ञों पर प्रतिबन्ध भी लगा दिया था। जिसके कारण पुरोहितों की रोजी रोटी के साधन बिल्कुल ही समाप्त हो गये थे। इससे बौद्ध धर्म के विकास की अवधि में ब्राह्मण

वर्ग की स्थिति दयनीय हो गयी थी। इस अवधि में ब्राह्मण वर्ग लगातार इस प्रयास में था कि मौर्यवंश को किस प्रकार समाप्त किया जाए, जिससे ब्राह्मणवाद को पुनः पनपने का सहारा मिल सके।" इसलिए मौर्यवंश के अन्तिम शासक वृहद्रथ की उसके ही सेनापति पुष्यमित्र शुंग ने हत्या करके शुंगवंश की स्थापना की और उसने बौद्धों की हत्याएँ करवाई तथा मनुस्मृति की रचना करवा कर ब्राह्मण वर्ग को विशेषाधिकार प्रदान कर, हिन्दू धर्म में जाति को कानूनी दर्जा दिया। श्री के.एम. सन्त ने लिखा है कि–"मनुवादी विचारधाराओं को मुख्य रूप से तीन श्रेणियों में विभाजित किया जाता है। 1. वर्ण व्यवस्था की विचारधाराएँ, 2. ब्राह्मण वर्ग की श्रेष्ठता की विचारधाराएँ, 3. शूद्र वर्ण अपमान की विचारधाराएँ।"

यह देखना रोचक होगा कि तुलसीदास ने अपने रामचरितमानस में इन तीनों ही विचारधाराओं का खुलकर प्रचार किया है। वर्ण व्यवस्था के अनुसार ऊँच-नीच का भेद-भाव रामराज्य में कई स्थलों पर देखने को मिलता है। राम विवाह के समय तुलसी का यह कथन द्रष्टव्य है–

"कहि मृदुवचन विनीत तिन्ह बैठारे नर नारि।
उत्तम, मध्यम नीच लघु निज-निज थलि अनुसारि॥

(बालकाण्ड-20)

राजा जनक के कहे अनुसार उन सेवकों ने कोमल और नम्र वचन कहकर उत्तम, मध्यम, नीच और लघु स्त्री-पुरुषों को अपने-अपने स्थान पर बैठाया। इस प्रकार तुलसीदास ने ऊँच-नीच भाव का खुलकर प्रचार किया है।

'रामचरित मानस' में ब्राह्मणवर्ग की श्रेष्ठता को प्रतिपादित करने में तुलसी ने कोई कसर नहीं छोड़ी है। 'रामचरितमानस' के प्रारम्भ में उन्होंने लिखा है कि– "बंदऊ प्रथम महिसुर चरना" कि मैं अपनी रचना के प्रारम्भ में इस पृथ्वी के देवता ब्राह्मणों के चरणों की वन्दना करता हूँ। आगे ब्राह्मण वन्दना में तुलसी इस कदर अन्धे हो गये कि उन्होंने भगवान को "गौ द्विज हितकारी" बताते हुए लिखा कि– "विप्र धेनु सुर सन्त हित, लीन्ह मनुज अवतार" साथ ही उन्होंने राम के मुख से कहलवाया कि–"पुन्य एक जग मह नहीं दूजा। मन कर्म वचन विप्र पद पूजा।" इसका अर्थ है कि भगवान राम, गाय और ब्राह्मण का हित करने वाले हैं तथा वे केवल ब्राह्मण और गाय के हितों की रक्षा के लिए ही अवतार लेते हैं। क्योंकि वर्णाश्रम धर्म के अनुसार सन्त भी ब्राह्मण ही होता है और इस धरती के सुर (देवता) भी ब्राह्मण ही हैं। इसलिए तुलसी स्पष्ट घोषणा करते हैं कि इस संसार में केवल एक ही पुण्य है कि शेष सभी मनुष्यों को मन, वचन और कर्म से ब्राह्मण के चरणों की सेवा करनी चाहिए। इसके लिए तुलसीदास ने 'रामचरितमानस' के माध्यम से विभिन्न मिथक रचकर ब्राह्मण वर्ग का ऐसा आतंक पैदा कर दिया कि राजा और

प्रजा दोनों उनसे सदा-सदा के लिए भयभीत हो गये। उन्होंने राजा भानु प्रताप के प्रसंग में लिखा है कि—"ब्राह्मण का कोप ब्रह्मा और शंकर के शाप से भी भयानक होता है।" इसका सीधा सा अर्थ है कि भारत की जनता किसी ब्राह्मण को अपशब्द न कहे, और उसकी निन्दा न करे। ब्राह्मण निन्दा का परिणाम बताते हुए तुलसीदास लिखते हैं कि—

"द्विज निन्दक बहु नरक भोग करि। जग जनमई वायस शरीर धरि॥"

(उत्तरकाण्ड-120 (ख)-11)

इसका अर्थ है कि ब्राह्मणों की निन्दा करने वाला व्यक्ति नरक भोगकर फिरजगत में कौए का शरीर धारण करके जन्म लेता है। इससे स्पष्ट होता है कि 'रामचरितमानस' ने उन सारी अवधारणाओं का प्रचार किया है, जो 'मनुस्मृति' में कही गयी हैं।

इसके उपरान्त तुलसीदास ने अपने 'रामचरितमानस' में शूद्र निन्दा को विभिन्न प्रकरणों में कानून सन्मत और शूद्र की दयनीय अवस्था को ईश्वरीय देन घोषित किया है। ब्राह्मण और शूद्र की तुलना करते हुए तुलसीदास अरण्यकाण्ड में लिखते हैं कि—

"सापत ताडत परूस कहन्ता, विप्र पूज्य अस गावहिं सन्ता।
पूजिए विप्र शील गुन हीना, शूद्र न गुन-गन ग्यान प्रवीना॥"

—(अरण्यकाण्ड-33-1)

यहाँ पर तुलसी शूद्र को समस्त गुणों, ज्ञान और विज्ञान में प्रवीण होने पर भी अस्वीकार करने की स्पष्ट घोषणा करते हैं। सुन्दरकाण्ड में तो उन्होंने स्त्री और शूद्र को पशु का दर्जा देकर उसे प्रताड़ित करने की स्पष्ट घोषणा कर दी है—

"ढोल गंवार शूद्र पशु नारी। सकल ताड़ना के अधिकारी॥"

(सुन्दरकाण्ड—58-3)

भारत की आधी मानवता को इस प्रकार पशु घोषित करने वाले तुलसीदास ने अपनी बात को तर्क संगत बताने के लिए शूद्र शासक गुह के मुँह से कहलवाया है कि—

"मैं कपटी कायर कुमति, कुजाति, लोक वेद बाहर सब भांति॥"

(अयोध्याकाण्ड—195-1)

चूँकि शूद्र, कपटी, कायर, कुबुद्धि और कुजाति होते हैं। इसलिए ये लोक और वेद से बाहर हैं। इसलिए उनका जितना भी उत्पीड़न किया जा सके, उतना ही ठीक है। यहाँ प्रश्न उठता है कि क्या इस प्रकार के संवेदनाहीन, जातीय दम्भ के उद्घोषक, जातिवादी और अपनी ही जाति के हितों की रक्षा करने वाले षड्यंत्रकारी व्यक्ति को महाकवि तो क्या, कवि मानना भी उचित है? जिसकी समस्त रचना केवल 'कुछ बड़ों' के पापों पर पर्दा डालने के लिए हो और जिस व्यक्ति को यह

कहने में भी कतई शर्म नहीं आयी—"समरथ को नहिं दोष गुंसाई।" जब एक कवि ही यह लिख रहा है कि समर्थ व्यक्ति चाहे चोरी करे, डाका डाले अथवा बलात्कार करे, उसे कोई दोष नहीं, उसे कोई सजा नहीं मिलती। ऐसे चाटुचार कवि को लोकनायक, समन्वयवादी कहना, शब्दों के साथ वैसा ही बलात्कार है, जैसा ब्राह्मण अपने सम्पूर्ण साहित्य में करते रहे हैं।

स्त्री दुनियाँ की आबादी का आधा हिस्सा है और पुरुष को जन्म देने वाली भी और कहते हैं कि साधना के पथ पर तुलसीदास को प्रेरित करने वाली उनकी पत्नी रत्नावली थी, जो एक स्त्री ही थी। फिर भी तुलसीदास ने स्त्री के प्रति घृणित दृष्टिकोण अपनाया जो किसी भी प्रकार न्याय संगत नहीं है। तुलसी के नारी द्रोही दृष्टिकोण को संक्षेप में मैं निम्नवत् प्रस्तुत कर रहा हूँ।

तुलसी ने स्त्री को 'ढोल, गँवार, शूद्र और पशु' की श्रेणी में रखकर ताड़ना का अधिकारी तो घोषित किया ही है। श्री के.एम. सन्त ने भी इस पर विस्तार से विचार किया है और बताया है कि तुलसी की दृष्टि में स्त्री 'सकल, कपट, अध, अवगुन खानी' है। इसलिए "अधम से अधम, अधम अति नारि" जो पुरुष को प्रायः दुःख ही देती है—

"काम क्रोध लोभादि मद प्रबल मोह कै धारि।
तिन्ह मैं अति दारुण दुःखद माया रूपी नारि॥"

(अरण्यकाण्ड-43)

इसका तात्पर्य है कि काम, क्रोध, लोभ, मद आदि मोह (अज्ञान) की प्रबल सेना है। इसमें माया रूपी स्त्री तो अत्यन्त दारुण दुःख देने वाली है।

इस विवेचन के उपरान्त श्री के.एम. सन्त निष्कर्ष देते हैं कि—"तुलसी ने रामचरितमानस में स्त्री अपमान की बातें सभी महत्त्वपूर्ण पात्रों से कहलवाकर स्त्री वर्ग का सब प्रकार घोर अपमान किया है। इसलिए हिन्दू समाज में स्त्री वर्ग को मानव वर्ग की अपेक्षा नीचा समझा जाता है। इस प्रकार हिन्दू समाज में इस असामाजिक एवं अमानवीय व्यवस्थाओं की स्थापना में तुलसीदास का बहुत बड़ा योगदान रहा है।"

यही नहीं तुलसीदास ने अपने 'रामचरितमानस' में आज की उन समस्त कुरीतियों का जमकर प्रचार किया है, जो वर्तमान समय में भारत के लिए नासूर बन गयी है। उनमें से दो का उल्लेख यहाँ आवश्यक है। ये हैं—दहेज प्रथा और बलात्कार।

राम के विवाह में जनक ने जो दहेज दिया था, उसका उल्लेख तुलसीदास ने करते हुए लिखा है कि दहेज की अधिकता कुछ कही नहीं जाती। सारा मंडप सोने और मणियों से भर गया—

"कोहिइ न जाइ कछु दाइज भूरी। रहा कनक मनि मंडप पूरी॥"

राम की बारात के विदा होते समय जो दहेज दिया गया उसका विवरण तुलसीदास ने इस प्रकार दिया है–

"भरि-भरि वसह अपार कहारा। पठई जनक अनेक सुसारा॥
तुरंग लाख रथ सहस पचीसा। सकल सँवारे नख अरु सीता
मनत सहस दस सिंधुर साजे। जिन्हहिं देखि दिसि कुंजर लाजे॥
कनक वसन मनि भरि-भरि जाना। महिषी धेनु वस्तु विधि नाना॥"

अर्थात्–"अनगिनत बैलों और कहारों पर भर-भरकर भोजन की सामग्री भेजी गयी और साथ में अनेकों सुन्दर पलँग भेजे। एक लाख घोड़े और पचीस हजार रथ, सब पूरे सजाये हुए भेजे। दस हजार सजे हुए मतवाले हाथी, जिन्हें देखकर दिशाओं के हाथी भी लजा जाते हैं। गाड़ियों में भर-भर कर सोना, वस्त्र, रत्न, भैंस, गाय तथा और भी नाना प्रकार की चीजें दीं।" इसके उपरान्त तुलसी निष्कर्ष देते हुए लिखते हैं कि–

"दाइज अमित न सकिअ कहि दीन्ह विदेहूँ बहोरि।
जो अवलोकत लोकपति लोक सम्पदा थोरि॥"

(बालकाण्ड - 333)

इस प्रकार जनक ने अपरिमित दहेज दिया जो कहा नहीं जा सकता और जिसे देखकर लोकपाल के लोकों की सम्पदा भी थोड़ी जान पड़ती थी।

दहेज प्रथा के तुलसी द्वारा प्रचार का यह सारा विवरण जुटाकर श्री के.एम. सन्त ने इस पर टिप्पणी करते हुए लिखा है कि–"समाज में यह धारणा बन गयी कि जब स्वयं श्री राम (भगवान) के विवाह में दहेज दिया गया, तो सभी के विवाह में ऐसा करना चाहिए।" 'रामचरितमानस' के अखण्ड पाठों से इस प्रथा का इतना प्रचार हुआ कि दहेज के अभाव में कितनी ही लड़कियों के विवाह नहीं हो पाये और कितनी ही लड़कियों को दहेज की बलिवेदी पर जलाकर मार डाला गया। इस अपराध के लिए तुलसी को जितनी सजा दी जाए कम है। इसलिए कुछ विद्वान तुलसी को "हिन्दू समाज का सबसे बड़ा पथभ्रष्टक कवि" मानते हैं।

तुलसी ने 'रामचरितमानस' में बलात्कार जैसी अपराधिक प्रवृत्ति को भी न्याय संगत ठहराने का प्रयास किया है। बालकाण्ड के दोहा-122 के बाद की कुछ चौपाइयों तथा दोहा-123 में तुलसी ने बताया है कि जलन्धर जैसे महावीर पराक्रमी को संग्राम में हराने में असमर्थ देवताओं में सर्वशक्तिमान एवं तीनों लोकों को नष्ट करने में सक्षम श्री भगवान शंकर को अपमान से उबारने के लिए अनेक भारतीय भगवानों के रूप में अवतार लेने वाले साक्षात् विष्णु भगवान ने छल-कपट करके जलन्धर की महासती स्त्री के साथ बलात्कार किया। जब स्वयं विष्णु भगवान बलात्कार कर सकते हैं, तो शक्ति सम्पन्न व्यक्ति क्यों नहीं? आज जो चारों तरफ

स्त्रियों का यौन-शोषण कर उन्हें अपमानित किया जा रहा है। इसमें तुलसी के रामचरितमानस के प्रचार का भी बहुत बड़ा हाथ हैं।

इस प्रकार हम कह सकते हैं कि 'रामचरितमानस' के माध्यम से तुलसी ने भारतीय समाज में जिन विकृतियों का व्यापक प्रचार किया है उन्होंने विगत 500 वर्षों में भारतीय हिन्दू समाज को विकृत करने में बहुत बड़ी भूमिका का निर्वाह किया है। इन विकृतियों का इलाज डॉ. अम्बेडकर ने भारतीय संविधान की रचना करके करने का प्रयास किया था। लेकिन इन पचास वर्षों में वह भी कारगर नहीं हो पाया, क्योंकि उसका क्रियान्वयन उन हाथों में था, जिनके मन में तुलसी बसा हुआ था। इसलिए अब समय आ गया है कि यदि हम इस समस्त सड़ी-गली तुलसी प्रणीत व्यवस्था से मुक्ति पाना चाहते हैं और इस देश को प्रगति के मार्ग पर ले जाना चाहते हैं, तो जितनी जल्दी हो सके, उतनी जल्दी तुलसी और उनके रामचरितमानस से मुक्ति पा लेनी चाहिए। जिसका एक ही रास्ता है और वह—रामलीलाओं के मंचन, रामचरितमानस के सार्वजनिक और आकाशवाणी तथा दूरदर्शन पर अखण्ड तथा धारावाहिक पाठों पर पूर्ण रूपेण प्रतिबन्ध लगाना ही है।

डॉ. अम्बेडकर और ओशो की हिन्दू मिथकों पर चोट

डॉ. अम्बेडकर ने भारत की तीन चौथाई आबादी स्त्री और शूद्रों की मुक्ति के लिए जीवन पर्यन्त संघर्ष किया और एक हद तक सफल भी रहे। अपनी मृत्यु के बाद, जितनी सफलता डॉ. अम्बेडकर को मिली, उतनी सफलता स्वतन्त्र भारत में सम्भवतः किसी दूसरे व्यक्तित्व को नहीं मिली।

आचार्य रजनीश बीसवीं शताब्दी के सबसे विवादास्पद चिन्तक रहे हैं। जिसे हिन्दू प्रेस ने सदैव ही एक घृणित व्यक्ति के रूप में प्रस्तुत किया है। जैसे कि वे केवल 'अमीरों के सेक्स गुरु' के अतिरिक्त और कुछ थे ही नहीं। यदि ऐसा ही होता, तो भारतीय जनमानस पर जितना व्यापक प्रभाव उनका देखने को मिलता है, सम्भवतः उतना न मिलता।

डॉ. अम्बेडकर हिन्दू धर्म की अमानवीय असमानताओं से जीवन भर जूझने के बाद इस धर्म को ठुकरा कर इसकी चौहद्दी से बाहर हो जाते हैं। ओशो भी जीवन भर अपने प्रवचनों में हिन्दू धर्म के झूठ पर चोट करते रहे। लेकिन दोनों में एक अन्तर स्पष्ट है कि डॉ. अम्बेडकर इस अपमानजनक, अमानवीय व्यवस्था के भुक्तभोगी थे। अतः इससे मुक्ति के लिए राजनीतिक स्तर पर निपटने की बात कहते हैं। ओशो साधक और चिन्तक थे, इसलिए असमानता से मुक्ति के लिए संन्यास की बात कहते हैं। यहाँ पर अम्बेडकर ओशो से कहीं अधिक व्यावहारिक हैं। ऊपरी तौर पर देखने से स्पष्ट होता है कि भारत में डॉ. अम्बेडकर और ओशो का विरोध भी इतनी शिद्दत के साथ हुआ है। जितनी शिद्दत के साथ बुद्ध, महावीर और कबीर का हुआ था। इसका कारण स्पष्ट है कि ये सभी हिन्दू-धर्म के पाखण्ड का विरोध कर उसमें निहित सत्य को सामने लाने का प्रयास कर रहे थे और मिथकों का टूटना हिन्दू धर्म के ध्वज-वाहकों को इसलिए सह्य नहीं है, क्योंकि इनके टूटने से उनका व्यवसाय (पूजा-पाठ पर आधारित कमाई) प्रभावित होती है। डॉ. अम्बेडकर और ओशो के विचारों में काफी साम्य है। जैसे डॉ. अम्बेडकर अपने अन्तिम दिनों में बौद्ध धर्म ग्रहण करते हैं, तो ओशो संसार के तमाम धर्मों के मुकाबले

में 'बुद्ध को ही धर्म का परम वैज्ञानिक मानते हैं और जैन को उसकी अंतिम खिलावट मानते हैं।'

डॉ. अम्बेडकर द्वारा मनुस्मृति का सरेआम दहन हिन्दू धर्म की एक अभूतपूर्व घटना है। जिसने हिन्दू धर्म की चूलें हिला दी थीं। यह देखना काफी दिलचस्प है कि ओशो 'मनु' और उसकी 'स्मृति' के विषय में क्या सोचते हैं। मनु के विषय में ओशो कहते हैं—'बड़े-बड़े अपराधी हैं, किन्तु लगता है मनु उनमें सर्वोपरि हैं... मनु इस देश के लिए एक अभिशाप सिद्ध हुए हैं। उन्होंने करोड़ों लोगों से उनकी मानवी गरिमा छीन ली है, वे पशुओं की तरह जी रहे हैं।' मनुस्मृति के विषय में वह कहते हैं कि भारत को जो अभिशाप हैं, मनुस्मृति उनमें से एक है और वह अभी भी हमें सता रही है। पाँच हजार साल बीत गये हैं, लेकिन मनु अभी भी हमें सता रहा है। उसने हिन्दू समाज को चार वर्णों में बाँट दिया—बहुत कुरूप। उसने स्त्री का अवमूल्यन किया। उसने समाज के एक चौथाई हिस्से को मनुष्यता से भी नीचे गिरा दिया। उनको गुलाम बनाया और वह अभी भी जारी है ... तो मैं मनुस्मृति के पक्ष में नहीं हूँ। मैं तो सिर्फ यही चाहता हूँ कि मनुस्मृति की सब किताबें जला दी जाएँ और मनु की प्रेतात्मा से हम मुक्त हो जाएँ। उसने हमें बहुत सता लिया।'

अपनी पुस्तक 'रिडल्स इन हिन्दूइज्म' के कारण डॉ. अम्बेडकर हिन्दूवादियों की आँख की किरकिरी रहे हैं। जिनमें उन्होंने राम और कृष्ण के जीवन की घटनाओं का तार्किक विवेचन पर्याप्त कटु-तिक्त और उपहासात्मक तरीके से किया था। यहाँ देखें कि ओशो राम के विषय में क्या कहते हैं। ओशो राम को कायर और हत्यारा मानते हुए लिखते हैं कि राम ने उस युवक (शम्बूक) को, उसके दोनों कानों में पिघला हुआ गरम सीसा डालकर दण्डित किया, युवक मारा गया और किसी ने राम के खिलाफ एतराज तक नहीं किया है। यह अकेला कृत्य भी यह सिद्ध करने के लिए पर्याप्त है कि वह एक हत्यारे हैं— और ऐसे व्यक्ति के हत्यारे जिसने कोई अपराध नहीं किया है। कृष्ण को ओशो अर्जुन से बड़ा हिंसक मानते हैं। वह लिखते हैं कि 'गीता में अर्जुन युद्ध से बचने की कोशिश करता है और कृष्ण हर तरह से उसे लड़ने के लिए राजी करते हैं और अंतत: जब वह बौद्धिक रूप से अर्जुन को मना नहीं सके, तब वे अतार्किक ढंग से कोशिश करते हैं कि यह परमात्मा की इच्छा है।' इसे स्पष्ट करते हुए रजनीश कहते हैं कि 'कृष्ण के जीवन में जितनी हिंसा है, उतनी हिंसा शायद मनुष्य जाति के जीवन में किसी व्यक्ति के सम्बन्ध मे उल्लिखित नहीं है। इतिहासकारों का अनुमान है कि जैसा वर्णन है, महाभारत का अगर सच में ऐसा युद्ध हुआ हो, तो उसमें कम से कम एक अरब पच्चीस करोड़ आदमी मरे होंगे, सवा अरब आदमी।' कृष्ण को एक लम्पट और चरित्रहीन व्यक्ति मानते हुए ओशो लिखते हैं कि 'अभी इसी सदी में भारत स्वतन्त्र हुआ, तो निजाम हैदराबाद की पाँच

सौ औरतें थीं... पर निजाम हैदराबाद पर बहुत नाराज मत होना। जिन्होंने दुनिया के सब रिकार्ड तोड़ दिए हैं, वे हैं तुम्हारे पूर्ण अवतार कृष्ण। उनकी सोलह हजार स्त्रियाँ थी और इन सोलह हजार स्त्रियो में सिर्फ एक विवाहित स्त्री थी—रूक्मणि। बाकी दूसरों की स्त्रियाँ थीं। जो स्त्री पसन्द आ गयी, वह स्त्री जबरदस्ती कृष्ण के घर पहुँचा दी गयी... कृष्ण ने स्त्रियों के साथ जानवरों जैसा व्यवहार किया है और उसने कभी विचार नहीं किया कि उनके भी अपने बच्चे हैं, पति हैं, उनके बूढ़े माँ-बाप हैं या सास-ससुर हैं और उनके पूरे परिवार को उजाड़ दे रहा है और क्या कर रहे थे वे सोलह हजार स्त्रियों के साथ? वह कोई साँड तो नहीं है और यदि साँड भी होता, तो वह भी थक गया होता। सोलह हजार स्त्रियाँ...यह तो विश्व कीर्तिमान हो गया और आज तक किसी हिन्दू ने इस पर प्रश्नचिह्न नहीं लगाया है।' वैसे हिन्दुओं के सभी ऋषि-मुनि चरित्रहीन थे। जैसे एक ऋषि एक मल्लाह स्त्री की नाव पर बैठकर नदी पार कर रहे थे, तो उस मल्लाह स्त्री (सत्यवती) पर उनका दिल आ गया और उन्होंने काम विहवल होकर उस स्त्री से छेड़छाड़ करना प्रारम्भ कर दिया। स्त्री ने ऋषि को काफी डाँटा-डपटा, लेकिन कामांध ऋषि तब भी नहीं माना तो सत्यवती ने कहा महाराज आपको तो कुछ शर्म-हया है नहीं, लेकिन मैं तो स्त्री हूँ। कुछ तो सब्र करो, मैं नाव को कुछ दूर वह जो वृक्षों का झुरमुट है, वहाँ ले चलती हूँ। दरअसल अकेली स्त्री उस पहलवान टाइप गुण्डे से अपने शील को बचाना चाहती थी। लेकिन ऋषि उसकी इस चाल को समझ गया और उसने अपनी योगमाया से बादल उतारा और उसी बादल की ओट में सत्यवती से बलात्कार किया। ऐसे ऋषि जब भी किसी देवता की कल्पना करेंगे, निश्चय ही वह भी चरित्रहीन ही होगा। ऐसे ही एक देवता इन्द्र का उल्लेख ओशो इस प्रकार करते हैं—'अगर देवताओं के चरित्र से तुम्हें कोई चिन्ता पैदा नहीं होती। ये क्या खाक देवता समझेंगे। ये खुद ही स्त्रियों के पीछे दीवाने हुए घूमते हैं। कोई ऋषि मुनि बेचारे ब्रह्म मुहूर्त में स्नान करने गये, उनकी स्त्रियों को धोखा दे जाते हैं। ये देवता हैं तुम्हारे! थोड़ी शर्म भी खाओ। फिर! फिर लुच्चे लफंगे किसको कहोगे? कम से कम इतना तो करो कि तुम ऋषि-मुनियों की स्त्रियों को तो न सताओ। ये बेचारे ब्रह्म मुहूर्त में स्नान करने गये, पहले तो उन्हें समझा बुझा दिया कि देवताओं ने ब्रह्म मुहूर्त में स्नान करना बहुत अच्छा है। मतलब तुम समझो कि क्यों ब्रह्म मुहूर्त में स्नान करो। अच्छा है कि मुँह अन्धेरे तुम घर से बाहर जाओ, तो ये घर के भीतर जाएँ और देवता हैं, और अन्धेरा, सो देवता धोखा दे देते हैं। देवता हैं, इनकी शक्तियों का क्या कहना, चमत्कार ही चमत्कार। पति बनके चले आते हैं, और पत्नियाँ धोखा खा जाती है। बेचारी पत्नियाँ करें भी क्या, पति ही सामने खड़े हो और फिर यही देवता कहेंगे कि स्त्रियों का चरित्र समझ में नहीं आता। अहल्या को इसी तरह एक देवता

ने भ्रष्ट किया था।' जिस तरह डॉ. अम्बेडकर राम और कृष्ण के जीवन की घटनाओं पर तर्क कर उन्हें उपहासात्मक सिद्ध करते हैं, ठीक उसी प्रकार ओशो भी लगभग सभी पौराणिक पात्रों तथा शंकराचार्य, तुलसी, वेद और गीता, गौवधनिषेध आदि को एक-एक करके अपने प्रवचनों में जूते की नोक पर उछालते रहे हैं। शंकराचार्य के सम्बन्ध में ओशो कहते हैं कि 'इस देश के दुर्भाग्य में शंकराचार्य का बहुत हाथ है। इस देश को भटकाने में, भरमाने में, इस देश की जीवन ऊर्जा को विनष्ट करने में जितना महान कार्य शंकराचार्य ने किया है, किसी और ने नहीं। एक पलड़े पर सब सन्त महात्मा रख दो और दूसरे पलड़े पर अकेले शंकराचार्य, तो भी वजनी पड़ेंगे। जैसे इस देश में जो भी सड़ा गला था, सबका निचोड़ शंकराचार्य हैं। इस देश में जो भी गन्दा था, व्यर्थ था, कूड़ा-करकट था, उस सबको सजाकर, रंग-रोगन देकर नये वस्त्रों और नये आभूषणों में ढाल कर शंकराचार्य ने प्रस्तुत कर दिया...जीवन की नकारात्मकता इस देश के प्राणों में छाया हुआ कैंसर है और शंकराचार्य में आकर इस नकार भाव ने अपनी पूर्णता पाली... भारत की दरिद्रता, हीनता, दासता, इसमें शंकराचार्य जैसे लोगों का हाथ है। जब जीवन है ही नहीं, तो चिन्ता कौन करे, कौन फिकर ले, कौन उपजाए धन? जब कांचन छोड़ना है, तो फिर पैदा क्यों करना...अगर भारत के दुश्मनों की मैं फेहरिस्त बनाऊँ तो शंकराचार्य का नाम नम्बर एक पर रखूँगा।' मध्यकाल में शंकराचार्य के काम को तुलसीदास ने आगे बढ़ाया। तुलसी के विषय में ओशो का मत है कि पिछले दो हजार वर्षों से भारत बिना कोई प्रतिरोध किये गुलाम बना रहा है। तुलसीदास जैसे व्यक्ति जनता को बताते रहे हैं कि एक पत्ता भी उसकी मर्जी के बिना नहीं हिलता है। इसलिए अगर हमलावर आये तो वह परमात्मा की ही मर्जी होगी, यदि तुम्हें गुलाम होना है, तो वह मर्जी होगी परमात्मा की ही। वह परमात्मा में तुम्हारी आस्था की परीक्षा है। मेरे देखे ये अपराधी है, जिन्होंने पूरे देश को गुलाम बना दिया और चाहे अब तुम स्वतन्त्र भी हो लेकिन फिर भी गुलाम मानसिकता भीतर है...तुलसी को मैं कोई खास नहीं मानता। वे मनुस्मृति की श्रेणी में आते हैं। पिछले दिनों मैंने अपने एक लेख 'टूटते बिखरते ब्राह्मणवाद की बौखलाहट' में जातिवादी ब्राह्मण संगठनों द्वारा आयोजित 'परशुराम जयन्ती' के गुप्त मन्तव्यों का विश्लेषण किया था। परशुराम के चरित्र पर ओशो का चिन्तन देखिए—'भारत ने जिसको भगवान कहा है, उसकी तरफ थोड़ा ध्यान करो। परशुराम को भगवान कहा है। उनका नाम ही परशुराम पड़ा क्योंकि वे फरसा लिए रहते थे। फरसा लिए रहते थे—फरसे वाले राम। वे सबसे पहले सरदार थे और कहते हैं, उन्होंने अठारह बार पृथ्वी को क्षत्रियों से खाली कर दिया था। गजब के ब्राह्मण थे। अठारह बार सारे क्षत्रिय उन्होंने मार डाले... हद दर्जे के दुष्ट आदमी रहे होंगे। बाप को शक हो गया उनकी माँ पर और परशुराम को

उन्होंने आज्ञा दे दी, जाकर कि गर्दन काट दे। बाप की आज्ञा कहीं छोड़ सकते थे। परशुराम गये और माँ की गर्दन काट दी। वह आदमी भगवान! और हिंसा क्या होती है? क्षत्रिय भी आदमी थे आखिर! आज परशुराम को तुम हत्यारा कहोगे—महाहत्यारा कहोगे! चंगेज खां, तैमूर लंग, नादिरशाह, एडाल्फ हिटलर, स्टॉलिन और माओत्सेतुंग, सब फीके पड़ जाएँगे। ये सब मिलकर भी इतनी हत्याएँ नहीं किये, जितनी उस अकेले आदमी ने की।' इसी प्रकार उनकी अपनी मान्यताएँ हैं, जो कभी गीता पर तो कभी गाँधी पर अभिव्यक्त होती रही है। वेद के विषय में वे मानते हैं। 'वेदों में केवल दो प्रतिशत दर्शन हैं। उनकी 98 प्रतिशत बातें तो एकदम कचरा है।' हिन्दू पुराणों को वह एक दम अश्लील ग्रन्थ कहते हैं। उनका मत देखें— तुम हिन्दू पुराणों को देखोगे तो, वहाँ सिर्फ अश्लीलता पाओगे। हिन्दुओं ने शिवलिंग को परमात्मा बनाया है। यह अच्छा हुआ कि सिग्मंड फ्रायड कभी शिवलिंग के बारे में जान न पाया कि ऐसे भी लोग हैं, जो अपने मन्दिरों में लैंगिक प्रतीकों की पूजा करते हैं और इससे बिल्कुल बेखबर हैं कि वह किसकी पूजा कर रहे हैं।' हिन्दू धर्म में गौहत्या का निषेध है और उसके पक्ष में यह तर्क दिया जाता रहा है कि गौहत्या का निषेध वेदों में है। ओशो ने बताया है कि वेदों में उल्लेख है कि ब्राह्मण गाय का मांस खाते थे और उसमें पूरा-पूरा हिसाब लिखा है कि किस श्रेणी के ब्राह्मण को गाय का कौन-सा हिस्सा मिलेगा। गाय को माता कहने पर उनका व्यंग्य देखिए। ओशो कहते हैं कि 'मैं एक शंकराचार्य से बात कर रहा था—जोकि हिन्दुओं के पोप होते हैं। तो मैंने उनसे पूछा आपको इस बात का पक्का भरोसा है कि गाय आपकी माता है? वे बोले क्या मतलब? मैंने कहा अभी मन्दिर में प्रवेश करते समय मुझे आपकी माता जी मिली—वह स्त्री है या गाय? या शायद दोनों में से एक आपकी सौतेली माँ है? तो बोले आप कैसी बात कर रहे हैं? यह स्त्री मेरी जैविक माँ है, लेकिन गाय मेरी आध्यात्मिक माँ है। मैंने कहा—बाप रे 'फिर बैल का क्या होगा?' आपका बैल के साथ कोई रिश्ता होना चाहिए कि नहीं? वह क्या है—आपका आध्यात्मिक पिता? और आप क्या हैं? सिर्फ एक बैल, या फिर आपकी बधीया कर दी गयी है? आप अब बैल भी नहीं रहे।' और इस प्रकार ओशो सारे हिन्दू मिथकों का विध्वंस कर सीधे ईश्वर पर चोट करते हैं और उसकी सत्ता पर से पर्दा उठा देते हैं कि—'ईश्वर कोई खोज नहीं है, वह आविष्कार है ताकि ईश्वर के नाम पर पुरोहित बड़ी सुगमता से शोषण कर सके।'

एक समय ऐसा भी आया, जब गाँधी को लेकर एक अंतहीन विवाद उठ खड़ा हुआ था और चूँकि इस सारे विवाद का कारण था सुश्री मायावती का एक बयान। जिसमें उन्होंने कहा था कि 'यदि हम लोग हरिजन हैं, वे क्या (गाँधी) शैतान की औलाद हैं?' राष्ट्र की एक बेटी ने अपने (राष्ट्र) पिता से यह सवाल पूछा था जिस

पर बुद्धिजीवियों सहित पूरा देश दो हिस्सों में बँट गया, और गाँधी के पक्ष में वह लोग भी खड़े हो गये, जिन्होंने गाँधी की गोली मार कर हत्या कर दी थी। दरअसल यह बढ़ते हुए दलित वर्चस्व (जिसके सूत्रधार कांशीराम और मायावती हैं) के विरोध में सवर्णों की गोलबंदी थी और भारत के हिन्दूवादी मीडिया ने इस विवाद को तूल देकर एक राष्ट्रीय मुद्दा बना दिया। अपने जीवन काल में डॉ. अम्बेडकर और गाँधी में भी विवाद ही रहा। जिसे अम्बेडकर ने अपनी 'गाँधी और कांग्रेस ने अछूतों को क्या दिया', 'रानाडे, गाँधी और जिन्ना' तथा 'भारत और पाकिस्तान का विभाजन' आदि पुस्तकों में विस्तार से लिखा है। यहाँ यह देखना भी उचित ही होगा कि गाँधी के विषय में ओशो क्या सोचते हैं। डॉ. अम्बेडकर के जीवन की सबसे बड़ी उपलब्धि थी कम्युनल अवार्ड जिसमें यह व्यवस्था थी कि अपनी आबादी के अनुपात में केवल अछूत ही अपना प्रतिनिधि चुनेंगे। अम्बेडकर के इस निर्णय को ठीक और गाँधी को हिंसक मानते हुए ओशो कहते हैं कि 'उदाहरण के तौर पर उन्होंने अम्बेडकर के खिलाफ उपोषण (उपवास) किया। अम्बेडकर अछूतों का प्रतिनिधित्व कर रहे थे। वे अपने अछूतों के लिए स्वतन्त्र मतदान संघ चाहते थे और वे चाहते थे कि चुनावों में उम्मीदवार भी उनके ही हों। अन्यथा उनका कोई भी व्यक्ति किसी विधि मण्डल में प्रवेश नहीं पा सकता था। आखिर जूते बनाने वाले को कौन मत देगा? भारत में चमार तो अछूत ही है—कौन चमार को वोट देगा? इसलिए डॉ. अम्बेडकर एकदम सही थे। भारत का एक चौथाई हिस्सा अछूत है। उन्हें शिक्षा के लिए स्कूलों में प्रवेश नहीं है। क्योंकि कोई दूसरा विद्यार्थी उनके साथ कक्षा में बैठने को राजी नहीं। लेकिन सच्चाई यह है कि कोई वहाँ जाने को राजी नहीं है। यदि एक अछूत कक्षा के भीतर प्रवेश कर लेता है, तो बाकी पूरे तीस छात्र कक्षा से बाहर निकल जाते हैं, यहाँ तक कि शिक्षक खुद भी तत्काल बाहर चला जाता है। तब कैसे ये भारत के एक चौथाई गरीब अछूत, एक चौथाई भारत-अपना प्रतिनिधित्व कर पाएँगे? उन्हें स्वतन्त्र मतदान संघ चाहिए। जहाँ स्वयं वे ही चुनाव में खड़े रहेंगे और चुनकर देने वाले भी खुद ही होंगे, लेकिन इस निर्णय के विरोध में गाँधी नरवदा जेल में आमरण अनशन पर बैठ गये और गाँधी की प्राण-रक्षा के लिए हिन्दू नेताओं का दबाव डॉ. अम्बेडकर पर बढ़ने लगा, जिसके आगे डॉ. साहब झुक गये। जिसके परिणामस्वरूप 'पूना पैक्ट' वजूद में आया और डॉ. अम्बेडकर गाँधी का अनशन तुड़वाने के लिए स्वयं सन्तरे के रस का गिलास लेकर गाँधी के पास पहुँचे। इस पूरी घटना का विवेचन करते हुए ओशो ने निष्कर्ष दिया है कि— 'लेकिन उस सन्तरे के एक गिलास रस में, उसी प्याली में देश के करोड़ों-करोड़ों अछूतों का खून समाया हुआ है।' यह पैक्ट समय की कसौटी पर कितना खरा उतरा? यह तो इसके परिणाम ही बताते हैं कि स्वतन्त्रता के इतने वर्षों में भारत की

संसद तथा प्रदेशों की विधान सभाओं में जो गूँगे-बहरे दलित प्रतिनिधि पहुँचे वह न दलितों के लिए अपेक्षित आरक्षण ही पूरा करवा पाये और न ही दलित अस्मिता की रक्षा ही कर पाये।

डॉ. अम्बेडकर ने अपने जीवन और अपने लेखन में निरन्तर हिन्दू धर्म की प्रत्येक मान्यता, ईश्वर, आत्मा, परमात्मा, अवतारवाद, भाग्यवाद, स्वर्ग-नरक तथा पुनर्जन्मवाद आदि का विरोध किया। ओशो ने भी अपने प्रवचनों में इन सब पर चोट की। इसलिए दोनों महामानवों के वैचारिक साम्य को पाठकों के सम्मुख रखना आवश्यक है। जिससे दलित वर्ग में वैज्ञानिक चेतना जाग्रत हो सके।

पुरातन साहित्य का पुनःपाठ

भारत और भारतीय संस्कृति एक बार फिर संक्रमण के दौर से गुजर रही है। इस समय दो शक्तियाँ संघर्षरत हैं। एक वह जो परम्परा से ही सम्मानित है। अतः वे पुरातन परम्पराओं को बरकरार रखने के लिए प्रयत्नशील हैं। ये परम्परावादी शक्तियां भारत के पुराने वैदिक साहित्य, संस्कृति, संस्कृत भाषा इसकी परम्पराओं को ईश्वरीय (अलौकिक) मानती हुई, सर्वश्रेष्ठ घोषित करती रही है। दूसरी शक्तियाँ वे हैं, जो परम्परा से ही अपमानित हैं तथा अब शिक्षित होकर संगठित हो गयी हैं। ये उस साहित्य, परम्परा और संस्कृति पर प्रश्नचिन्ह लगाने लगी हैं। जिस के कारण उन्हें अब तक उत्पीड़ित किया जाता रहा है। ये प्रश्नचिन्ह एक सम्पूर्ण व्यवस्था के वर्चस्व को तोड़ने का प्रयास है। इस प्रयास में पुरातन साहित्य का पुनःपाठ एवं विवेचन एक महत्त्वपूर्ण उपकरण है। जिसके माध्यम से पांडित्य की उस छली परम्परा को आईना दिखाया जा सकता है, जिसके कारण 'सोने की चिड़िया' भारत शताब्दियों तक गुलाम रहा और अब अपनी इस अधोगति को प्राप्त हुआ है। वैदिक काल से लेकर मध्यकाल तक की महत्त्वपूर्ण कृतियों के दोहन से जो विष निकला है। उसी का परिणाम है—"भारत भारतीय भारतीयता"।

"भारत भारतीय भारतीयता" के लेखक श्री हौंशिला प्रसाद के सम्मुख इस पुस्तक की रचना के समय दो महत्त्वपूर्ण प्रश्न रहे हैं। एक—"वर्तमान की राजनीतिक, सामाजिक जो भी बुराइयाँ हैं, वे सभी प्राचीन काल की ब्राह्मण व्यवस्था, गीताकालीन व्यवस्थाओं की ही देन हैं और आज के भारतीय समाज के प्रत्येक प्राणी में 'जीन' अनुवांशिकी के रूप में विद्यमान हैं।" (पृष्ठ 395) इसी परिप्रेक्ष्य में उन्होंने भारत के पुरातन साहित्य का अवलोकन किया है और ऋग्वेद, यजुर्वेद के साथ ही 'गीता' और 'रामचरितमानस' में आये अनेक प्रसंगों से पुष्ट प्रमाण देकर ऐसे तथ्यों को उकेरा है, जिन्हें किसी भी परम्परावादी के लिए पचा पाना सम्भव नहीं है। दूसरे उन्होंने अपनी इस पुस्तक में यह प्रश्न भी उठाया है कि—"जिस समय भारतीय उपमहाद्वीप में मोहनजोदड़ो और हड़प्पा की सभ्यता विकसित हो रही थी, उसी समय सम्पूर्ण दुनियाँ में चार और सभ्यताएँ भी साथ-साथ विकसित हो रही थीं।

जैसे सुमेरियन संस्कृति, इटली की रोमन संस्कृति, हवागों घाटी में चीनी लोगों की संस्कृति, मिस्त्र की नील घाटी संस्कृति, लेकिन सिन्धु घाटी संस्कृति को छोड़कर दुनियां की अन्य सभ्यताओं में मानव और मानव के बीच अस्पृश्यता की भावना क्यों विकसित नहीं हुई।" इन प्रश्नों का उत्तर खोजने का ही उन्होंने अपनी पुस्तक में प्रयास किया है।

उन्होंने अपनी इस पुस्तक में जो हाइपोथीसिस दी है, वह है कि इस सिन्धु घाटी की सभ्यता के सृजनकर्त्ता दस्यु, दास, पणि और गन्धर्व ये चार मानव समूह थे। इन चारों ही मानव समुदायों की संस्कृतियाँ बड़ी विकसित संस्कृतियाँ थीं। जैसे ये लोग पशुपालक थे, वीर और पराक्रमी भी तथा पुरियों (नगरों) में रहते थे। इन्होंने लौह दुर्गों तक का निर्माण कर लिया था। इस संस्कृति के विस्तार को रेखांकित करते हुए वे लिखते हैं कि—"सप्त सिन्धु क्षेत्र की संस्कृति के विकास काल में भारतीयों का प्रवास हिमालय के उत्तर, चीन एवं एशिया की तरफ, पश्चिमी एशिया की तरफ केस्पियन सागर व यूरोप की तरफ विस्तार को प्राप्त हुआ था।" कालान्तर में कैस्पियन सागर की ओर से ये मूल भारतवंशी भारत में आये, जो यहाँ पर आकर 'आर्य' कहलाए। इस सम्बन्ध में लेखक की मान्यता स्पष्ट है कि—"मैं मानता हूँ कि यह सभी आक्रमणकारी वास्तव में ब्राह्मणवंशज 'भारतीय जीन' से सम्बन्ध थे तथा विदेशी नहीं थे। किसी विदेशी को सप्तसिन्धु क्षेत्र और भारतीय उपमहाद्वीप के अन्य क्षेत्रों की, यहाँ के धन, वैभव ऐश्वर्य के भण्डारों की, यहाँ की राजनीतिक, सामाजिक परिस्थितियों की सम्यक जानकारी रही हो, ऐसा कोई साहित्यिक व ऐतिहासिक साक्ष्य नहीं है। जबकि ब्राह्मणवंशज भारतीय होने की दशा में, इन आक्रमणकारियों को अपने पूर्वजों की कहानियों के माध्यम से, इस क्षेत्र के विषय में उसकी भौगोलिक परिस्थितियों, प्राकृतिक सम्पदाओं, नदियों, मार्गों, कस्बों आदि की पूरी जानकारी इन विदेशी कहे जाने वाले प्राचीन काल के भारतीय वंशज आक्रमणकारी लोगों को होना स्वाभाविक थी।" (पृ. 393) इन आक्रमणकारियों ने भारत में आकर यहाँ के मूल निवासियों पर आक्रमण करने प्रारम्भ किये। इनमें सबसे पराक्रमी इन्द्र था, जिसे इन्होंने देवता का खिताब दिया, जो दस्यु, दास और पणि समुदाय के राजाओं की पुरियों पर आक्रमण कर उनकी पुरियों को जला देता था, उनकी पशु सम्पदा को लूटकर ब्राह्मणों को दे देता था, जिसे दान कहा जाता था। इस सम्पूर्ण दान के बदले इन्द्र के लिए ये ऋषि और ब्राह्मण सुबह शाम यज्ञ करके उसकी स्तुति का गान करते थे, (जिसे बाद में वेदों के रूप में संकलित किया गया) तथा उसके लिए सोमपान की व्यवस्था के साथ ही अपनी पत्नियों तथा युवा पुत्रियों के साथ उसके सहवास की व्यवस्था भी करते थे। इन यज्ञों में गाय और घोड़ों की बलि दी जाती थी तथा गाय और घोड़े के मांस को यज्ञ में भून कर खाया

जाता था। इस निष्कर्ष पर लेखक ऋग्वेद की ऋचाओं की व्याख्या करते हुए पहुँचा है कि यह व्यवस्था अर्थवेद के रचना काल तक भी चलती रही। वैदिक काल के इस ऋषि और ब्राह्मण समुदाय में अपनी पुत्रियों के साथ भी सहवास करने तथा अपने साथ पत्नी की तरह रखने की भी परम्परा थी। भाई-बहन भी आपस में पति-पत्नी के रूप में रहते थे। इस सन्दर्भ में उन्होंने 'यम-यमी' आख्यान (देखें-पृ. 119) का विस्तार से उल्लेख किया है। इस संस्कृति का ह्रास यहीं तक नहीं हुआ और आगे भी हुआ। इस सम्बन्ध में लेखक ने लिखा है कि– "यह ब्राह्मण संस्कृति का अपनी पुत्री से पुत्र उत्पन्न करने के बाद एक दूसरा महत्त्वपूर्ण दृष्टाँत है जिसमें पिता पुत्र दोनों ही, एक ही स्त्री 'उर्वशी' को बारी-बारी पत्नी बनाया और सन्तान उत्पन्न की। ब्राह्मण संस्कृति में पिता द्वारा अपनी पुत्री से तथा पुत्र द्वारा अपनी माता से संभोग करके सन्तानों की उत्पत्ति करने का आम प्रचलन था। (पृ. 142) सम्भवतः इसीलिए डॉ. सुखबीर सिंह ने इसे 'कुत्ता संस्कृति' कहा था, जो किसी भी तरह गर्व करने योग्य नहीं है बल्कि इससे घृणा ही उत्पन्न होती है।"

लेखक का मानना है कि 'ऋग्वेद' काल में मनुष्यों का विभाजन ब्राह्मण, क्षत्रिय, वैश्य और शूद्र के रूप में ब्रह्मा के विभिन्न अंगों से उत्पन्न हुआ तो माना गया है, लेकिन उनके बीच छोटे-बड़े, ऊँच-नीच का कोई भेद उस समय नहीं था। 'महाभारत' काल में पहली बार ऊँच-नीच की बात आयी। जब तथाकथित भगवान कृष्ण के मुँह से व्यास ने–"वैश्य, शूद्र और स्त्री को पापयोनि वाला" करार दिलवाया। ऐसा महाभारत के रचनाकार व्यास ने क्यों किया? इस पर लेखक की टिप्पणी उनके तार्किक विवेचन की गवाही देती है। देखिए–"व्यास जी ने ऐसी रचना क्यों की? स्त्री-शूद्रों को पापयोनि वाला क्यों माना गया। उसके पीछे भी मुझे एक धारणा स्पष्ट होती है। वह है व्यास जी की जन्मकथा व्यास जी स्त्री 'मत्स्यागंधा' एवं ऋषि 'पाराशर' के संभोग से उत्पन्न पुरुष सन्तान थे।"

मत्स्यगंधा दास समुदाय के एक क्षेत्राधिकारी की कन्या थी। जो वर्ण व्यवस्था के क्रम में शूद्र वर्ण के अन्तर्गत आती थी। ऋषि पाराशर ऋषि-विप्र-स्तोता ब्राह्मण समुदाय से सम्बन्धित थे। ऐसा लगता है कि जन्म के पश्चात ऋषि पाराशर ने व्यास जी को अपना लिया और उन्हें शिक्षा-दीक्षा प्रदान की। जिसके कारण वे ऋषि ब्राह्मण परम्परा में एक विद्वान व्यक्ति हुए। परन्तु चूँकि उनका जन्म दास समुदाय की शूद्र वर्ण कन्या 'मत्स्यगंधा' से हुआ था, अतः उन्होंने स्त्री एवं शूद्र को पापयोनि वाला कहकर अपने मन के गुबार को शान्त किया। जिससे कि आगे आने वाली पीढ़ियाँ यह न कह सकें, कि व्यास एक शूद्र स्त्री, अपनी माँ का सम्मान करते थे। शूद्र वर्ण का असम्मान करना भी महाभारत काल तक ऋषि ब्राह्मण परम्परा का अंग बन गया था। परन्तु बेचारी नारी जाति व्यास के चक्रव्यूह में अनायास ही घृणा की

पात्र हो गयी। यह मत्स्यगंधा का, नारी जाति का बहुत बड़ा दोष था, जिसने व्यास व श्रीकृष्ण जैसे लोगों को जन्म देकर 'पापयोनि वाली' होने का खिताब पाया। (पृ. 288–289) लेखक का मानना है कि ब्राह्मणवादी व्यवस्था को पुख्ता करने में जितनी महत्त्वपूर्ण भूमिका 'गीता' (जो महाभारत का एक हिस्सा है) तथा 'रामचरितमानस' ने निभाई है, उतनी किसी अन्य ग्रन्थ ने नहीं। क्योंकि जितना विरल और अखंड पाठ इनका हुआ है, किसी अन्य ग्रन्थ का नहीं हुआ है और इन दोनों ही ग्रन्थों ने शूद्रों के प्रति घृणा का प्रचार किया है। इस पुस्तक के लेखक ने 'रामचरितमानस' को उद्धृत करके बताया है कि किस प्रकार तुलसीदास ने ब्राह्मण पूजा और शूद्र के तिरस्कार का प्रचार सम्पूर्ण हिन्दू समाज में किया है। तुलसी का भगवान तभी अवतार लेता है, जब पृथ्वी पर ब्राह्मण, गाय और देवताओं को कष्ट होता है। उनके भगवान का शेष जनता से कोई वास्ता नहीं है। तुलसी की एक चौपाई—"पूजिए विप्र शील गुण हीना। शूद्र न गुन गन ग्यान प्रवीणा।" पर टिप्पणी करते हुए श्री हौशिला प्रसाद लिखते हैं कि 'शील गुण रहित अर्थात् प्रत्येक प्रकार से मूर्ख, दुष्ट अकारण क्रोधी विप्र ब्राह्मण हो तो भी उसकी सदैव पूजा की जानी चाहिए और वहीं पर समस्त गुणों की खान, समस्त गुणों का भण्डार, ज्ञान विज्ञान में अत्यन्त प्रवीण शूद्र हो तो भी उसकी पूजा तथा सम्मान नहीं किया जाना चाहिए। यह है ब्रह्म अवतार मानव शरीरधारी श्री रामचन्द्रजी का धर्म, समाज के लिए उपदेश ... यह सब ब्राह्मण तुलसीदास जी द्वारा केवल ऋषि ब्राह्मण वाल्मीकी की रचनाओं पर आधारित कल्पनाओं का काव्यात्मक सृजन था। तुलसीदास ने ब्राह्मणवाद को उसकी व्यवस्थाओं को स्थापित करने के लिए इस प्रकार के महाकाव्य की रचना की, जहाँ पर स्वयं भगवान इतना अनैतिक उपदेश दे। (पृष्ठ 300)' मेरे दृष्टिकोण में श्री हौशिला प्रसाद ने ऋग्वेद, अथर्वेद, गीता और रामचरितमानस का दलित दृष्टिकोण से विवेचन कर दलित जनता और खासतौर पर दलित रचनाकारों के लिए बहुत ही महत्त्वपूर्ण कार्य किया है। लेकिन यह कार्य अभी पूरा नहीं हुआ है। इस दृष्टिकोण से सम्पूर्ण भारतीय साहित्य का विवेचन किया जाना अभी शेष है। हम उम्मीद करते हैं कि यह लेखक तो इस दिशा में कुछ और काम करेंगे ही, अन्य विद्वान भी इस ओर प्रवृत्त होंगे।

इस पुस्तक का सबसे महत्त्वपूर्ण हिस्सा वह है, जिसमें लेखक ने बताया है कि भारत का इतिहास जिस रूप में उपलब्ध है। वह विदेशियों द्वारा लिखा गया है। जो गलत लिखा गया है। इसका कारण स्पष्ट करते हुए उन्होंने लिखा है कि—"यहाँ के धार्मिक शास्त्रीय एवं अन्य साहित्य जिसमें यहाँ के ऐतिहासिक तथ्य उपलब्ध हो सकते थे, जिसमें भारतीय संस्कृति प्रकाशित हो सकती थी, उसकी जानकारी केवल ब्राह्मणों को ही थी जिन्हें विदेशियों द्वारा भारतीयों के प्रति किये गये इस

वैचारिक ऐतिहासिक हमले पर कोई आपत्ति कभी नहीं हुई। कारण यह था, कि इन विदेशी विद्वानों ने वैदिक साहित्य को आर्य संस्कृति की देन बताया। अब चूंकि वैदिक एवं पौराणिक साहित्य के रचनाकार ऋषि-ब्राह्मण-विप्र समुदाय से ही सम्बन्धित थे, अतः ब्राह्मण समुदाय द्वारा यह माना गया कि उनकी परम्परा के अनुसार विदेशी इतिहासकार भी उन्हें अन्य भारतीय निवासियों की तुलना में उच्च स्थान पर प्रतिस्थापित तो किये हुए है। यहाँ के ब्राह्मण वर्ग को इससे अधिक और क्या चाहिए था।" (पृष्ठ 335) अतः आज भी हम उसी गलत इतिहास को निरन्तर पढ़ और पढ़ा रहे हैं।

"भारत भारतीय भारतीयता" के लेखक श्री हौशिला प्रसाद ने वर्तमान समय में जो भी बुराइयां भारतीय समाज में देखने को मिलती हैं, उनका उत्स भारत के प्राचीन ग्रन्थों में खोजने का प्रयास किया है। जैसे—बलात्कार इस समय एक ऐसी बुराई है, जो महामारी का रूप ले चुकी है। इसका उत्स उन्होंने 'विष्णु' आख्यान में खोजा है, जिसका प्रचार भारतीय समाज में 'रामचरितमानस' ने किया है। 'रामचरितमानस' के 'बालकाण्ड' के दोहा 122 के बाद की कुछ चौपाइयाँ तथा दोहा 123 को उद्धृत करते हुए उन्होंने लिखा है कि—"जलन्धर जैसे महावीर, पराक्रमी को संग्राम में हराने में असमर्थ देवताओं में सर्वशक्तिमान एवं तीनों लोकों को नष्ट करने की क्षमता रखने वाले 'श्री भगवान शंकर' को अपमान से उबारने के लिए उनके भारतीय भगवानों के रूप में अवतार धारण करने वाले, साक्षात विष्णु भगवान ने छल करके, कपट करके जलन्धर की महासती, पतिव्रता स्त्री का सतीत्व नष्ट किया, उसके साथ बलात्कार किया तथा एक निर्दोष स्त्री का यौन शोषण किया और अपने इस दुराचरण से देवताओं एवं उनके सहयोगियों की हार का बदला लिया। वाह रे श्री विष्णु! वाह रे ब्राह्मणवादी व्यवस्था के श्री भगवान? धन्य है वह भारत भूमि जहाँ के निवासी, जहाँ की स्त्रियाँ उनके साथ बलात्कार किये जाने पर, छल कपट विश्वासघात करके उनका यौन शोषण किये जाने पर भी, ऐसे विष्णु की पूजा कर रही है। अब जहाँ ब्राह्मणवादी व्यवस्था का ईश्वर स्वयं बलात्कार का आदर्श प्रस्तुत कर रहा हो, छल कपट करके, विश्वासघात करके स्त्रियों का यौन शोषण कर रहा हो, वहाँ पर उसके अनुयायियों से अन्यथा अपेक्षा कैसे की जा सकती है।" (पृष्ठ 408-409) इसी प्रकार उन्होंने दहेज प्रथा, अनमेल विवाह, वैश्यावृत्ति, बाल विवाह प्रथा के भी मूल कारणों को हिन्दूवाद के पोषक ग्रन्थों में आये विभिन्न प्रसंगों में से खोज निकाला है।

श्री हौशिला प्रसाद ने अपनी इस पुस्तक में प्राचीन भारतीय साहित्य का गम्भीर विवेचन कर उसमें 'कोढ़ के सूक्ष्म दाग' ही नहीं ढूँढ़े हैं, उनका निदान भी प्रस्तुत किया है। ऊँच-नीच पर आधारित जातिवादी वर्ण व्यवस्था का एक ही निदान

है—अन्तर्जातीय विवाह। जिसे डॉ. अम्बेडकर सहित लगभग सभी विद्वान एकमत से स्वीकार करते रहे है। श्री हौंशिला प्रसाद ने 'जीन' पर आधारित करते हुए 'बीज' तथा 'डायनासोर' आदि का उदाहरण देते हुए बताया है कि—"इस देश को एक राष्ट्र, एक उन्नतिशील एवं प्रगतिशील राष्ट्र बनाने के लिए, इस देश में फैले हुए कोढ़ एवं क्षय जैसी ब्राह्मणवादी व्यवस्था, वर्ण व जाति व्यवस्था को समाप्त करके संकर नस्ल के राष्ट्रीय मानव प्राणियों का विकास किया जाए, अन्यथा इस देश को विनाश से कोई बचा नहीं पाएगा।"(पृष्ठ 406) यह जातिवादी, वर्ण व्यवस्था कैसे टूटे? इस पर उन्होंने अपना स्पष्ट मत व्यक्त किया है। वे लिखते हैं कि—"जब राजसी सत्ता द्वारा कोई व्यवस्था बनायी गयी हो तो उसका समूल नाश भी राजसी सत्ता द्वारा ही हो सकता है। ऐसी दशा में भारतीय समाज के प्रत्येक क्षेत्र में पिछड़ेपन, भारतीय समाज की अनेक समस्याओं की जड़, ब्राह्मणवादी व्यवस्था, वर्ण, जाति व्यवस्था का तब तक समूल नाश नहीं हो सकता है, जब तक इस देश में कोई सरकार, कोई राजसत्ता ऐसी नहीं आ जाती, जो स्वयं इतिहास के पन्नों को पलटकर इस कुप्रथा का समूल नाश करने के लिए स्वयं उद्धृत न हो।" (पृष्ठ 416) मेरे विचार से कोई भी चिन्तनशील व्यक्ति उनके इस निष्कर्ष से असहमत नहीं हो सकता। इस पुस्तक का विषय क्षेत्र बहुत ही व्यापक है, जो सुदूर अतीत से वर्तमान तक फैला हुआ है। अपने विशद अध्ययन को चिन्तन की रिफाइनरी में शुद्ध कर लेखक ने 'भारत भारतीय भारतीयता' को व्याख्यात्मक शैली में प्रस्तुत किया है। जिससे पुस्तक में रोचकता तो आयी है लेकिन तथ्यों और प्रसंगों की पुनरावृत्ति से बचा जा सकता था।

व्यवस्था परिवर्तन का मिथक और दलित समाज

हमारे राजनीतिक जीवन में कुछ ऐसी भ्रान्त धारणाएँ प्रचलित हो जाती हैं, जिनकी व्याख्या प्रत्येक व्यक्ति अपने अनुसार कर लेता है। ये धारणाएँ प्राय: स्वार्थ से प्रेरित होती हैं। जिन्हें दूसरा व्यक्ति भी अपने स्वार्थ के लिए व्याख्यायित कर लेता है। मिसाल के तौर पर कुछ वर्ष पूर्व से हमारे साहित्य में प्रचलित 'आम आदमी' एक ऐसी ही धारणा है जिसकी आज तक शिनाख्त नहीं हो पाई कि आखिर यह 'आम आदमी' है कौन? ठीक इसी प्रकार की एक अवधारणा हमारे राजनीतिक मंचों से प्राय: उछाली जाती रही है—'व्यवस्था परिवर्तन' की। इसका प्रयोग हर पार्टी और हर विचारधारा के मानने वाले करते रहे हैं। हमारे विमर्श का विषय यह इसलिए है, क्योंकि 'व्यवस्था परिवर्तन' की यह बात डॉ. अम्बेडकर के सन्दर्भ में कही जाती रही है कि वह 'व्यवस्था परिवर्तन' चाहते थे। जब कांग्रेस यह बात कहती है तो उसका अर्थ होता है कि कांग्रेस ने सबसे पहले डॉ. अम्बेडकर को संविधान निर्मात्री समिति का अध्यक्ष और फिर पहले मंत्रिमण्डल में विधि मंत्री बनाया था। अत: कांग्रेस ही वह 'व्यवस्था परिवर्तन' कर रही है, जिसे अम्बेडकर चाहते थे। जबकि सच्चाई यह है कि अनुसूचित जाति एवं अनुसूचित जनजाति के लिए डॉ. अम्बेडकर द्वारा निर्धारित संवैधानिक आरक्षण 65 वर्षों के बाद भी पूरा नहीं किया जा सका है। जब भारतीय जनता पार्टी डॉ. अम्बेडकर को 'सच्चा हिन्दू जो जीवन भर मन्दिर प्रवेश के लिए सक्रिय रहा' मानती हुई 'व्यवस्था परिवर्तन' की बात कहती है, तो उसका अर्थ होता—'कांग्रेस सरकार' का परिवर्तन, जो हरिजनों को वोटबैंक के रूप में इस्तेमाल कर उनका शोषण कर रही है। वह इस सम्पूर्ण व्यवस्था का परिवर्तन कर उन्हें हिन्दू धर्म के अनुसार वही पुराना सम्मान का जीवन प्रदान करने को लालायित है। जिसमें किसी हरिजन (शूद्र) को न पाठशाला में जाने का अधिकार था और न मन्दिर प्रवेश और नहीं पूजा का। धन एकत्र करने की बात तो दूर रही। इसी प्रकार साम्यवादी, समाजवादी, गाँधीवादी सभी इस मुहावरे का प्रयोग अपने-अपने अनुसार कर रहे हैं, जिससे लगता है कि 'व्यवस्था परिवर्तन', 'अन्धों का हाथी' हो

गया है। जिसका हाथ हाथी के जिस अंग पर लग गया, उसके लिए वही पूरा हाथी है।

वस्तुतः डॉ. अम्बेडकर किस व्यवस्था का परिवर्तन चाहते थे? इस तथ्य को समझने के लिए यह समझना जरूरी है कि वर्तमान समय में जो स्थिति राजनीति की है, प्राचीन और मध्यकाल में वही स्थिति धर्म की थी। जिस तरह राजनीति आज व्यक्ति के रोजी से लेकर रोटी तक सभी व्यवहारों को नियंत्रित करती है। ठीक उसी तरह उस समय धर्म करता था। इसलिए डॉ. अम्बेडकर उस सम्पूर्ण धार्मिक व्यवस्था का परिवर्तन चाहते थे, जो व्यक्ति की सामाजिक और आर्थिक स्थिति को निर्धारित करती थी। जहाँ पर बिना लड़े ही व्यक्ति को पराजित घोषित कर दिया जाता था कि तुम शूद्र हो तुम्हें लड़ने का अधिकार नहीं है। परम्पराओं के नाम पर चलते आ रहे इस धार्मिक अन्याय को हम लोग शताब्दियों तक सहते रहे। लेकिन डॉ. अम्बेडकर ने इस पर प्रश्नचिह्न लगाया कि सदियों से जो अन्याय हम सहते आ रहे हैं वह परम्परा नहीं हो सकती! भारतीय सभ्यता—यदि इसे हम हिन्दू सभ्यता कहें तो ज्यादा ठीक होगा, के इतिहास को यदि तीन भागों में बाँटकर दलित उत्पीड़न के इतिहास को दखें। एक—प्राचीन अथवा महाभारत और रामायणकाल, दूसरा—मध्यकाल और तीसरा—आधुनिक या स्वातन्त्र्योत्तर काल। इन तीनों ही कालों में दलित उत्पीड़न के कई सशक्त उदाहरण मिले हैं। जैसे महाभारत काल में एकलव्य का अँगूठा इसलिए कटवा लिया कि वह धनुर्विद्या में उससे भी अधिक निपुण हो गया था और द्रोण को इससे हीनता की अनुभूति हुई तथा उसने एकलव्य से उसका अँगूठा कटवा लिया। रामायण काल में शम्बूक केवल तपस्या कर रहा था। ब्राह्मणों ने राम से कहा कि ब्राह्मण के बच्चों की अकाल मृत्यु हो रही है, क्योंकि एक शूद्र तपस्या कर रहा है। प्रश्न यह उठता है कि क्या किसी शूद्र के तपस्या करने से वास्तव में किसी ब्राह्मण के बच्चे की मृत्यु हो सकती है? मैं कहता हूँ-हाँ! यदि किसी शूद्र ने तपस्या के छद्म को जान लिया और उसका प्रचार सम्पूर्ण समाज में कर दिया, तो कौन देता किसी ब्राह्मण को दक्षिणा और भीख। वे निठल्ले श्रम कर नहीं सकते थे, तो ब्राह्मणों के बच्चे भूख से नहीं मरते तो क्या होता? इसलिए उन्होंने मर्यादा पालन के नाम पर शूद्र उपासक शम्बूक की हत्या राम से कराई और अन्त में इसी पापबोध के कारण स्वयं राम को भी सरयू नदी में डूबकर मरना पड़ा! मध्यकाल में सन्त शिरोमणि रैदास को सिद्धि प्राप्त कर लेने के उपरान्त भी गंगा स्थान तक पंडों ने नहीं करने दिया, इसलिए उन्हें 'कठौती में ही गंगा' की घोषणा करनी पड़ी! और जब राजपरिवार की विधवा पुत्रवधू मीरा उनकी शिष्या हो गयी तथा उन्हें राजभवनों में सम्मान मिलने लगा तो चित्तौड़गढ़ के एक भोज में खाल के नीचे जनेऊ देखने के बहाने ब्राह्मणों ने रैदास की हत्या कर दी। आधुनिक

काल में डॉ. अम्बेडकर के जीवन का घटनाक्रम तो सबके सामने खुली किताब की तरह है। इसमें आप मानसिक यातना की कथा को शब्द-दर-शब्द पढ़ सकते हैं। लेकिन उसके बाद होने वाले पिपरा, नारायणपुर, बेलची, पारसबीघा, देवली और कुम्हेर जैसे व्यापक दलित नरसंहार अपनी कहानी आप कहते हैं कि अभी हमारी यातनाओं का अन्त नहीं आया है। कुम्हेर काण्ड का सबसे काला पक्ष यह है कि इसमें ब्राह्मणों ने हत्या पर उतारू जाटों को छुपे हुए जाटवों की ओर इशारा कर-करके मरवाया था। तो बात साफ होती है कि चाहे एकलव्य का अँगूठा कटवाने वाला द्रोण हो या शम्बूक की हत्या करने के लिए प्रेरित करने वाले हों, या कुम्हेर में छुपे हुए जाटवों की ओर इशारा करके हत्या कराने वाले हों—वह सब ब्राह्मण थे। हमें इस ब्राह्मणवादी व्यवस्था से मुक्ति पानी है, जो सदा सर्वदा से हमारे शोषण और यातना की जिम्मेदार रही है।

डॉ. अम्बेडकर ने भारत के संविधान में सबको समानता का अधिकार देकर इस व्यवस्था को बदल दिया, संवैधानिक धरातल पर। किन्तु समाज में यह असमानता आज भी मौजूद है। सवर्णों के मस्तिष्क में 'मनु' आज भी जिन्दा है। जो कहता रहता है—

"मंगलस्य ब्राह्मणस्य स्यातक्षत्रियस्य बलन्वितम्।
वैश्यस्य धनसंयुक्तं, शूद्रस्य तुं जुगुप्सितम्॥"

"कि ब्राह्मण का नाम मंगल सूचक शब्द से युक्त क्षत्रिय का नाम बलयुक्त शब्द से युक्त तथा वैश्य का नाम धन सूचक शब्द से युक्त तथा शूद्र का नाम घृणित शब्द से युक्त रखा जाना चाहिए।" तो जब एक ही घड़ी एक ही नक्षत्र में एक ब्राह्मण, एक क्षत्रिय तथा एक वैश्य और एक शूद्र के घर लड़के का जन्म होता है और ये चारों अपने बेटे का नाम पूछने पंडित के पास जाते हैं। माना नाम 'ब' अक्षर से निकलता है। तो पंडित ब्राह्मण को अपने बेटे का नाम 'बुद्धिबल्लभ', क्षत्रिय को 'बलवान सिंह', वैश्य को 'बाँके बिहारी लाल' और शूद्र को 'बुद्धू' रखने को कहते हैं। आगे चलकर ये बच्चे बड़े होते हैं। तो 'बुद्धिबल्लभ' मूर्ख साबित होते हैं और छोले बेचते हैं तथा जूठी प्लेटें धोते हैं। 'बलवान सिंह' कायर प्रमाणित होते हैं—वह एक कार्यालय में चपरासी हैं तथा आफिसर और क्लर्कों की झिड़कियाँ और गालियाँ नित्यप्रति सुनना ही उसकी नियति है। वैश्यपुत्र दरिद्र दुकानदार है, जो बेर और नीबू बेचकर अपना गुजारा चला रहा है तथा 'बुद्धू' पढ़-लिखकर बुद्धिमान साबित होता है और आरक्षण का लाभ लेकर एक जिले का जिलाधिकारी बनता है। तो प्रश्न यह उठता है कि जो व्यवस्था पैदा होते ही ब्राह्मण के बच्चे को 'बुद्धिबल्लभ' और हरिजन के बच्चे को 'बुद्धू' बनाती रही है, वह व्यवस्था जो नाम में भी किसी हरिजन को समानता नहीं दे पाई, तो वह समाज में, अर्थ में, सम्मान में, सत्ता और

शासन में क्या समानता दे पाएगी? डॉ. अम्बेडकर सामाजिक धरातल पर इसी व्यवस्था में परिवर्तन चाहते थे, जो अभी शेष है। हमें इसी दिशा में काम करना है।

हिन्दू धर्म की इस व्यवस्था के अनुसार मूर्खों को ही सम्मान मिलता रहा है और जो लोग कमाकर इन मूर्खों की एय्याशियों का सामान जुटाते रहे हैं, उन्हें सदा-सर्वदा अपमान ही सहना पड़ा है। इस तथ्य को मैं एक उदाहरण देकर समझाने का प्रयास करूँगा। यदि आप किसी मोची से पूछें कि भाई यह जो आप जूते पर पॉलिश कर रहे हो, इससे क्या होगा? तो वह बताएगा कि इससे साहब के जूते में चमक आ जाएगी। यदि आप किसी भंगी से पूछें कि भाई यह जो आप झाडू लगा रहे हैं। उससे क्या होगा? तो वह बताएगा कि इससे साहब जगह साफ-सुथरी हो जाएगी। ठीक इसी प्रकार यदि आप किसी मन्दिर के पुजारी से पूछें कि भाई यह जो आप नित्य प्रति घण्टी बजाते हैं, इससे क्या होता है? तो मेरा दावा है, अधिकांश पुजारी इसका कोई तर्कसम्मत और संतोषजनक उत्तर नहीं दे पाएँगे! ज्यादा से ज्यादा वह दो बातें कहेंगे कि 'ऐसा ही होता आया है।' या फिर 'ग्रन्थों में ऐसा ही लिखा है।' किस ग्रन्थ में लिखा है? यह उसे पता नहीं है। क्योंकि 'सत्यनारायण की कथा' के अतिरिक्त उसने कुछ पढ़ा ही नहीं है और 'यदि ऐसा ही होता आया है' और इसीलिए वह भी ऐसा कर रहा है। तो वह 'कोल्हू का बैल' किस ग्रन्थ में लिखा है? का उत्तर नहीं दे पाता है तो 'अनपढ़' प्रमाणित होता है। लेकिन फिर भी सम्मान उसे ही मिलता है। तो पुजारी से लेकर भिखारी तक जिस व्यवस्था के प्रचारक हैं, वह व्यवस्था ऐसे ही मूर्खों को सम्मान देती रही है जो अपनी क्रिया का अर्थ और परिणाम तक नहीं जानते। तथा समझदार मोची और बुद्धिमान भंगी को अपमानित समझती है, जो अपनी क्रिया का अर्थ और परिणाम जानते हैं।

इसी सिलसिले में मुझे बौद्ध भिक्षु स्वर्गीय भदन्त आनन्द कौशल्यायन जी का एक संस्मरण याद आता है कि आर्य समाज के एक प्रसिद्ध संन्यासी थे, जिन्होंने पंजाब में एक बड़े गुरुकुल की स्थापना की थी। जिसमें उस समय लगभग चार-पाँच सौ विद्यार्थी पढ़ते थे। गुरुकुल कस्बे से कुछ दूर था। अतः महात्मा जी एक रिक्शे में बैठकर गुरुकुल जाया करते थे, जिसे एक ब्राह्मण खींचता था। तो कस्बे के लोग उस रिक्शा खींचते ब्राह्मण को तो 'पंडितजी पाँव लगै' कहते थे, उस विद्वान संन्यासी शिक्षक को नहीं, जो निःस्वार्थ विद्या का दान कर रहा था। क्योंकि वह जाति का कुम्हार था। यहीं पर आप डॉ. अम्बेडकर के जीवन की एक घटना को देखें। जब डॉ. अम्बेडकर कोलम्बिया विश्वविद्यालय से अपनी पढ़ाई पूरी करके भारत आये, तो उन्हें बड़ौदा नरेश ने अपने यहाँ 'सैन्यसचिव' पद पर रखा। पहली बात तो उन्हें बड़ौदा में कोई मकान नहीं मिला। दूसरे जब वह अपने कार्यालय में बैठे तो उस कार्यालय का ब्राह्मण चपरासी उन्हें पानी नहीं पिलाता था

तथा फाइलें भी एक ट्रे में रखकर डंडे से उनके सामने सरकाता था। डॉ. अम्बेडकर जैसा उच्च शिक्षित व्यक्ति इस अपमान को सह नहीं पाया और कुछ ही दिनों बाद वहाँ से नौकरी छोड़कर बम्बई चला आया।

इन तीनों घटनाओं में एक मेरा अनुभव है, दूसरा भदन्त आनन्द कौशल्यायन जी का संस्करण और तीसरी है डॉ. अम्बेडकर के जीवन की एक घटना और तीनों का फलितार्थ यह है कि हिन्दू धर्म का दृष्टिकोण सदैव स्वार्थी और विषमतापूर्ण रहा है। जो कभी भारत की गुलामी और कभी इस धर्म के पराभव के रूप में सामने आया है। तो डॉ. अम्बेडकर इस व्यवस्था में परिवर्तन चाहते थे कि भंगी और चमार को भी वही सम्मान मिले जो ब्राह्मण और ठाकुर को मिलता है। जो 'सामाजिक न्याय', आर्थिक समानता, धन और धरती के बँटवारे से ही सम्भव हो सकता है। और इसका साधन है राजनीतिक सत्ता और सत्ता प्राप्ति का रास्ता है– शिक्षा, संगठन और संघर्ष, हमें इसी रास्ते पर चलकर डॉ. अम्बेडकर के सपनों के अनुरूप जातिविहीन भारत का निर्माण करना है।

ब्राह्मणवाद :
बिखराव से बौखलाहट तक

विगत कुछ वर्षों से सत्ता के समीकरण बदले हैं, जिनके कारण नेतृत्व ब्राह्मण-हाथों से निकलकर दलित और पिछड़े हाथों में धीरे-धीरे जा रहा हैं। इससे लगता है कि भारत-भूमि से ब्राह्मणवाद के पाँव उखड़ने लगे हैं। उन्हें फिर से जमाने के प्रयास राजनीतिक और सामाजिक दोनों ही धरातलों पर किये जा रहे हैं। राजनीतिक धरातल पर भारतीय जनता पार्टी, विश्व हिन्दू परिषद, राष्ट्रीय स्वयं सेवक संघ, बजरंग दल तो हिन्दूवाद का मुखौटा ओढ़कर सक्रिय हैं जबकि 'अखिल भारतीय ब्राह्मण समाज, विश्व ब्रह्म परिषद्' जातिवादी संगठन हैं जो प्रतिवर्ष परशुराम जयन्ती मनाकर ब्राह्मणों को संगठित करने में लगे हुए हैं। परशुराम जयन्ती का मतलब क्या है? पहले परशुराम की कथा के पौराणिक स्वरूप को देखें—'परशुराम जमदग्नि ऋषि के पुत्र थे। कथा के अनुसार एक बार एक राजपूत राजा के पुत्र ने जमदग्नि की गाय का बछड़ा चुरा लिया। परशुराम बहुत बली थे। उन्होंने राजा के उस पुत्र को मार कर बछड़ा छीन लिया। इस लड़ाई में राजा का हाथ भी कट गया। राजा के पुत्रों ने इसका बदला लिया और एक दिन जमदग्नि को उसके घर के सामने ही मार डाला। इस घटना से परशुराम क्षत्रिय मात्र के शत्रु हो गये और उन्होंने सम्पूर्ण पृथ्वी से 18 बार क्षत्रियों का नाश किया। इस समय भारत की आबादी में क्षत्रियों की जनसंख्या लगभग 4 प्रतिशत है जो 18 बार विनाश के बाद नहीं बच सकती थी। आखिर इस प्रकार झूठी कथा गढ़ने की आवश्यकता किसी पुराणकार को क्यों पड़ी? इस प्रश्न का उत्तर हिन्दू धर्मशास्त्रों के अध्ययन करने पर उपलब्ध होता है। 'मनुस्मृति' के अनुसार किसी ब्राह्मण को मौत की सजा नहीं दी जा सकती, चाहे उसने कितना भी जघन्य (देशद्रोह भी) अपराध किया हो। एक राजपूत ने जमदग्नि जैसे ब्राह्मण की हत्या कर दी। अतः पुराणकार ने उसकी सम्पूर्ण जाति को परशुराम द्वारा 18 बार सम्पूर्ण विनाश की झूठी कथा गढ़कर ब्राह्मणों का 'मोरल बुस्टअप' किया है। दूसरे इस कथा के प्रचार के बाद फिर कोई ठाकुर मारे भय के किसी ब्राह्मण की हत्या नहीं करेगा। आज के सन्दर्भ में परशुराम जयन्ती के आयोजनों का मन्तव्य क्या है? इन हिन्दूवादी ताकतों के साथ कोई बड़ा राजपूत नेता नहीं है,

राजमाता सिन्धिया को छोड़कर, ऐसा क्यों? ऐसा इसलिए हुआ क्योंकि राजपूत अब समझ गये हैं कि लड़ते-मरते और लूटते हम रहे हैं, अत्याचार हम करते रहे हैं। समाज की दुर्भावनाओं का, घृणा का शिकार भी हम ही हुए हैं और ब्राह्मण रामनामी ओढ़कर आदर्शों का उपदेश करता हुआ लूट के माल में से दक्षिणा के रूप में हिस्सा बँटाता हुआ समाज के सम्मान का पात्र बना रहा है। अब उसने इस षड्यंत्र को समझकर हिन्दूवादी ताकतों का साथ छोड़कर सत्ता का साथ पकड़ लिया है। कभी वी. पी. सिंह के रूप में और कभी अर्जुनसिंह के रूप में और कभी माधवराव सिंधिया के रूप में जिसके अच्छे परिणाम भी सामने आये हैं। हिमाचल और मध्यप्रदेश के ठाकुरों को मुख्यमन्त्री बनाना पड़ा, पी.वी. नरसिंह राव की अनिच्छा के बावजूद और मजबूरी में राजस्थान में भाजपा के ही भैंरोसिंह शेखावत को मुख्यमंत्री बनाना पड़ा। आर.एस.एस. के सरसंघ चालक प्रो. राजेन्द्र सिंह का आना भी कोई आकस्मिक घटना नहीं है, उसे इसी तारतम्य में देखा जाना चाहिए। परशुराम जयन्ती के आयोजन के पीछे एक दूसरा भी मन्तव्य है, वह है परशुराम के आदर्श पर ब्राह्मण युवकों को 'मिलिटैन्ट' (लड़ाकू) बनाना जो बजंरग दल के रूप में फलीभूत हो रहा है। इसकी आवश्यकता क्यों पड़ी? ब्राह्मणों के आदेश या उकसावे पर राजपूतों का न लड़ना। दूसरे हिन्दू-समाज के निम्न वर्गों पर जो भी अमानवीय अत्याचार हुए, चाहे वह किसी के भी द्वारा क्यों न किये गये हों, सब शास्त्र-सम्मत थे। अत: ब्राह्मणों द्वारा निर्धारित तथा नियंत्रित थे। इस तथ्य को दलित और पिछड़ा वर्ग पढ़-लिखकर अब समझ गया है। अत: समाज में और सड़क पर सबसे अधिक पिटाई की आशंका भी ब्राह्मण को ही है जिसके संकेत दिखाई भी देने लगे हैं। पिछले वर्ष मेरठ के पास एक गाँव में आठ ब्राह्मणों की सामूहिक हत्या कर दी गयी थी। आज समाज में यह सवाल पूछा जाने लगा है कि भारतीय व्यवस्था की भ्रष्टाचार एक विशेषता हो गयी है जिसका कारण उच्च पदों पर बैठे पदाधिकारी हैं। ये पदाधिकारी किस जाति के हैं? बोफोर्स के नायक राजीव गाँधी, एक करोड़ रुपये का गोलमाल करने वाले हर्षद मेहता एक ही जाति के लोग हैं जिनके कारण यह देश अधोगति को प्राप्त हो रहा है। अंतत: यही लोग हैं, जो डंकल प्रस्ताव को मानकर इस देश को आर्थिक गुलामी की ओर ले जा रहे हैं। अतीत में भी यह देश इन्हीं के कारण गुलाम हुआ था। इसी तारतम्य में मुझे एक घटना याद आती है। एक बार मैंने एक महाविद्यालय में प्राध्यापक पद के लिए आवेदन किया था। मेरी योग्यता और दावेदारी सुनिश्चित होते हुए भी मेरा चयन नहीं हो पाया था। मैं परेशान होकर एक महाविद्यालय के हिन्दी विभागाध्यक्ष प्रो. शुक्ला के पास गया। उन्होंने घटना सुनकर मुझे सलाह दी कि यदि सामने रखे दूध के गिलास को तुम पी न सको तो उसको लात मार कर गिरा दो। और मैं उस मामले को गवर्नर तक ले गया तथा उस चयनित उम्मीदवार का चयन निरस्त करवा दिया।

दरअसल यह एक प्रो. शुक्ला का ही चरित्र नहीं है, ब्राह्मण-मात्र का चरित्र है। यदि सत्ता उसके हाथ में नहीं रहेगी, तो वह देश को गुलाम बनाने से भी नहीं हिचकेगा। अत: यह समय सत्ता के दावेदार जननायकों के लिए बहुत सावधानी बरतने का है।

भारतीय ब्राह्मण-समाज, विश्व ब्रह्म परिषद, अखिल भारतीय ब्राह्मण संगठन जैसी संस्थाओं से ब्राह्मण-समाज को तो पता नहीं कुछ मिला या नहीं लेकिन शेष भारतीय समाज को इससे बहुत हानि पहुँची है क्योंकि मीडिया समाचार-पत्र और पत्रिकाओं पर अधिकांश वर्चस्व ब्राह्मणों का ही है जिससे प्रेरित होकर अनेक जातीय संगठन बने जैसे चमार संघ, सैनी समाज, प्रजापति समाज, तेली समाज आदि। आज किसी भी अखबार को उठाकर देख लीजिए वहीं पर आपको 'बढ़ते हुए जातीय विद्वेष' के अनेक समाचार मिल जाएँगे। लेकिन इसके पीछे किसका हाथ है? इस सवाल पर सभी मौन साध लेते हैं। जो लोग समझते हैं वह जानते हैं कि यही वे लोग हैं जो समाज व्यवस्था के मृदुल आवरण में सामाजिक विघटन का विष बोते रहे थे। अतीत में इसका एक उदाहरण देखें। ब्राह्मणों में जातियाँ नहीं, क्षत्रियों में जातियाँ नहीं, वैश्यों में भी जातियाँ नहीं। जातियाँ केवल शूद्रों में ही पायी जाती हैं। अहीर, गूजर, जाट आदि से पूछा जाए कि भाई आप हिन्दू वर्ण-व्यवस्था के अन्तर्गत किस वर्ण में आते हैं? इसका सीधा-सा उत्तर है, ब्राह्मण ये हैं नहीं, क्षत्रिय भी नहीं हैं और वैश्य भी नहीं हैं। फिर केवल एक ही वर्ण बच जाता है और वह है शूद्र। लेकिन इस एक वर्ण में ऊँच-नीच की इतनी सीढ़ियाँ बना दी गयी हैं कि उस पर हर दूसरी जाति के न चढ़ने की सम्भावना है न उतरने की। ब्राह्मणवाद ने ऐसा क्यों किया? इस प्रश्न का भी सीधा-सा उत्तर है कि बिना कमाये, दान और भीख पर पलने वाला ब्राह्मण-वर्ग तभी तक सुरक्षित रह सकता था जब तक उसके द्वारा निर्मित शासक (क्षत्रिय) कब्जा कर लेगा तो वह ब्राह्मण के लिए घातक हो जाएगा। इसलिए शूद्र शासक नन्द के विरुद्ध ब्राह्मण चाणक्य षड्यंत्र कर उसे पदच्युत करवाता है। तर्क यह देता है कि वह विलासी था। लेकिन नन्द किसी ब्राह्मण को दान और भीख तो देता ही नहीं था उसे अपमानित और करता था। उसकी देखा-देखी और शासक भी ऐसा कर सकते थे जिससे मुफ्तखोर ब्राह्मणों के भूखों मरने की सम्भावनाएँ थीं। वस्तुत: नन्द के प्रति विद्रोह का मुख्य कारण यही था। जब शूद्रवर्ण को विभिन्न जातियों, उपजातियों में बाँटकर भी ब्राह्मणवाद को चैन नहीं आया, तो उसने एक और वर्ण पैदा कर दिया—पिछड़ा। जब पिछड़े और दलितों ने मिलकर बिहार और उत्तर प्रदेश की सत्ता हथिया ली तो उन्होंने घोषणा की कि ब्राह्मणवाद जैसी कोई चीज कभी रही ही नहीं। लेकिन ब्राह्मणवाद के सिपाही चाहे किसी भी मोर्चे पर रहे हों, वह वहीं सजग हो उठे। चाहे वह मीडिया में कार्यरत हों, चाहे शिक्षा संस्थानों के अलम्बरदार हों, चाहे किसी मन्दिर या मठ के पुजारी या भिखारी हों। गरज ये कि जो जहाँ है वह वहीं सक्रिय है उसे यह भी बताने की आवश्यकता नहीं है कि उसे क्या करना है? उसका एक कर्त्तव्य

है—ब्राह्मणवाद को पुख्ता करना। इसका एक उदाहरण देखें श्री टी. एन. चतुर्वेदी भारत के आडिटर जनरल थे। उनके सेवाकाल के जब दो माह रह गये तो उन्होंने भारत सरकार के व्यय पर कुछ बहुत ही चुभने वाली टिप्पणी की। मीडिया में बैठे उनके समवर्गीय लोगों ने उनकी इस हरकत को इतना बढ़ा-चढ़ाकर उन्हें साहसी, ईमानदार, विद्वान और सत्ता के सामने न झुकने वाले वीर पुरुष के रूप में भारत की शिक्षित-अर्द्धशिक्षित जनता के सामने इस तरह परोसा कि वह उसे अपना सिरमौर बना लें और टी.एन. चतुर्वेदी चुपके से भारतीय जनता पार्टी के खेमे में जाकर बैठ जाते हैं। राज्यसभा का टिकट पाते हैं और भारत की संसद में पहुँचकर जयश्रीराम का नारा बुलन्द करते हैं। अचानक उन्हें भारत की गरीबी, अशिक्षा, भुखमरी, बेकारी, कुपोषण जल और मल समस्याओं के निवारण से अधिक महत्त्वपूर्ण राम मन्दिर का निर्माण लगने लगता है। ऐसा क्यों हुआ? क्योंकि यही एक ब्राह्मण का वर्गहित था।

क्या श्री टी.एन. शेषन भी इसी रास्ते पर जा रहे हैं? हमारी इस धारणा को भाजपा अध्यक्ष लाल कृष्ण आडवानी का विगत दिनों दिया गया एक बयान पुख्ता करता है। उन्होंने कहा था कि—भारत की मध्यमवर्गीय जनता को एक नेता की जरूरत थी, उसने वी. पी. सिंह को अपना नेता माना लेकिन मण्डल आयोग की रिपोर्ट को लागू करने के बाद मध्यमवर्गीय जनता ने उसे पूरी तरह नकार दिया है। टी.एन. शेषन जो ब्राह्मण हैं, अपनी हरकतों के कारण कांग्रेस में उनके लिए जगह है नहीं, समाजवादी पार्टी ऐसे किसी ब्राह्मण को जगह देगी नहीं। उनके लिए फिर एक ही रास्ता रह जाता है वह है—भारतीय जनता पार्टी। वहीं उनका वर्ग हित भी पूरा हो सकता है।

उ. प्र. की सपा, बसपा गठबन्धन की सरकार किसी ब्राह्मण और हिन्दूवादी को फूटी आँख नही भा रही थी और उस वर्ग का चतुर्थ श्रेणी कर्मचारी से लेकर उच्च प्रशासनिक अधिकारी तक सरकार बिखरने के दिन गिन रहा था तथा रोज भविष्यवाणी कर रहा था कि बस एक महीना और! उस वर्ग के उच्चाधिकारियों ने दलित और पिछड़े वर्ग के लोगों के आगे बढ़ने के रास्ते बन्द करने का प्रयास कर दिया था। कभी उनकी सी.आर. खराब करके लम्बे समय तक लटकाकर और कभी वरिष्ठता सूची निर्गत न करके। यह सब इसलिए जान-बूझकर एक सोची-समझी साजिश के तहत किया जा रहा था कि दलित और पिछड़े-वर्ग के लोग उस पद तक न पहुँच पाएँ, जहाँ पर निर्णय लिए जाते हैं और उन्हें क्रियान्वित (एक्जीक्यूट) किया जाता है।

आज आवश्यकता इस बात की है कि सरकार में बैठे लोग बौखलाए हुए ब्राह्मणवाद की इन शतरंजी चालों को समझें और उनकी साजिशों को हर स्तर पर शासन और सत्ता में भी तथा जनता में भी नाकाम करने की कोशिश करें तभी सही मायने में लोकतंत्र को पुख्ता किया जा सकता है और आम आदमी को न्याय मिल सकता है।

दलित उत्थान : कुछ भावी रणनीतियाँ

इतिहास केवल उन्हीं जातियों का होता है, जो लड़ती हैं या यातना सहती हैं। दलितों का इतिहास यातना सहने का इतिहास है। भारतीय धर्म, संस्कृति और समाज में शताब्दियों से जुल्मों का शिकार होते आ रहे दलितों को केवल स्वतन्त्रता के बाद ही भारत में आगे बढ़ने के अवसर मिल पाये। लेकिन इन अवसरों को रोकने के प्रयास भी निरन्तर होते रहे। बीसवीं शताब्दी के अन्तिम दशक में ये प्रयास सफल होते दिखाई दिए जब भारत में उदारीकरण और भूमण्डलीकरण के तहत निजीकरण को भारत सरकार ने लागू कर दिया। इसके कारण सरकारी नौकरियों में, जहाँ दलितों को अवसर मिलने की सबसे ज्यादा उम्मीद थी उसमें प्रतिवर्ष 5 प्रतिशत की कटौती तथा सभी प्रकार की नियुक्तियों पर रोक लगा दी गयी। दरअसल यह रोक दलितों के नौकरियों में प्रवेश पर रोक लगाने की गरज से ही लगायी गयी है, ताकि चोर-दरवाजे से इन नौकरियों में सवर्णों को भरा जा सके। इस प्रकार वर्चस्ववादी सवर्ण मानसिकता, जिसे अब मनुवादी मानसिकता के नाम से जाना जाता है, ने एक बार फिर षड्यंत्र रचकर दलितों को अपनी उसी पूर्व स्थिति में लौटाने का प्रयास प्रारम्भ कर दिया है। लेकिन अब दलित सजग है, वह एकजुट होकर इन षड्यंत्रों को नाकाम करने का प्रयास कर रहा है। दलित नेतृत्व भले ही राजनीति में अपने निजी स्वार्थों के लिए समझौते कर रहा हो, लेकिन कुछ ऐसे भी संगठन हैं, जो दलित हित में निरन्तर सजग और संघर्षशील हैं। कभी-कभी धुर विरोधी भी दलित-हित में बयान देते हैं तथा कार्यक्रम बनाते हैं। 'भोपाल घोषणा-पत्र' एक ऐसा ही प्रयास था। 19 दिसम्बर 2003 को सामाजिक न्याय और अधिकारिता मंत्रालय द्वारा आयोजित अनुसूचित जाति एवं अनु. जनजाति के मंत्रियों एवं सांसदों की बैठक में प्रधानमंत्री श्री अटल बिहारी वाजपेयी का निजी क्षेत्र में दलितों को आरक्षण देने का बयान भी एक ऐसी ही पहल था। अब समय आ गया है कि हम 21वीं सदी की चुनौतियों को समझें और दलितों की उन्नति के लिए भावी रणनीतियाँ तय करें।

इस दृष्टि से सबसे पहले हमारा ध्यान शिक्षा की ओर जाता है। भोपाल घोषणा-पत्र में कहा गया है कि—"यह एक सिद्ध तथ्य है कि दलितों के सशक्तीकरण

में शिक्षा सबसे ताकतवर और भरोसेमन्द हथियार रही है। लेकिन दृश्य बदल गया है। मैट्रिकुलेशन और जन-जन तक शिक्षा की प्रासंगिकता 1980 के दशक के प्रारम्भिक दौर तक रही। मानविकी अथवा सामाजिक विज्ञान में स्नातक अथवा स्नातकोत्तर डिग्री की प्रासंगिकता भी 1990 के दशक तक रही। आज, जब तक दलित विज्ञान, प्रबन्धन, प्रौद्योगिकी जैसे उभरते क्षेत्रों में आगे नहीं बढ़ेंगे, तो वे विकसित होती वैश्विक अर्थव्यवस्था में सम्मानजनक स्थान नहीं बना पाएँगे।" (पृ. 107) देखने में आ रहा है कि दलित और निर्धन वर्ग के बच्चे सरकारी स्कूलों में पढ़ते हैं। चूँकि दलितों को अब शिक्षा प्राप्त करके भी सरकारी नौकरी मिलने की सम्भावना कम है। इसलिए वे स्वयं अपने बच्चों को स्कूल भेजना नहीं चाहते। वहीं दूसरी ओर सरकारें भी सरकारी स्कूलों को इस स्थिति में पहुँचा देना चाहती हैं कि वहाँ पर शिक्षा की उचित व्यवस्था न हो पाये, कहीं अध्यापक नहीं है, तो कहीं भवन नहीं है। कहीं टाट-पट्टी, श्यामपट, चाक, डस्टर नहीं है। परिणामस्वरूप शासकीय स्तर पर संचालित प्राइमरी स्कूल से लेकर महाविद्यालय तक सभी अव्यवस्थाओं के शिकार हैं जिसका सबसे अधिक खमियाजा दलित और निर्धन वर्ग के छात्रों को ही भुगतना पड़ रहा है। यह सरकार की एक सोची-समझी साजिश के तहत हो रहा है। यदि ये शासकीय संस्थाएँ इस तरह अव्यवस्था की शिकार नहीं होंगी, तो निजी अंग्रेजी माध्यम की शिक्षा संस्थाएँ कैसे फूलें-फलेंगी। इस फार्मूले के तहत ही सरकारें जानबूझ कर शिक्षा, स्वास्थ्य और न्याय को पूरी तरह तबाह कर देना चाहती हैं, ताकि आम आदमी का इन पर से विश्वास उठ जाए। हमें शिक्षा, स्वास्थ्य और न्याय को बिकाऊ और बाजारू होने से बचाना है। इसके लिए दलित संगठनों को अधिक-से-अधिक दलित बच्चों को स्कूल भेजने का प्रयास करना होगा और संगठित होकर सरकार पर दबाव बनाना होगा कि वे शासकीय स्तर पर शिक्षा की व्यवस्था को बेहतर तो करे ही, साथ ही सारे देश में एक समान पाठ्यक्रम भी लागू करे। शिक्षा को बाजारू और मँहगी होने से बचाना होगा।

आरक्षण का प्रश्न भी दलित सामाजिक कार्यकर्त्ताओं और बुद्धिजीवियों को उद्वेलित करता रहा है। इस सिलसिले में यह तो तय ही है कि आरक्षण दलित-समाज के लिए कोई खैरात नहीं है बल्कि उसे भारत के संसाधनों में हिस्सा देने का प्रयास है। लेकिन अब उदारीकरण, भूमण्डलीकरण और निजीकरण के माध्यम से बिना संविधान से छेड़छाड़ किये उसे समाप्त करने की भारत सरकार ने पूरी व्यवस्था कर दी है जबकि स्वतन्त्रता के इतने लम्बे वर्षों में दलित और दलित नेतृत्व सभी राजनीतिक पदों पर भी आरक्षण लागू करा पाने में असफल रहा है। संसद में राज्यसभा और प्रदेश विधान सभाओं की विधान परिषदों में अभी भी आरक्षण नहीं दिया जाता। प्रथम, द्वितीय और तृतीय श्रेणी की नौकरियों की स्थितियाँ तो सबको मालूम ही हैं। ऐसे में दलित उत्थान कैसे सम्भव होगा और अगली शताब्दी में

दलित-जीवन की तस्वीर क्या होगी? यह सोचकर सिर चकरा जाता है।

खाली पड़ी सरकारी भूमि के दलितों को दिये गये पट्टों का बड़ा शोर उत्तर प्रदेश और उत्तर प्रदेश से बाहर होता रहा है। 5 व 6 अक्टूबर, 2001 को डायनैमिक एक्शन ग्रुप ने लखनऊ में दलित-उत्पीड़न के विरुद्ध एक 'जन सुनवाई' का आयोजन किया था। इस संस्था के संयोजक श्री रामकुमार ने अपने साथियों के साथ उ. प्र. का सघन दौरा करके दलित-उत्पीड़न के 800 मामले एकत्र किये और रवीन्द्रालय में 5 व 6 अक्टूबर 2001 को एक जन-सुनवाई का आयोजन किया। ज्यूरी के रूप में हिस्सा लिया एच. सुरेश (पूर्व न्यायाधीश, मुम्बई उच्च न्यायालय), प्रो. गोपाल गुरु (राजनीति शास्त्र विभाग, पुणे विश्वविद्यालय) और असीम राय (मजदूर नेता, अहमदाबाद) ने। इस सुनवाई में 873 मामले दर्ज किये गये। इन मामलों में मुख्यत: जमीन, कर्ज, शारीरिक अत्याचार और सिर पर मैला ढोने से सम्बन्धित मामले थे। इन मामलों को सुनने के बाद ज्यूरी के अध्यक्ष जस्टिस एच. सुरेश ने अपने निष्कर्ष में लिखा है कि–'दो दिनों की जन-सुनवाई के दौरान जो हम लोगों ने देखा, वह उन बहुत से लोगों की कहानी थी जिन्होंने अपनी ज़मीनें गँवा दी हैं। करीब सभी बयानकर्ता दलित या आदिवासी थे। रिकार्ड में पट्टा इन दलितों के नाम में है। कुछ लोग उन जमीनों पर काबिज हैं और खेती कर रहे हैं। फिर भी अधिकांश तौर पर ऊँची जाति के लोगों ने, अधिकांश जमींदारों ने, पुलिस और भ्रष्ट राजनीतिज्ञों की मदद से इन जमीनों पर कब्जा कर लिया है। दिसम्बर 1995 में सरकार ने घोषणा की थी कि वे लोग जिन्होंने अपनी जमीन पर पट्टा प्राप्त नहीं किया है या जिनके पास पट्टा है, लेकिन जमीन पर कब्जा नहीं मिला है, उन्हें भूमिधर अधिकार दिया जाएगा। दिये गये प्रमाण यह दिखलाते हैं कि सरकार ने इस सम्बन्ध में बिल्कुल ही थोड़ा काम किया है। इस जन-सुनवाई से नौ निष्कर्ष निकले जो निम्नवत् हैं–

1. उत्तर प्रदेश में जमींदारी उन्मूलन कानून के पास होने के पाँच दशकों के बाद भी जमीन का सवाल अनसुलझा है।
2. वायदे के बावजूद करीब पचास प्रतिशत भूमिहीन और गरीब किसानों को जमीन का पट्टा नहीं मिला।
3. कुछ मामलों में उन्होंने जो जमीन पायी है, वह या तो बंजर है अथवा खेती करने लायक नहीं है।
4. बहुधा उन लोगों को जिन्हें जमीन का पट्टा मिला है जमीन पर कब्जा नहीं मिल सका है। उन्हें जमीन के मूल धारकों, उनके ताकतवर पड़ोसियों, प्रधान जैसे ग्रामीण अधिकारियों (खुद जमींदार और गाँव के असरदार) द्वारा कब्जा नहीं करने दिया जाता।

5. जिला कलक्टर के आदेश से (बिना किसी स्पष्ट सरकारी आदेश के) और कोर्ट के आदेश के खिलाफ जिसमें गाँव की भूमि प्रबन्धक समिति द्वारा वितरित जमीन के पट्टे के इस प्रकार के निरस्तीकरण की मनाही की गयी है। अनेक मामलों में पहले से वितरित आसामी पट्टों को 1998 से खारिज किया जा रहा है।
6. कुछ इलाकों में ग्राम सभा की बंजर जमीन को जिसे वन विभाग को स्थानान्तरित कर दिया गया है और साथ-ही-साथ राजस्व विभाग के तहत ग्राम सभा के रजिस्टर में भी दर्ज है, भूमिहीनों में वितरित किया गया है। इन दोहरी स्थिति वाली जमीनों को वन विभाग द्वारा ले लिया जा रहा है। यह समस्या खासकर सोनभद्र जिले में बहुत तीव्र है जो आदिवासियों को प्रभावित करती है।
7. बैंक मैनेजरों, ग्राम सेवकों इत्यादि द्वारा विभिन्न योजनाओं के तहत कर्ज लेने के लिए फुसलाया जाता है। लेकिन बहुधा गरीब लोग स्वीकृत कर्ज की पूरी राशि प्राप्त नहीं कर पाते, शेष धन इन बिचौलियों द्वारा ले लिया जाता है। कभी-कभी तो गरीबों को पूरे कर्ज से ही वंचित कर दिया जाता है। कभी-कभी तो बिना उनकी जानकारी के ये कर्ज निकाल लिए जाते हैं। उन्हें कर्ज के बारे में पता तब चलता है जब अदायगी को नोटिस आती है। जब वे कर्ज अदा नहीं कर पाते, तो उन्हें गिरफ्तार किया जाता है और ऐसे कमरों में बन्द रखा जाता है, जो मनुष्य के रहने लायक नहीं होते हैं। ये सब चीजें मौजूदा कानूनों की विरोधी हैं।
8. दलितों पर (क) गाँव के असरदार (ख) पुलिस और (ग) प्रशासन द्वारा विभिन्न प्रकार के जुल्म किये जाते हैं। पीड़ितों में पुरुष और स्त्री दोनों होते हैं। इन जुल्मों और परेशानियों को गाँव के भद्रजनों (आम तौर पर सवर्ण जातियाँ) कानून और व्यवस्था के रखवालों तथा न्यायालयों के अधिकारियों द्वारा शह और बढ़ावा भी दिया जाता है।
9. दलित अभी भी सिर पर मैला ढो रहे हैं जिसे संवैधानिक तौर पर गैर कानूनी घोषित किया जा चुका है।

रिपोर्ट के निष्कर्ष बताते हैं कि दलित उत्पीड़न का शिकार हैं और उनके मानवीय अधिकारों का निरन्तर हनन हो रहा है। शासन और प्रशासन मूक दर्शक बना देख ही नहीं रहा, कहीं-कहीं तो स्वयं उत्पीड़ित भी कर रहा है। डायनैमिक एक्शन ग्रुप के संयोजक श्री रामकुमार ने इन निष्कर्षों का प्रत्यावेदन महामहिम राज्यपाल उ.प्र. तथा मुख्य सचिव उत्तर प्रदेश सरकार को भी प्रस्तुत किया है जिसका सकारात्मक परिणाम यह निकला है कि शासन ने अपने पत्र संख्या-23 श. प. /1-2-01, राजस्व अनुभाग-2, लखनऊ दिनांक 3 जनवरी, 2002 द्वारा उत्तर

प्रदेश के समस्त जिलाधिकारियों को दलित उत्पीड़न रोकने के निर्देश दिए हैं। इसके परिणाम क्या निकलेंगे, यह तो भविष्य के गर्त में है। लेकिन इससे शासन-प्रशासन कुछ सोचने के लिए विवश अवश्य होगा। किसी बड़े मुद्दे पर किसी संगठन की यह भी एक सफलता ही है।

दलित-जीवन की जमीनी सच्चाइयों को दस्तावेजी रूप देकर उसके आधार पर एक दीर्घकालीन रणनीति बनाना, दलित विचारकों की फौरी जरूरत है। इसलिए डायनैमिक एक्शन ग्रुप ने दिनांक 10-12-2001 को उ. प्र. के महामहिम राज्यपाल को एक माँग पत्र सौंपा है जिसमें निम्नलिखित माँगें रखी गयी हैं—

1. गरीबी रेखा के नीचे के लोगों के उत्थान व विकास के नाम पर जो सरकारी ऋण दिये गये थे, उनकी जबरन वसूली पर तुरन्त रोक लगाई जाए।
2. गरीबों को जो ऋण दिये गये थे, उन पर सरकारी अधिकारी व दलालों द्वारा व्यापक भ्रष्टाचार हुआ इन दोषी अधिकारियों/व्यक्तियों को चिन्हित किया जाए और इन पर तुरन्त कार्यवाही की जाए। इसके अतिरिक्त इन कार्यक्रमों का मूल्यांकन भी हो।
3. प्रदेशों के सभी भूमिहीन खेतिहर मजदूरों को जमीन पर पट्टा दिया जाए, जिन्हें पट्टा मिल चुका है, कब्जा नहीं मिला है, उन्हें कब्जा दिलाया जाए।
4. प्रदेशों में सभी प्रकार की विवादित पट्टा-भूमि जिनके मामले वर्षों से न्यायालय में लम्बित हैं उसके निस्तारण के लिए एक अलग से सक्षम आयोग गठित किया जाए और उसके निर्णय की समय-सीमा भी निर्धारित की जाए। साथ ही इस काम में लगे लोगों के पुनर्वास के लिए समुचित कदम उठाए जाएँ।
5. कानूनी तौर पर प्रतिबन्धित सिर पर मैला ढोने की प्रथा को सम्पूर्ण रूप से समाप्त करने हेतु प्रभावी कार्यवाही सुनिश्चित की जाए तथा इस काम में लगे लोगों के पुर्नवास के लिए समुचित कदम उठाए जाएँ।
6. प्रदेशों में विवादित वन विभाग व आदिवासी, दलितों की भूमि डबल इन्ट्री धारा-4, धारा-20 से सम्बन्धित मामलों का तुरन्त निवारण किया जाए।
7. प्रदेशों में दलित आदिवासियों, महिला अल्पसंख्यकों के ऊपर हो रहे अत्याचारों को तुरन्त समाप्त किया जाए तथा दोषियों को सजा के लिए विशेष अदालत का गठन किया जाए।
8. प्रदेशों में सामाजिक न्याय अधिकार का पृथक मंत्रालय गठित किया जाए। साथ ही अनुसूचित जाति एवं जन जाति आयोग को न्यायिक अधिकार दिया जाए।
9. प्रदेशों में निर्बल आवास ऋण वसूली अभियान पर तत्काल रोक लगाई जाए और उन्हें ऋण-मुक्त किया जाए।

10. प्रदेशों की आदिवासी सूची में बहुतायत संख्या में आदिवासी जातियाँ (जैसे कोल, गोचर, बैगा, खरवार, पनिका, भुइयां, घसिया, अगरिया, औरांव, पहाड़िया, पठारी, सहारिया, बनगुजर आदि) सम्मिलित नहीं हैं, उन जातियों को सूची में शामिल करने के लिए तुरन्त पहल की जाए।
11. पूर्वी उत्तर प्रदेश में भूमिहीन बसफोर एवं मुसहर जाति को आवास एवं खेती के लिए भूमि दी जाए।

'भोपाल दस्तावेज' के नाम से जो दलित एजेण्डा बनाया गया है उसमें आर्थिक प्रश्न ही सबसे महत्त्वपूर्ण है जबकि दलित-समस्या अपने आप में धार्मिक, सामाजिक और राजनीतिक भी है। इसलिए दलित-उत्थान के लिए हमें इस दिशा में भी कुछ कार्यक्रम तय करने पड़ेंगे। मै यहाँ इस दिशा में कुछ संकेत मात्र कर रहा हूँ—

जिन विडम्बनाओं को हम हिन्दू-धर्म से दूर करना चाहते हैं आवश्यक है कि उसे हम अपने दलित-समाज से भी दूर करें। यदि दलित भी हिन्दू-समाज की इन्हीं ऊँच-नीच की मान्यताओं में बन्धे रहकर जातियों-उपजातियों एवं गोत्रों में बंटे रहेंगे तो हमारी आवाज में तो दम होगा ही नहीं, हम दूसरों को भी इस व्यवहार को छोड़ने के लिए बाध्य नहीं कर सकेंगे। अब समय आ गया है कि दलित राजनीति सामाजिक धरातल पर उतरकर काम करे। इसके संगठनात्मक ढाँचे को और विस्तार देना होगा जैसे अनुसूचित जाति किसान संगठन, अनुसूचित जाति छात्र संगठन, अनुसूचित जाति के कर्मचारियों का संगठन, कारखाना मजदूर संगठन, महिला संगठन, अनुसूचित जाति बुद्धिजीवी संगठन। अभिप्राय यह है कि हर क्षेत्र और हर स्तर पर अनुसूचित जाति के संगठनों को सक्रिय करना होगा। ध्यान रहे—अनुसूचित जाति से मेरा तात्पर्य है, वह सारी जातियाँ, जो आरक्षित वर्ग के अन्तर्गत मान्य हैं जिसमें अनुसूचित जनजाति एवं आदिवासी भी शामिल हैं।

किसी समाज में बुद्धिजीवियों की भूमिका बहुत महत्त्वपूर्ण होती है। दलित-समाज को भी अपने बुद्धिजीवियों का सम्मान करना चाहिए और उनसे काम लेना चाहिए। ये बुद्धिजीवी वकील हैं, पत्रकार हैं, अधिकारी हैं, डॉक्टर हैं, प्राध्यापक हैं। गरज यह है कि ये जहाँ पर भी हैं, उनसे समय-समय पर उठने वाली दलित-समस्याओं पर दलित-नेता विचार-विमर्श करें तथा मार्गदर्शन लें। इसका रास्ता है किसी मंच की स्थापना, जिसके बैनर पर समय-समय पर दलित-समस्याओं पर सेमिनार कर इन समस्याओं के समाधान की खोज करना। यह काम फैशन के तौर पर न किया जाए, जैसा कि आजकल किया जाता है। इसे सामाजिक जरूरत के लिए एक गम्भीर प्रयास की तरह किया जाना चाहिए। इस सन्दर्भ में पत्र और पत्रिकाएँ अपनी महत्त्वपूर्ण भूमिका निभा सकती हैं। इन पत्र-पत्रिकाओं का जाल

जिला और कस्बा स्तर से राष्ट्रीय स्तर तक बनाया जाए, बल्कि जिले और कस्बों में जो भी दलित लोग अखबार निकाल रहे हैं उन्हें दलित हितों पर लिखे गये लेख, समाचार और आन्दोलनों, सम्मेलनों तथा सेमिनारों की रिपोर्टों को भिजवाया जाना चाहिए। दलित नेताओं को इसी उद्देश्य के लिए एक समाचार एजेन्सी की स्थापना भी करनी चाहिए।

हमें यातना के विष को संगठन की रिफाइनरी में शुद्ध करके अमृत में बदलना है, आने वाली पीढ़ियों के लिए। संस्कृति, कला और साहित्य के धरातल पर भी। इसके लिए आवश्यक है—दलित साहित्य का प्रकाशन, दलित नाटकों का मंचन जो टेलीफिल्मों और फिल्मों तक जाएगा। दलित कलाओं का विकास, दलित-जातियों में गाए जाने वाले लोकगीतों का संकलन और प्रकाशन, यह सब संगठन-कर्ताओं को इसलिए करना चाहिए, क्योंकि इस धरातल पर किये गये कार्य एक तो बहुत स्पष्ट होते हैं तथा उनका प्रभाव बहुत विस्तृत होता है। इसके अतिरिक्त उनकी गति भी बहुत तीव्र होती है।

दलित संगठनों के बिखरने का एक कारण यह रहा है कि ये सारे संगठन व्यक्ति-केन्द्रित थे। व्यक्ति के न रहने पर, संगठन भी नहीं रहे। इसलिए अब यह आवश्यक हो गया है कि संगठनकर्ता को अपने रहते हुए ही दूसरी पंक्ति का नेतृत्व भी तैयार करना चाहिए, जिससे उसके बाद संगठन मरे नहीं। अब संगठन को सत्ताभिमुख न होकर जनाभिमुख होना चाहिए। जिससे अधिक-से-अधिक लोग जुड़ें अपने भले के लिए, अपने उत्थान के लिए। और महज ऐसे ही व्यक्ति को सत्ता की ओर बढ़ाएँ जो उनके लिए काम करे, सिर्फ अपने लिए ही नहीं। इससे उन नेताओं को अवश्य परेशानी होगी, जो शार्टकट की राजनीति करते रहे हैं। वे इनमें अवरोध भी उत्पन्न कर सकते हैं। यह अवरोध इतना बड़ा नहीं जिसे हटाया न जा सके। किसी भी दलित-संगठन को केन्द्र से लेकर प्रदेश और जिला केन्द्रों तक पहुँचाना तो आसान है। कई सगंठन जिला स्तर तक काम कर भी रहे हैं। हमें इन्हें जिले से तहसील, ब्लाक, थाना से लेकर ग्राम पंचायत से होते हुए ग्राम तक ले जाना है क्योंकि हमारी जड़ें तो वहीं हैं और सबसे अधिक कष्ट भी वहीं हैं, अतः इलाज भी वहीं होना चाहिए। इन संगठनों से ऐसे निस्पृह लोगों को जोड़ें, जिन्हें राजनीतिक लाभ की कोई आकांक्षा न हो। इन संगठनों के माध्यम से दलित-समाज में निम्न कार्यक्रमों को लागू करने का प्रयास करना होगा—

1. दलितों में बच्चे के जन्म पर अच्छे-अच्छे नाम रखने का प्रयास करना। इसके लिए केन्द्रीय संगठन से एक छपी हुई नामावली दी जाएगी जिसमें वर्णमाला के प्रत्येक अक्षर से शुरू होने वाले लड़के और लड़कियों के नामों की सूची होगी।

2. प्रत्येक ग्राम में सर्वे करके पता लगाना कि स्कूल जाने की उम्र के कितने बच्चे हैं, जो स्कूल नहीं जाते हैं। उन्हें स्कूल भिजवाने का प्रयास करना।
3. दलितों में प्रौढ़ शिक्षा कार्यक्रम चलाना जिससे सभी लोग लिखी हुई चीजों को पढ़ सकें।
4. दलितों में सफाई की व्यवस्था पर लोगों का ध्यान दिलाया जाए क्योंकि गन्दा रहने के कारण ही दूसरे लोग हमें अपने पास फटकने नहीं देते।
5. स्त्री और पुरुषों में पूरी तरह शराब बन्दी करना क्योंकि इस वजह से दलितों की अधिकांश कमाई जो इनके विकास में लगनी चाहिए वह शराब के कारण दूसरों के पास चली जाती है और दलित कर्जे में दबते चले जाते हैं।
6. मांस-भक्षण तथा धूम्रपान के निषेध का भी प्रचार करना आवश्यक है।
7. शादी-ब्याह में दहेज-प्रथा का पूर्ण बहिष्कार तथा बारात में कम-से-कम आदमी लाने और ले जाने पर जोर दिया जाना आवश्यक है।
8. लड़कियों की शिक्षा पर अधिक जोर दिया जाना चाहिए।
9. बाल-विवाह प्रथा का विरोध करना।
10. मृत्युभोज, तेरहवीं, सगाई आदि पर अनावश्यक खर्च न करना।
11. हिन्दू-धर्म के रूढ़िवादी तथा अन्धविश्वास से मुक्ति के लिए लोगों को समझाना, जिससे ये लोग अपनी कमाई का वह हिस्सा जो पंडे, पुजारियों को देते हैं, उसे अपने बच्चों के लिए उपयोग करें।
12. बौद्ध धर्म के प्रचार को बढ़ावा देना।
13. दलित-उत्पीड़न की सभी छोटी-बड़ी घटनाओं को पत्र-पत्रिकाओं तक पहुँचाना। छपने पर संकलन करना तथा प्रत्येक जिला मुख्यालय से निकलने वाले किसी भी दलित पत्र का दलित उत्पीड़न विशेषांक प्रकाशित करना। यह कार्य प्रत्येक जिला स्तर पर होना चाहिए।
14. सेवानिवृत्त दलितों को दलित-सुधार कार्यक्रमों में नियोजित किया जाना चाहिए।
15. अधिक-से-अधिक शिक्षण-संस्थाओं के निर्माण का प्रयास करना।
16. दलित-साहित्य के पठन-पाठन का प्रचार करना।
17. रैदास-जयन्ती और डॉ. अम्बेडकर जयन्ती को कौमी त्योहार के रूप में मनाने का प्रचार करना।
18. दलित राजनीतिज्ञों के लिए ट्रेनिंग कैम्प लगाना जिससे वे किसी भी पार्टी में रहें, लेकिन दलित-हित में काम करें।

यदि इन सारे कार्यक्रमों को निष्ठापूर्वक लागू किया जा सके, तो दलित-समाज को फिर किसी आरक्षण का मोहताज नहीं होना पड़ेगा और 21वीं शताब्दी की सारी चुनौतियों से वह स्वयं ही निपट लेगा।

प्रथम स्वतन्त्रता संग्राम 1857 में दलितों का योगदान

प्रथम स्वतन्त्रता संग्राम के नाम से जानें जाने वाले क्रांतिकारी सैनिक विद्रोह का प्रारम्भ 10 मई 1857 को हुआ था। इस क्रांति को ब्रिटिश इतिहासकारों ने बड़ी सहजता से 'गदर' का नाम दे दिया और भारतीय इतिहासकारों ने भी इसे इसी रूप में स्वीकृति दे दी। जबकि यह अपने आप में एक जनक्रांति, एक ऐसी चेतना है ज़ो सम्पूर्ण परिवर्तन के बिना पूर्ण नहीं होती। 1857 की इस क्रान्ति को भी दबा दिया गया, जबकि वस्तुतः वह एक क्रांति ही है जिसकी प्रेरणा कारतूस कारखाने में काम करने वाले मातादीन भंगी ने दी थी।

इस घटना को श्री एम. आर. विद्रोही ने अपनी पुस्तक 'दलित दस्तावेज' में श्री राजेन्द्र प्रसाद जैन की पुस्तक 'सन् 1857 का विप्लव और शाहजफर' के पृष्ठ 73 से इस प्रकार उद्धृत किया है—'नं. 70, की बंगाली पलटन के कैप्टन राइट ने एक चिट्ठी मेजर बोंटिन, दमदम के नाम तारीख 22 जनवरी 1857 ई. को लिखी थी। चिट्ठी में लिखा था 2 नं. की पलटन के एक ब्राह्मण सिपाही से एक भंगी (मातादीन) ने पानी पीने के लिए उसका पीतल का लोटा माँगा। ब्राह्मण ने भंगी (मातादीन) को फटकार दिया। मातादीन भंगी ने ब्राह्मण को चिढ़ाते हुए कहा कि बहुत ही जल्दी तुम्हारी पंडिताई (ब्राह्मणपना) निकल जाएगी जब तुम सब दाँत से सूअर और गाय की चर्बी से बने कारतूस काट कर बन्दूकों में भरकर चलाओगे। यह भंगी दमदम के उस कारखाने में नौकर था जहाँ पर यह नये कारतूस बनाये जा रहे थे। इसलिए उसकी बात प्रामाणिक मानी गयी।' मातादीन भंगी की यह बात भारत की समस्त सैनिक छावनियों में जंगल की आग की तरह फैल गयी जो इस क्रांति का कारण बनी। मातादीन हिन्दू-धर्म में अछूत कही जाने वाली भंगी जाति का था। भारत के सवर्ण लेखकों, जिनके हाथ में आज भी प्रचार मीडिया है, ने कहीं भी उस व्यक्ति का नाम नहीं दिया है। भारत के सन् 1857 ई. के स्वतन्त्रता संग्राम का सेहरा ब्राह्मणवाद ने मंगल पाण्डेय और लक्ष्मीबाई के सिर बाँधा है। लेकिन मंगल पाण्डेय और लक्ष्मीबाई या बाद के चन्द्रशेखर आजाद को प्रेरणा देने वाले

कौन थे? सन् 1857 का विप्लव उस क्रांतिकारी मातादीन भंगी के मस्तिष्क की उपज था जिस प्रकार से आजाद को प्रेरणा देने वाले आदिवासी भील थे। लक्ष्मीबाई को इतिहास के पन्नों में झलकारी बाई लिख गयीं, नहीं तो लक्ष्मीबाई भी विधवा होने पर सिर के बाल मुंडाने के बाद किसी मन्दिर में मीराबाई की तरह भजन कीर्तन मण्डली की शोभा बढ़ाती। इससे स्पष्ट होता है कि जिस ब्राह्मण सिपाही से लोटा मांगा था, वह मंगल पाण्डेय था और जिस भंगी ने लोटा माँगा था वह मातादीन था। सन् 1857 की क्रांति के इस रचनाकार का दलित-साहित्य में निरन्तर उल्लेख मिलता है। सन् 2007 में 'अपेक्षा' त्रैमासिक के जुलाई-सितम्बर अंक में डॉ. तेज सिंह ने इस घटना का विश्लेषण करते हुए लिखा है कि 'मंगल पाण्डे और मातादीन भंगी वाली घटना कोई साधारण घटना नहीं थी जिसके पीछे जातिवादी समाज-व्यवस्था की सच्चाई छुपी हुई थी कि अंग्रेजों ने ब्राह्मणों की रूढ़िवादी वर्ण-व्यवस्था वाली समाज-व्यवस्था पर कुठाराघात करना शुरू कर दिया था जिससे ब्राह्मण-वर्ग पूरी तरह बौखला गया था...यह भी एक ऐतिहासिक सच्चाई है कि अंग्रेजों की भारतीय सेना में कोई जातिगत भेदभाव नहीं था। सभी के लिए एक ही मैस में खाना बनता था। हजारों की संख्या में दलित-पिछड़े वर्ग के लोग भी सिपाही के रूप में भर्ती थे। मंगल पाण्डे जैसे कट्टर पुरातन पंथी ब्राह्मण-वर्ग के सिपाहियों को यह सहन नहीं था कि दलित-वर्ग के सिपाही भी उनके साथ बैठकर उनके जैसा खाना खाएँ।' डॉ. तेज सिंह ने आगे लिखा है कि—'यह सच है कि फौज में उपद्रव मचाने पर मंगल पाण्डे को फाँसी दी गयी थी। लेकिन यह भी उतना ही सच है कि उपद्रवी या विद्रोही सिपाहियों की सूची में मातादीन का नाम भी था और अभियोग लगाकर उसका भी कोर्ट मार्शल किया गया था और गदर के बाद उसे भी अंग्रेजों द्वारा फांसी पर लटकाया गया था। प्रश्न उठता है कि मातादीन को फाँसी पर क्यों लटकाया गया था? निश्चित तौर पर मातादीन ने भी विद्रोह में भाग लिया था। फिर भी गदर के इतिहास में मंगल पाण्डे का तो विस्तार से वर्णन किया गया है, लेकिन विद्रोह की चिंगारी फूँकने और विद्रोह करने वाले मातादीन का सिर्फ नामोल्लेख है। क्या यही देश के राष्ट्रवादियों का इतिहास-लेखन है जिसमें गदर के समय दलितों-पिछड़ों की क्रांतिकारी भूमिकाओं का कोई उल्लेख नहीं है?' अरुणाचल प्रदेश के पूर्व राज्यपाल और हिन्दी दलित-साहित्य के प्रमुख हस्ताक्षर श्री माताप्रसाद ने लिखा है कि—'सन 1857 ई. के स्वतन्त्रता संग्राम के समय मातादीन भंगी के साथ छुआछूत का व्यवहार मंगल पांडे द्वारा किया गया था। उस समय कारतूस बनाने का रहस्य खोलकर क्रांति की चिंगारी जलाई थी, वह शोला बनकर सैनिकों में धधक उठी और उसने सैनिक विद्रोह का रूप ले लिया। स्वतन्त्रता संग्राम में देश के हर भाग में सभी के साथ दलितों ने भी अपनी भागीदारी निभाई थी।' इसका

तात्पर्य यह हुआ कि मंगल पाण्डे, जिसे 1857 की क्रांति का नायक कहा जाता है, वह जातीय श्रेष्ठता को बचाने के लिए विद्रोही हुआ, किसी राष्ट्रप्रेम के कारण नहीं। इसी प्रकार झाँसी की रानी लक्ष्मीबाई भी अपनी रियासत को अपने दत्तक पुत्र को न दिए जाने के कारण विद्रोही हो गयी। उसके सम्मुख भी अपनी छोटी-सी रियासत को बचाने का प्रश्न मुख्य था, राष्ट्र की स्वतन्त्रता का नहीं। जबकि झलकारी बाई जो कोरी जाति की थी, उसके सम्मुख इस संग्राम में अंग्रेजों को पराजित कर देश की और रानी लक्ष्मीबाई की रक्षा करने का प्रश्न था। झलकारी बाई ने रानी लक्ष्मीबाई के रूप में अंग्रेजों से युद्ध किया था और वह कई अंग्रेजों को मारकर वीरगति को प्राप्त हुई थी। सबसे पहले उसका उल्लेख वृन्दावन लाल वर्मा के ऐतिहासिक उपन्यास 'झाँसी की रानी' में कई जगह उपलब्ध होता है। उसके उपरान्त दलित साहित्यकार श्री माताप्रसाद ने 'वीरांगना झलकारी बाई' पर नाटक लिखा और श्री मोहनदास नैमिशराय ने उपन्यास लिखा। इसके अतिरिक्त श्री माताप्रसाद ने लिखा है कि श्री चोखे लाल वर्मा 'निर्मल' झाँसी के निवासी हैं। उन्होंने बड़े परिश्रम के साथ 'वीरांगना झलकारी बाई' महाकाव्य लिखा है। इसे भी मैंने पढ़ा। इसके अतिरिक्त श्री भवानी शंकर विशारद लिखित 'वीरांगना झलकारी बाई' पुस्तक भी देखी है। और अब झलकारी बाई इतिहास के पृष्ठों से निकलकर दलित समाज की प्रेरणास्रोत के रूप में स्थापित हो गयी है, श्री एम.आर. विद्रोही ने लिखा है कि—पूरन कोरी की पत्नी का नाम झलकारी बाई था। झलकारी बाई कोरी झाँसी की रानी लक्ष्मीबाई के समान ही एक रंग-रूप की थी। झलकारी बाई में वीरता कूट-कूटकर भरी थी। 10 मई 1857 ई. को मेरठ छावनी में भारतीय सैनिकों ने जो विद्रोह प्रारम्भ किया उसकी आग झाँसी भी पहुँची। पूरन कोरी और भाऊ बक्सी विद्रोह का संचालन कर रहे थे। अपने पति के साथ झलकारी बाई कोरी भी अंग्रेजों से युद्ध कर रही थी। 5 जून 1857 को झाँसी में विद्रोह भड़का। पूरन कोरी और भाऊ बक्सी ने खजाने और शस्त्रागार पर अधिकार कर लिया। उस समय खजाने में चार लाख रुपये थे। विद्रोही सैनिकों ने डनलप को गोली मारकर उस समय हत्या कर दी जब वह डाकखाने में पत्र डालने गया था।

पूरन कोरी और भाऊ बक्सी ने 6 जून 1857 ई. को झाँसी का किला घेर लिया। झाँसी में 5 जून से 8 जून तक पूरन कोरी और भाऊ बक्सी का झंडा लहराता रहा। अंग्रेज स्वामिभक्त कोतवाल नीलधर, जमादार नत्थू सिंह पकड़े गये।

झलकारी बाई का पति पूरन कोरी और भाऊ बक्सी कोरियों की सेना के साथ अंग्रेजों का नरसंहार कर रहे थे। संघर्ष अपनी चरम सीमा पर था। झलकारी बाई रानी के प्रति चिंतित थी। झलकारी बाई यह सोच रही थी कि रानी लक्ष्मीबाई कहीं अपने को अंग्रेजों के हवाले न कर दे जिससे झाँसी का स्वतन्त्रता-आन्दोलन मिट्टी

में मिल जाएगा। रानी भी युद्ध की विभीषिका देखकर डर गयी। उसने युद्ध-भूमि से भागने की इच्छा प्रकट की। झलकारी बाई ने लक्ष्मीबाई को अपने विश्वस्त सैनिकों के साथ भांडेरी फाटक से बाहर निकाल दिया। संघर्ष की ऐसी भयंकर स्थिति में भी झलकारी बाई सन्तुलित थी। उसमें वीरता और धीरता का अनोखा संगम था। भांडेरी गेट से उन्नाव गेट तक युद्ध का संचालन स्वयं झलकारी बाई कर रही थी। वह तोपखाने को भी सँभाले थी। उसके पति पूरन कोरी दूसरे स्थान पर भाऊ बक्सी के साथ अंग्रेजों से लड़ रहे थे।

झलकारी बाई का रंगरूप रानी लक्ष्मीबाई से मिलता-जुलता था। झलकारी बाई स्वयं को झाँसी की रानी लक्ष्मीबाई घोषित कर युद्ध का संचालन कर रही थी। झलकारी बाई चाहती थी कि रानी झाँसी से निकल बिठूर तक पहुँच जाए। उसका उद्देश्य था कि अंग्रेजों को युद्ध में उलझाना ताकि अंग्रेज झलकाबाई को लक्ष्मीबाई समझकर दिनभर युद्ध करते रहें।

झलकारी बाई को युद्ध-भूमि में सूचना मिली कि तुम्हारे पति शहीद हो गये हैं। जीवन की ज्योति जैसे झलकारी बाई के शून्य में विलीन हो गयी। वह अपने पति को एकटक देखती रही। उसके बाद जीवन उन्हें बेकार लगने लगा। कितने ही अंग्रेजों को मौत के घाट उतार दिया। अंग्रेजों की सेना के पैर उखड़ गये। एक गोली झलकारी बाई के सीने को पार कर के निकल गयी। वह घोड़े से गिर गयी। अंधाधुंध गोलियाँ उन पर बरसीं। झलकारी बाई कोरी देश की स्वतन्त्रता के लिए शहीद हो गयी। उसका नाम भारत के इतिहास में स्वर्णिम अक्षरों में लिखा जाएगा। वे दलित समाज की थीं। न तो उनका राज्य था, न राजमहल और न वे रानी हो सकती थीं। उन्होंने केवल देश की स्वतन्त्रता के लिए अपने प्राणों की बाजी लगा दी। श्री माताप्रसाद ने अपने नाटक की भूमिका में लिखा है कि 'प्रथम स्वतन्त्रता संग्राम में झाँसी की रानी लक्ष्मीबाई की एक महत्त्वपूर्ण भूमिका रही है। लक्ष्मीबाई ने स्त्रियों की सेना की एक टुकड़ी बनायी थी, जिसने बड़े साहस-भरे कार्य किये। इनमें झलकारी बाई कोरी ने सराहनीय काम किये थे। लक्ष्मीबाई को अंग्रेजों के हाथों से बचाने के लिए झलकारी बाई स्वयं लक्ष्मीबाई बनकर अंग्रेजों को कुछ समय तक धोखे में रखने में सफल हुई। बुन्देलखंड और दलित-समाज ही नहीं, सारे महिला-समाज को उसने गौरवान्वित किया। उसकी निर्भीकता और बहादुरी को देखकर अंग्रेज सेनापति हयूरोज, जो झाँसी पर अंग्रेजी सेना द्वारा कब्जा लेने का संचालन कर रहा था, ने 4 जून 1848 को कहा था—'स्टुअर्ट ही नहीं, अगर हिन्दुस्तान की एक फीसदी लड़कियाँ इस लड़की (झलकारी बाई) की तरह आजादी की दीवानी हो गयीं तो हम सबको यह देश छोड़कर हाथ झाड़कर भागना पड़ेगा।' डॉ. दिनेश कुमार सिसौदिया ने लिखा है कि 'वीरांगना झलकारी बाई के

त्याग, बलिदान और देशभक्ति ने गरीब, निर्धन, दबे-कुचले और बेसहारा लोगों का मस्तक ही ऊँचा नहीं किया, वरन् सिद्ध कर दिया कि वीरता जन्म से नहीं व्यक्ति के संकल्प, विश्वास और कर्म से प्राप्त होती है। इससे सिद्ध होता है कि झलकारी बाई एक दलित वीरांगना थी और उसने 1857 की क्रांति में महत्त्वपूर्ण भूमिका निभाई थी।

इसी प्रकार लखनऊ के पास अजरियांव की वीरांगना ऊदादेवी जो पासी जाति की थी, एक महिला सेना की नायिका थी। कैम्बैल के नेतृत्व में अंग्रेजों की सेना ने जब सिकन्दर बाग के किले पर हमला किया तो ऊदा देवी के नेतृत्व में जंगली बिल्लियों की तरह बहादुरी से लड़ते हुए उन्होंने 36 अंग्रेज सिपाहियों को मार गिराया और अन्त में लड़ते-लड़ते शहीद हो गयी। चिनहर की लड़ाई में ऊदा देवी का पति पहले ही शहीद हो चुका था।' श्री माताप्रसाद ने भी 'वीरांगना ऊदा देवी पासी' नाटक लिखा है। इसकी भूमिका में उन्होंने लिखा है कि—'इस नाटक का कथ्य इतना ही है, सन् 1857 ई. के स्वतत्रन्ता संग्राम में बेगम हजरत महल के अनुरोध पर लखनऊ के अजरियांव गाँव की पासी जाति की एक दलित महिला उनकी सेना में भर्ती हो गयी। बाद में अपने परिश्रम और कौशल से वह महिला सेना की टुकड़ी की नायक हो गयी। उसने वह साहस और धैर्य दिखाया और अपने कौशल से बहुत-से अंग्रेजों को मार गिराया और अन्त में शहीद भी हो गयी। पहले अंग्रेजों ने उसे अज्ञात वीरांगना कहा है।' ठीक इसी तरह 8 मई 1857 को वीरांगना आशा देवी के नेतृत्व में अन्य दलित महिलाओं इन्द्रकौर, कुशल देवी, रहीमी गुर्जरी, भगवानी देवी, रनवीरी देवी और सहेजा वाल्मीकि तथा शोभा देवी आदि ने अंग्रेजों की सेना के साथ सशस्त्र संघर्ष किया और शहीद हो गयीं।

जब मुजफ्फरनगर को अंग्रेजों ने अपने अधीन करना चाहा तो ग्राम मुंडभर, भाजू, तहसील कैराना, मुजफ्फरनगर की दलित महावीरी देवी के नेतृत्व में 22 दलित महिलाएँ वीरता से लड़ते हुई शहीद हो गयी। श्री डी. सी. डिंकर ने अपनी पुस्तक 'स्वतंत्रता संग्राम में अछूतों का योगदान' में लिखा है कि—अमर वीरांगना महावीरी देवीमुंडभर भाजू, तहसील कैराना, जिला मुजफ्फरनगर की रहने वाली थीं। चूँकि वे जाति से भी भंगी थीं। अत: पढ़ने का प्रश्न ही नहीं उठता था। उनकी बुद्धि बहुत ही कुशाग्र थी। वे तेज-तर्रार स्वभाव की थीं। महावीरी देवी उस समय पैदा हुई थीं जब अछूत लोग कुत्ते-बिल्ले से भी बदतर अवस्था में थे। महावीरी देवी अन्याय का डटकर मुकाबला करती थीं। उसकी निर्भीकता की चर्चा पूरे क्षेत्र में फैल चुकी थी। भंगी-समाज का जीवन क़ैसा होता है, यह तो जो भंगी है, वही अधिक जानता है। महावीरी देवी के पिता सूप और पंखा बनाते थे। घर का खर्च बड़ी कठिनाई से चलता था। महावीरी देवी ने अपनी जाति की स्त्रियों का एक

संगठन बनाया। गन्दे कार्य न करने की वह अपनी जाति की महिलाओं को शिक्षा देती थी। अंग्रेजों ने जब मुजफ्फरनगर को अपने अधिकार में लेना चाहा तो महावीरी देवी ने अपने नारी संगठन के बल पर अंग्रेजों का मुकाबला किया।

नर-नारियों की टोली ने महावीरी के नेतृत्व में अंग्रेजी सेना पर आक्रमण कर दिया। अंग्रेजों को यह उम्मीद न थी कि उन पर महिलाएँ आक्रमण करेंगी। महिलाओं के हाथ में बल्लम, गंडासे, फरसे थे। कई अंग्रेजों को मौत के घाट उतार दिया। घमासान युद्ध हो रहा था। महावीरी देवी युद्ध करते हुए 22 महिलाओं सहित शहीद हो गयी। इसके अतिरिक्त उदइया चमार और लोचन मल्लाह ने भी 1857 के गदर में महत्त्वपूर्ण भूमिका निभाई थी।

इससे स्पष्ट होता है कि 1857 के प्रथम स्वतन्त्रता संग्राम में दलित पुरुषों ने ही नहीं, बल्कि दलित-महिलाओं ने भी बढ़-चढ़कर हिस्सा लिया था। लेकिन सवर्ण इतिहासकारों ने उन्हें इतिहास में स्थान नहीं दिया है। ऊपर दिये गये कुछ उदाहरण कोई सुने-सुनाये किस्से या कहानियाँ नहीं हैं बल्कि उनके ऐतिहासिक साक्ष्य आज भी मौजूद हैं, जिन्हें तत्कालीन अंग्रेज सेना के सेनापतियों और अफसरों द्वारा गदर पर लिखी सैकड़ों किताबों में खोजा और देखा जा सकता है। इनसे सम्बन्धित सामग्री सरकारी रिपोर्टों और दस्तावेजों में भी मौजूद है, जिन्हें अभी पढ़ा नहीं गया है क्योंकि इनका सम्बन्ध दलित-क्रांतिकारी शहीदों से है। लेकिन भारत के तथाकथित इतिहासकारों की किताबों में उन्हें उपेक्षित ही छोड़ दिया गया है। अब यह काम इतिहासकारों को करना है ताकि गदर का वास्तविक इतिहास सामने आ सके।

दलित राजनीति के भटकाव

भारत की स्वतन्त्रता के पूर्व ही डॉ. अम्बेडकर के नेतृत्व में दलित चेतना का अभ्युदय हुआ। बिल्कुल स्वतन्त्रता संग्राम के समानान्तर डॉ. अम्बेडकर ने स्वयं को दलित स्वतन्त्रता को समर्पित किया। इसलिए उन पर स्वतन्त्रता-संग्राम में भाग न लेने के आरोप प्रायः लगते रहे हैं। उन्होंने एक बार बहुत तल्ख होकर कहा भी था कि यदि लोकमान्य तिलक मेरी जगह होते तो वह स्वतन्त्रता हमारा जन्मसिद्ध अधिकार है के स्थान पर अस्पृश्यता से मुक्ति हमारा जन्मसिद्ध अधिकार हैं कहते। डॉ. अम्बेडकर ने अस्पृश्यता की इस समस्या को राष्ट्रीय एवं अन्तर्राष्ट्रीय मंचों पर उठाया जिसे भरपूर समर्थन भी मिला। लेकिन डॉ. अम्बेडकर कभी भी भ्रम में नहीं रहे जब अंग्रेज सरकार ने इस समस्या को आधार बनाकर भारत की स्वतत्रंता को पीछे ले जाने की कोशिश की तो उन्होंने अखिल भारतीय दलित वर्ग कांग्रेस के अध्यक्ष पद से बोलते हुए कहा था कि मुझे आशंका है कि ब्रिटिश सरकार हमारी दुर्भाग्यपूर्ण स्थितियों का विज्ञापन इसलिए नहीं करती कि वह इन्हें दूर करना चाहती है बल्कि इसलिए करती है ताकि इसको वह भारत की राजनीतिक प्रगति को पीछे खींच ले जाने का बहाना बना सके। अम्बेडकर और गाँधी में अछूत-समस्या पर निरन्तर मतभेद रहा। अम्बेडकर स्थितियों में आमूल चूल परिवर्तन चाहते थे जबकि गाँधी सवर्ण हिन्दुओं के हृदय-परिवर्तन की बात कहते थे जो कभी संभव नहीं हुआ और न जिसकी आगे संभावना है, यहीं से दलित-नेतृत्व दो खेमों में बँट गया। डॉ. अम्बेडकर दलितों को भारत की स्वतंत्रता के साथ हिन्दू-धर्म की दासता से भी मुक्ति दिलाना चाहते थे और कांग्रेस इसके समानान्तर बाबू जगजीवन राम को धीरे-धीरे आगे बढ़ाकर दलितों का नेतृत्व उनके हाथ में सौंप देना चाहती थी। यहाँ यह बात गौर करने की है कि डॉ. अम्बेडकर दलितों के बीच से उगे हुए स्वतः स्फूर्त चेतना के सूर्य थे और बाबू जगजीवन राम कांग्रेस के तेज से चमकने वाले चन्द्रमा। जब 6 दिसम्बर 1956 को चेतना का यह सूर्य अस्त हुआ तो दलितों ने जगजीवन राम को अपना नेता स्वीकार कर लिया। सन् 1946 से अपनी मृत्यु तक जगजीवन राम सत्ता के केन्द्र में ही नहीं रहे बल्कि दलितों के लिए तो वह स्वयं

सत्ता के केन्द्र थे। अतः उनके चारों तरफ खुशामदी लोगों का जमघट जुड़ता चला गया जिनमें से कुछ ने संसद एवं विधानसभाओं के टिकट लिये, कुछ ने बसों के परमिट तथा कुछ ने गैस की एजेंसियाँ। ऐसा नहीं कि जगजीवन राम ने दलित जागरण के लिए कुछ काम किया ही नहीं, कुछ संगठन तो उनके नेतृत्व में बने और चले भी जैसे दलित वर्ग संघ लेकिन इसका काम दलितों को कांग्रेस के साथ जोड़ने तक ही रहा।

इसका परिणाम यह हुआ कि अम्बेडकर की शिक्षा-संगठन और संघर्ष वाली परम्परा धीरे-धीरे अस्त होती चली गयी और दलितों के नाम पर सत्ता की लूट और सुविधाओं की खसोट वाली परम्परा धीरे-धीरे आगे बढ़ती रही। बस यहीं से दलित-राजनीति में भटकाव के चिन्ह स्पष्ट रूप से दिखाई देने लगे और आज वह भटकाव की जिन अन्धी गलियों में भटक रही है वहाँ दलित-प्रेम केवल एक झुन-झुना मात्र-सा रह गया है जिसे हर कोई मंच पर बजाकर पीछे फेंक देता है। कभी रामविलास पासवान किसी दलित को राष्ट्रपति बनाने के लिए जोरदार आवाज उठाते हैं तो कभी पी. वी. नरसिंह राव कांग्रेस की कार्यकारिणी समिति में एक भी हरिजन के न चुने जाने पर अफसोस जाहिर करते हैं। वहीं जब भारतीय जनता पार्टी गाँधी नगर गुजरात में अपनी कार्यकारिणी समिति की बैठक आयोजित करती है तो बैठक स्थल का नामकरण करती है अन्त्योदय नगर।

इसका मतलब यह हुआ कि सभी प्रभावशाली राजनीतिक दल इन तथाकथित दलितों, हरिजनों, अन्त्यजों (शूद्रों) के खैर-ख्वाह हैं। इन सभी दलों के पास अपना-अपना दलित-नेतृत्व है जिसके कारण बँटा हुआ दलित अपनी नियति में आदिकाल से लिखा हुआ सामाजिक-आर्थिक और राजनीतिक उत्पीड़न झेलने के लिए विवश है। इस भटकाव पर दलित रहनुमाओं ने सोचने की कोशिश की?

हाँ, की। और उसके परिणाम भी हमारे सामने हैं। याद कीजिए, जब आंध्र प्रदेश के चन्दूर नामक स्थान पर दलित-उत्पीड़न की एक घटना घटी जिसके विरोध में अनुसूचित जाति एवं जनजाति के 106 सांसद तत्कालीन राष्ट्रपति श्री आर. वेंकटरमन से मिलने गये लेकिन राष्ट्रपति ने उनसे मिलने से इंकार कर दिया और तभी श्री अरविन्द नेताम् के नेतृत्व में पार्लियामेंट्री फोरम आफ एस. सी. एण्ड एस. टी. का गठन किया गया। इस मंच से ही किसी दलित को भारत का राष्ट्रपति बनाने की माँग की गयी और सभी विपक्षी दलों ने श्री जी.जी. स्वेल को अपना साझा उम्मीदवार बनाया था तो इनमें से एक सशक्त विपक्षी दल (भाजपा) ने श्री स्वेल को पहले अपना समर्थन दिया और बाद में उनके खिलाफ गाय का मांस खाने का आरोप प्रचारित कर उनकी पराजय का मार्ग प्रशस्त कर दिया था साथ ही, उनकी छद्‌य 'अन्त्यज' प्रेम की कलई सबके सामने खुल गयी थी। बाद में इसी

फोरम ने किसी दलित को उपराष्ट्रपति बनाने की माँग को लेकर एक सम्मेलन आयोजित किया जिनमें सभी हरिजन सदस्य अपनी-अपनी पार्टियों का उल्लंघन करके शामिल हुए जिससे इसकी सदस्य सख्या 106 से बढ़कर 335 तक हो गयी थी। इसके दो परिणाम निकले, एक, श्री के.आर. नारायणन् उपराष्ट्रपति बने तथा दूसरे कुछ समय के बाद श्री अरविन्द नेताम् को केन्द्र में मन्त्री बना दिया गया। लेकिन यह घटना अपने पीछे दो महत्त्वपूर्ण सबक छोड़ गयी कि एक यदि सभी दलित मिलकर संघर्ष करें तो उनकी अनदेखी करना किसी भी दल के लिए असम्भव तो होगा ही साथ ही उनके समवेत निर्णय को मानना उनकी बाध्यता भी होगी। दूसरा यह कि दलितों में जो भी ऊर्जावान नेतृत्व उभरेगा उसे पद-प्रतिष्ठा या सुविधाएँ देकर पार्टी चाहे कोई भी हो खरीद लेगी और उसके पीछे जो लोग होते हैं उनकी उपेक्षा कर दी जाती है। यह नीचे से ऊपर तक हर स्तर पर ही हो रहा है। दलित नेतृत्व को इस भटकाव पर सोचना चाहिए कि सत्ता के बाजार में कब तक बिकते रहेंगे हम?

किसी भी लोकतांत्रिक देश में विभिन्न राजनीतिक दलों का होना स्वाभाविक है लेकिन किसी भी चिन्तनशील नेतृत्व का यह दायित्व है कि वह उन दलों में से ऐसे राजनीतिक दल का चयन करके इस वर्ग की राजनीतिक चेतनाहीन जनता को बताये कि इस दल से हम लोगों को क्या लाभ है और क्या नुकसान है। मिसाल के तौर पर हरिजनों को अपनी इस अपमानजनक स्थिति तक पहुँचाने का श्रेय हिन्दू-धर्म की मान्यताओं को है और उसी धर्म के एक सर्वेसर्वा उसी धर्म की मान्यताओं को लागू करके इस देश में फिर से वर्ण-व्यवस्था लागू करने की सलाह एक पुस्तक लिखकर देते हैं। यदि यह दल सत्ता में आता है और इस देश को हिन्दू राष्ट्र घोषित करके यहाँ पर वर्ण-व्यवस्था लागू कर देता है तो इस देश में हरिजनों की स्थिति क्या होगी? क्या उन्हें फिर से मनुस्मृति के अनुसार पठन-पाठन से वंचित कर दिया जायेगा? धन एकत्र करने की मनाही होगी? उनका अधिकार केवल सेवा करना ही होगा? या फिर उसी अन्यायपूर्ण न्याय-व्यवस्था का शिकार होना होगा जिसमें एक ही अपराध के लिए सजा अपराध के अनुसार नहीं बल्कि वर्ण के अनुसार तय होती थी? इससे भी आगे बढ़े तो क्या हिन्दू-धर्म की व्यवस्थाओं में जहाँ राज्य करने का अधिकार केवल क्षत्रिय को है क्या वह इस देश में लोकतन्त्र की हत्या कर राजशाही (तानाशाही) लाने का प्रयास नहीं कर रही है? 6 दिसम्बर 1992 की घटना इसका सशक्त प्रमाण है। ज्ञातव्य है कि 6 दिसम्बर भारत के संविधान निर्माता डॉ. अम्बेडकर की पुण्य तिथि है और आश्चर्य की बात है कि उ.प्र. में विधानसभा 1992 के चुनाव में 50 आरक्षित सीटों पर 85 सीटों में से इसी पार्टी के उम्मीदवार जीते। इस देश को हिन्दू राष्ट्र घोषित कर क्या मिलेगा, इन लोगों को अपमान से

परिपूर्ण जीवन ही न? क्या यही चाहते हैं ये नेता लोग? यहाँ यह सवाल भी उठ सकता है कि क्या इस समस्या का समाधान धर्म-परिवर्तन है जिसे प्रायः उछाला भी जाता रहा है कि हिन्दू धर्म में किसी तरह का परिवर्तन सम्भव नहीं है, अतः इसे छोड़ ही दिया जाये तो अच्छा लेकिन क्या जिन लोगों ने धर्म परिवर्तन किया है उनकी हालत बहुत अच्छी है? वहाँ पर क्या ये लोग सम्मान का ज़ीवन जी रहे हैं अनुभव यह बताता है कि ऐसा नहीं है। धर्म परिवर्तन के बाद भी स्थिति वही है। फिर समाधान क्या है? समाधान भी डॉ. अम्बेडकर ने ही दिया है। उसके परिप्रेक्ष्य में देखें तो हम अपनी स्थिति को स्वयं बदल सकते हैं अपनी राजनीतिक स्थिति मजबूत करके। जब आरक्षित विधानसभा एवं संसद की सीटों पर हरिजनों को ही आना है तो फिर वे किसी भी पार्टी के टिकट के मोहताज क्यों हों? और फिर जब सरकार बनाने की बात आयेगी तो हरिजन सदस्य किसी भी हद तक सौदेबाजी कर सकते हैं तथा अपनी सारी शर्तें मनवा सकते हैं जिसमें संसद से ये कानून बनवाना भी शामिल हो कि प्राइमरी स्कूल में जब बच्चा शिक्षा ग्रहण करने के लिए जाये तो उसका नाम लिखते समय उसके या पिता अथवा अभिभावक के नाम के साथ कोई जाति-सूचक शब्द नहीं लिखा जायेगा, प्रतीकात्मक भी नहीं। सारी शिक्षा का राष्ट्रीयकरण हो। संसद और सरकार की केवल एक भाषा हिन्दी हो। सभी परीक्षाओं का माध्यम केवल हिन्दी हो। सम्पूर्ण देश में प्राइमरी से लेकर उच्च शिक्षा तक एक समान पाठ्यक्रम हो। अब मण्डल आयोग की सिफारिशों के लागू होने के कारण यह और भी आसान हो गया है। इनके साथ 27 प्रतिशत पिछड़े और 12 प्रतिशत मुसलमान भी यदि जुड़ जायें फिर तो शासन-व्यवस्था में ये ही लोग निर्णायक भूमिका निभायेंगे।

आरक्षण का प्रश्न भी दलित-राजनीति को भटकाता रहा है। इसकी पृष्ठभूमि में न जाकर हम इसके वर्तमान स्वरूप पर अपना ध्यान केंद्रित करते हैं। समझौते के अनुसार 22.5 प्रतिशत पद अनुसूचित जाति एवं अनुसूचित जनजाति के लिए आरक्षित हैं। लेकिन भारत की सवर्ण मानसिकता इस जातीय आधार पर दिये जा रहे आरक्षण के विरोध में आन्दोलन चलाती रहती है। कभी इसे आर्थिक आधार पर और कभी योग्यता के आधार पर दिए जा रहे आरक्षण के विरोध में आन्दोलन चलाती रहती है। इसका मानना है कि यदि इसे योग्यता के आधार पर आरक्षण दिया जायेगा। तो हो सकता है, सरकारी नौकरियों में इन तथाकथित निम्न जातियों के लोग कुछ कम आ पायें लेकिन खेती करने के तथा अपनी मेहनत से सारे उद्योग धंधों को चलाने की योग्यता तो ये ही रखते हैं तो सारी खेती योग्य भूमि और उद्योग धंधों का अधिकांश भाग इन्हीं लोगों के लिए आरक्षित करना पड़ेगा। आर्थिक आधार पर आरक्षण देने पर भी यही स्थिति होगी, जिसको सवर्ण मानसिकता कभी

स्वीकार नहीं कर पायेगी। इसके लिए जिस समग्र संघर्ष की आवश्यकता है उसे अभी जन्म देना है। और बहुत जल्दी जन्म देना है। बहुत जल्दी जन्म लेगा तो सम्पूर्ण आर्थिक स्रोतों भूमि-उद्योग आदि में आरक्षण के लिए मांग करेगा क्योंकि वर्तमान व्यवस्था को जारी रखने के अतिरिक्त दलित नेतृत्व ने उससे आगे कभी सोचा ही नहीं। क्यों?

यह आकस्मिक नहीं है कि जब वी. पी. सिंह की सरकार ने मण्डल आयोग की सिफारिशें लागू कीं तो आडवानी ने रथ-यात्रा शुरू कर दी और जब उच्चतम न्यायालय का निर्णय आया तो अयोध्या में मस्जिद गिरवा दी दोनों ही बार देश साम्प्रदायिक दंगों की आग में जला। कुल मिलाकर यह रथ यात्रा और यह मस्जिद-विध्वंस आरक्षण और सत्ता में पिछड़े और हरिजन की भागीदारी का विरोध है। ब्राह्मणवादी समाज-व्यवस्था ने एक मिथक गढ़कर पूरे भारतीय समाज को पहले चार वर्णों में बाँटा, फिर धीरे-धीरे उन्हें यह अहसास होने लगा कि संख्या की दृष्टि से चौथा वर्ण बहुत शक्तिशाली है जो कभी भी हावी हो सकता है। अब प्रश्न था इस ताकत को तोड़ने का अतः उन्होंने फिर जाति-व्यवस्था को जन्म देकर मनुष्यों के इस शक्तिशाली समूह को जातियों तथा उपजातियों के आधार पर टुकड़ों-टुकड़ों में बाँट दिया। आगे जाकर इसी व्यवस्था के कारण भारत मुसलमानों का गुलाम हो गया। क्या दलित-राजनीति ने इससे कोई सबक सीखा? वह भी इसी राह पर चली। उन्होंने दलित-आन्दोलन को पहले जातियों में बाँटा फिर उपजातियों में तथा बाद में उसे कबीलों तक ले गये। उनके लिये ये दलित-आन्दोलन सत्ता तक पहुँचने का औजार-मात्र रह गये। इसका परिणाम यह हुआ कि एक वर्ग गाँव में शोषण का शिकार होता रहा तथा दूसरा वर्ग शहरों में सत्ता के गलियारों में सौदेबाजी करता रहा। दलितों में ही एक दूसरे ब्राह्मण वर्ग का जन्म हुआ जिसने दलितों के हिस्से की सारी सुविधाएँ बटोर लीं। सामाजिक भी, आर्थिक भी, और राजनीतिक भी, इससे दलित-जाति का क्या कुछ भला हुआ? खेत-मजदूर पहले भी शोषण का शिकार था अब भी उसकी वही स्थिति है तथा मोची पहले भी कूड़े के ढेर के पास बैठता था आज भी वहीं बैठता है! दलित-नेतृत्व इस पर सोचे।

विगत दिनों म.प्र. और उ.प्र. की भाजपा सरकारों ने एक अध्यादेश निकाल कर सरकारी कामकाज एवं प्रकाशनों आदि में हरिजन या दलित शब्द के प्रयोग पर पाबन्दी लगा दी। इसके विरोध में किसी दलित नेता का बयान नहीं आया। क्या वे नहीं जानते थे कि इस शब्द का प्रयोग सबसे पहले डॉ. अम्बेडकर ने किया था और कुछ सोच-समझ कर ही किया होगा। इस शब्द के प्रति दलितों का जनवादी आग्रह भी है तथा इससे अनुसूचित जाति, अनुसूचित जनजाति तथा पिछड़े वर्गों के साथ महिलाओं की एकजुटता का आभास भी होता है। इस राजनीतिक ध्रुवीकरण को

मण्डल आयोग की सिफारिशों पर उच्चतम न्यायलाय के निर्णय ने और तेज कर दिया है और इस खतरे को सवर्ण मानसिकता ने महसूस किया और यह अध्यादेश उसी का परिणाम है। दलित नेतृत्व को इस तथ्य को समझना चाहिए।

कुछ समय पूर्व कु. मायावती ने सहारनपुर में वकीलों की एक सभा को सम्बोधित किया था। बाद में जब एक पत्रकार ने उनसे पूछा कि आप सवर्णों को इस प्रकार अपशब्दों (गालियों)से क्यों सम्बोधित करती हैं तो उनका दो टूक उत्तर था कि जब मेरी जाति के लोगों को क्या गाँव में और क्या शहर में शताब्दियों से ये लोग गालियों से ही पुकारते रहे हैं तब तो कभी आपने उनसे यह सवाल नहीं पूछा? और जब मैं ऐसा करती हूँ तो आप सवाल पूछने चले आते हैं। अब जबकि हमारी पूरी जाति ही गाली का पर्याय बन चुकी है अब भी समय है कि आप उनसे यह सवाल पूछें, मायावती के इस उत्तर से दो बातें साफ होती हैं, एक तो यह कि दलितों में जो आक्रोश है जिसके कारण वह हथियार तक उठाने की धमकी देते हैं वह सवर्णों द्वारा सामाजिक धरातल पर किये गये अपमान के कारण है। दूसरे वह उसी सवर्ण हिन्दू समाज में सम्मान दिलाना चाहता है जिसने उसे अपमानित किया है। अब प्रश्न यह उठता है कि क्या इस आक्रोश के चलते वह सवर्ण चित्त में सम्मान पा सकता है? इसके कारण दलित-उत्पीड़न तो बढ़ा ही है, जगह-जगह पर सवर्णों द्वारा रैदास और डा. अम्बेडकर की मूर्तियों को तोड़ा भी गया है। इसीलिए इस निष्कर्ष पर पहुँचना सरल है कि दलित आक्रोश के चाकू का इस्तेमाल हिन्दू-समाज की शल्य-क्रिया के लिए तो करें हत्या के लिए नहीं। हत्या के लिए करेंगे तो दंडित भी होना पड़ेगा इसलिए सोच-विचार कर।

जिन विडम्बनाओं को हम हिन्दू-धर्म से दूर करना चाहते हैं आवश्यक है कि उन्हें हम अपने दलित-समाज से भी दूर करें। यदि दलित भी इन्हीं ऊँच-नीच की मान्यताओं में बन्धे रह कर जातियों-उपजातियों एवं गोत्रों में बँटे रहेंगे तो हमारी आवाज में दम तो होगा ही नहीं हम दूसरों को भी इस व्यवहार को छोड़ने के लिए बाध्य नहीं कर सकेंगे। अब समय आ गया है कि दलित राजनीतिक-सामाजिक धरातल पर उतर कर काम करें। इसके संगठनात्मक ढाँचे को और विस्तार देना होगा। जैसे रिक्शा चलाने वाले अधिकांश लोग अनुसूचित जाति के हैं। इनका संगठन-जूता बनाने वाले कारीगरों का संगठन, खेत मजदूरों का संगठन, अनुसूचित जाति का किसान संगठन, अनुसूचित जाति छात्रा संगठन, अनुसूचित जाति के राज्य कर्मचारियों का सगंठन, कारखाना मजदूर संगठन, महिला संगठन, अनुसूचित जाति बुद्धिजीवी संगठन, अभिप्राय यह है कि हर क्षेत्र और हर स्तर पर अनुसूचित जाति के संगठनों को सक्रिय करना होगा। ध्यान रहे अनुसूचित जाति से मेरा तात्पर्य वह सारी जातियाँ हैं जो आरक्षित कोटे के अन्तर्गत आती हैं जिसमें अनुसूचित जाति एवं

आदिवासी भी शामिल हैं। फिर आपको डॉ. अम्बेडकर की तरह दु:खी होकर नहीं कहना पड़ेगा कि दलित-शोषितों के उच्च शिक्षा प्राप्त लोगों ने मेरे साथ विश्वासघात किया है, मेरी आकांक्षा थी कि उच्च शिक्षा हासिल करने के बाद वह समाज की सेवा करे। लेकिन यहाँ तो केवल क्लर्कों की भीड़ देख रहा हूँ जो केवल अपने भरण-पोषण में ही तल्लीन है। आज जब हम इस कथन पर गौर करते हैं तो लगता है कि इसमें आंशिक सत्य हैं क्योंकि शताब्दियों से जिस व्यक्ति की पीढ़ियां अपमानजनक जीवन जीने पर विवश थीं उसे यदि थोड़ा-सा सम्मानपूर्वक जीने का अवसर मिल जाये तो वह उसे यूँ ही गँवा देना नहीं चाहेगा। उसकी इस विवशता को समझते हुए उसको बचाकर उसकी किसी भी ऊर्जा का इस्तेमाल आप कर सकते हैं। आप देखेंगे कि उसमें आग है, आप यदि उसे छूएँगे तो वह जलने ही नहीं लगेगा बल्कि भभकने लगेगा। यह काम है सुलझे हुए नेतृत्व का कि वह इनका इस्तेमाल कैसे करता है?

डॉ. अम्बेडकर और उसके बाद का दलित नेतृत्व

कुछ इतिहास-पुरुष ऐसे होते हैं, जिन्हें पाकर सम्मान भी सम्मानित होते हैं। डॉ. अम्बेडकर भी एक ऐसे ही इतिहास पुरुष थे, जिन्हें वर्ष 1991 में भारत का सर्वोच्च सम्मान 'भारत रत्न' प्रदान कर कृतज्ञ राष्ट्र ने अपनी विनम्र श्रद्धांजलि अर्पित की है, किन्तु यहीं पर यह प्रश्न उठता है कि आखिर राष्ट्र ने उन्हें सम्मान प्रदान करने में इतनी देर क्यों की। जबकि इससे पूर्व श्रीमती गाँधी को भी यह सम्मान प्रदान किया जा चुका था, इस विलम्ब का कारण मुझे पंडित जवाहर लाल नेहरू के उन शब्दों में ही निहित जान पड़ता है, जो उन्होंने डॉ. अम्बेडकर के निधन (6 दिसम्बर 1956) पर कहे थे, कि– "डॉ. अम्बेडकर हिन्दू-समाज द्वारा किये गये दमनात्मक कार्यों के विरुद्ध विद्रोह के प्रतीक थे।" फिर हिन्दू मानसिकता के रक्षक सर्वोच्च पदों पर बैठे लोग अपने विरुद्ध उठती आवाज को कैसे सम्मानित कर सकते थे। आखिर क्या है वह हिन्दू मानसिकता जिसके विरोध में डॉ. अम्बेडकर जैसे प्रमुख विद्वान को जीवन-भर छटपटाने पर विवश होना पड़ा।

आश्चर्य की बात यह है कि हिन्दू-समाज के बहुसंख्यक वर्ग में इस मानव द्रोही, धार्मिक सामाजिक व्यवस्था के विरुद्ध कोई विद्रोह नहीं जागा, इसी से दमन की भयावहता का अन्दाजा लगाया जा सकता है, नहीं तो इस वर्ग में भी कोई परशुराम पैदा हो गया होता, जो अन्याय, विभेद और शोषण से युक्त इस समाज के नियंताओं से भारत-भूमि को पूर्णतः मुक्त कराने की प्रतिज्ञा ले लेता। शताब्दियों से अनवरत चलते इसी शोषण-तंत्र की कोख से 14 अप्रैल, 1891 को डॉ. अम्बेडकर का जन्म मध्य प्रदेश की महू छावनी में हुआ था, उनकी प्रारम्भिक शिक्षा वहीं पर हुई थी, यहाँ उनके पिता श्री राम जी सकपाल सेना के स्कूल में मुख्याध्यापक थे, इसके बाद वे बम्बई और नागपुर में पढ़ते रहे, उनके जीवन में मुख्य मोड़ वहाँ पर आया, जब वे बड़ौदा नरेश द्वारा प्रदत्त छात्रवृत्ति पर पढ़ने कोलम्बिया विश्वविद्यालय अमेरिका गये, वहीं पर उन्होंने पहली बार मानव और मानव के बीच समानता के रिश्ते को निकट से देखा और अनुभव किया कि वहाँ पर मनुष्य को सम्मान उसकी

योग्यता के कारण मिलता है, उसकी जाति या धर्म के कारण नहीं, वहीं पर उन्होंने नृविज्ञान पर आयोजित एक संगोष्ठी में 'द कास्ट इन इण्डिया देयर मकेनिज्म, जनेसिस एण्ड डेवलपमेंट' शोध-पत्र पढ़ा था, अपने करार के कारण भारत लौटकर उन्होंने बड़ौदा-नरेश के यहाँ सैनिक सचिव के पद पर कार्यभार ग्रहण कर लिया, लेकिन अछूत होने के कारण यहाँ उन्हें मकान तो मिला ही नहीं साथ ही कार्यालय में चपरासी तक उनसे छुआछूत का व्यवहार करता था, परिणामस्वरूप ये नौकरी छोड़कर बम्बई आ गये, यहाँ पर उन्होंने सिडनहम कालेज में राजनैतिक अर्थव्यवस्था के प्राध्यापक की नौकरी कर ली तथा सामाजिक संघर्ष के लिए अपनी साँस-साँस को समर्पित कर दिया।

तभी उन्होंने बम्बई से 'मूक नायक' मराठी साप्ताहिक-पत्र निकाला, ताकि वह अपनी आवाज उन बहरे कानों तक पहुँचा सकें, जहाँ पर किसी शोषित की कराह कभी सुनी ही नहीं गयी, इन्हीं दिनों 'महाड़ तालाब से पानी लेने का आन्दोलन प्रारम्भ हुआ' इसी अवसर पर एक जनसभा में 'मनुस्मृति का दहन किया गया' जो हिन्दू-धर्म और समाज-व्यवस्था के विरुद्ध विद्रोह का खुला शंखनाद था, फिर तो 'काला राम मन्दिर प्रवेश' जैसे आन्दोलनों के द्वारा उन्होंने दलित जागरण को गति दी, लेकिन हर मोड़ पर कट्टरपंथी हिन्दुओं ने उनकी मुखालफत की और उन्होंने हिन्दू-धर्म में न मरने की कसम खायी। डॉ. अम्बेडकर निरन्तर उग्र से उग्रतर होते गये, उन्होंने हिन्दू-धर्म की आत्मा-परमात्मा, अवतारवाद, भाग्यवाद, पुनर्जन्मवाद जैसी सभी परिकल्पनाओं का विरोध किया और बताया कि वर्ण-व्यवस्था और जातिवाद पर आधारित शोषण-तंत्र के ये सभी उपकरण हैं जब तक हम इससे मुक्त नहीं होंगे तब तक हमारी परेशानियाँ दूर नहीं होंगी, इसी चिन्तन का निष्कर्ष यह निकला कि उन्होंने नागपुर की सभा में अपने पाँच लाख अनुयायियों के साथ हिन्दू-धर्म को त्यागकर बौद्ध-धर्म ग्रहण किया, लेकिन उन्हें लगा कि इस समस्या का यह आंशिक समाधान है, इस रोग की जड़ें बहुत गहरी हैं, इसलिए इसे लम्बे इलाज की आवश्यकता है, अतः उन्होंने नारा दिया 'शिक्षित बनो, संगठित हो और संघर्ष करो इसी लक्ष्य की प्राप्ति के लिए उन्होंने महाराष्ट्र के गाँव-गाँव में अध्ययन केन्द्र खोले।' डॉ. अम्बेडकर दलित मुद्दों पर निरन्तर संघर्ष करते रहें।

सन् 1947 में भारत आजाद हो गया, और स्वतन्त्र भारत के संविधान की रचना के लिए जिस समिति का गठन किया गया उसका अध्यक्ष डॉ. अम्बेडकर को बनाया गया, अतः उन्होंने भारत के संविधान में समता और समानता को सबका मौलिक अधिकार घोषित कर, सबको शिक्षा का समान अधिकार और दलित जातियों को संसद और विधानसभाओं के साथ सरकारी नौकरियों में भी आरक्षण की व्यवस्था की जिसका परिणाम यह हुआ कि दलित लोग पढ़-लिखकर सरकारी

नौकरियों में ही नहीं, संसद और विधानसभाओं में भी आने लगे, जिससे हक की लड़ाई और तेज हुई। भूतपूर्व प्रधानमंत्री विश्वनाथ प्रताप सिंह ने मण्डल आयोग की सिफारिशों को लागू कर हक की लड़ाई के इस यज्ञ को दावानल में परिवर्तित कर दिया, इसका सहज परिणाम दलित-सवर्ण संघर्ष का सूत्रपात नये सिरे से हुआ, पिछड़ा वर्ग तो अब इतना समर्थ हो चुका है कि वह सवर्णों से हर स्तर पर टक्कर ले सकता है, अतः इस संघर्ष की मार दलित-वर्ग पर ही पड़ी, जिसका परिणाम यह हुआ कि इधर के कुछ वर्षों में दलित-उत्पीड़न की घटनाओं में भारी बढ़ोतरी हुई है, नारायणपुर, बेलची, देवली, महराना जैसे व्यापक दलित नरसंहार इसके सशक्त उदाहरण हैं।

दरअसल, दलित-उत्पीड़न लम्बे समय से चली आ रही एक वर्ग विशेष की स्थायी मानसिकता का परिणाम है, जिसका मूल कारण तो आर्थिक है और इसी आर्थिक हित को साधने के लिए ही धर्म और समाज की रूढ़िगत मान्यताओं को हथियार के रूप में लम्बे समय से इस्तेमाल किया जा रहा है, अतः इस व्याधि का यदि कोई इलाज करना है तो वह है इस वर्ग की उस मानसिकता में परिवर्तन करना, जिसके द्वारा दलितों का उत्पीड़न किया जाता है, लेकिन यह एक लम्बी प्रक्रिया है, जिसमें शताब्दियाँ भी लग सकती हैं, और वह स्वार्थी वर्ग इस प्रकार के परिवर्तन के लिए तैयार होगा भी नहीं, अतः हमें इसके दूसरे इलाज की ओर ध्यान देना होगा, और वह इलाज है, दलित वर्ग को आर्थिक दृष्टि से मजबूत करना। यह तभी हो सकता है, जबकि यह वर्ग शिक्षित होकर अपने हितों के प्रति जागरूक होकर संघर्ष करने के लिए तैयार हो, इस संघर्ष के लिए सम्पूर्ण दलित-वर्ग का संगठित होना नितान्त आवश्यक है, इस सम्बन्ध में मैं डॉ. अम्बेडकर के दलितोत्थान के लिए 'शिक्षित बनो, संगठित हो और संघर्ष करो सूत्र को उनके ईमानदार चिन्तन का परिणाम मानता हूं।' आज जहाँ-जहाँ पर दलित-उत्पीड़न हो रहा है, उसका कारण है, दलितों का अपने हक के लिए लड़ना और एक वर्ग दूसरे वर्ग के आर्थिक हितों को हानि पहुँचाता है, फलस्वरूप वे दलितों के विरुद्ध बल प्रयोग कर रहे हैं, इससे यह सहज निष्कर्ष निकल रहा है कि दलित वर्ग अपने हितों के लिए जागरूक होकर संघर्ष करने के लिए तैयार हो रहा है, इस वर्ग की स्थिति में परिवर्तन के लिये यह वर्ग-संघर्ष नितान्त आवश्यक है, दलितों के पास अम्बेडकर के बाद ईमानदार और प्रतिबद्ध नेतृत्व की गितान्त कमी रही है, दलित-वर्ग के जितने भी प्रतिगिधि संसद या विधानसभाओं में पहुँचे हैं, उन्हें या तो वर्गगत समस्याओं की समझ थी ही नहीं, यदि थी तो अगले चुनाव में टिकट-संकट के कारण वे बोल नहीं पाते थे, सुविधा पाकर मतिभ्रम की स्थिति तीसरा कारण है, इस सम्बन्ध में पूर्व सांसद श्री रामलाल कुरील का कथन एक सच्चाई को हमारे सामने रखता है, 'एक से एक गधे ढूँढकर लाये जाते हैं, वह जब पार्लियामेंट में आता है तो वातानुकूलित कमरों में

बैठता है, पहले सिपाही या चौकीदार से डरता था, अब एस.पी. को बुलाकर डाँटता है, इस स्थिति में वह जिस समाज का प्रतिनिधित्व करता है, उसे भूलने लगता हैं, इसी तथ्य को श्री बी.पी. मौर्य ने कुछ दूसरी तरह से स्वीकार किया है, उनका कहना है कि राजनैतिक दलों में सच्चे दलित नेताओं की कोई कद्र नहीं है, चाहे लोकदल, कांग्रेस हो या कम्युनिस्ट पार्टियाँ, जब भी ये सुरक्षित क्षेत्र से टिकट देती हैं, तो यह जरूर देखती हैं कि आदमी उनके इशारे पर नाचने वाला है या नहीं, जिसका परिणाम पिछले बयालीस वर्षों में जो हुआ है वह सबके सामने है, 18 अनुसूचित जातियों तथा 4.55 प्रतिशत अनुसूचित जन जातियों के लिए संविधान सम्मत आरक्षण, जिसके पूरा होने की कल्पना डॉ. अम्बेडकर ने दस वर्ष में की थी, यह आज तक भी पूरा नहीं हो सका है भारत सरकार द्वारा प्रकाशित आँकड़ों के अनुसार 1988 तक सरकारी क्षेत्र में दलित कर्मचारियों का प्रतिशत इस प्रकार था, प्रथम श्रेणी के पदों में 4.95 प्रतिशत-द्वितीय श्रेणी के पदों में 8.54 प्रतिशत-तृतीय श्रेणी के पदों में 13.44 प्रतिशत और चतुर्थ श्रेणी के पदों में 19.46 प्रतिशत। आश्चर्य की बात यह है कि चतुर्थ श्रेणी की नौकरियों में भी यह आरक्षण 42 वर्षों में पूरा नहीं हो पाया, जहाँ पर योग्यता की कोई विशेष बात नहीं है, इसका स्पष्ट कारण है नकारा दलित नेतृत्व। सत्तारूढ़ पार्टी इस विपुल जनसंख्या वाले वर्ग को वोट बैंक के रूप में इस्तेमाल करती रही और इन गूँगे-बहरे प्रतिनिधियों को विधानसभा और संसद की सदस्यता की सुविधाएँ अपनी आँख, कान और जुबान बंद कर केवल हाथ उठाने के लिए रिश्वत के रूप में देती रही, दलित-उत्पीड़न होता रहा और ये चुप रहे, अब तो इन दलितों में भी एक सवर्ण वर्ग पैदा हो गया है जो आरक्षण आदि की सुविधाएँ पाकर सुख भोग रहा है। इसीलिए स्व. जगजीवन पर लिखते हुए किसी ने लिखा था कि वे ब्राह्मणों में शूद्र और शूद्रों में ब्राह्मण थे, बाबू जी को जितनी लोकप्रियता अपने जीवनकाल में मिली सम्भवतः उतनी किसी हरिजन नेता को नहीं मिली। क्या बाबू जी ने अपने इस प्रभाव का इस्तेमाल कभी इस वर्ग को संगठित करने और अपने हितों के लिए संघर्ष करने की प्रेरणा देने के लिए किया, इसका उत्तर स्पष्टतः नकारात्मक है, हाँ जब उन्हें सत्ता के गलियारों में उनका वांछित पद नहीं मिला और उनके समक्ष स्व. इंदिरा गाँधी ने एक दूसरे हरिजन नेता बी.पी. मौर्य को खड़ा कर दिया, तो उनका आहत सम्मान फुँफकार उठा और उन्होंने 'भारत में जातिवाद और हरिजन समस्या' नामक पुस्तक लिखकर सत्तारूढ़ दल को यह बताने की कोशिश की कि वे एक विपुल जनसंख्या वाले वर्ग के प्रतिनिधि हैं जो अभी तक समस्या-ग्रस्त है और मैं इस बारूद के ढेर को विद्रोह की चिंगारी भी दिखा सकता हूँ। लेकिन शायद उन्हें याद नहीं आया कि भारतीय राजनीति में डॉ. अम्बेडकर का कद छोटा करने के लिए ही उन्हें लाया गया था, यह

भटकाव दलित नेतृत्व में सदैव ही देखने को मिलता रहा है। भोला पासवान शास्त्री, बी.पी. मौर्य, रामधन और रामविलास पासवान से लेकर महावीर प्रसाद तक सभी नेताओं की आँख केवल कुर्सी पर लगी रही है, जिसके लिए ये दलित-समाज के 'वोट बैंक' को किसी-न-किसी पार्टी की झोली में डालकर किसी मंत्री पद, किसी आयोग का अध्यक्ष, या पार्टी संगठन में कोई अच्छा पद पाते रहे हैं, इसका कारण शायद इस वर्ग का अभावग्रस्त जीवन ही रहा है, जिसके कारण इनकी दृष्टि इससे आगे तक जा ही नहीं सकी, असुरक्षा की भावना और व्यक्तिगत महत्त्वाकांक्षा भी इसके महत्त्वपूर्ण कारण रहे हैं।

दलित-समाज अपने स्वाभाविक अस्तित्व को तभी प्राप्त कर सकता है, जब इसके बीच से ही दलित हितों के लिए प्रतिबद्ध नेतृत्व उभरेगा, जिसके पास वर्गगत समस्याओं की ठोस जानकारी हो, नहीं तो दलित संगठनों का जो हश्र विगत वर्षों में होता रहा है, वही होता रहेगा, रिपब्लिकन पार्टी आदि दलित संगठनों का इतिहास गवाह है कि वे सभी संगठन व्यक्ति केन्द्रित थे, और धीरे-धीरे व्यक्ति तक ही सीमित रह गये, आज भारत में दलित-समाज का कोई ऐसा संगठन नहीं जिस पर विश्वास किया जा सके, अतः दलित मतदाताओं का बिखराव देखने को मिल रहा है और दलित-उत्पीड़न बढ़ रहा है।

यह उत्पीड़न कैसे समाप्त हो, इसके लिए आवश्यक है कि दलितों में एक ऐसी समझ पैदा करना जिससे वे हिन्दुओं के साथ, 'बारगेन' कर सकें, यह मुख्यतः चुनाव के समय पर किया जाना चाहिए, जब किसी हिन्दू के मुकाबले कोई और मुसलमान, ईसाई, सिख या पारसी खड़ा हो तब सभी दलित उसे वोट दें, तथा दूसरे यदि किसी हिन्दू के खेत या कारखाने में काम की बात आये तो दलित विधर्मी के यहाँ काम करने को प्राथमिकता दें, इसका मतलब है हिन्दुओं का पूरी तरह बहिष्कार। तभी हिन्दुओं को अपनी मानसिकता पर पुनः सोचना पड़ेगा और तभी वे इसे बदलने पर विवश होंगे। इतने वर्षों बाद भी आरक्षित सीटें अभी तक नहीं भरी गयीं, इसका इलाज भी आवश्यक है। यह तभी हो सकता है जब सम्पूर्ण भारत में जहाँ-जहाँ पर भी आरक्षित पद किसी अन्य द्वारा भरा गया हो, एक-एक पद के लिए सामूहिक संघर्ष किया जाय! दूसरे भारत में उत्पीड़न की समस्या की ओर अन्तर्राष्ट्रीय मानवाधिकार संगठनों, एमनेस्टी इण्टरनेशन और एशिया वाच जैसी संस्थाओं का ध्यान दिलाया जाय, और फिर उसे संयुक्त राष्ट्र संघ में उठाया जाए, तभी दुनियाँ का ध्यान इस समस्या की ओर जाएगा, यह तभी हो सकता है जब इसके लिए प्रतिबद्ध नेतृत्व हो। यदि हम यह कर सके तभी हम डॉ. अम्बेडकर के आदर्श को प्रतिफलित होते देख पाएँगे।

दलित राजनीति के महानायक : मान्यवर कांशीराम

भारत के संविधान-निर्माता भारतरत्न, बोधिसत्व डॉ. भीमराव अम्बेडकर के बाद जिस व्यक्ति ने भारतीय दलित राजनीति को सर्वाधिक प्रभावित किया है, उसे दलित राजनीति के महानायक मान्यवर कांशीराम के नाम से जाना जाता है। यह बात ज्यादा महत्त्व नहीं रखती कि कोई व्यक्ति कहाँ तक पहुँचा और उसने कितनी सफलता प्राप्त की। महत्त्व इस बात का है कि उसने कहाँ से प्रारम्भ किया था। मेरी दृष्टि में किसी व्यक्ति का प्रारम्भ-बिन्दु और उसकी सफलताओं के बीच जितनी अधिक दूरी होगी, उसकी महानता का ग्राफ भी उतना ही ऊँचा होगा। इस दृष्टि से मान्यवर कांशीराम हमारी शताब्दी के सचमुच महानायक हैं। हमने गाँधी को नहीं देखा, उनके कार्यों का प्रभाव भारतीय दलित जीवन पर देखा और महसूस किया है। अपनी आस्थाओं के लिए संघर्ष करते रहने की मिसाल नेल्सन मंडेला हमारे युग में ही हुए हैं। इन सबका मिलाजुला रूप यदि देखना हो, तो वह मान्यवर कांशीराम ही हैं। उनका जन्म 15 मार्च 1934 को पंजाब प्रांत के रोपड़ जनपद के खवासपुर गाँव में हुआ था। उनके पिता का नाम श्री हरि सिंह तथा माता का नाम श्रीमती बिशन कौर है। इनके दो भाई श्री दलबारा सिंह तथा श्री बलविन्दर सिंह हैं। मान्यवर कांशीराम की प्रारम्भिक शिक्षा ग्राम खवासपुर में ही हुई, इसके उपरान्त इन्होंने बी. एस. सी. की परीक्षा सन् 1956 ई. में गवर्नमेंट कालेज, रोपड़ से उत्तीर्ण की। मान्यवर कांशीराम नौकरी के लिए सन् 1957 में सर्वे ऑफ इंडिया की एक परीक्षा में बैठे और उत्तीर्ण हुए। प्रशिक्षण की अवधि पूरी होने के उपरान्त उनसे एक निश्चित अवधि के लिए बाण्ड भरने के लिए कहा गया। इससे कांशीराम को लगा कि वे सरकार के बन्धुआ हो जाएँगे। अतः उन्होंने यह नौकरी कार्यभार ग्रहण करने से पहले ही छोड़ दी। इसके उपरान्त उन्होंने फौज की डिफेन्स साइन्स एण्ड रिसर्च डेवलपमेंट आर्गेनाइजेशन की परीक्षा उत्तीर्ण की जिसके कारण उन्हें पूना में किर्की स्थित 'एक्सप्लोसिव रिसर्च एण्ड डेवलपमेट लेबोरेटरी' (ई आर डी एल) में अनुसन्धान सहायक की नौकरी मिली।

यह नौकरी यूँ ही चलती रहती यदि यहाँ पर एक घटना न घटती। हुआ यूँ कि ई आर डी एल में बुद्ध जयन्ती और अम्बेडकर जयन्ती की दो छुट्टियाँ हुआ करती थीं। अधिकारियों ने दोनों छुट्टी काटकर दीपावली अवकाश में समायोजित कर दीं तथा एक दिन की अम्बेडकर जयन्ती की छुट्टी के स्थान पर तिलक जयन्ती की छुट्टी की घोषणा कर दी। राजस्थान के एक अनुसूचित जाति के कर्मचारी ने जब इस निर्णय का विरोध किया, तो उसे निलम्बित कर दिया गया। इस कर्मचारी का नाम दीनाभान था, जो ई आर डी एल में कांशीराम का वरिष्ठ था। कांशीराम इस कर्मचारी के निलम्बन के विरुद्ध अदालत गये, उसका मुकदमा जीता। इस बीच अधिकारियों ने उन्हें डराया-धमकाया भी, लेकिन वे टस-से-मस नहीं हुए। दीनाभान का निलम्बन निरस्त हुआ और ई आर डी एल के कर्मचारियों को बुद्ध जयन्ती और अम्बेडकर जयन्ती की छुट्टी मनाने का हक मिला। डॉ. अभय कुमार दुबे ने इस घटना से मान्यवर कांशीराम के जीवन पर पड़े प्रभाव का आकलन करते हुए लिखा है कि–"टकराव और संघर्ष की इस पहली घटना ने कांशीराम पर दो तरह से असर डाले। पहला, अदालती जीत ने उनमें अन्याय के खिलाफ लड़ने के संवैधानिक तौर-तरीकों के पक्ष में विश्वास आरोपित कर दिया। आगे चलकर कांशीराम की सभी रणनीतियाँ इसी विश्वास के इर्द-गिर्द बनीं। दूसरा, इस घटना ने उन्हें राजनीति में जाने के लिए प्रेरित किया। "इससे पूर्व इस प्रकरण को श्रीलाल शुक्ल के उपन्यास 'रागदरबारी' के एक पात्र शनिचर के माध्यम से हम कुछ इस प्रकार समझ सकते हैं। शनिचर गाँव के नेता वैद्य जी की चौपाल पर भांग घोटने और हुक्का भरने का काम करता है जिसके बदले में दो वक्त की रोटी तथा वैसे कपड़े जैसे वह पहने रहता है (एक खाकी निक्कर और बस) उसे वैद्य जी के यहाँ से मिल जाता है। भारत की आजादी के बाद जब कुछ राजनीतिक पद आरक्षित कर दिए जाते हैं, तो उस गाँव के प्रधान का पद भी आरक्षण की श्रेणी में आ जाता है और वैद्य जी अपने उस बेढंगे किन्तु मुफ्त नौकर को प्रधान बनवा देते हैं। देखा जाए तो आजादी के बाद विधान सभाओं और सांसद तक यही होता रहा है। सम्भवत: मान्यवर कांशीराम जी ने इस युग को इसीलिए 'चमचा युग' कहा है।

मान्यवर कांशीराम की विचारधारा को समझने के लिए अभी तक कोई पर्याप्त सामग्री हमें उपलब्ध नहीं है। जो सामग्री उपलब्ध है उसमें कांशीराम और बी.एस. पी.-श्री आर.के. सिंह, बहुजन नायक कांशीराम–श्री सतनाम सिंह और कांशीराम–श्री अभय कुमार दुबे के अतिरिक्त मान्यवर कांशीराम की पुस्तक 'चमचा युग' महत्त्वपूर्ण हैं। इसके अलावा उनके कुछ साक्षात्कार जो विभिन्न पत्र-पत्रिकाओं में छपे, कुछ भाषण तथा बी.एस. पी. के विभिन्न प्रचार-अभियानों के लिए छापे गये पर्चे ही उपलब्ध हैं। लेकिन इन सबसे महत्त्वपूर्ण है उनकी

रणनीतियों का आकलन। जिसके कारण बी.एस.पी. एक राष्ट्रीय पार्टी बनी और भारत के सबसे बड़े और महत्त्वपूर्ण राज्य उत्तर प्रदेश में चार बार सरकार बना चुकी है।

मान्यवर कांशीराम ने सन् 1965 में नौकरी से त्याग पत्र दे दिया। इसका कारण यह था कि उन्हें लगा कि भारत को स्वतन्त्र हुए इतने वर्ष बीत गये हैं, फिर भी दलितों के साथ सम्मान का व्यवहार नहीं किया जा रहा है। उन्होंने अपने बचपन से लेकर युवावस्था तक छुआछूत का व्यवहार नहीं देखा था, क्योंकि बाहरी तौर पर सिक्खों में मजहबी सिक्खों को भी न तो गुरुद्वारे में जाने से रोका जाता है और न ही लंगर बनाने और खाने से रोका जाता है। महाराष्ट्र में आकर उनके जीवन में यह पहली घटना घटी थी जिसने उनको भीतर तक झकझोर दिया था। उन्होंने अपनी माँ को एक 24 पृष्ठ का पत्र लिखा जिसमें उन्होंने बताया कि वह जीवन-भर शादी नहीं करेंगे और अपने परिवार से किसी तरह का सम्बन्ध नहीं रखेंगे क्योंकि सम्पूर्ण दलित-समाज की सेवा करते हुए पारिवारिक सम्बन्धों का निर्वाह उनके लिए सम्भव नहीं था। अपने इस संकल्प का उन्होंने जीवन-भर दृढ़ता से पालन किया। उनकी माँ ने उनके लिए लड़की देख रखी थी, वह निराश हो गयीं। मान्यवर कांशीराम लगभग बीस वर्षों तक अपने परिवार से नहीं मिले और न ही अपने गाँव गये। एक बार उनके गाँव खवासपुर में उनकी जनसभा हुई। उनके पिता भी उनका भाषण सुनने के लिए उस सभा में गये, उनका भाषण सुनकर तथा उनके प्रति जनता का आकर्षण देखकर वे भावविभोर हो गये तथा खुशी के अतिरेक में हृदय-गति रुक जाने से उनका देहान्त हो गया लेकिन मान्यवर कांशीराम ने उनके अन्तिम संस्कार में भाग नहीं लिया तथा प्रचार-यात्रा के लिए आगे निकल गये।

मान्यवर कांशीराम जी महाराष्ट्र की राजनीति में सक्रिय हो गये। डॉ. अम्बेडकर द्वारा स्थापित रिपब्लिकन पार्टी महाराष्ट्र में कई समझौतों के दौर से गुजरकर गुटबाजी का शिकार होते-होते लगभग बिखर ही गयी थी। वहाँ पर उन्होंने रिपब्लिकन पार्टी के साथ लगभग चार वर्षों तक काम किया, लेकिन उन्हें लगा कि पार्टी पदाधिकारी आपसी झगड़ों में इतने उलझे हुए हैं कि वे दलित-हित के आवश्यक काम भी नहीं कर पा रहे हैं। उन्होंने लिखा है कि—"करीब चार वर्षों तक इन संगठनों के लिए काम करने के बाद मैंने पाया कि यहाँ खुद के झगड़े इतने हैं कि उन्हें निबटाने में ही ये संगठन अपना मूल काम नहीं कर पा रहे हैं। इस बीच पार्टी बुरी तरह टूटना शुरू हो गयी। सबसे पहले आर.डी. भण्डारे कांग्रेस में चले गये। फिर 1978 तक पार्टी टूटने का सिलसिला जारी रहा। पार्टी के जितने मजबूत नेता थे, सबने धीरे-धीरे कांग्रेस से नाता जोड़ लिया। टूट से बचाने की मैंने कई बार कोशिश की, लेकिन तब हमारी हैसियत ऐसी नहीं थी कि कोई हमारी बात मानता

और जब हमारी स्थिति कुछ मजबूत हुई तब तक रिपब्लिकन पार्टी 12 घटकों में तथा दलित पैंथर 6 घटकों में बँट चुका था। इसके अलावा 'मास मूवमेंट' नाम से संगठन और बन चुका था।" डॉ. अम्बेडकर की पुस्तक 'एनहिलेशन ऑफ कास्ट' पढ़कर मान्यवर कांशीराम इस निष्कर्ष पर पहुँचे कि किसी भी एक जाति को आधार बना कर बनाया गया संगठन ज्यादा समय तक नहीं चल पाएगा। अतः उन्होंने 15 प्रतिशत और 85 प्रतिशत की अवधारणा को जन्म दिया। महाराष्ट्र में काम करते हुए मान्यवर कांशीराम ने पाया कि "उ. प्र. की आबादी में उच्च जातियाँ, कम पिछड़ी जातियाँ, अति पिछड़ी जातियाँ और दलित क्रमशः 20, 17, 2, 26, 8 और 21 फीसदी है और विधायक/सांसद के लिहाज से उनका प्रतिनिधित्व 46, 18, 5 और 20 प्रतिशत है। ब्लाक प्रमुखों और राज्यसभा सदस्यों के मामले में भी कमाबेश यही स्थिति है। अर्थात् सवर्णों का प्रतिनिधित्व दो गुणा है, कम पिछड़ों और दलितों का प्रतिनिधित्व लगभग बराबर है और अति पिछड़ों की आबादी सबसे अधिक होने के बावजूद प्रतिनिधित्व सबसे कम है।" इन्हीं तथ्यों ने बहुजन की अवधारणा को जन्म दिया और मान्यवर कांशीराम ने 6 दिसम्बर 1978 को अपना पहला संगठन 'बामसेफ' बनाया।

'बामसेफ' का तात्पर्य है–"आल इंडिया बैकवर्ड (अनुसूचित जाति, जनजाति और अन्य पिछड़ा वर्ग) एण्ड माइनरिटी कम्युनिटीज एम्प्लाईज फेडरेशन"। मान्यवर कांशीराम ने इसे पूर्ण रूपेण अनौपचारिक, अपंजीकृत, गैरधार्मिक, गैर आन्दोलनात्मक और गैर-राजनीतिक संगठन के रूप में गठित किया। स्वतन्त्र भारत में लगभग 26 लाख दलित कर्मचारी कार्यरत हैं जिनकी वार्षिक आय लगभग दस हजार करोड़ रुपये थी। इस सम्बन्ध में स्वयं कांशीराम जी ने लिखा है कि– "बामसेफ के पीछे धारणा है 'समाज को वापस देना।' अतएव यह बसपा के लिए दिमाग, प्रतिभा और कोष जुटाता है। लेकिन 1985 में मैंने इसे छाया संगठन में बदल दिया। अब इसका सार-तत्व मेरी निगाह में है और केवल मैं ही इसका पदाधिकारी और सदस्य रह गया हूँ। देश के करीब चार सौ सर्वोच्च सिविल सर्वेंट बसपा के ब्रेन बैंक हैं। बामसेफ के 26 लाख अनुसूचित जाति, जनजाति के कर्मचारी कार्यकर्ता सारे देश में फैले हुए हैं। उनकी शुद्ध आय दस हजार करोड़ सालाना है। वे बसपा को कोष सप्लाई करते हैं। आखिरकार बसपा का मासिक खर्चा एक करोड़ रुपये है।" इस संगठन के साथ पाँच सौ पीएच.डी., तीन हजार एम.बी.बी.एस., एम. एस., एम. डी., 15 हजार वैज्ञानिक और 7000 अन्य स्नातक और स्नातकोत्तर डिग्री धारी कर्मचारी जुड़ गये। मान्यवर कांशीराम ने इसे दलित आन्दोलन के केन्द्र के रूप में विकसित किया। इस संगठन के कर्मचारियों से उम्मीद की जाती थी कि वे उत्पीड़ित समाज के अन्य सदस्यों की मदद करेंगे और इस तरह बहुजन समाज

आन्दोलन के लिए ब्रेन बैंक, टैलेण्ट बैंक और फाइनेंशियल बैंक का काम करेंगे।

सरकारी कर्मचारी सीधे किसी आन्दोलन में भाग नहीं ले सकते थे। अतः सड़क पर संघर्ष करने के लिए मान्यवर कांशीराम को एक संगठन की आवश्यकता थी। इसलिए उन्होंने 6 दिसम्बर 1981 को 'डी.एस. फोर' का गठन किया। इसका सदस्य बामसेफ का कोई सदस्य नहीं हो सकता था। मान्यवर कांशीराम ने इसे कई मोर्चों में विभाजित किया। पहले तीन विंग्स बनाये गये—जागृति विंग, महिला विंग और छात्रा विंग! इनमें जागृति विंग काफी सक्रिय हुआ। उसने भाषण, गीत संगीत और नुक्कड़ नाटकों के जरिए उत्पीड़ितों में चेतना पैदा करने का काम किया। डी. एस. फोर का सबसे बड़ा कार्यक्रम दक्षिण में कन्याकुमारी से शुरू किया गया साइकिल मार्च था। इसके साथ उन्होंने उत्तर-पूर्व में कोहिमा से, पश्चिम में पोरबन्दर से और पूर्व में पुरी से साइकिल यात्राएँ प्रारम्भ कीं। ये चारों यात्राएँ सौ दिन तक चलीं। 6 दिसम्बर 1982 से शुरू होकर 15 मार्च 1983 तक चलता रहा। फिर दिल्ली पहुँच कर करीब तीन लाख लोगों की रैली हुई।

1983 की दिल्ली में हुई रैली के सामने ही बहुजन समाज आन्दोलन के लिए एक राजनीतिक दल की जरूरत को साफ कर दिया गया तथा 14 अप्रैल 1984 को दिल्ली में "बहुजन समाज पार्टी" का गठन किया गया। 22, 23 और 24 जून-1984 को पार्टी का राष्ट्रीय अधिवेशन लाल किले के सामने वाले मैदान में सम्पन्न हुआ। पार्टी को बाकायदा चुनाव आयोग से पंजीकृत कराया गया। इधर इन्दिरा गाँधी की हत्या के बाद देश में लोकसभा का मध्यावधि चुनाव आ गया। मान्यवर कांशीराम ने अपनी पूरी ताकत इस चुनाव में लगाने का फैसला किया। इस चुनाव में बसपा ने पूरे देश में 10.05 लाख वोट प्राप्त किये। उन्होंने बहन कु. मायावती को बिजनौर से चुनाव लड़ाया। मायावती को इस चुनाव में 61000 वोट मिले और मीरा कुमार केवल 5000 वोट से जीतीं, जबकि साल भर पहले ही कांग्रेसी उम्मीदवार इस क्षेत्र से 95000 वोटों से जीता था। इसी प्रकार हरिद्वार में मायावती को 1,35,399 वोट मिले, जबकि पासवान को केवल 34,225 वोट ही मिले। कांग्रेस उम्मीदवार 14-15 हजार वोटों से जीता, लोकदल और भाजपा उम्मीदवारों का तो पता ही नहीं चला।

इलाहाबाद चुनाव को कांशीराम जी ने अपने विचारों के प्रचार-प्रसार के लिए सर्वोत्तम माना। इस चुनाव में पूर्व प्रधानमंत्री वी. पी. सिंह भी प्रत्याशी थे। डॉ. अभय कुमार दुबे ने लिखा है कि—"इलाहाबाद के चुनाव को देश-भर में बेहद प्रचार मिला। अन्तर्राष्ट्रीय मीडिया ने भी इस पर ध्यान दिया। हवा पूरी तरह वी.पी. सिंह के पक्ष में थी। उनके साथ केरल, कर्नाटक, आंध्र प्रदेश, पश्चिम बंगाल और हरियाणा के मुख्यमंत्री थे। संसाधनों के ढेर लगे हुए थे। चुनाव में कांग्रेस उम्मीदवार

को केवल 90 हजार वोट मिले और वी. पी. सिंह को 2,03,000 वोट मिले। कांशीराम ने साइकिल और उस पर लगे माइक के दम पर चुनाव लड़ा। उन्हें 71,586 वोट मिले। यह एक बड़ी नैतिक विजय थी। कांशीराम इन वोटों की मदद से संसदीय राजनीति में एक स्थायी तत्त्व के रूप में जम गये। साइकिल पर लगा हुआ हाथी के निशान वाला नीला झण्डा, उनका और उनके आन्दोलन का प्रतीक बन गया।" इसके बाद कांशीराम सन् 1992 में इटावा के संसदीय क्षेत्र से चुनाव लड़कर लोकसभा में पहुँचे। मान्यवर कांशीराम जी की सांगठनिक क्षमता का ही परिणाम है कि भारत के उ.प्र. जैसे बड़े राज्य में बी एस पी चार बार सरकार बना चुकी है। बहन कुमारी मायावती उनकी सच्ची उत्तराधिकारी हैं। मान्यवर कांशीराम के व्यक्तित्व के कुछ और पहलू भी हैं।

वे कुशल सम्पादक थे। मान्यवर कांशीराम पहले 'आप्रेस्ड इंडियन' नामक अखबार निकालते थे। बाद में उन्होंने 'बहुजन संगठन' साप्ताहिक निकालना शुरू किया। यह हिन्दी और अंग्रेजी दोनों भाषाओं में प्रकाशित होता रहा है। इसके मुख्य सम्पादक कांशीराम तथा इसका एक सम्पादकीय मण्डल है जो इस पत्र में छपने वाली सामग्री तय करता है। देश के सभी क्षेत्रों में इसके अपने छायाकार और संवाददाता हैं। इस समाचार-पत्र में मुख्यत: कांशीराम के भाषण, बसपा तथा उसके अन्य संगठनों से सम्बन्धित, तथ्यों, बैठकों इत्यादि तथा दलित-वर्ग की उपलब्धियों तथा उसके उत्पीड़न से सम्बन्धित समाचार होते हैं। 'बहुजन संगठक' अन्य पत्रों में प्रकाशित उन समाचारों को भी ग्रहण कर लेता है, जो दलित-शोषितों के उत्पीड़न या सवर्ण अत्याचारों से सम्बन्धित होते हैं। यह पत्र मण्डल कार्यालयों तथा जिला कार्यालयों में भेजा जाता है। वहाँ से अन्य स्थानों पर इसका वितरण होता है। आन्दोलन से सम्बन्धित वे ही सदस्य इस पत्र को प्राप्त करने के अधिकारी होते हैं, जिनके द्वारा पत्र का सदस्यता शुल्क जमा कर दिया जाता है। इस पत्र का आम तौर पर बाजार में वितरण नहीं होता है।

मान्यवर कांशीराम दलित साहित्य एवं दलित साहित्यकारों के प्रेरणास्रोत थे। मान्यवर कांशीराम ने अपने पत्र 'बहुजन संगठक' में दलित-साहित्यकारों द्वारा रचित लेख, कहानी, कविता तथा नाटक इत्यादि का प्रकाशन किया, जिसका उद्देश्य दलितों में चेतना का प्रसार करना था। इससे प्रेरणा लेकर हिन्दी में विपुल दलित-साहित्य रचा गया और आज दलित-साहित्यकारों की एक पूरी पीढ़ी तैयार हो गयी है, जिसमें बहुत सारे साहित्यकार स्थापित हो गये हैं। हिन्दी दलित-साहित्य तो इस समय हिन्दी साहित्य की मुख्यधारा ही हो गया है जिसे अब भारत के लगभग सभी विश्वविद्यालयों ने अपने पाठ्यक्रम में भी लगा लिया है।

दलित राजनीति को अपने बलबूते पर सत्ता तक पहुँचाने वाले उद्भट संगठन

कर्त्ता मान्यवर कांशीराम जी यद्यपि 9 अक्टूबर, 2006 को हमारे बीच नहीं रहे लेकिन उनका यश उनके विचार और कार्य शताब्दियों तक दलित-समाज की आने वाली पीढ़ियों को प्रेरणा देते रहेंगे। उनके महाप्रयाण पर तत्कालीन राष्ट्रपति महामहिम ए.पी.जे अब्दुल कलाम ने कहा कि– "देश ने एक ऐसा नेता खोया है जिसने आजाद भारत के इतिहास में हाशिए पर खड़े लोगों को उनका हक दिलाने में महती भूमिका अदा की। उनके जाने से देश ने एक जननेता खो दिया।" प्रधानमंत्री डॉ. मनमोहन सिंह ने अपने शोक सन्देश में कहा कि–"कांशीराम देश में सामाजिक परिवर्तन के प्रणेता थे। आशा है कि कांशीराम के जाने के बाद भी उनके सामाजिक राजनीतिक दर्शन और विचार लोगों का मार्ग दर्शन करते रहेंगे।" कुल मिलाकर मान्यवर कांशीराम ने दलितों के साथ अति पिछड़ों और अल्पसंख्यकों को जोड़कर उ. प्र. में चार बार बहन कुमारी मायावती जी को मुख्यमंत्री बनवा कर दलितों के स्वाभिमान को जगाया है और राजनीति में दलितों को नयी पहचान दिलाने में महत्त्वपूर्ण भूमिका निभाई है। उनके इस सामाजिक-परिवर्तन के प्रयास को सदैव याद रखा जाएगा।

सामाजिक समरसता के अग्रदूत सन्त रैदास

हिन्दी साहित्य के मध्यकाल के पूर्वार्द्ध भाग को 'भक्तिकाल' के नाम से अभिहित किया जाता है। यह मध्यकालीन भारत की दीनता, धार्मिक अंध-विश्वासों एवं सामाजिक विकृतियों का काल था। विदेशी आक्रान्ता शासक, हिन्दुओं पर जुल्म ढा रहे थे तो हिन्दू भी धार्मिक रूढ़ियों के आधार पर और अधिक बँटते जा रहे थे जिसके कारण भारत का सामाजिक ढाँचा पूर्णतः अस्त-व्यस्त हो गया था। कुल मिलाकर यह धार्मिक राजनीतिक और सामाजिक पतन का काल था।

यदा-यदा हि धर्मस्य ग्लानिर्भवति भारतः।
अभ्युत्थानम् धर्मस्य संभवामि युगे-युगे॥

लेकिन जब-जब भी भारत-भूमि पर विनाशकारी शक्तियों का प्रभाव बढ़ा है, तब-तब ही किसी-न-किसी महापुरुष का जन्म हुआ है। ऐसे ही समय में दीन-हीन भारत की दुखी जनता को सामाजिक स्वास्थ्य के लिए समता की संजीवनी पिलाने के लिए भारत-भूमि पर सन्त रैदास का आविर्भाव हुआ था—

चौदह सौ तैंतीस की माघ सुदी प्रंदास।
दुखियों के कल्याण हित प्रकटे श्री रैदास॥

माघ की पूर्णिमा को ही समस्त भारत में 'रैदास सम्प्रदाय' के लोग बड़ी धूम-धाम से सन्त रैदास की जयन्ती मनाते हैं। इसका आधार गुरु गोविन्द सिंह कालीन सन्त करमदास की वही उक्ति है जिसके अनुसार उनका जन्म संवत् 1433 वि. की माघ पूर्णिमा को हुआ था जबकि 'अगस्त्य संहिता' के अनुसार इनकी जन्मतिथि 'चैत्र सुदी द्वितीया शुक्रवार' है।

रैदास-काव्य का अध्ययन करने पर अन्तः और बाह्य कोई ऐसा प्रमाण उपलब्ध नहीं होता, जिसके आधार पर सन्त रैदास के जन्म-संवत् के विषय में जानकारी मिलती हो। उनके काव्य से यह ध्वनि अवश्य निकलती है कि वे कबीर के समकालीन थे और उनके समय में वे पूर्ण ख्याति भी अर्जित कर चुके थे। इसका उल्लेख कबीर ने अपनी वाणी में किया है—

साधुन में रैदास सन्त हैं, सुपच ऋषि सो माँनियाँ।
हिन्दू तुर्क दुई दीन बने हैं, कछु नहीं पहचानियाँ॥

सन्त रैदास ने भी कबीर को 'गुरु समान क़बीर बड़ भ्राता' कहकर सम्मान दिया है। इससे यह तथ्य प्रमाणित होता है कि सन्त रैदास और सन्त कबीर दोनों एक ही समय में विद्यमान थे। दूसरा तथ्य यह है कि स्वामी रामानन्द सन्त रैदास के गुरु थे और उन्होंने उनसे दीक्षा ली थी। इसका उल्लेख रैदास वाणी में हुआ है—

रामानन्द मोहि गुरु मिल्यो, पाया ब्रह्म विसास।
रामनाम अमिरस पियो, रैदास हि भयो षलास॥

इन दोनों आधारों पर सन्त रैदास का समय निश्चित करना सरल हो जाता है। सन्त कबीर का जन्म संवत् 1456 अद्यावधि सर्वमान्य है तथा स्वामी रामानन्द जी का जीवनकाल 'अगस्त्य संहिता' के आधार पर रूपकला ने अपनी भक्तमाल की टीका में संवत् 1356 से सं. 1467 तक माना है। डा. भण्डारकर ने भी रामानन्द के इसी काल को प्रामाणिक माना है जिसे विद्वानों द्वारा भी पर्याप्त समर्थन मिल चुका है।

इस प्रकार सन्त रैदास के जन्मकाल को कबीर के जन्म संवत् से दो-चार वर्ष के अन्तर से निश्चित किया जा सकता है क्योंकि रैदास ने स्वयं कबीर को 'बड़ा' स्वीकार किया है। इसके अतिरिक्त रैदास ने स्वामी रामानन्द से दीक्षा ग्रहण की थी जो निश्चित ही उनकी मृत्यु से पहले की होगी। अतः सन्त रैदास का जन्म-काल संवत् 1456 से सं. 1467 के बीच ही तर्कसंगत बैठता है जबकि 'शोध पत्रिका' में प्रकाशित लेख 'सन्त रैदास का समय' में श्री वेद प्रकाश गर्ग ने रैदास का जीवनकाल सं. 1415 से लेकर संवत् 1525 के आसपास माना है।

अब तक प्राप्त समस्त शोध-विवरणों के आधार पर सन्त रैदास का जन्म 'मांडूर' नामक स्थान पर हुआ था। अब इसका नाम 'मुडवाडीह' हो गया है जो मुगलसराय स्टेशन से डेढ़-दो मील की दूरी पर ग्रांट ट्रंक रोड पर स्थित है। 'रैदास रामायण' में इसका उल्लेख मिलता है -

कासी ढिंग मांडूर स्थाना, शूद्रवरण करत गुजराना।
मांडूर नगर लीन औतारा, रैदास सुभ नाम हमारा॥

'रैदास वाणी' में भी उनके जन्म-स्थान का 'बनारस' के आस-पास होने का उल्लेख है—

मेरी जाति कुटवांढला ढोर ढुबंता।
नित ही बनारसी आस-पास॥

उनके इस पद से उनकी जाति का भी पता चल जाता है, वैसे सन्त रैदास ने कहीं पर भी अपनी जाति को छिपाने का प्रयास नहीं किया है। उन्होंने अपनी वाणी में एक स्थान पर स्पष्ट लिखा है—

'मेरी जाति विख्यात चमार।'

सन्त रैदास की माँ का नाम करमाबाई तथा पिता का नाम राघवदास था जो चमड़े से जूते बनाने का काम करते थे। सन्त रैदास भी जीवन-भर अपना पैतृक पेशा ही करते रहे। साथ-साथ प्रभु-भक्ति और हरि-कीर्तन भी करते रहते थे। साधु-संगति और भक्ति ही उनके लिए सब-कुछ थी। वे किसी साधु को यदि नंगे-पाँव देख लेते थे तो अपनी दिन-भर की मेहनत से बनाया हुआ जूता उठाकर सादर उसे दे देते थे। तंग आकर उनके पिता ने उन्हें घर से अलग कर दिया। ये घर के पीछे झोंपड़ी डालकर अपनी साध्वी पत्नी लोना के साथ रहने लगे तथा पुराने जूते गाँठकर अपने परिवार का पालन-पोषण करने लगे। साधु-संगति और प्रभु-भक्ति के प्रति इनका अनुराग फिर भी कम नहीं हुआ। इनके परिवार को विपन्नता में दिन काटने पड़े, जिससे लोग इनका उपहास भी करते थे।

'दारिद देखी सब कोई हँसे ऐसी दशा हमारी।'

लेकिन अध्यात्म-मार्ग के पथिक को इन कष्टों की चिन्ता कहाँ? परिणामस्वरूप इनकी ख्याति सर्वत्र फैल गयी जिसके कारण काशी के विद्वान, पंडित उनके विरोधी हो गये किन्तु अंततोगत्वा सभी ने उनकी श्रेष्ठता को स्वीकार कर लिया था–

गरीब निवाज गुसैंया मेरे माथे तिलक धरै।
नीचहि ऊँच करे मेरा गोविन्द काहु ते न डरै॥

इसी कारण उनके शिष्यों में सभी जाति, धर्म और सम्प्रदायों के लोग थे। झाली रानी (झालावाड़ के राजा की पुत्री रत्न कुँवरि) तथा भक्तिमति मीरा उनकी शिष्या थी। मीरा ने इस तथ्य को अपने एक पद में स्पष्ट स्वीकार किया है–

'गुरु मिल्या रैदास जी दीन्ही ग्यान की गुटकी।'

सन्त रैदास का अधिकांश समय काशी में ही व्यतीत हुआ किन्तु फिर भी वे देशभर में भ्रमण करते रहे। जीवन के अन्तिम समय उनका शरीर वृद्धावस्था के कारण इतना जर्जर हो चुका था कि वे प्रभु की पूजा और कीर्तन करने में भी असमर्थ हो गये थे–

अब मैं हारयो रे भाई।
हलन चलन ते थकित भई देह लोगन वेद बड़ाई।
थकित भयो नाचन और गावन तै, थाकी पूजा सेवा॥

चित्तौड़ में ही सन्त रैदास का शरीरान्त सम्वत् 1584 में हुआ, इस सम्बन्ध में एक उक्ति प्रचलित है -

पन्द्रह सौ चऊ असी, भई चित्तौड़ महं भीर।
जर-जर देह कंचन भई, रवि-रवि मिल्यौ शरीर॥

यहीं पर कुम्भ श्याम मन्दिर के पास रैदास की छत्री बनवाई गयी, जिसमें उनके चरण-चिह्न आज भी अंकित हैं। अनन्तदास वैष्णव ने लिखा है—

हरिसागर में बूँद समानी, कोउ न जाने कहाँ समानी।

भारतीय संस्कृति अन्तर्विरोधों का विचित्र समन्वय है। यहाँ एक ओर तो किसी अछूत को पूजा, उपासना और पठन-पाठन का अधिकार नहीं दिया जाता था, वहीं दूसरी ओर यदि कोई अछूत सिद्धि प्राप्त कर ले तो उसे उदारता से स्वीकार भी कर लिया जाता है।

मध्यकालीन भारत में सन्त कवि रैदास इन्हीं अन्तर्विरोधों का एक सशक्त उदाहरण हैं। क्रान्तिकारी, समाज-सुधारक, दार्शनिक, भक्त और कवि जैसी विशेषताओं से विभूषित उनके व्यक्तित्व को एक जाति-विशेष तक सीमित कर उसकी परिधि को छोटा ही किया गया जबकि वे जयदेव, नामदेव, गुरु नानक, कबीर आदि महान सन्तों की अविरल परम्परा की एक महत्त्वपूर्ण कड़ी थे, इसलिए उनके सर्जनात्मक व्यक्तित्व का मूल्यांकन इसी परिप्रेक्ष्य में रखकर किया जाना चाहिए।

सन्त रैदास के चालीस पद तो 'गुरु ग्रन्थ साहब' में संकलित हैं तथा अन्य पांडुलिपियों से दो सौ के लगभग पद तथा ढाई सौ से अधिक 'साखियाँ' जो दो पंक्तियों के समतुकान्त छन्दों में दोहों की तरह हैं और उनके परवर्ती कुछ लेखकों ने उन्हें 'साखियाँ' भी कहा है, प्राप्त हो चुके हैं। अब तक उनकी इस सामग्री के अतिरिक्त एक और ग्रन्थ 'प्रहलाद चरित' का भी पता लगा है। विद्वानों का ध्यान इस ओर गया है और वह सोचने लगे हैं कि सन्त रैदास-काव्य का अध्ययन किये बिना सम्पूर्ण सन्त-काव्य का अध्ययन अधूरा है। सन्त रैदास-काव्य के मर्मज्ञ अध्येता डा. बी. पी. शर्मा (भूतपूर्व एसोसिएट प्रोफेसर, पंजाब विश्वविद्यालय, चण्डीगढ़) ने 7 मई 1979 के अपने पत्र में मुझे लिखा था—'वास्तव में सन्त रैदास पांडुलिपियों की परतों में दबे रहे, इस चमार को किसी ने देखा ही नहीं, अन्यथा यह चमार विचित्र भक्त था। 130 वर्ष जूझता रहा जीवन-संघर्ष में। आखिर 'सकल राजधानी को अगवानी में लेकर' भारत-सम्राट 'राणा सांगा' ने चित्तौड़-दुर्ग की 1800 फुट ऊँची चौहद्दी पर उनका स्वागत किया था।' उक्त पंक्तियों में जहाँ रैदास का महत्त्व ध्वनित होता है, वहीं उनकी व्यापक उपेक्षा की ओर भी संकेत दृष्टिगोचर होता है। उनकी उपेक्षा का इससे बड़ा प्रमाण और क्या होगा कि इस सन्त शिरोमणि का काव्य शताब्दियों तक यूँ उपेक्षित पड़ा रहा और अब भी उसे वह सम्मान प्राप्त नहीं है, जिसकी वह अपेक्षा रखता है।

सन्त रैदास का काव्य हिन्दी काव्य की प्रारम्भिक अवस्था की सृजना है। इसलिए उसमें छन्द सौष्ठव तथा भाषागत सौन्दर्य की अपेक्षा नहीं की जा सकती। यही

कारण है कि काव्य मूल्यांकन के पुरातन सिद्धान्तों के आधार पर रैदास-काव्य का मूल्यांकन नहीं किया जा सकता। इस ओर संकेत करते हुए डॉ. योगेन्द्र सिंह ने भी लिखा है–'उनके साहित्य का कलात्मक मूल्यांकन परम्परागत शास्त्रीय दृष्टि से नहीं किया जा सकता। रैदास की विचारधारा में तत्कालीन भारत में प्रचलित सम्पूर्ण मुख्य साधना-पद्धतियों की मूल आत्मा सामान्यत: सदैव विद्यमान रहकर भी उसमें कुछ नव्यता है, जो उसको परम्परा से पृथक एक मौलिकता प्रदान करती है। उनके साहित्य को कलात्मक दृष्टि से शास्त्रीय चौखटे में कसकर नहीं समझा जा सकता, वर्तमान समय में काव्य-मूल्यांकन के सिद्धान्तों में वैसे भी बहुत अधिक परिवर्तन आया है। 'मान्यताओं के बदलाव की ओर संकेत करते हुए डॉ. ओमप्रकाश अवस्थी ने लिखा है–'मूल बात यह है कि अपने युग-सन्दर्भ में कविता कितनी गहराई से युग की संवेदना और कवि की अनुभूति को प्रकट कर सकी है तथा अपने युग के पूर्ववर्ती इतिहास में कितनी नयी है और उस युग-विशेष में उस समय के काल-बोध को कितनी दूरी और गहराई से उसने छुआ है। दूसरी बात यह है कि कविता में प्राण-शक्ति कितनी है। समय के कितने थपेड़े खाकर वह अपना स्वरूप स्थिर ही नहीं रख पाई, वरन् कितनी और प्रांजल तथा साफ होती गयी है।' कवि के काल-बोध एवं काव्य की प्राणवत्ता को कृति की राह से गुजरकर ही जाना जा सकता है।

सन्त रैदास का समय 15वीं शताब्दी अनुमानित किया जाता है। यह समय ऐसा था, जबकि भारत पर मुसलमानों के अत्याचारों, अनाचारों की आँधी जोरों पर थी। हिन्दुओं की आँखों के सामने उनके देवालय घोषणायें करके गिराये जाते थे, उनके आराध्य देवताओं का अपमान किया जाता था। ऐसे समय में न तो वे विद्रोह ही कर सकते थे और न ही सिर झुकाये बिना जी ही सकते थे। अत: हृदय के आक्रोश को अपनी असहायता, निराशा और दीनता को प्रभु के सम्मुख कहकर मन को शान्ति देने के अतिरिक्त और रास्ता ही क्या था? तत्कालीन समाज की इस स्थिति को सन्त रैदास ने वाणी दी है–

'त्राहि-त्राहि त्रिभुवन पति पावन,
अतिशय शूल सकल बलि जावन'

मध्यकालीन भारत अन्धविश्वासों के घनघोर अन्धेरे में साँस ले रहा था, कुछ बेबुनियाद रूढ़ियों ने उसमें और सड़न पैदा कर दी थी। रैदास की ख्याति सर्वत्र फैल जाने के उपरान्त भी सवर्ण हिन्दू उन्हें अछूत ही समझते थे। इसका उल्लेख उनके काव्य में यूँ मिलता है–

'रैदास तूँ कांवचि फलि तुझे न छिवै कोय।'

इसके अतिरिक्त भी अपने हृदय के इस दर्द को उन्होंने अपनी वाणी में बड़ी सहजता से व्यक्त किया है–

'हम अपराधी नीच घर जन्में, कुटुम्ब लोग करै हाँसी रे।'

लोगों का यह उपहास ही व्यक्ति को अन्तर्मुखी कर देता है और अपनी निराशा और उपेक्षा को सर्जनात्मक मोड़ देकर सामाजिक रूढ़ियों पर पुनर्चिन्तन करता है। तब जाकर कहीं ये रूढ़ मान्यतायें टूटती हैं। सन्त रैदास ने तत्कालीन रूढ़ियों के प्रति विद्रोह किया, इसलिए उन्हें सामाजिक क्रान्ति का अग्रदूत कहने में कोई अत्युक्ति नहीं है।

ऐसे समय में सजग साहित्यकार का जो दायित्व है, उसका सन्त रैदास ने बड़ी सहजता से निर्वाह किया। सर्वप्रथम उन्होंने हिन्दू-मुसलमानों में एकता स्थापित करने का प्रयास किया क्योंकि बाहरी आक्रान्ताओं से यहाँ के मूल निवासी हिन्दू और मुसलमान दोनों ही परेशान थे, इसलिए उन्होंने सबसे पहले सैद्धान्तिक दरार को ही पाटना उचित समझा जिससे भावात्मक एकता स्थापित हो सके। यह तभी सम्भव था जब राम और रहीम को एक समझा जाये तथा वेद और कुरान को लोग बराबर सम्मान दें—

कृष्ण-करीम, राम-हरि-राघव, जब लग एक न पेषा।
वेद-कतेब-कुरान-पुरानन सहज एक नहीं वेषां॥

मन्दिर और मस्जिद के झगड़े आज की तरह तब भी साम्प्रदायिक स्तर पर हिन्दू और मुसलमानों को दो-फाड़ कर रहे थे किन्तु सन्त रैदास ने तब भी इन दोनों को एक ही परम पिता परमात्मा का उपासना स्थल बताकर हिन्दू और मुसलमानों को आपस में न लड़ने की सलाह दी। उनका मत है—

मन्दिर मस्जिद एक है, इन मंह अन्तर नाहि।
रैदास राम रहमान का, झगड़ा कोऊ नाहि।।
रैदास हमारा राम जोई, सोई है रहमान।
काबा कासी जानि याहि, दोऊ एक समान॥

दरअसल, सन्त रैदास व्यक्ति-व्यक्ति की समानता के हामी थे। देखिये, कैसे वह 'कंगन और कनक' के रूपक द्वारा हिन्दू और मुसलमानों में एकरूपता स्थापित करने का प्रयास करते हैं—

रैदास कंगन और कनक मांहि, जिमि अन्तर कछु नाहिं।
तैसऊ ही अन्तर नहीं, हिन्दुअन तुरकन मांहि॥

इसका एक कारण यह भी है कि प्रत्येक व्यक्ति जन्मतः एक समान है। सबमें एक ही रंग का रक्त, एक प्रकार का मांस और अस्थियाँ हैं। फिर इस संसार में आकर व्यक्ति धर्म, जाति, वर्ण आदि के नाम पर क्यों बँटे। सन्त रैदास ने इस बुनियादी तथ्य को निम्न प्रकार अभिव्यक्ति दी है—

हिन्दू तुरक नहीं कछु भेदा, सभ मंह एक रक्त और मासा।
दोऊ एकह दूजा कोऊ नांही, पेख्या सोध रैदासा॥

इसके आगे वह हिन्दू और मुसलमानों को मित्र की भाँति रहने का सन्देश देते हुए लिखते हैं–

मुसलमान सों दोस्ती, हिन्दुअन सौ कर प्रीत।
'रैदास' जोति सभ राम की, सभ हैं अपने मीत॥

इस प्रकार सन्त रैदास ने तत्कालीन समाज को उचित दिशा देने के लिए धार्मिक अन्ध-विश्वासों का भण्डाफोड़ करके समस्त मनुष्यों को भेदभाव भुलाकर एक होने का जो सन्देश दिया था, वह तत्कालीन परिस्थितियों में जितना आवश्यक था, सामयिक सन्दर्भों में भी उतना ही प्रासंगिक है क्योंकि भौतिक दृष्टि से इतनी वैज्ञानिक उन्नति कर लेने के बावजूद धार्मिक अन्ध–विश्वास पूर्णतः नष्ट नहीं हो पाये हैं। आज भी मन्दिर और मस्जिद को लेकर राम और खुदा के नाम पर साम्प्रदायिक दंगे निरन्तर हो रहे हैं। ऐसी स्थिति में सन्त रैदास के काव्य से सबक लेना आवश्यक है।

इस समय की समस्त प्रचलित रूढ़ियों पर सन्त रैदास ने दृष्टिपात किया है। वर्ण-व्यवस्था को हिन्दू-धर्म का कोढ़ माना जाता है। वर्ण-व्यवस्था का अभिशाप चौथे वर्ण अर्थात् 'शूद्र' को ही सहना पड़ा। प्रारम्भ में वर्ण जन्मतः नहीं कर्मतः निर्धारित किये जाते थे किन्तु मध्यकाल तक आते-आते इस स्वस्थ मान्यता ने रूढ़ रूप ले लिया। चूँकि सन्त रैदास इसी वर्ण से सम्बद्ध थे, इसी कारण उन्हें उच्च-वर्ण का उपहास तो सहना पड़ा ही, कभी-कभी प्रतिशोध का शिकार भी होना पड़ा। इसलिए उन्हें इन सड़ी-गली मान्यताओं के पुनर्मूल्यांकन की आवश्यकता पड़ी। अतः पहले तो उन्होंने इन मान्यताओं का सैद्धान्तिक स्तर पर विरोध किया–

रैदास एक बूँद सौ, सब ही भयो वित्थार।
मूरिख हैं जो करत हैं वरन अवरन विचार॥
रैदास एक ही नूर ते जिमि, उपज्यों संसार।
ऊँच-नीच किहि विध भये, ब्राह्मण और चमार॥

इसके बाद उन्होंने स्पष्ट घोषणा कर दी कि कोई भी व्यक्ति जन्म के कारण ऊँच-नीच नहीं हो सकता, क्योंकि मनोवांछित जन्म लेना तो किसी के भी हाथ की बात नहीं है। हाँ, व्यक्ति के इहि-लौकिक कर्म अवश्य ही उसके श्रेष्ठत्व अथवा निकृष्टत्व को निर्धारित करते हैं।

रैदास जन्म के कारणै, होत न कोई नीच।
नर को नीच करि डारि है, औछे करम की कीच॥

उनके परवर्ती सन्तों में सन्त-कवि तुलसी ने उनकी इस मान्यता को 'रामचरितमानस' में 'करम परिधान विस्व करि राखा' कहकर स्वीकार किया है। वर्ण तो था ही, जाति इस कोढ़ में और खाज सिद्ध हुई। इस आधार पर हिन्दू-समाज

को विभिन्न जातियों में बाँटकर और अधिक कमजोर करने की कोशिश की गयी। सन्त रैदास की पूर्ण मान्यता है कि जब तक इस देश से जाति-प्रथा समाप्त नहीं हो जाती तब तक इसमें किसी भी प्रकार के सुधार की बात करना बेबुनियाद है—

जात-जात में जात है, ज्यों केलन के पात।
'रैदास' न मानुष जुड़ सके, ज्यों लौ जात न जात॥

भारत का यह दुर्भाग्य रहा है कि यहाँ पर जाति ही व्यक्ति का सामाजिक स्तर निर्धारित करती रही है। उसे ऊँच और नीच मानने और मनवाने पर बाध्य करती रही है। सन्त रैदास इसीलिए ऐसी जाति प्रथा को, जो व्यक्ति-व्यक्ति को जोड़ती नहीं, तोड़ती है, 'रोग' मानते हैं -

जात-पात के फेर महि, उरझि रहइ सब लोग।
मानुषता को खात हई, रैदास जात कर रोग॥

सन्त रैदास ने तत्कालीन समाज में प्रचलित इन सड़ी गली मान्यताओं का विरोध कर वैज्ञानिक मान्यताओं का प्रचार किया—

जन्म जात मत पूछिए, का जात और पात।
'रैदास' पूत सभ प्रभु के, कोई नहि जात कुजात॥
जन्म जात कूँ छाँडि करि, करनी जात पर धान।
इहयों वेद को धरम है, करै 'रैदास' बखान॥

इस कारण उनकी दृष्टि में ब्राह्मण, क्षत्री, वैश्य और शूद्र सभी को बनाने वाला वह एक ही 'सिरजनहार' है। उसकी एक बूँद का विस्तार यह सारा संसार है। प्रत्येक व्यक्ति की आत्मा में उसी परमात्मा का अंश विद्यमान है। फिर किस आधार पर ब्राह्मण को श्रेष्ठ तथा शूद्र को निष्कृष्ट ठहराया जाये। उन्होंने जड़मति समाज को समझाया—

एक माटी के सभै भांडे सभ का एकै सिरजनहार।
'रैदास' व्यापै एकै घट भीतर, सभ कौ एकै घड़े कुम्हार॥
'रैदास' एकै ब्रह्म का होई रहयों सगल पसार।
एके माटी सब घट सरजे, एकै सभ कूं सरजनहार॥

इस प्रकार रैदास ने जहाँ 'वर्ण-व्यवस्था' और 'जाति-व्यवस्था' का विरोध किया, वहीं उन्होंने इसकी नयी व्याख्या भी प्रस्तुत की। उनकी दृष्टि में ब्राह्मण ऊँचे कुल में जन्म लेने के कारण नहीं होता है, बल्कि ब्राह्मण वह है जिसमें ब्रह्मात्मा विद्यमान है -

ऊँचे कुल के कारणै ब्रह्मण कोय न होय।
जऊ जानहि ब्रह्म आत्मा 'रैदास' कहि ब्राह्मण सोय॥

क्षत्रिय कौन?—

दीन दुखी के हेतु जउ वारे अपने प्रान।
'रैदास' उह नर सूर को, सांचा छत्री जान॥

वैश्य कौन?–

'रैदास' वैस सोई जानिये, जउ सतकार कमाय।
पुन कमाई सदा लहै लौरे सर्वत सुखाय॥
सांची हाटी बैठि करि, सौदा सांचा देई।
तकड़ी तौले सांच की 'रैदास' वैस है सोई॥

शूद्र कौन?–

'रैदास' जउ अति अपवित, सोई सूदर जान।
जउ कुकरमी असुधजन, तिन्ह ही सूदर मान॥

डॉ. बृजमोहन शर्मा के इस कथन में सत्य ही ध्वनित हुआ है–'छुआछूत एवं ऊँच-नीच को ही नहीं बल्कि गुरु जी ने मांसाहार अनैतिकता के अतिरिक्त धनलिप्सा, दुराचरण जैसे तत्वों को असामाजिक बतलाकर एक लम्बी क्रान्ति का सूत्रपात किया।' धार्मिक संकीर्णताओं, भेदभावों को भी उन्होंने सर्वथा त्याज्य बतलाया है क्योंकि यह भेदभाव ही 'वसुधैवं कुटुम्बकम्' का विरोधी है। इसी ने तो आदमी को आदमी से दूर किया है। मानवीयता के लोकोपकारी सिद्धान्तों के प्रसार एवं प्रचारार्थ मन्दिर, मस्जिद, गिरजाघर आदि पूजा स्थानों तथा काबा, काशी, मक्का, मथुरा आदि तीर्थस्थानों का भी कोई विशेष महत्त्व नहीं है क्योंकि प्रभु का वास वहाँ नहीं, व्यक्ति के हृदय में है–

का मथुरा का द्वारिका, का कासी हरिद्वार।
'रैदास' खोजा दिल अपना, तऊ मिलिया दिलदार॥

समस्त मिथ्याचारों तथा आडम्बरों का सन्त रैदास ने डट कर विरोध किया। उनकी मान्यता थी कि 'मन चंगा तो कठौती में गंगा।' वस्तुतः मन की शुद्धता ही महत्त्वपूर्ण है। उन्होंने समस्त बुराइयों पर एक-एक कर सशक्त चोट की। समाज-सुधारक के नाते उन्होंने समाज की सही नब्ज को पकड़ा। तत्कालीन राजे-महाराजे रात-दिन शराब के नशे में डूबे रहते थे जिसका परिणाम यह हुआ कि 'यथा राजा तथा प्रजा'। निम्न आय-वर्ग के लोगों में भी यह व्यसन फैल गया जो इनके पतन का बहुत बड़ा कारण सिद्ध हुआ। सन्त रैदास ने देखिए, इसे रोकने के लिए कैसी मीठी सीख दी है –

'रैदास' मदिरा का पीजिये, जो चढ़ै-चढ़ै उतराय।
नांव महारस पीजिये, जो चढ़ै नाहिं उतराय॥

इसी प्रकार मांसाहार भी व्यसनों में एक था। यह पापाचार एवं आत्मिक अशुद्धता का मूल कारण है। सन्त रैदास ने इसके मूल 'जीव हत्या' पर चोट की

तथा 'जीव हत्या' को पाप बताकर 'अहिंसा' के सिद्धान्त का प्रचार किया—

'रैदास' जीव मत मारहिं इक साहिब सब मांहि।
सब मांहि एकउ आतमा दूसरह कोउ नांहि॥
दया भाव हिरदै नहीं, भखहिं पराया मास।
ते नर नरक मंह जाइहिं, सत भाषै 'रैदास'॥

उन्होंने मुसलमानों द्वारा जीव-हत्या कर नमाज पढ़ने की मनोवृत्ति को दूषित करार दिया। उन्होंने स्पष्ट किया कि किसी जीव को मारकर कभी भी खुदा की प्राप्ति नहीं हो सकती। जिस गाय और बकरी को खुदा ने पोषण के लिए बनाया है भला उसे मारकर ईश्वर की प्राप्ति कैसे हो सकती है—

'रैदास' जउ पोषण हेत, गऊ बकरी नित खाय।
पढई नमाजे रात-दिन तबहु भिस्त न पाय॥
'रैदास' जीव कूँ मारि कर, कैसो मिलहि खुदाय।
पीर पैगम्बर ओलिया, कोउ न कहइ समुझाय॥

सन्त रैदास ने समस्त मानव-जाति को अपने हृदय में दया भाव को स्थान देने का उपदेश दिया। यह तभी सम्भव है, जब व्यक्ति अपनी समस्त इन्द्रियों को वश में कर ले। इन्द्रिय-निग्रह ही आनन्द का आधार है—

जो बस राखे इन्द्रियां, सुख दुख समझि समान।
सोऊ अमरित पद पायगो, कहे 'रैदास' बखान॥

इच्छाओं को भोग से दूर रखने पर ही व्यक्ति का मन शांत रहता है, मन की शान्ति ही संतोष का कारण है और संतोष व्यक्ति का सबसे बड़ा धन है। धन-सचंय करने से सुख नहीं मिलता, सुख मिलता है धन को सत्कर्म में खर्च करने से—

सच्चा सुख सत्त धरम मंहि, धन संचय सुख नांहि।
धन संचय दुख खान है, 'रैदास' समझि मन मांहि।।

वस्तुतः व्यक्ति के व्यक्तित्व से जब तक विषमतायें समाप्त नहीं हो जातीं, वह श्रेष्ठता प्राप्त नहीं कर सकता। इसलिए मनुष्य को अपने जीवन में पाँच विकारों काम, क्रोध, मद, मोह और लोभ से सदैव दूर रहना चाहिए। जिस व्यक्ति ने इन पंच विकारों को त्याग दिया वह व्यक्ति महान हो जाता है। सन्त रैदास सत्य, संतोष और सदाचार को ही जीवन का आधार मानते हैं—

सत संतोष अरु सदाचार, जीवन का आधार।
'रैदास' भये नर देवता, जिन तियागे पंच विकार॥

सन्त-संगति का जीवन में बड़ा महत्त्व है। आचार्य शुक्ल जी 'कुसंगति के ज्वर' को सबसे भयानक मानते हैं। दुराचारी व्यक्ति की संगति व्यक्ति को पथ भ्रष्ट कर देती है। सन्त रैदास ऐसे व्यक्ति से जो सत्य नहीं बोलता, विश्वासघात करता है,

भूलकर भी बात न करने की सलाह देते हैं–

जो नर सत्य न भाषाहिं अरू करहिं विश्वासघात।
तिन्ह हुं सौ कबहुं भुलिहिं, 'रैदास' न कीजिये बात॥

इसके विपरीत वे सज्जन साधु व्यक्ति के गुणों का विस्तार से वर्णन करते हैं कि साधु को सांसारिक मोह-माया में लिप्त नहीं होना चाहिए, उसे निर्वैर होकर समस्त अवगुणों को छोड़कर ईश्वर-भक्ति करनी चाहिए, साधु में अहं का भाव न हो, वह मिथ्या भाषी न हो, उसे परोपकारी होना चाहिए, उसे क्षमाशील तथा तृष्णा रहित होना चाहिए। सन्त रैदास द्वारा श्रेष्ठ मनुष्य के जितने गुणों का उल्लेख किया गया है, निःसन्देह वह समस्त मानवता के आभूषण हैं–

'रैदास' सोई साधु भलो, जऊ जग मंहि लिपत न होय।
गोविन्द सों रांचा रहइ अरू जानहि नहीं कोय॥
'रैदास' सोइ साधु भलो, जउ मन अभिमान न लाय।
ओगुन छोड़हि गुन गहे सिमरई गोविन्द राय॥
'रैदास' सोई साधु भलो, जउ अपनह आपु न जताय।
सतवादी, साँचा रहइ, मन हरि चरनन मंह लाय॥
'रैदास' सोई साधु भलो, जो पर उपकार कमाय।
जइसोई कहहिं तइसोई करहि, आपा नाहिं जताय॥

इन गुणों से विभूषित मानव श्रेष्ठ की संगति करने से ही व्यक्ति का मन निर्मल हो सकता है तथा पापमुक्ति सम्भव है–

'रैदास' सोई साधु भलो, निर्मल जाके बैन।
जिहि करि दरस और परस सों मन उपजहिं सुख-चैन॥

कोई ऊँचे कुल में पैदा होकर महान हो जाये, यह कोई आश्चर्य की बात नहीं है किन्तु कोई साधारण आय-वर्ग तथा सामाजिक दृष्टि से हेय समझे जाने वाले कुल में उत्पन्न होकर महान हो जाये यह अपने आप में आश्चर्य की बात है। सन्त रैदास इस तथ्य का एक जीवंत उदाहरण हैं। उनकी इस महानता का एक ही रहस्य है और वह है उनकी 'श्रम के प्रति आस्था।' निष्क्रियता व्यक्ति को हर स्तर पर तोड़ देती है इसलिए सन्त रैदास व्यक्ति को सदैव नेक नीयत से कर्मशील रहने का उपदेश देते हैं–

'रैदास' स्रम करि खाइए जौ लौ पार बसाय।
नेक कमाई जो करहूँ कबहुं न निहफल जाय।
स्रम को ईसर जानिके, जऊ पूजहिं दिन-रैन।
'रैदास' तिन्हहि संसार में, सदा मिलिहिं सुख-चैन॥

लेकिन उनकी यह कर्मनिष्ठा, कभी भी उनकी पूजा, उपासना में बाधक नहीं

हो पाई। जो व्यक्ति हाथ से काम करता हुआ जिह्वा से उसका नाम लेता रहे, ऐसे श्रेष्ठ व्यक्ति को ईश्वर घर आकर मिलते हैं—

जिव्हा सो ओंकार जप, हत्थन सो कर कार।
राम मिलिहिं घर आईकर, कहि 'रैदास' विचार॥

काम करते हुए भी व्यक्ति के मन में अभिमान न आये तथा वह काम करते हुए भी किसी प्रकार के फल की इच्छा न रखे! इससे बड़ा त्याग और क्या हो सकता है? इसी को तो गीता में 'निष्काम कर्मयोग' कहा गया है—

सौ बरस लौ जगत मंहि, जीवत रहि करू काम।
'रैदास' करम ही धरम है, करम करहु निहकाम॥
धरम हेतहिं कीजिये, सौ बरस लौ कार।
'रैदास' करमहि धरम है, फल माहि नहीं अधिकार॥

इस निष्काम कर्मयोगी सन्त ने गृहस्थ-जीवन का निर्वाह करते हुए जीवन-भर काम किया और 'परम पद' प्राप्त किया। डा. शिवप्रसाद गोयल ने ठीक ही लिखा है कि आधुनिक युग में सन्त रैदास की विचारधारा का अपना विशिष्ट महत्त्व है। लौकिक दृष्टि से जब बड़े से लेकर छोटे तक सब प्राणी कर्त्तव्य विमुख हो रहे हैं तब लोक-परलोक की निन्दा-स्तुति से दूर अपनी सती-साध्वी पत्नी के साथ मामूली-सी झोंपड़ी में बैठे हुए जूते सी-सीकर जीविका चलाने वाले मस्त फकीर और तन्मय भक्त रैदास का कर्त्तव्यपरायण होकर गृहस्थ-जीवन व्यतीत करते हुए आत्मोद्धार के लिए भक्तिपथ अपनाने का सन्देश किसे नहीं मोह लेता? अभ्युदय से लेकर निश्रियस् की ओर ले जाने वाली उनकी वाणी सचमुच अनुकरणीय है। उनका जीवन लौकिक और आध्यात्मिक सभी दुखों को दूर करने के लिए रामायण के समान प्रभावशाली औषध है—समाज के लिए भी और व्यक्ति के लिए भी। कहना न होगा कि सन्त रैदास ने सदाचार के शाश्वत सिद्धान्तों का प्रचार किया। भारत की पराधीनता इन्हें भी खली तथा इन्होंने इस पराधीनता को पाप बताते हुए कहा कि पराधीन व्यक्ति को सब ही हीन समझते हैं तथा ऐसे व्यक्ति से कोई भी प्रीत नहीं करता। पराधीन व्यक्ति का कोई भी धर्म नहीं होता। इसलिए हम सब भारतीयों को जाति, धर्म आदि मतभेदों को छोड़कर इस परतन्त्रता से मुक्त होने का प्रयास करना चाहिये।

पराधीनता पाप है, जान लेहू रे मीत।
'रैदास' दास प्राधीन सों कौन करैं हैं प्रीत॥
पराधीन को दीन क्या, पराधीन बेदीन।
'रैदास' दास प्राधीन कौ, सबहिं समझे हीन॥

इन पंक्तियों में सन्त रैदास के मन में छिपी विद्रोह की चिंगारी स्पष्ट परिलक्षित होती है। सत्य भी है, ऐसा संघर्ष-जीवी व्यक्ति किसी भी प्रकार की परतन्त्रता को

कहाँ स्वीकार कर सकता है? सन्त रैदास एक ऐसे स्वराज की कल्पना करते थे, जहाँ प्रत्येक व्यक्ति को अन्न मिले तथा सब मनुष्य बराबर हों, किसी प्रकार की ऊँच-नीच न हो, सब लोग प्रसन्न रहें। कुल मिलाकर यह एक साम्यवादी, समाजवादी व्यवस्था की कल्पना करते हैं–

ऐसा चाहौ राज्य मैं, जहाँ मिले सबन को अन्न।
छोट बड़ों सभ सम बसैं, 'रैदास' रहें प्रसन्न॥

उपर्युक्त समस्त विवेचन के उपरान्त निष्कर्षतः कहा जा सकता है कि सन्त रैदास का जीवन और काव्य उदात्त मानवता के लिए आवश्यक सदाचारों के शाश्वत सैद्धान्तिक मूल्यों का अक्षय भण्डार है, जिसमें से प्रत्येक वर्ग और स्थिति तथा मानसिक स्तर का व्यक्ति अपने लिए सुन्दर-सुन्दर मोतियों का चुनाव सुगमता से कर सकता है।

उन्होंने हिन्दू-मुसलमानों में भावात्मक एकता स्थापित करने के प्रयास किये। छुआछूत तथा वर्ण-व्यवस्था का विरोध कर सामाजिक स्वास्थ्य के लिए अचूक औषधि तैयार की। 'जीव हत्या' को पाप घोषित कर मांसाहार जैसी प्रवृत्ति को समाप्त करने का प्रयास किया तथा अहिंसा के वैदिक सिद्धान्त का प्रचार किया। वहीं पर मानव-मात्र को पूजा के साथ-साथ श्रम के प्रति आस्था का भी उपदेश दिया। इससे भी बड़ी बात जो उस युग के किसी और सन्त कवि के काव्य में दिखाई नहीं देती, वह है उनकी स्वातंत्रय चेतना। उन्होंने तत्कालीन समाज में व्यापक सामाजिक, आर्थिक तथा राजनैतिक शोषण के विरुद्ध आवाज उठाई थी और एक ऐसे समाज की कल्पना की थी जिसमें ये सब विषमतायें न हों। प्रत्येक व्यक्ति श्रम करके जीविकोपार्जन करे तथा हिन्दू तथा मुसलमान सब मिलकर भारत की इस पवित्र भूमि पर रहें और इसके सर्वांगीण विकास के लिए कार्य करें। इन सम्पूर्ण तथ्यों पर गम्भीरता से विचार करने के उपरान्त हम कह सकते हैं कि सन्त रैदास के काव्य का वैचारिक आधार बहुत सुदृढ़ तथा उसकी भावात्मक पृष्ठभूमि बहुत ही विस्तृत तथा सामाजिक महत्त्व की है जिसकी प्रासंगिकता सामयिक सन्दर्भों में आज भी असंदिग्ध है।

बहुआयामी व्यक्तित्व : श्री माताप्रसाद

कोई व्यक्ति किसी समृद्ध, साधन सम्पन्न और अवरोध मुक्त परिवार में उत्पन्न होकर सफलताओं के उच्च शिखरों तक पहुँच जाए तो कोई बड़ी बात नहीं, लेकिन किसी साधारण अभावग्रस्त परिवार में जन्म लेकर केवल अपनी शक्ति और सामर्थ्य से महान उपलब्धियों से सुसज्जित हो जाए निश्चिय ही एक महत्त्वपूर्ण घटना है। वह व्यक्ति महान कहलायेगा। श्री माताप्रसाद एक ऐसे ही व्यक्ति हैं, जो सतह से उठकर शिखर की ओर उन्मुख हैं। उनका जन्म स्व. श्री जगरूप राम एवं श्रीमती रज्जी देवी के घर मछली शहर के कजियाना मोहल्ले में 11 अक्टूबर 1925 को हुआ। उन्होंने गाँव में आने वाले एक मेहमान, जिसे बच्चे बब्बा कहते थे, से 9 वर्ष की उम्र में कैथी-कुछ अक्षर सीखने से अपनी शिक्षा आरम्भ की। श्री माताप्रसाद ने बहुत ही कठिन परिस्थितियों में अपनी औपचारिक शिक्षा पूर्ण की। उन्होंने हिन्दी मिडिल (सन् 1942) प्रथम श्रेणी तथा उर्दू मिडिल (सन् 1943) द्वितीय श्रेणी में उत्तीर्ण की। इन कक्षाओं में मानीटर भी रहे। एच.टी.सी. करते समय ही उन्होंने 'कोविद' परीक्षा भी दी तथा उत्तीर्ण हुए। बाद में अध्यापक बनकर पढ़ाते समय स्वयं पढ़ते भी रहे और तभी उन्होंने हाईस्कूल परीक्षा (1952) प्रथम श्रेणी में उत्तीर्ण की। उनकी ज्ञान पिपासा यहीं शान्त नहीं हुई। उन्होंने 'साहित्य रत्न' (राजनीति) और 'साहित्य रत्न' (साहित्य) की परीक्षायें भी उत्तीर्ण कीं। साहित्य और राजनीति के इस अध्ययन ने उनकी चेतना को इस हद तक जाग्रत किया कि वे राजनीति में रहते हुए आज भी साहित्य सृजन में संलग्न हैं।

श्री माताप्रसाद एक सफल अध्यापक रहे हैं, तभी तो उन्हें कई नए स्कूलों को व्यवस्थित रूप में चलाकर स्थापित करने का श्रेय प्राप्त हुआ। वे सहायक अध्यापक से प्रधानाध्यापक बने। अपने छात्रों और उनके अभिभावकों से उन्हें भरपूर सम्मान मिला है। इसका उल्लेख करते हुए वे अपनी आत्मकथा में लिखते हैं कि– 'मैं पढ़ाने में छात्रों के साथ बडी मेहनत करता था, इसलिए वे बड़े प्रसन्न रहते थे। कभी-कभी अपने घरों पर निमंत्रित करते, मैं उनके यहाँ जाता रहा। बाद में जब मैं राजनीतिक क्षेत्र में आया, तो इन छात्रों और उनके अभिभावकों के कारण मुझे

सहायता मिलती रही।' मैं समझता हूँ किसी अध्यापक के लिए अपने छात्रों के सम्मान से बड़ा और कोई पुरस्कार नहीं है। श्री माताप्रसाद सफल राजनीतिज्ञ ही नहीं हैं, वे एक दायित्वशील पति तथा अपनी सन्तानों से भरपूर स्नेह करने वाले पिता भी हैं। जिन्होंने अपने बच्चों को सहज तरीके से मेहनत करके अपने पाँव पर खड़े होने की ही प्रेरणा दी है। उनके बड़े पुत्र श्री केशव प्रसाद इन्कम टैक्स कमिश्नर पद से सेवानिवृत्त हुए हैं और उनसे छोटे पुत्र डॉ. एस.पी. भास्कर, लखनऊ में डिप्टी सी.एम.ओ. हैं तथा तीसरे पुत्र श्री कर्मवीर भारती जौनपुर में वकालत करते हैं। उनकी दोनों पुत्रियाँ श्रीमती शान्ति देवी तथा श्रीमती लालती देवी, अध्यापिकाएँ थी और सुखी एवं समृद्ध पारिवारिक जीवन जी रही हैं। श्री माताप्रसाद की पत्नी श्रीमती लखराजी देवी जिन्होंने उन्हें पहला चुनाव लड़ने के लिए अपने गहने सहज भाव से बेच देने के लिए दे दिये थे आज भी उनकी सफलताओं को सहजता से ग्रहण करती हैं तथा सुखी और सन्तुष्ट हैं।

श्री माताप्रसाद जिन्हें हिन्दू समाज का अछूतपन विरासत में मिला और साथ ही मिली गरीबी, जहाँ शिक्षित होकर आगे बढ़ने की सम्भावनाएँ कम ही थीं। लेकिन फिर भी वे पढ़े, शिक्षक बने। यदि यूँ कहें तो ज्यादा उचित होगा कि शिक्षक ही नहीं बने, बल्कि लोक शिक्षक बने। जिन्होंने शिक्षक रहते हुए भी दलित समाज को अपने लोकगीतों के माध्यम से जाग्रत करने का काम किया। तभी तो उन्हें श्री रऊफ जाफरी साहब ने अध्यापन छोड़कर हरिजन समाज कल्याण विभाग के 'सोशल वर्कर' के रूप में काम करने के लिए कहा और यहीं से प्रशस्त हुआ उनके राजनीति में प्रवेश का मार्ग। फिर तो वे जिला कांग्रेस कमेटी के मंत्री बने। सन् 1957 से सन् 1977 तक उ.प्र. विधान सभा, सन् 1980 से सन् 1992 तक विधान परिषद के सदस्य रहते हुए 31 जुलाई, 1988 से नवम्बर 1989 ई0 तक उ.प्र. सरकार में राजस्व मंत्री भी रहे। इसके अतिरिक्त श्री माताप्रसाद 21 अक्टूबर 1993 से 16 मई 1999 तक अरुणाचल प्रदेश के राज्यपाल रहे।

साधारण अध्यापक से राजभवन तक यह सफर उतना आसान भी नहीं रहा, जितना ऊपर से देखने में लगता है। इसके लिए चाहिए थी एकनिष्ठ ध्येय दृष्टि और रस्सी पर चलती नटी सा सन्तुलन और साहस। उनके जीवन का अध्ययन करने से पता चलता है कि उन्होंने यह सन्तुलन कभी नहीं खोया। यही कारण है कि राजनीति जैसे दलदल में रहते हुए भी उनके विरोधियों की संख्या नगण्य है और उन्हें मित्रों की कमी नहीं है। उनके मित्र राजनीतिक क्षेत्र में भी हैं और सामाजिक तथा साहित्यिक क्षेत्र में भी हैं। सबसे बड़ी बात यह है कि सत्ता पाकर जहाँ व्यक्ति भ्रष्ट तथा नैतिक दृष्टि से पतन का शिकार हो जाता है, वहीं माताप्रसाद जी उत्तरोत्तर मानवीय होते गये हैं। जिसके कारण वे साधारण से साधारण व्यक्ति के उदात्त गुणों

को पूरा सम्मान देते हैं। लेकिन ऐसा भी नहीं है कि उन्होंने विसंगतियों की ओर से अपनी आँखें मूँद ली हों, उन्होंने खुली आँखों से सामाजिक आचरण को देखा है। इसका एक उदाहरण श्री जमादार धीरज ने अपने एक संस्मरण में दिया है कि जब वे शाहगंज विधान सभा क्षेत्र से विधायक का चुनाव लड़ रहे थे। प्रचार अभियान में अपने एक ब्राह्मण मित्र के साथ जुटे हुए थे। रात में किसी कारणवश उन्हें अपने उस ब्राह्मण मित्र के घर ही ठहरना पड़ा। अपनी आदत के मुताबिक शाम के समय वे हरिजन बस्ती की ओर निकल गये और वहाँ एक हरिजन परिवार में उसके मुखिया से उनके बच्चों की पढ़ाई-लिखाई के विषय में पूछताछ करते रहे। मुखिया ने बताया कि एक लड़का कक्षा छः में पढ़ता है। उन्होंने पूछा लड़का कहाँ है? तो मुखिया ने उनके उस ब्राह्मण मित्र का नाम लेकर कहा कि 'पंडित जी के यहाँ हमारी बिरादरी का कोई बड़ा नेता आया हुआ है, उसी के लिए बर्तन देने गया है।' रात्रि में भोजन करते हुए पंडित जी ने कहा देखिए भाई साहब, हमारा परिवार तो पुराना गाँधीवादी है। हमारे यहाँ किसी प्रकार का कोई भेदभाव नहीं माना जाता। माताप्रसाद जी ने हँसते हुए कहा—'पंडित जी आप लोगों के बल पर ही तो गाँधीवाद टिका हुआ है।' इस प्रकार की विषम परिस्थितियों में सहज राह निकाल लेना ही उनके व्यक्तित्व को गरिमा प्रदान करता है और मैं समझता हूँ कि यह सहजता सरलता और सन्तुलन ही उनकी राजनीतिक सफलताओं का रहस्य है।

वर्तमान समय में किसी ईमानदार राजनीतिज्ञ को ढूँढ़ना अपने आप में भूसे में सूई तलाश करने के समान है। लेकिन श्री माताप्रसाद जी की ईमानदारी पर उनके विरोधी भी सन्देह नहीं करते। इसका एक उदाहरण हम उनकी आत्मकथा 'झोंपड़ी से राजभवन' से ही ले सकते हैं। उन्होंने लिखा है कि 'सन् 1957 ई. में प्रथम बार जब मैं विधान सभा का चुनाव लड़ने गया, तो मेरे पास कुछ भी पैसा नहीं था। श्रीमती जी के चार थान चाँदी के गहनों को बेचा गया। उससे लगभग पौने पाँच सौ रुपये मिले। इसी रुपये से जमानत की राशि 125/- रू. जमा की गयी। श्रीमती जी के गहने जो गये तो आज तक मैं उन्हें बनवा नहीं सका। कभी-कभी इसका उलाहना सुनना पड़ता है। मुझे कोई चोर या बेईमान नहीं कहता। मेरे राजनीतिक विरोधी भी इसे मानते हैं। मेरे लिए यह सबसे बड़ा सम्मान है।' सम्भवतः इसीलिए पत्रकार श्री हीरालाल शर्मा ने अपने संस्मरण में उनकी ईमानदारी पर टिप्पणी करते हुए लिखा है कि जहाँ तक ईमानदारी का सवाल है, मैं दावे के साथ कह सकता हूँ कि राजनीति के ऊँचे ओहदों पर रहने के बावजूद भी उनके ऊपर किसी तरह का दाग नहीं लग सका। श्री माताप्रसाद जी की घरेलू जिन्दगी आज भी अत्यन्त सादगी की है। उनकी सादगी का आभास तो कोई भी उनसे मिलकर कर सकता है।

उनकी न्यायप्रियता ने ही उन्हें लोकप्रिय नेता के रूप में स्थापित किया है।

उनकी दृष्टि में अपने और पराये का भेद नहीं, सही को सही और गलत को गलत कहना उनकी आदत में शुमार है। इसका एक उदाहरण श्री जमादार धीरज ने अपने संस्मरण में इस प्रकार दिया है–'एक दिन किसी बात को लेकर मुझमें व श्री केशव प्रसाद (श्री माताप्रसाद जी के बड़े बेटे, अब आयकर विभाग में उच्च पद से सेवानिवृत्त) में झगड़ा हो गया। बोलचाल बन्द थी। दूसरे दिन साहब लखनऊ से वापस आये और हाजी साहब से उन्होंने हम लोगों के झगड़े को सुना तो उन्होंने श्री केशव प्रसाद (अपने पुत्र) को कसकर डाँटा और बोले–जमादार तुमसे सीनियर है, उससे अभी माफी माँगो।' ऐसे न्यायप्रिय व्यक्ति के प्रति कोई भी श्रद्धा से नत हुए बिना नहीं रह सकता। यह न्यायप्रियता उनके व्यक्तित्व की एक ऐसी विशेषता है, जिसने उनके सम्पूर्ण जीवन को भी प्रभावित किया है।

श्री माताप्रसाद के राजनीतिक जीवन की यात्रा सन् 1957 में विधान सभा चुनाव लड़ने से हुई। विधायक, कैबिनेट मंत्री तथा राज्यपाल जैसे महत्त्वपूर्ण पड़ावों के अतिरिक्त भी उन्हें सन् 1980 से 1985 तक उ.प्र. कांग्रेस विधान मण्डल का महामंत्री, 1985 से 1988 तक उ.प्र. कांग्रेस विधान मण्डल दल के कोषाध्यक्ष पद का दायित्व सौंपा गया। वे 1975 से 1977 तक उ.प्र. विधान मण्डल की अनुसूचित जाति/अनु.ज.जाति एवं विमुक्त जाति संयुक्त समिति के सभापति रहे। उ.प्र. विधान परिषद की सद्भाव समिति के चेयरमैन के तौर पर 1980 से 1982 तक तथा विधान परिषद की विनिश्चय संकलन समिति के चेयरमैन के तौर पर, 1986 से 1988 तक उन्होंने महत्त्वपूर्ण दायित्वों का निर्वाह किया।

उ.प्र. के राजस्व मंत्री के रूप में उन्होंने जो सबसे महत्त्वपूर्ण कार्य किये उनमें डॉ. भीमराव अम्बेडकर विश्वविद्यालय, लखनऊ को 244.28 एकड़ भूमि का आवंटन करना है। अपने इसी कार्यकाल में उन्होंने 6 नये जिलों, 30 नई तहसीलों तथा 2 उप तहसीलों का भी सृजन कराया। इसके अतिरिक्त उन्होंने छोटे किसानों के ऋण भी माफ किये जो लगभग सम्पूर्ण प्रदेश में 28 करोड़ रुपये की राशि थी। श्री माताप्रसाद ने अपने 32 वर्षों के विधायी जीवन में ऐसे अनेक कार्य किये जिसे अनुसूचित जाति, अ.ज. जाति के लोगों के सामाजिक सम्मान में तो बढोत्तरी हुई ही, उनको आर्थिक लाभ भी हुआ। उनके विधायी कार्यों पर दृष्टिपात करते हुए श्री अरविन्द उपाध्याय ने उचित ही लिखा है कि–'अपने विधायी कार्यकाल में श्री माताप्रसाद ने जहाँ एक तरफ विभिन्न समस्याओं एवं मुद्दों के बुनियादी हल के लिए प्रयत्न किये वहीं दूसरी तरफ उन्होंने हर विषय पर अपनी गहरी पकड़, आम जनता से सीधे जुड़ाव, अपने दायित्वों के प्रति पूरी गम्भीरता तथा वांछित संवेदनशीतला का परिचय दिया। उनका अब तक का विधायी कार्यकाल वर्तमान जन प्रतिनिधियों के लिए एक 'पाठ' है।'

राजनीतिक व्यस्तताओं के बीच भी उनका साहित्य सृजन निरन्तर चलता रहा क्योंकि वे जानते हैं कि भारतीय समाज में विभाजन और विषमता का जो विष हजारों वर्ष पूर्व बोया गया था, अब यह फल फूलकर विशाल वट वृक्ष हो गया है, जिसे सहसा उखाड़कर फेंका नहीं जा सकता, इसके असर को धीरे-धीरे ही समाप्त किया जा सकता है और यह काम केवल साहित्य ही कर सकता है, अतः उन्होंने हिन्दी में दलित साहित्य की नींव उस समय डाली जब शेष लोग सोच भी नहीं रहे थे, उनकी अब तक प्रकाशित कृतियाँ हैं—'दलित समाज सम्बन्धी लोकगीत, (प्र. सं. 1949), 'अछूत का बेटा' (प्र.सं. 1972), 'धर्म के नाम पर धोखा' (प्र.सं. 1979), 'एकलव्य' (प्र.सं. 1981), 'भीम शतक' (प्र.सं. 1984), 'हिन्दी काव्य में दलित काव्यधारा'(1993) राजनीति की अर्द्ध सतसई, (1993) 'उत्तर प्रदेश की दलित जातियों का दस्तावेज' (1995) 'झलकारी बाई' (1996) 'मनोरम भूमि अरूणाचल' (1996), 'परिचय सतसई' (1996), 'दिग्विजयी रावण' (1998), 'पूर्वोत्तर भारत के राज्य' (1998), 'तड़फ मुक्ति की' (1999), 'प्रतिशोध' (1999), 'वीरांगना ऊदादेवी पासी' (1999), 'धर्म परिवर्तन' (1999) के अतिरिक्त 'दलित साहित्य का स्वरूप और रचनाएँ' तथा 'झोंपड़ी से राजभवन' (आत्मकथा) आदि।

माताप्रसाद जी मूलतः समाजसेवी हैं, जब वे अपने अध्यापनकाल में सामाजिक बुराइयों को दूर करने के लिए भाषण आदि देने जाते थे, तो उन्होंने देखा कि उनके भाषणों की अपेक्षा जनता पर लोक गायकों द्वारा गाये जाने वाले गीतों का असर ज्यादा पड़ता है और यह है भी सत्य, क्योंकि लोकगीत जनजीवन की पीड़ा .का उनकी ही बोली बानी में लयात्मक बयान है। इसलिए उन्होंने भी ऐसे ही कुछ लोकगीत लिखे, जिन्हें आरम्भ में उन्होंने सन् 1949 में 'हरिजन ग्राम गीत' के नाम से छपवा दिया। इसका दूसरा संस्करण 'दलित समाज सम्बन्धी लोकगीत' नाम से सन् 1978 में प्रकाशित हुआ, इस सम्बन्ध में श्री माताप्रसाद जी ने लिखा है कि —'1948-49 ई0 में जब मैं अध्यापक था तो सामाजिक असमानता तथा जाति सुधार के सम्बन्ध में अवधी भाषा में कुछ आंचलिक गीत लिखे थे। इन्हें 'हरिजन ग्राम गीत' के नाम से 1949 में छपवा दिया गया था। 1978 ई0 में हरिजन ग्राम गीत तथा अन्य गीत को जो मैंने बाद में लिखे थे, मिलाकर 'दलित समाज सम्बन्धी लोकगीत' पूर्व नाम 'मितई' के नाम से प्रकाशित कराया', इन लोकगीतों में दलित समाज में व्याप्त बुराइयों पर कुछ तीखे व्यंग्य तो हैं ही साथ ही उनकी राजनीतिक और आर्थिक स्थितियों पर कुछ तीखी टिप्पणियाँ भी हैं, उनके एक लोकगीत का यह उदाहरण देखिये—

'काहे हम रही माई टुटही मड़इया से
बाबू साहब कोठबा अटारी महतरिया।
काहे तू तो पहिरो माई फटही लुगरिया से,
बबुआईन सरिया किनारी महतरिया,
काहे बाबू चढ़े माई करिया मोटरिया से,
तूँ कबों-कबों ऊँटगाड़ी महतरिया,
काहे पंडित खावे माई पूरी पकवनवा से,
हम रोटी बिन तरकारी महतरिया।'

इस लोकगीत में, जो विदेशिया की तर्ज पर लिखा गया है, दलित जीवन की सम्पूर्ण सामाजिक और आर्थिक स्थिति का दिल दहला देने वाला चित्र उन्होंने खींचा है।

उनकी दूसरी पुस्तक 'अछूत का बेटा' नामक नाटक है जिसमें छुआछूत, दहेज प्रथा प्रतिलोम विवाह आदि की समस्याओं को लेखक ने बड़े ही प्रभावी ढंग से उठाया है, इस नाटक का मंचन जौनपुर तथा उसके आसपास के जिलों में हुआ। उसकी लोकप्रियता का यही प्रमाण है कि उसके अभी तक दो संस्करण हो चुके हैं। इसके सम्बन्ध में स्वयं लेखक का कहना है कि– 'छुआछूत, दहेज प्रथा तथा प्रतिलोम विवाह को लेकर 'अछूत का बेटा' नाटक 1972 ई. में लिखा। इसे जौनपुर जिले तथा कई अन्य जिलों में कई नवजवानों ने मंचित किया। इसकी बड़ी माँग रही, बाद में 1990 ई. में इसका दूसरा संस्करण छपाना पड़ा।'

सफल लेखक वही है जो अपने आसपास समाज में बिखरी विसंगतियों को देखकर उन्हें अपनी रचनाओं का उपजीव्य बनाये, समाज में कुछ ऐसे भी चालाक लोग हैं जो धर्म के नाम पर आश्रम खोलकर जनता को धोखा देते हैं। उनके चंगुल में कुछ युवतियाँ भी फँस जाती हैं, ये आश्रम व्यभिचार के अड्डे हैं। जो इन तथाकथित महंतों की दैहिक और आर्थिक आवश्यकताओं की पूर्ति करते हैं। इसके सम्बन्ध में लेखक का कहना है– 'कुछ धूर्त धर्म के नाम पर आश्रम खोलकर भोली भाली जनता को लूटते हैं। इनके चक्कर में कुछ अधिकारी और नेता भी पड़ जाते हैं, भोली भाली युवतियाँ भी इनके चक्कर में आ जाती हैं, बाद में इनका भंडाफोड होता है, इसे आधार मानकर 1977 ई० में 'धर्म के नाम पर धोखा' नाटक लिखा।' 'वीरांगना झलकारी बाई' श्री माताप्रसाद जी का एक और नाटक है। इसका प्रसारण ऑल इंडिया रेडियो से 23 जनवरी 1997 को किया जा चुका है। यह नाटक ऐतिहासिक पृष्ठभूमि पर आधारित है। इसमें झलकारी बाई (जो कोरी जाति की थी तथा लक्ष्मीबाई की जगह उनका भेष बनाकर लड़ी थी) की वीरता तथा देश भक्ति का चित्रण इस नाटक में किया गया है, यह नाटक तीन अंकों में विभक्त है, जिसके

प्रथम अंक में आठ दृश्य, द्वितीय अंकों में 6 तथा अन्तिम अंक में सात दृश्य हैं। इस नाटक में नाटकीय तत्त्वों का बखूबी निर्वाह किया गया है। इसकी समीक्षा करते हुए डॉ. धर्मराज सिंह ने लिखा है कि 'सम्भव है कि यह नाटक रंगमंचीय दृष्टि से उतना रोचक न हो, लेकिन समाज में फैली विसंगतियों, असंतोष तथा ऊँच-नीच की संक्रामक बीमारी का अचूक कैप्सूल है, ऐतिहासिक तथ्यों की मर्यादा बनाकर रखते हुए लेखक ने झलकारी जो कोरी जाति की स्त्री है के युद्ध कौशल को अत्यन्त प्रभावशाली ढंग से दर्शाया है, ऐसा कर लेखक ने प्रमाणित किया है कि यह युद्ध कला, बहादुरी, देशभक्ति किसी जाति विशेष की धरोहर नहीं है, सुविधा और अवसर मिलने पर छोटी जाति के लोग भी अपना जौहर दिखा सकते हैं।' सामाजिक वैषम्य को दूर करने का इससे अच्छा साधन और क्या हो सकता है।

'प्रतिशोध' श्री माताप्रसाद जी का चौथा नाटक है। यह नाटक धर्म परिवर्तन की समस्या को लेकर लिखा गया है। इस ऐतिहासिक नाटक में वर्णित घटना का विवरण श्री सन्तराम बी0ए0 ने 'हमारे समाज' में दिया है। इसका कथानक इस प्रकार है– सरदार सुल्तान सुलेमान कारारानी (1563 ई0) ने, गौड़ देश (बंगाल) में अपना शासन स्थापित कर लिया था, अपनी बेटी दुलारी की जिद पर सुल्तान अपनी फौज में कार्यरत काला चाँद राय भादुरी से उसका विवाह करा देता है। निष्ठावान ब्राह्मण होने के कारण सुल्तान के कहने पर काला चाँद ने अपना धर्म परिवर्तन नहीं किया, बाद में माता की प्रेरणा से काला चाँद पूर्ण विश्वास तथा आस्था से मुसलमान कन्या से विवाह के कारण क्षमायाचना करने जगन्नाथपुरी जाता है। पुरी के रूढ़िवादी तथा परम्परा के दास पुरोहित उपर्युक्त घटना के कारण उसे तिरस्कृत करते हैं तथा मन्दिर में प्रवेश नहीं करने देते, अपमानित, लांछित काला चाँद के स्वाभिमान को इतनी ठेस लगती है कि वह बदले की भावना से प्रेरित हो अपना धर्म त्याग कर इस्लाम धर्म ग्रहण कर लेता है। मोहम्मद फार्मूली और बाद में 'काला पहाड़' नाम धारण करने वाला वह सुल्तान की अनुमति से फौज लेकर हिन्दू मन्दिरों को नष्ट करता तथा हिन्दुओं को बलपूर्वक मुसलमान बनाता हुआ अत्याचार, अनाचार का साम्राज्य स्थापित करता हुआ जगन्नाथपुरी आ धमकता है। मन्दिरों को तहस-नहस कर पुजारियों की निष्ठुरतापूर्वक हत्या करवा कर ही उसे शान्ति मिलती है, क्योंकि घृणा का लबादा ओढ़ने वाला काला पहाड़ अपनी पत्नी द्वारा ठुकरा दिया जाता है।

'मैं काला चाँद राय भादुरी की पत्नी थी और अब भी हूँ। मैं मौ. फार्मूली की पत्नी नहीं हूँ और काला पहाड़ की तो कोई भी नहीं हूँ।' नाटक दुखान्त है। क्योंकि काला पहाड़ प्रायश्चित्त करने के उद्देश्य से घर त्याग देता है और उसकी पत्नी दुलारी संसार त्याग देती है, महानदी में आश्रय लेकर। मेरे विचार से माता प्रसाद जी

के नाटकों में यह सर्वश्रेष्ठ नाटक है। तकनीक और प्रस्तुति दोनों ही दृष्टियों से, यहाँ तक आते-आते उनकी नाट्यकला में निखार आ गया है, जिसके कारण 'खून का रिश्ता' तथा 'मन्दिर का द्वार' जैसी लघु फिल्मों की पटकथा लिखने में भी वे सफल हो सके हैं। उनके नाटकों का मूल्यांकन करते हुए डॉ. सिप्रा बैनर्जी ने लिखा है कि 'नाटककार माताप्रसाद जी अपनी सामयिक चेतना से प्रेरित हो समाज में व्याप्त बुराइयों को उद्घाटित कर एक ओर जहाँ दर्शकों की रुचि का परिष्कार करते हैं, वहीं दूसरी ओर उन्हें इन समस्याओं से बचने के लिए आगाह भी करते हैं। इसके पहले वे एक वैज्ञानिक की भाँति समस्या के तल तक जाते हैं, उनके कारणों का अन्वेषण करते हैं फिर एक दार्शनिक के समान उसके प्रभाव, प्रतिक्रिया पर विचार करते हैं और अन्त में एक समाज सुधारक की तरह उस समस्या का समाधान करके ही वे अपने कर्तव्य की इतिश्री करते हैं।'

श्री माताप्रसाद जी का साहित्य गद्य और पद्य दोनों में चलता रहा, उन्होंने पद्य में 'एकलव्य' के साथ गुरुद्रोण के अन्याय को आधार बनाकर 'एकलव्य' खण्ड काव्य लिखा। जिसमें दलित एकलव्य की शिक्षा के लिए तड़प और तत्कालीन सवर्ण समाज की किसी दलित को शिक्षा से वंचित रखने की साजिश का उन्होंने अपनी काव्य प्रतिभा से पर्दाफाश किया है, इस खण्ड काव्य के सम्बन्ध में उन्होंने लिखा है कि 'एकलव्य के साथ गुरुद्रोण के अन्याय की घटना का मेरे ऊपर बड़ा प्रभाव पड़ा। 1951-52 ई. में एकलव्य के सम्बन्ध में कुछ पद्य मैंने लिख रखे थे। जब 77-80 के बीच विधायक नहीं था। 'एकलव्य खण्ड काव्य' मैंने पूरा किया। इस खण्ड काव्य में श्री कृपाशंकर श्रीवास्तव और डॉ. श्रीपाल सिंह क्षेम ने कुछ संशोधन किये तथा प्रसिद्ध नाटककार डॉ. लक्ष्मीनारायण लाल ने भी इसे देखा।'

डॉ. अम्बेडकर का जीवन चरित्र किसी चिन्तनशील दलित रचनाकार को प्रभावित न करे, ऐसा हो ही नहीं सकता। अतः माताप्रसाद जी ने भी 'भीमशतक' प्रबन्ध काव्य घनाक्षरी छन्द में लिखा जो वर्ष 1985 में प्रकाशित हुआ। इस प्रबन्ध काव्य के प्रारम्भ के दो छन्दों में डॉ. अम्बेडकर की वन्दना की गयी तथा सौ छन्दों में उनका जीवन चरित्र लिखा गया, अन्तिम पाँच छन्दों में उन्हें श्रद्धांजलि दी गयी है। इस खण्ड काव्य में घटनाओं की वास्तविक तिथियों का उल्लेख किया गया है। इस पुस्तक के सम्बन्ध में स्वयं लेखक का मानना है कि—'डॉ. बी.आर. अम्बेडकर के जीवन संघर्षों से मैं बहुत प्रभावित था। मन में डॉ. अम्बेडकर के जीवन को लिखने की उत्कट इच्छा हुई। डॉ. अम्बेडकर के जीवन पर कई पुस्तकें पढ़ी फिर घनाक्षरी छन्द में डॉ. अम्बेडकर के जीवन को लिख डाला। जो 'भीमशतक' के रूप में 1985 में प्रकाशित हुआ।'

काव्य में उनकी दो और पुस्तकें प्रकाशित हुई हैं। 'राजनीति की अर्द्धसतसई'

(1995) तथा 'परिचई सतसई' (1996)। इन दोनों पुस्तकों से गुजरने पर स्पष्ट हो जाता है कि श्री माताप्रसाद जी का रचनाकार समय पाकर परिपक्व होता गया है। इनमें उनकी वैचारिक दृढ़ता स्पष्ट परिलक्षित होती है। राजनीति के सम्बन्ध में उनके दो दोहे द्रष्टव्य है–

राजनीति हरि लेत है, भूख नींद अरु प्यास।
सूत टँगी तलवार यह गिरी कब करे विनास।
राजनीति गहरी नदी, उल्टी बहे बयार।
कुछ बीचहि हैं डूबते, कुछ ही उतरे पार॥

साधारण बोलचाल की भाषा में रचे गये 340 दोहों का संकलन राजनीति में जाने वाले महत्वाकांक्षियों के लिए तो एक पाठ है ही, साधारण पाठक को भी उससे बहुत कुछ समझने और सीखने को मिलता है। जिसे श्री राजेश जोशी 'राजभवन से निकलते राजनीति के तीर' की संज्ञा देते हैं।

'परिचय सतसई' विभिन्न विषयों पर लिखे गये उनके सात सौ दोहों का संकलन है। इसकी भूमिका में डॉ. श्रीपाल सिंह क्षेम ने लिखा है कि 'परिचय सतसई' रचनाकार की अपनी सामाजिक अवधारणा, जीवन दृष्टि एवं मूल्य चेतना का निश्छल प्रतिबिम्ब है। भारत में पाई जाने वाली विभिन्न जातियों की दोहों में की गयी परिभाषायें पाठकों का ध्यान अनायास अपनी ओर आकृष्ट करती हैं, इसमें दलित साहित्यकारों के परिचयात्मक दोहे लिखकर रचनाकार ने निश्चय ही एक ऐतिहासिक महत्त्व का कार्य किया है। ब्राह्मण के विषय में उनका एक दोहा निम्नवत है–

"ब्राहमज्ञ ब्राह्मण जब, मिला मान सम्मान।
जब से है बाराह मन, जगह जगह अपमान।"

'हिन्दी काव्य में दलित काव्यधारा' श्री माताप्रसाद की एक अमूल्य कृति है। जिसे हम शोध एवं संकलन का अद्‌भुत नमूना कह सकते हैं। इस कृति में हिन्दी कविताओं का संकलन तो है ही, साथ ही वर्तमान दलित साहित्य की ऐतिहासिक पृष्ठभूमि का शोध पूर्ण विवेचन भी किया गया है, जो उनके गम्भीर अध्ययन का स्वतः पुष्ट प्रमाण है। इस पुस्तक के दो खण्ड हैं तथा यह बारह अध्यायों में बंटी हुई है। इस पुस्तक का विवेचन करते हुए डॉ. चमन लाल ने लिखा है कि–हिन्दी काव्य में दलित काव्य धारा इस विषय पर गहन शोध व वस्तुगत विश्लेषण का प्रमाण देने वाला है। इस शोध ग्रन्थ में न सिर्फ दलित दृष्टिकोण से हिन्दी कविता का विश्लेषण ही किया गया है वरन, हिन्दी कविता से, विशेषतः आधुनिक हिन्दी कविता से दलित कविता का व्यापक चयन भी प्रस्तुत किया गया है। डॉ. रवीन्द्रनाथ श्रीवास्तव ने भी इस ग्रन्थ को उनकी सर्वश्रेष्ठ कृति माना है।

श्री माताप्रसाद जी की कृति 'उत्तर प्रदेश की दलित जातियों का दस्तावेज' दलित जातियों को अपने इतिहास से परिचित करवाती है वहीं उ.प्र. सरकार द्वारा दलित जातियों के उत्थान के लिए समय-समय पर जारी की गयी निर्गत राजाज्ञाओं का संकलन कर उन्होंने निश्चय ही एक महत्त्वपूर्ण कार्य किया है। जिनकी जानकारी साधारणतया आम आदमी को नहीं होती है। इस पुस्तक में उत्तर प्रदेश के सभी जिलों में पायी जाने वाली दलित जनसंख्या का विवरण देकर दलित राजनीति की रणनीति बनाने वालों को भी महत्त्वपूर्ण सामग्री उपलब्ध करवाई गयी है। इस पुस्तक पर टिप्पणी करते हुए डॉ. राममनोहर लोहिया अवध विश्वविद्यालय, फैजाबाद के कुलपति प्रो. (डॉ.) अंगनेलाल ने लिखा है कि 'उत्तर प्रदेश की दलित जातियों का एक साथ लेखा-जोखा प्राप्त करने के लिए यह अद्वितीय स्रोतग्रन्थ है। प्राचीन युग में वर्ण व्यवस्था और जाति प्रथा के उद्भव और विकास पर प्रकाश डालते हुए जाति प्रथा के दोषों पर भी विभिन्न विद्वानों के मतों को उद्धृत किया गया है। जो बहुत ज्ञानवर्धक है और साथ ही आँख खोलने वाला भी है। दलित समाज के लिए निश्चय ही यह एक महत्त्वपूर्ण ग्रन्थ है।'

जिस समय श्री माताप्रसाद जी को अरुणाचल प्रदेश का राज्यपाल नियुक्त किया गया और वे अरुणाचल जाने से पहले भारत के राष्ट्रपति महामहिम श्री शंकरदयाल शर्मा से मिलने राष्ट्रपति भवन गये तो उन्होंने प्रसाद जी को अरुणाचल पर एक अच्छी पुस्तक लिखने की सलाह दी। जब उन्होंने अपने कार्यकाल के एक वर्ष में 'मनोरम भूमि अरुणाचल' लिखकर महामहिम राष्ट्रपति जी को (23 मई 1994 ई0) भेंट की तो उन्होंने उस पर संतोष तो व्यक्त किया ही उनकी प्रतिभा और श्रम की भूरि-भूरि प्रशंसा भी की। 310 पृष्ठों की यह पुस्तक दो भागों में विभक्त है। प्रथम भाग में कुल 17 शीर्षकों में लेखक ने अरुणाचल के स्वरूप इसकी भौगोलिक स्थिति, प्रशासन की इकाइयों, आवागमन, उद्योग धन्धे, शिक्षा की स्थिति, सम्पर्क भाषा, ऐतिहासिक एवं दर्शनीय स्थल, रंगा नदी जल विद्युत परियोजना, अरूणाचल की ज्वलंत समस्यायें, गैर-सरकारी संस्थायें आदि पर विस्तार से विचार किया।

पुस्तक के द्वितीय भाग में धर्म एवं संस्कृति, प्रमुख जनजातियाँ, उनके त्योहार, अनुवांशिक विशेषतायें, अपराध एवं दण्ड, अरुणाचल के नाम और गीत आदि दस शीर्षकों में लेखक ने अपने विचार प्रकट किये हैं। अब तक अरूणाचल पर अंग्रेजी में तो कई पुस्तकें उपलब्ध थीं, लेकिन हिन्दी में यह पहली पुस्तक है। यह पुस्तक कई दृष्टियों से बहुत महत्त्वपूर्ण है। केन्द्रीय हिन्दी संस्थान, आगरा के निदेशक प्रो. महावीर शरण जैन इस पुस्तक को अरुणाचल में हिन्दी प्रचार के दृष्टिकोण से महत्त्वपूर्ण मानते हुए लिखते हैं कि यह कृति जहाँ एक ओर हिन्दी के पाठकों को

अरुणाचल प्रदेश के सम्बन्ध में विस्तृत जानकारी प्रदान करती है, वहीं दूसरी ओर अरुणाचल प्रदेश में हिन्दी के प्रचार-प्रसार के नये आयाम उद्घाटित करती है। श्री हरिशंकर चतुर्वेदी ने इस पुस्तक को अरुणाचल में पर्यटन को बढ़ावा देने के लिए महत्त्वपूर्ण कृति माना है। वे लिखते हैं—हिन्दी में इस क्षेत्र का परिचय, वह भी आकर्षक रूप में मिल जाने के कारण हिन्दी भाषा जिसका बाहुल्य पूरे राष्ट्र और राष्ट्र से बाहर भी है इसके विकास की ओर, इस क्षेत्र के पर्यटन की ओर आकर्षित होंगे। फलत: जहाँ इस क्षेत्र का विशेष देशवासियों से अपनापन बढ़ेगा, वहीं इसका आर्थिक लाभ भी होगा। आनुवंशिक अध्ययन की दृष्टि से भी यह पुस्तक बहुत महत्त्वपूर्ण है। इस ओर श्रीमती उत्तमा मिश्रा ने इस प्रकार संकेत किया है कि 'यह पुस्तक आकर्षक होने के साथ-साथ सांस्कृतिक और आनुवंशिकीय अध्ययन के लिए पर्याप्त सामग्री प्रदान करती है।' कुल मिलाकर यह पुस्तक अरुणाचल पर हिन्दी में लिखा गया एक सम्पूर्ण सन्दर्भ ग्रन्थ है।

'मनोरम भूमि अरुणाचल' में श्री माताप्रसाद ने अरुणाचल के सौन्दर्य वहाँ की सांस्कृतिक विरासत तथा साख्या की का विस्तारपूर्वक अध्ययन किया था। इससे आगे बढ़कर उन्होंने 'पूर्वोत्तर भारत के राज्य' नामक पुस्तक लिखी। जिसमें उन्होंने पूर्वोत्तर भारत के आठ राज्यों के इतिहास और संस्कृति का विवेचन किया गया है। यह पुस्तक जब 7 अक्टूबर 1998 को महामहिम उपराष्ट्रपति श्री कृष्णकांत को उनके निवास स्थान पर समर्पित की गयी उस अवसर पर आयोजित समारोह में इस पुस्तक की विषय वस्तु पर प्रकाश डालते हुए डॉ. एन. सिंह ने कहा था 'यह पुस्तक पूर्वोत्तर भारत के 8 राज्यों क्रमश: असम, मेघालय, मणिपुर, नागालैंड, मिजोरम, त्रिपुरा, अरुणाचल और सिक्किम के इतिहास तथा इनके आर्थिक, सामाजिक और सांस्कृतिक पहलुओं पर प्रकाश डालने वाली हिन्दी में प्रथम सचित्र पुस्तक है। प्राकृतिक सौन्दर्य से भरपूर ये राज्य विभिन्न जातियों, धर्म, मान्यताओं, नस्लों और संस्कृतियों का अभूतपूर्व संगम है और हमारे देश की अमूल्य सांस्कृतिक धरोहर है।'

यह विडम्बना है कि इन प्रदेशों के बारे में सुव्यवस्थित सामग्री का नितान्त अभाव है। अत: भारत के अन्य भागों के निवासियों को इन राज्यों और वहाँ के लोगों के बारे में बहुत कम जानकारी है। प्रस्तुत पुस्तक में इन प्रदेशों के सौन्दर्य और संस्कृति पर उपयोगी जानकारी को पहली बार एक साथ उपलब्ध कराकर बहुत बड़ी कमी को पूरा करने का प्रयास किया गया है। इस पुस्तक से इन प्रदेशों के बारे में कई भ्रान्तियों का निवारण हो सकेगा और हमारे देश के बहुसंख्यक लोग पर्यटन के रूप में इन राज्यों में भ्रमण हेतु जाने को प्रेरित हो सकेंगे। लोकसभा अध्यक्ष श्री पी.ए. संगमा द्वारा लिखित विद्वत्ता पूर्व भूमिका से विभूषित यह पुस्तक निश्चय ही अपने तरह की एक अलग पुस्तक है।

हिन्दी साहित्य में रामकथा के लगभग सभी पात्रों को विषय बनाकर काव्य ग्रन्थों की रचना हुई है। लेकिन रावण के चरित्र को नकारात्मक ढंग से ही प्रस्तुत किया गया है। श्री माताप्रसाद ने 'दिग्विजयी रावण' महाकाव्य का सृजन करके हिन्दी साहित्य के अभाव की पूर्ति की है। अपनी कथा और संवेदना में अनूठी यह काव्य कृति रावण के चरित्र को उसकी सम्पूर्ण उदात्ता से चित्रित करती है। इसके कथ्य और शिल्प पर विचार करते हुए राज वैद्य श्री माताप्रसाद सागर ने लिखा है कि 'फादर कामिल बुल्के ने अपनी कृति 'रामकथा : उत्पत्ति और विकास' में जिस तरह राम का वर्णन लगभग विश्व की समस्त रामकथाओं के आधार पर किया है, उसी प्रकार बाबू माताप्रसाद जी ने भी दिग्विजयी रावण खण्ड काव्य लिखकर हिन्दी साहित्य में रिक्त स्थान की पूर्ति की है। हिन्दी में रावण पर यह पहला खण्ड काव्य है। वो बड़ा ही मर्मस्पर्शी तथा लयबद्ध है जिसे हिन्दी साहित्य के दिग्गज मनीषी पढ़कर सराहना करेंगे तथा आने वाली पीढ़ी रावण के उज्ज्वल चरित्र और धवल कीर्ति को समझेंगे। उत्तर में राम की पूजा और रावण का अपमान तथा दक्षिण भारत में रावण की पूजा और राम के अपमान को समाप्त कर समन्वय अपनायेंगे, यही लेखक की कामना है। अपने वस्तु विन्यास, उद्देश्य और सहज सरल शैली के कारण 'दिग्विजयी रावण' अपने आप में एक उत्कृष्ट तथा अनुपम कृति है।

श्री माताप्रसाद हिन्दी के उत्कृष्ट नाटककारों में अपना महत्त्वपूर्ण स्थान रखते हैं। उनका नाटक 'तड़फ मुक्ति की' स्वतन्त्रता के बाद की दलित राजनीति पर एक करारा व्यंग्य है। विभिन्न राजनैतिक दलों में दलित नेतृत्व की स्थिति तथा दलित नेताओं की दलित समाज को अपने पक्ष में लामबन्द करने की रणनीतियों का प्रामाणिक दस्तावेज है यह नाटक। साथ ही इसमें यह भी बताया गया है, जहाँ नेता सत्ता और सम्पन्नता के उच्च शिखरों तक पहुँच जाते हैं वहीं आम दलित उनकी कारगुजारियों से दूर-दराज गाँव में और अधिक उत्पीड़ित होता है। इस नाटक का मूल्यांकन करते हुए प्रतिष्ठित हिन्दी–दलित साहित्यकार श्री जयप्रकाश कर्दम ने लिखा है कि–'आकार की दृष्टि से बेशक यह नाटक कोई बड़ी कृति नहीं है किन्तु विषय वस्तु की दृष्टि से यह किसी भी बड़ी कृति से कम नहीं है। दलित समाज की आज जो भी समस्यायें हैं, प्रायः उन सभी को इस छोटे से नाटक में कुशलतापूर्वक चित्रित किया गया है। माताप्रसाद जी का यह नाटक दलित संवेदना और चेतना के लगभग समस्त पहलुओं पर प्रकाश डालता है। दलित साहित्य का विपुल भंडार न केवल इस नाटक के आने से समृद्ध हुआ बल्कि विषय की ज्वलन्तता, दृष्टि के वैशिष्ट्य और शिल्पगत उत्कृष्टता के कारण इस नाटक से हिन्दी दलित साहित्य को एक ऊँचाई और गरिमा प्राप्त होगी और दलित साहित्य के विमर्श को आगे बढ़ाने में यह नाट्य कृति एक महत्त्वपूर्ण भूमिका निभायेगी।

माताप्रसाद जी का यह नाटक दलित सन्दर्भों में अपना विशिष्ट स्थान रखता है।

दलितों का उत्पीड़न हिन्दू धर्म के कारण ही हुआ है। अत: पहली बार डॉ. अम्बेडकर ने इस धर्म को छोड़कर बौद्ध धर्म अपनाया। जिससे दलितों को एक नयी दिशा मिली कि इस सड़े-गले धर्म से हमारी भी मुक्ति हो सकती है। इस नाटक में हिन्दुओं के हृदय परिवर्तन करने की लम्बे समय तक डॉ. अम्बेडकर ने कोशिश की लेकिन फिर भी हिन्दुओं ने दलितों के प्रति अपने दृष्टिकोण में कोई भी परिवर्तन नहीं किया तो डॉ. अम्बेडकर ने अपनी मृत्यु से कुछ ही समय पूर्व धर्म परिवर्तन कर बौद्ध धर्म को ग्रहण कर लिया। उनके साथ उनके पाँच लाख अनुयायियों ने भी धर्म परिवर्तन किया। जो आज भी जारी है। श्री माताप्रसाद ने अपने इस नाटक 'धर्म परिवर्तन' में उन कारणों की पड़ताल की है जिनके कारण डॉ. अम्बेडकर को धर्म परिवर्तन करने पर विवश होना पड़ा। यह कृति निश्चय ही एक बेजोड़ कृति है। इस कृति पर दृष्टिपात करते हुए श्री कँवल भारती ने लिखा है कि 'डॉ. अम्बेडकर के धर्मान्तरण पर यह एक सफल नाट्य कृति है, जो कई आयामों से धर्मान्तरण के औचित्य को दर्शाती है। इसमें धर्मान्तरण पर एक खुला विमर्श है और यह विमर्श तो डॉ. अम्बेडकर को प्रतिक्रियावादी बनाता है और न प्रभाववादी यह वह विमर्श है जिसमें डॉ. अम्बेडकर की समस्त ऊर्जा दलित मुक्ति की ऊर्जा है। यह नाटक डॉ. अम्बेडकर के प्रति न केवल सोच का परिमार्जन करेगा बल्कि दलित साहित्य में अपना श्रेष्ठ स्थान भी बनायेगा।' यह नाट्य कृति ऐसे समय में आ रही है जबकि संघ परिवार के नेता धर्मान्तरण के विरुद्ध फिर से सक्रिय होकर हिन्दू वर्ण व्यवस्था को मजबूत करने का कार्यक्रम चला रहे हैं। ऐसे समय में इस प्रकार की कृति का प्रकाशन निश्चिय ही चुनौतिपूर्ण तथा जोखिम भरा है।

भारतीय इतिहास चूँकि एक वर्ग विशेष के विद्वाननुमा लोगों द्वारा लिखा गया है इसलिए सारी क्रान्तियों के सूत्रपात, सारे युद्धों में जीत का श्रेय उसी वर्ग के लोगों को दिया गया। भारतीय स्वतन्त्रता संग्राम के लिए पहले सैनिक विद्रोह का श्रेय मंगल पाण्डे को दिया गया जबकि अब इतिहास ने साबित कर दिया है कि इसके उत्स में मातादीन भंगी थे। अंग्रेजों के साथ लड़ते हुए शहीद हुई वीरांगना झलकारी बाई, श्रेय दिया गया झाँसी की रानी लक्ष्मीबाई को। इसी प्रकार का एक अन्य चरित्र है ऊदादेवी पासी—जिसे आधार बनाकर श्री माताप्रसाद ने 'वीरांगना ऊदादेवी पासी' नाटक की सृजना की है। इसी नाटक में उन्होंने मातादीन भंगी के साथ ही अन्य कई दलित वीरों का उल्लेख किया है। इस नाटक पर विचार व्यक्त करते हुए डॉ. सत्यनारायण दुबे 'शरतेन्दु' ने लिखा है कि 'वीरांगना ऊदादेवी पासी' नाटक विधा में हिन्दी की सशक्त रचना है। एक नवीन सौन्दर्य मात्र से शोभा मंडित है। यह एक ऐतिहासिक कृति ही नहीं इतिहास का स्रोत भी है। यह कृति इतिहास की टूटी

कड़ियाँ जोड़ती है। यह कृति विस्मृत इतिहास की एक खोज है। दलित जाति पासी की गौरव गाथा का सशक्त प्रमाण है। भारतीय स्वतन्त्रता संग्राम में इस देवी ने नारी होकर भी किसी पुरूष के पुरूषत्व से बढ़कर वीरता का परिचय दिया है। इसकी सबसे बड़ी विशेषता है यह नाटक लोक शैली में है। इसे उच्च कोटि के हिन्दी मर्मज्ञ, शास्त्रज्ञ ही नहीं, साधारण से साधारण कम पढ़ा-लिखा वर्ग भी पढ़ सकता है। अभिनय कर सकता है और साहस, देश प्रेम-वीरता की शिक्षा ले सकता है। मेरी दृष्टि में यह सामाजिक परिवर्तन की संदेश वाहक तथा दलित विमर्श की महत्त्वपूर्ण कृति है।'

किसी सार्वजनिक जीवन जीने वाले और नेतृत्व देने वाले व्यक्ति को अच्छा वक्ता होना चाहिए। जो जनता के दर्द को समझ सके और उसे अपनी बात समझा सके, उसकी सफलता, असफलता उसके इस कौशल पर ही निर्भर करती है, अरुणाचल प्रदेश के राज्यपाल के रूप में श्री माताप्रसाद जी द्वारा विभिन्न अवसरों पर दिये गये भाषणों का संकलन अभी प्रकाशित हुआ है। उसके अध्ययन से लगता है कि श्री माताप्रसाद एक कुशल वक्ता हैं और उनके इन भाषणों से उसके गहन अध्ययन और चिन्तन का भी आभास मिलता है। इस पुस्तक में उनके 24 भाषण संकलित हैं। इनमें कुछ औपचारिक भाषण हैं जो हिन्दी संस्थाओं के उद्‌घाटन के अवसर पर दिये गये हैं लेकिन इसमें कुछ महत्त्वपूर्ण भाषण भी हैं जैसे डिब्रूगढ़ विश्वविद्यालय में 'दलित साहित्य' पर दिया गया उनका भाषण विषय को उसकी सम्पूर्णता के साथ प्रस्तुत करने के उनके कौशल को प्रदर्शित करता है। जैसे गोहाटी विश्वविद्यालय के हिन्दी विभाग के रजत जयन्ती समारोह को 18 नवम्बर 1994 को सम्बोधित करते हुए हिन्दी के महत्त्व पर उन्होंने इस प्रकार प्रकाश डाला है कि —'हिन्दी को राष्ट्रभाषा बनाने में सबसे अधिक योगदान गैर-हिन्दी भाषी महापुरुषों का ही है। सन्तों तथा असम के महापुरुष श्रीमन्त शंकरदेव की वाणी को भी हिन्दी का रूप कहा जा सकता है। महात्मा गाँधी अहिन्दीभाषी थे। उन्होंने कहा था कि हिन्दीभाषी लोगों को दक्षिण की भाषा सीखने की जितनी आवश्यकता है उसकी अपेक्षा दक्षिण वालों को हिन्दी सीखने की अधिक आवश्यकता है। एक प्रान्त से दूसरे प्रान्त को जोड़ने के लिए एक सर्वमान्य भाषा की आवश्यकता है। ऐसी भाषा तो एक मात्र हिन्दी या हिन्दुस्तानी ही हो सकती है।' भारत के पूवोत्तर राज्यों में श्री माताप्रसाद की छवि एक हिन्दी प्रचारक प्रसारक की बन रही है। इसी आशय से उन्होंने अरुणाचल प्रदेश में 'नागरी संस्थान' की स्थापना भी करायी है।

श्री माताप्रसाद जी को देश के विभिन्न भागों के हिन्दी साहित्यकार अपनी प्रकाशित कृतियाँ भेजते रहते हैं। श्री माताप्रसाद उन्हें पढ़कर तत्काल अपनी प्रतिक्रिया से उन्हें अवगत कराते हैं। इन प्रतिक्रियाओं में मेरे देखने में 'हम बौने नहीं' (डॉ.

देवेन्द्र दीपक), 'दर्द के दस्तावेज' (डॉ. एन. सिंह) तथा 'छप्पर' (जय प्रकाश कर्दम) आदि पर उनकी टिप्पणियाँ आयी हैं। हालाँकि यह टिप्पणियाँ भले ही उन्होंने छपने के लिए न लिखी हों फिर भी इससे उनका समीक्षक रूप उभरकर सामने आता है। 'हम बौने नहीं' की कविताओं पर इनकी टिप्पणी द्रष्टव्य है—इस संकलन की सभी कवितायें हृदय को स्पर्श कर लेती हैं, 'रसायनिक परिवर्तन' में जब तक लोग जाति से परिचित नहीं होते, बहुत सम्मान देते हैं, किन्तु दलित जाति का व्यक्ति जानने के बाद ही उससे किनारा कर लेते हैं। यही स्थिति 'प्रहार' में दलित जाति के छात्रों की है। जाति जान लेने पर ही वह उपेक्षा, अपमान से पिछड़ जाता है। प्रयाग के छात्रावास में डॉ. अम्बेडकर का चित्र लगा होने पर ही कितना बड़ा उपद्रव किया जाता है। इसकी दर्द भरी दास्तान 'अपमानित अत्यंज छात्र का आत्मकथ्य' में है। 'हम बौने नहीं' में जन्मजात कोई दलित नहीं होता, बल्कि परिस्थितियाँ उसे छोटा बना देती हैं।

'गूँगे लोगों की निःशब्द चीख' में बनवासी कन्याओं के अंग प्रदर्शन करने, शोषण, अनाचार, अत्याचार की सजीव प्रस्तुति है। 'आखिरी आदमी का सलाम' में डॉ. अम्बेडकर द्वारा दलितों के लिए किये गये संघर्षो के प्रति श्रद्धा की अभिव्यक्ति है। अन्त में 'पावर हाऊस' में डॉ. अम्बेडकर को पावर हाऊस के समकक्ष प्रकाशदाता कहकर लोगों में आशा का संचार जाग्रत किया गया है। 'हम बौने नहीं' दलित जीवन के अपमान आँसू और आक्रोश की जीवन्त अभिव्यक्ति है।'

'दर्द के दस्तावेज' (डॉ. एन. सिंह) हिन्दी दलित कवियों का प्रथम समवेत संकलन है, जो कुमायुँ विश्वविद्यालय नैनीताल की एम. ए. (हिन्दी) उत्तरार्ध के पाठ्यक्रम से निर्धारित हुआ था। जब इसकी प्रति माताप्रसाद जी को भेजी गयी तो इस पर उन्होंने अपनी प्रतिक्रिया व्यक्त करते हुए लिखा—'दर्द के दस्तावेज' को प्राप्त होते ही पढ़ा गया। कार्य व्यस्तता के कारण पहली नजर ही इस पर पड़ पायी। डॉ. एन. सिंह ने पुस्तक की भूमिका 'हिन्दी काव्य में दलित चेतना' में जो लिखा है। 'दलित कवि आज जो दर्द के दस्तावेज लिख रहे हैं वे निश्चय ही इस वर्ग के लोगों के लिए एक दिन मशाल बनेंगे। जिसकी रोशनी में यह लोग अपना लक्ष्य स्पष्ट होता देख सकेंगे और उसे प्राप्त करने के लिए संघर्षशील हो सकेंगे। दलित कविता इसके लिए ही पूर्व भूमिका तैयार करने का प्रयास कर रही है।'

श्री एन. सिंह के उक्त विचारों से मैं पूर्ण सहमत हूँ। दलित साहित्य समाज की असमानता को विनष्ट कर समानता के लिए मचल रहा है। दलित साहित्य की दलित-समाज के उत्थान में महत्त्वपूर्ण भूमिका है। 'दर्द के दस्तावेज' में दसों कवियों की सभी कविताएँ और तीन अतिथि कविताएँ चुनकर रखी गयी हैं। यह सभी कविताएँ प्रेरणाप्रद और पथ प्रदर्शक हैं। इनमें डॉ. प्रेमशंकर जी की पिपरा

जनसंहार की पाँच कविताएँ, श्री चन्द्रकुमार वरठे की 'अनाम बस्तियों के देश में' श्री ओमप्रकाश वाल्मीकि की 'वे भूखे हैं', डॉ. दयानन्द बटोही की 'दंगाई', 'वृक्ष' 'द्रोणाचार्य सुने' 'एक पत्र तुम्हारे नाम', डॉ. एन. सिंह की 'आजादी के नाम एक दिन', 'धर्मान्तरण', 'चक्रव्यूह', 'अभी वक्त है', श्री रघुनाथ प्यासा की 'इस मत अईये रे मनिहार' तथा अतिथि कविताओं में नागार्जुन की 'हरिजन गाथा' कविताएँ विशेष रूप से प्रभावोत्पादक, मन को झकझोर देने वाली क्रांतिकारी और आक्रोश उत्पन्न करने वाली हैं। दलित समाज को ऐसी ही कविताओं की जरूरत है।

डॉ. एन. सिंह को 'दर्द के दस्तावेज' में चुनिन्दा कविताओं के संग्रह के लिए और उनके परिश्रम के लिए साधुवाद देता हूँ।'

हिन्दी के पहले दलित उपन्यास 'छप्पर' पर टिप्पणी करते हुए भी श्री माताप्रसाद जी अपना निष्कर्ष इस प्रकार देते हैं–'यह उपन्यास आदर्शवाद पर आधारित है जिसमें लेखक समाज की जटिल समस्याओं का समाधान समन्वयवादी और गाँधीवादी तरीके से प्रस्तुत करता है। इससे जहाँ दलितों को प्रेरणा मिलेगी वहीं पर ब्राह्मणवादी व्यवस्था के समर्थकों को सोचने पर मजबूर होना पड़ेगा। इसके लिए लेखक को बधाई दी जा सकती है।' इन उदाहरणों पर दृष्टिपात करने से इस निष्कर्ष पर सहजता से पहुँचा जा सकता है कि श्री माताप्रसाद में एक अच्छे समीक्षक के गुण विद्यमान हैं। यह बात और है कि इस दिशा में उन्होंने कुछ ज्यादा काम नहीं किया है।

उनकी आत्मकथा 'झोपड़ी से राजभवन' जिसका प्रारम्भिक अंश उनके अभिनन्दन ग्रन्थ 'शिखर की ओर' में प्रकाशित हुआ है, उनके जीवन संघर्षो की जीवन्त गाथा है, इसके अध्ययन से पाठक जान पायेंगे कि इस देश में किसी दलित को सफलता के शिखर तक पहुँचने के लिए किसी सवर्ण से हजारों गुणा अधिक परिश्रम करना पड़ता है। श्री माताप्रसाद ने यह श्रम किया। लेकिन फिर भी किसी वर्ग या स्थिति के प्रति उनके हृदय में कटुता नहीं है। उन्होंने सहजता से अच्छी-बुरी स्थितियों का यथावत वर्णन इस पुस्तक में किया है। हिन्दी आत्मकथाओं में उनकी यह कृति निश्चित ही मील का पत्थर है।

उनके प्रकाशित–अप्रकाशित सम्पूर्ण साहित्य के गहन–अध्ययन से इस निष्कर्ष पर सहजता से पहुँचा जा सकता है कि माताप्रसाद छन्द बद्ध काव्य लिखने में तो सिद्धहस्त हैं ही वे सफल नाटककार, सम्पादक और समीक्षक भी हैं। उनके साहित्य के विचार पक्ष पर दृष्टिपात करने पर हम पाते हैं कि उनका अनुभव क्षेत्र बहुत व्यापक है। उन्हें सम्पूर्ण भारतीय समाज को बहुत निकट से देखने का अवसर मिला है। इसलिए उनके साहित्य में दलित वर्ग के प्रति शेष हिन्दू समाज द्वारा किये गये असमानता के व्यवहार तथा शोषण का तो उल्लेख है। लेकिन इसके लिए

जिम्मेदार वर्ग की ओर वह सीधा संकेत नहीं करते, इसका कारण उनका समन्वयवादी दृष्टिकोण है। वह जानते हैं कि कीचड़ को कीचड़ से नहीं धोया जा सकता। यदि दलित वर्ग भी शेष हिन्दू समाज के साथ वही व्यवहार करेगा जो उन्होंने दलितों के साथ किया था तो इससे घृणा और विद्वेष ही बढ़ेगा और इससे उत्पन्न हुई घृणा और विद्वेष की अग्नि में जलकर शान्ति और सद्भाव नष्ट हो जायेगा। अतः वे दलित वर्ग को इससे बचकर आर्थिक और राजनीतिक उन्नति के मार्ग पर बढ़ने तथा सत्ता में साझीदारी प्राप्त करने का सन्देश अपने साहित्य के माध्यम से देते हैं। जहाँ पर पहुँचकर सामाजिक हीनता गौण हो जाती है।

उनके इस विपुल साहित्य की गुणवत्ता का मूल्यांकन करते हुए भारतीय दलित साहित्य अकादमी ने उन्हें सन् 1988 में डॉ. अम्बेडकर राष्ट्रीय पुरस्कार, सन् 1994 में हिन्दी प्रचारिणी सभा, कानपुर द्वारा 'कीर्ति भारती' तथा नेशनल प्रेस ऑफ इंडिया द्वारा उन्हें डॉ. अम्बेडकर कीर्ति सम्मान 1994, के साथ ही साहित्यकार अभिनन्दन समिति, मथुरा द्वारा उन्हें राष्ट्रभाषा रत्न तथा साहित्य भूषण सम्मान प्रदान कर सम्मानित किया। सन् 1996 में ट्रिनीडाड में पाँचवें विश्व हिन्दी सम्मेलन में भारतीय प्रतिनिधि मण्डल का नेतृत्व आपने किया तथा वहाँ से लौटने पर आपको 'अन्तर्राष्ट्रीय भारत मैत्री संघ, नयी दिल्ली द्वारा विशिष्ट नेहरू पुरस्कार-1996' प्रदान कर सम्मानित किया गया।

इन्स्टीट्यूट ऑफ इकोनोमिक्स स्टडीज दिल्ली ने आपको 'मानव सेवा शिखर सम्मान' 1996, अरुणाचल नागरी संस्थान इटानगर ने 'हिन्दी गौरव-1996', फ्रेंडशिप सोसायटी नयी दिल्ली द्वारा 'ग्लोरी ऑफ इंडिया इंटरनेशनल एवार्ड-1997, एकेडमिशियन आई. ए. एस. द्वारा लोक मित्र-1997' आदि सम्मानों के अतिरिक्त आपको भारत सरकार ने डॉ. अम्बेडकर फिल्म निर्माण—पाण्डुलिपि समिति का चेयरमैन नामित करके गौरवान्वित किया। इसके अतिरिक्त 7 फरवरी 1999 को आपके लेखन पर पूर्वांचल विश्वविद्यालय जौनपुर ने आपको डी. लिट्. की मानद उपाधि प्रदान की।

लगभग पाँच दशक तक सामाजिक और राजनीतिक जीवन से जूझते हुए, जिस व्यक्ति का साहित्य सृजन भी अबाध गति से चलता रहा हो, वह निश्चित ही समाज के व्यापक अभिनन्दन का हकदार है।

श्री माताप्रसाद जी के सुदीर्घ राजनीतिक एवं साहित्यिक जीवन को रेखांकित करने के लिए डॉ. एन. सिंह ने एक वृहद् अभिनन्दन ग्रन्थ 'शिखर की ओर' का सम्पादन किया। इस ग्रन्थ का सम्पर्ण समारोह 20 नवम्बर 1997 को सप्रू हाऊस नयी दिल्ली में आयोजित किया गया जिसके मुख्य अतिथि भारत के उपराष्ट्रपति महामहिम श्री कृष्णकान्त जी थे तथा अध्यक्षता भारत के चुनाव आयुक्त श्री जी.वी.

जी. कृष्णमूर्ति ने की थी। मंच पर त्रिपुरा के राज्यपाल डॉ. सिद्धेश्वर प्रसाद तथा अरुणाचल प्रदेश के मुख्यमंत्री श्री गेंगांग अपांग भी उपस्थित थे। महामहिम राष्ट्रपति, उपराष्ट्रपति, प्रधानमंत्री तथा कई भूतपूर्व प्रधानमंत्रियों, राज्यपालों एवं मंत्रियों के शुभकामना सन्देशों से विभूषित यह ग्रन्थ चार खण्डों में विभक्त है। इस ग्रन्थ के प्रथम खण्ड में श्री माताप्रसाद जी के जीवन वृत्त, उनके साथ विभिन्न क्षेत्रों में सम्पर्क में रहे, उनके मित्रों, सहयोगियों के संस्मरण हैं। साथ ही इस भाग में हमने विभिन्न अवसरों पर लिये गये उनके साक्षात्कारों को भी सम्मिलित किया है। जिससे उनके अंतरंग और बहिरंग जीवन की झाँकी हमें मिलती है। दूसरा भाग उनके सृजन को समर्पित है। इस भाग में उनकी आत्मकथा का एक अंश है। उनकी दो पटकथाएँ हैं तथा 'परिचय सतसई' से कुछ चुने हुए दोहे हैं। इसमें हिन्दी के 55 दलित साहित्यकारों के जीवन और कृतित्व को भी उन्होंने दोहाबद्ध किया है। साथ ही उनके नाटक 'वीरांगनी झलकारी बाई' का पद्मश्री चिरंजीत द्वारा किया गया रेडियो नाट्य रूपान्तर और उनके महाकाव्य 'दिग्विजयी रावण' का एक अंश भी इसमें है। तीसरा खण्ड 'मूल्यांकन' है। इस खण्ड में उनके काव्य, नाटक, सम्पादन और उनके विवेचनात्मक साहित्य का विद्वानों द्वारा विशद विश्लेषण किया गया है। उनकी पुस्तकों पर कुछ समीक्षाएँ भी इसी खण्ड में दी गयी हैं। इसमें इस तथ्य की पड़ताल करने का भी प्रयास किया गया है कि हिन्दी दलित साहित्य में उनका क्या योगदान है।

इस ग्रन्थ का चौथा भाग दलित चेतना को समर्पित है। इस खण्ड में हिन्दी दलित साहित्य के विचार पक्ष का विस्तारपूर्वक विश्लेषण प्रस्तुत किया गया है। जिसमें देशभर के लगभग दो दर्जन से अधिक विद्वानों के लेख शामिल किये गये हैं। इससे दलित साहित्य की जो तस्वीर उभर कर आती है वह आश्वस्त करती है कि अगला दशक दलित साहित्य की मान्यता का दशक होगा।

कुल मिलाकर श्री माताप्रसाद एक ऐसे राजनेता साहित्यकार हैं जिन्होंने राजनीति में तो कई सर्वोच्च पदों को सुशोभित किया ही है, लेकिन राजनीति की इस कोयला खान में लम्बे समय तक रहकर भी उनकी चादर बेदाग रही। इसका कारण उनका साहित्य की निर्मल गंगा में निरन्तर अवगाहन ही रहा है। अपने दीर्घ साहित्यिक जीवन में उन्होंने लगभग डेढ़ दर्जन ग्रन्थों से हिन्दी साहित्य के भंडार को नूतन संवेदनाओं और नये सामाजिक सरोकारों से परिपूर्ण किया। जिसके लिए हिन्दी साहित्य उनका सदा ऋणी रहेगा। सरल और सादगी भरा जीवन, सबके दुख सुख में शामिल होने का उनका स्वभाव जरूरतमन्द की सीमाओं को तोड़कर भी मदद करना, निश्चय ही उन्हें सन्त व्यक्तित्व प्रदान करता है। इस प्रकार का एक भी व्यक्ति आज राजनीति तो क्या साहित्य में भी ढूँढ़ पाना कठिन ही नहीं, असम्भव भी है।

बयान बाहर सच्चाइयों का कवि :
डॉ. सुखबीर सिंह

कहाँ से शुरू करूँ? केवल दो मुलाकातें और पच्चीस-तीस खत बस इतना ही परिचय था मेरा डॉ. सुखबीर सिंह से लेकिन आत्मीयता ऐसी कि जैसे सदियों से जानते हों हम एक-दूसरे को। सम्बन्धों में अन्तराल किस तरह बिला जाता है, यह कोई उनसे मिलकर ही जान सकता था। मैं उन दिनों हिन्दी दलित कवियों के समवेत संकलन 'दर्द के दस्तावेज' के लिए सामग्री संकलन कर रहा था। मेरे मित्र डॉ. भूप सिंह (प्राध्यापक, हिन्दी विभाग, गवर्नमेंट कालेज, दमण) ने मुझे डॉ. साहब का नाम सुझाया और मैंने उन्हें पत्र में अपनी पूर्ण योजना लिखकर, रचना और संक्षिप्त जीवन परिचय प्रेषित करने का आग्रह किया। लौटती डाक से उनकी लम्बी कविता 'बयान बाहर' और परिचय के साथ, उनका प्यार भरा पत्र मिला। साथ ही कुछ अन्य कवि मित्रों के नाम पते भी, जिनमें से बाद में मैंने भाई ओमप्रकाश वाल्मीकि और डॉ. चन्द्रकुमार वरठे को भी इस संकलन में शामिल किया, यह डॉ. साहब की उदारता से ही सम्भव हो सका, नहीं तो मैं इन समर्थ कवियों की धारदार कविताओं से वंचित ही रह जाता।

मेरा काव्य संकलन 'सतह से उठते हुए' उन्हीं दिनों प्रकाशित हुआ था। जिसके प्रकाशन की सूचना मैंने डॉ. साहब को दी थी। उन्होंने अपने 8.11.91 के पत्र में मुझे लिखा, कि 'सतह से उठते हुए' के प्रकाशन की सूचना पाकर प्रसन्नता हुई, मैं इसे देखना चाहूँगा। मैं अपने इस संग्रह की प्रति लेकर पहली बार उनसे मिला। डॉ. साहब ने जिस आत्मीयता से गले लगाया, आज उनकी अनुपस्थिति में उस घड़ी को याद करके मेरी आँखें भर आयीं। दिल्ली की साहित्यिक उठा-पटक पर देर तक बातें होती रही। और इस खुशनुमा मुलाकात के बाद मैं सहारनपुर लौट आया। बाद में 'सतह से उठते हुए' की कविताओं पर उन्होंने अपनी राय मुझे अपने 7.9.92 के पत्र में इस प्रकार लिखी– ''सतह से उठते हुए' को पढ़ गया हूँ। इसके वैचारिक सरोकारों ने प्रभावित किया है। आपने अपने समय की सच्चाइयों को बड़ी बेबाकी से अभिव्यक्त कर दिया है। सबसे बड़ी बात यह है कि समय की दौड़ में पिछड़

गये आदमी के साथ आपकी केवल सहानुभूति ही नहीं है, अपितु प्रबल पक्षधरता है, आज के समय की यही सच्चाई और सही कविता है, दलित जीवन की सामान्य विवशताओं के प्रति भी आपकी कविता संवेदनशील रही है। व्यंग्य और विद्रूप की शैली में आज की राजनीति पर आपके कटाक्ष काफी सार्थक बन पड़े हैं, कविताओं के साथ-साथ ग़ज़ल के क्षेत्र में आपकी गहरी पैठ भी दिखाई पड़ती है। ग़ज़लों की सादी अदायगी और बात कहने के ढंग ने प्रभावित किया है, मुझे आशा ही नहीं पूर्ण विश्वास है कि शीघ्र ही आप समकालीन हिन्दी कविता में अपना अलग और महत्त्वपूर्ण स्थान बना लेंगे।" वे मित्रों के साहित्यिक उत्थान के लिए कामना ही नहीं करते थे, बल्कि हम लोगों के कैरियर को सँवारने में सक्रिय भूमिका भी निभाते थे, जब मैं दमण छोड़कर उ.प्र. के गढ़वाल क्षेत्र में आ गया, तो सूचना पाकर उन्होंने मुझे अपने 26.4.91 के पत्र में लिखा—"आप गढ़वाल में जम गये हैं, यह जानकर प्रसन्नता हुई, मेरी बधाई।" 8.11.91 के पत्र में उन्होंने लिखा था कि—"दिल्ली में भी गाँधीनगर क्षेत्र में डॉ. अम्बेडकर कॉलिज खुल गया है, धीरे-धीरे जमेगा, तो प्रवक्ता पद के लिए आवेदन मांगे जाएँगे। आप अवश्य ही आवेदन भेजें।" डॉ. साहब के देहावसान से हमने एक अद्वितीय रचनाधर्मी साहित्यकार ही नहीं खोया, एक सशक्त, सहृदय, निराभिमान, दूसरों के सुख-दुःख में कन्धे से कन्धा मिलाकर चलने वाला एक ऐसा साथी और संरक्षक भी खोया है, जिसकी जगह शायद ही कोई ले सके।

5 अगस्त सन् 1943 को मेरठ जनपद के ग्राम ग्यासपुर के एक साधारण परिवार में जन्मे डॉ. सुखबीर सिंह की गाँव से महानगर तक की यह यात्रा इतनी सहज और सरल नहीं रही, जितनी कि उनके बाद के दिनों में उन्हें देखकर, मिलकर या बात करके अधिकांश लोगों को लगती रही है। शिक्षा से सेवा तक का सारा परिधि विस्तार उनके व्यक्तित्व के बराबर लहूलुहान होते जाने का मुँह बोलता प्रमाण है। टूटते-बिखरते, संत्रास भोगते, जख्मी कदमों से जीवन की तपती सड़क पर किया गया उनका यह सफर, हम जैसे कई लोगों को कई ऐसे पड़ाव दे गया है, कम से कम जहाँ पर ठहरकर हम अपने अगले सफर की योजना तो बना ही सकते हैं और अपने पाँवों को उन काँटों से बचा सकते हैं, जिनके घाव डॉ. साहब ने सहे थे।

यहाँ एक बात मैं और कहना चाहता हूँ कि डॉ. सुखबीर सिंह ने साहित्यिक क्षेत्र में जितना काम किया है, उतना यदि किसी द्विज ने किया जाता, तो वह राष्ट्रीय स्तर का साहित्यकार होता, लेकिन हाय रे! दलित साहित्यकार, तेरी तो जन्म जीवन और मृत्यु तक एक ही नियति है। उपेक्षा और बस अनन्त उपेक्षा, जीवन में भी और साहित्य में भी। क्या हम इस तिलस्म को तोड़ने के लिए वचनबद्ध हैं? कि भविष्य में ऐसा नहीं होगा?

डॉ. सुखबीर सिंह का व्यक्तित्व वस्तुतः बहुत ही विविधवर्णी रहा है। उनके शोध-प्रबन्ध—'हिन्दी कविता की समकालीन चेतना' से लेकर उनके अन्तिम काव्य संग्रह 'सूर्यांश' तक, वह सम्पादक हैं, कवि हैं, समीक्षक हैं, रचना किसी भी विधा में हो, लेकिन उनका सजग समीक्षक और तत्व चिन्तक सदैव ही सक्रिय रहा है। उनकी समीक्षात्मक कृतियाँ हैं— रामचरितमानस की पाश्चात्य समीक्षा, हिन्दी कविता की समकालीन चेतना, समीक्षा के बदलते प्रतिमान, हिन्दी कविता की समकालीन अन्तर्धाराएँ, बतौर सम्पादक उन्होंने—दिविक, दूसरा दिविक, पुनर्सम्भवा, कविता में लिखा इतिहास, कविता का वैचारिक वर्तमान, और 'हिन्दी कहानी का समकालीन परिदृश्य' आदि पुस्तकों का सम्पादन किया, उनकी काव्य कृतियों में, अनन्तर, बयान बाहर और सूर्यांश हैं। हालाँकि सन् 1989 में उन्हें हिन्दी अकादमी दिल्ली का 'अनन्तर' काव्य संग्रह पर 'साहित्यिक कृति' पुरस्कार प्राप्त हुआ था, लेकिन 'बयान बाहर' ही उनकी एक ऐसी कृति है जिसने उन्हें हिन्दी के प्रतिष्ठित दलित कवि के रूप में स्थापित किया, इस पूरी रचना को मैंने 'दर्द के दस्तावेज' में संकलित किया है, यह हिन्दी की लम्बी कविताओं में अपना महत्त्वपूर्ण स्थान रखती है। इस रचना में डॉ. सुखबीर सिंह के सामाजिक सरोकार, अपनी धरती से जुड़ाव, टूटते-बिखरते, अपमानित होते दलित के मन में उभरते आक्रोश, सामाजिक असमानता, और उससे निजात पाने के लिए गाँव छोड़कर महानगर की ओर प्रस्थान करते व्यक्ति की नियति ही नहीं, गाँव के सौन्दर्य और उससे मोह का महत्त्वपूर्ण दस्तावेज है यह कविता। कँटीले प्रश्नों के बीहड़ से गुजरती हुई यह कविता क्या कहती है, जरा देखिए आप भी—

कविता शुरू होती है, गाँव के वर्णन से जो कवि के कन्धों पर गिद्ध की तरह बैठा है और निरन्तर उसे नोच-नोच कर खा रहा है, "एक गाँव है। जो मेरे कन्धों पर बैठा है। गिद्ध की तरह।" क्यों ऐसी धारणा है कवि की अपने उस गाँव के विषय में जहाँ पर उसने जन्म लिया, आँखें खोलीं, और चलना सीखा, क्योंकि यह गाँव उसे अपने अपमानित अतीत की याद दिलाता है, अर्थात जो उसकी स्मृति में 'कीकर के पेड़' के रूप में उभरता है, जो पूरी तरह गन्धहीन, मूल्यहीन और बेजान है। कविता का अंश देखिए-

> *"चोंच मार मार कर/फाड़ देता है समय की परत बीचोबीच जिसके/एक पेड़ खड़ा पाता है/एक पेड़ है कीकर का/दूर से लगता है सुन्दर/हरा-भरा कत्थई पीले-पीले फूलों के बीच मुस्काता हुआ/वही फूल पीले-पीले बसन्ती से/हथेली पर रखते ही भुरभुरा जाते हैं/रेशा रेशा हो बिखर जाते हैं हवा में/गंधहीन मूल्यहीन, बेजान/फूलों के नीचे छिपे हैं खुरदरी हथेलियों सी टहनियों पर उगे/काँटे ही काँटे।"*

भारतीय गाँव में कहर झेलते हुए दलित की 'कीकर के पेड़' से अधिक सार्थक उपमा और क्या हो सकती है? दलित चेतना की दृष्टि से कविता का यह अंश ही डॉ. सुखबीर सिंह को एक बड़े कद का कवि घोषित करने को पर्याप्त है, जिसके पास संवेदना का अन्तहीन जखीरा तो है ही, भाषा की रवानी और शब्दों के सार्थक चुनाव और प्रयोग की एक ऐसी कला भी है, जो लम्बे अभ्यास के बाद ही सम्भव हो सकती है। कवितांश की अन्तिम पंक्ति कितनी शिद्दत से दलित नारी की व्यथा को उकेरती है, जिसका जन्म ही भोग के लिए होता है, पति के लिए वह साथ खटने वाली मादा मजदूर तथा बच्चे पैदा करने वाला यंत्र मात्र है, और सवर्णो के लिए भोग की सहज प्राप्य सामग्री रही है। जीवन उसके लिए 'काँटे ही काँटे' नहीं तो और है क्या? आगे यह औरत इस कविता में कुछ इस तरह आती है—

> *"पिघलता हुआ पसीना दर पसीना / आँख का आँसू सूखता हुआ पलकों के बीच/या फिर गर्दन कटी लाश / लाल-लाल तरल खून / जिसके बीचोबीच बिछा है किसी बीच राह पकड़ी या / घर से उठाकर लायी गयी / औरत देह के इतिहास भूगोल को नापने का करीना।"*

संवेदना की हंडिया में खड़बड़ाती यातनाएँ कब कागज पर उतर कर कविता का आकार ले लेती हैं। यह कोई भी कब जान पाता है। नहीं तो वर्षो बाद जब डॉ. साहब सारे संघर्षो को जीतकर, भाव सम्मान के धरातल पर राजधानी में स्थापित हो गये थे, तब भी उन्हें साग, बैल, भैंस और सूअरों के साथ बिताया हुआ अपना बचपन नहीं भूला। नहीं भूला जोहड़ का बदबूदार पानी "मेरा बचपन तो नहाता रहा/जोहड़ के काई जमे बदबूदार पानी में/गाय, बैल, भैंस और सूअरों के साथ।" यह बचपन कवि का ही नहीं, करोड़ों करोड़ दलित बच्चों का है जिनकी स्कूल जाने की उम्र बीत जाती है, दूसरों के जानवर चराते और गोबर उठाते। वक्त की चिलचिलाती धूप में झुलसता बचपन, ऐसे हर बचपन की आँख में बस एक ही सवाल है—क्या यही है विश्वगुरु भारत की पूज्य भूमि? इस बचपन के लिए कितना दर्द है कवि सुखबीर सिंह की वाणी में -

> *"ओ मेरे गाँव / तू गवाह है कि तेरी गोद में पलते हुए कुछ बच्चों के स्वप्न पूरे होने से पहले ही टूट जाते हैं / वक्त से पहले ही उनके हाथों के खिलौने छूट जाते हैं / खुल जाती हैं आँखें एक भयावह काँटेदार जंगल में जहाँ दिखाई पड़ता है/ खेतों में फसल की जड़ों में / गिरता हुआ खेतिहर मजूरे का बजूद।"*

इक्कीसवीं सदी के मुहाने पर खड़ा भारतीय गाँव आज भी उसी परम्परागत खूँटे से बन्धा, जाति और वर्ण के कोल्हू में ही आदमी को जोते हुए है। यहाँ आदमी

की पहचान आज भी उसकी योग्यता, गुण, प्रतिष्ठा, शिक्षा आदि से नहीं, होती है जाति से ही। इस तथ्य को डॉ. सुखबीर सिंह ने अपनी उस कविता में इस प्रकार अभिव्यक्ति दी है–

> *"ओ मेरे गाँव! तेरा कोई भी हो चाहे नाम / पर काम हमेशा एक ही सा रहा है / पिछली गुलाम सदियों की तरह / आज भी सुख दुख / ठीक वैसा का वैसा ही / जाति धर्म के खूँटे से बंधे हुए / गाँव के सभी लोगों ने ता उम्र सहा है।"*

जाति और धर्म के संत्रास को सबसे अधिक दलित वर्ग ने सहा भोगा है, सवर्णो के लिए जहाँ वह व्यवस्था वरदान है, तो दलितों के लिए अभिशाप है। जिसके कारण भारत के दलित के लिए देश की आजादी और गुलामी कोई खास महत्त्व नहीं रखती। क्योंकि जब भारत गुलाम था, तब भी उनके साथ बर्बरता का व्यवहार होता था, आज भी हिन्दू समाज की क्रूरता में किसी प्रकार की कमी नहीं आयी है। आज भी दलित दूल्हे को घोड़ी से उतार कर दौड़कर पीटा जाता है, दलित औरतों को नंगा करके आज भी गाँव में घुमाया जाता है, उनकी बस्तियों में आग लगा दी जाती है, उनकी सामूहिक हत्याएँ होती हैं, क्या यही स्वतन्त्रता है? ऐसी स्थिति में देश, उसकी स्वतन्त्रता और मातृभूमि क्या अर्थ रखती है? इसलिए कवि सुखवीर सिंह का आक्रोश फूट पड़ता है कि–"न पूरा पेड़ किसी को अपनाता है। और न कोई अपनाता है पूरे पेड़ को कभी भी।" और यह धरती जिसे माँ कहा जाता है, यह किसी दलित के लिए माँ कम पूतना अधिक है, जिसके एक स्तन में दूध है और दूसरे में विष। वह सवर्ण बालक के मुँह में अपना दूध वाला स्तन देती है और दलित बालक के मुँह में विष वाला। ऐसे में कितना बेमानी लगता है। भारतीय संस्कृति का 'वसुधैवम् कुटुम्बकम्' वाला छद्म मंत्र–इसलिए डॉ. सुखवीर सिंह इसे 'कुत्ता संस्कृति' कहते हैं। जिसके शिकार थे हमारे पूर्वज–

> *"यहाँ पर साँस लेती है वह कुत्ता संस्कृति / जो आदमी को आदमी से काटती है–बाँटती है/ नहीं थे/नहीं थे मेरे पूर्वज / इस कुत्ता संस्कृति के अलम्बरदार नहीं थे। वे तो महज / इसके शिकार थे।"*

क्योंकि इसी कुत्ता संस्कृति ने आदमी को आदमी से अलग किया। इसी ने खान-पान, कपड़ा-लत्ता, और काम-धन्धा अलग-अलग किया। जिसका परिणाम यह हुआ कि एक ही प्रकार के संत्रास को सहते हुए भी, एक ही प्रकार की स्थिति में जीते हुए भी यहाँ आदमी अलग-अलग है, यहाँ तक कि एक के लिए दूसरे का स्पर्श भी पाप करार दे दिया गया, और इस धरातल पर आकर हिन्दू-धर्म दुनिया का सबसे निकृष्ट धर्म साबित होता है। डॉ. सुखवीर सिंह का ध्यान भी इस ओर गया है–

"कहने को तो सभी कहलाते हैं एक गाँव के वासी पर मरने तक भी ये / अछूत रहे चलते हैं अलग-अलग जमीन पर जीते हुए / मरने के बाद भी अलग-अलग जमीन पर जलते हैं / और मेरे गाँव तेरी जमीन पर घुटी-घुटी साँसों के साथ / पलना पड़ता है अलग-थलग लड़खड़ाते कदमों से / चलना पड़ता है अलग-थलग मरने के बाद भी / जलना पड़ता है अलग-थलग।"

इस घटना के बाद कवि सहसा विद्रोही हो उठता है, और उसकी दृष्टि में हिन्दू धर्म, उसकी परम्पराएँ अर्थहीन हो उठती हैं, इसके लिए वह अपने इस गिद्ध जैसे गाँव का ही आभारी है, क्योंकि इस बगावत का पहला पाठ उसने यहीं पढ़ा था। जो मुर्दों के बीच मुर्दा नहीं होने देता। वह खुद विद्रोह करते हुए अपनी पूरी जमात को विद्रोही होने का संदेश देता है उस कुत्ता संस्कृति के विरूद्ध, बगावत के स्वर आप भी सुनें—

"पर मैं प्रतिबद्ध हूँ / नहीं बनूँगा / इसका शिकार या अलम्बरदार अपने फेफड़ों की पूरी-पूरी ताकत के साथ / इसके खिलाफ उठानी है आवाज / और खून की अन्तिम बूँद तक / लड़ना है युद्ध।"

और कविता के अन्त तक आते-आते कवि हिंसक लोगों के विरुद्ध हिंसा पर उतर आता है, क्योंकि मुक्ति का यही एक रास्ता है। अधिकार माँगने से नहीं मिलते, उन्हें छीनना पड़ता है। वैसे भी जिसने मरना नहीं जाना, वह सम्मान से जी भी नहीं सकता। इतिहास उन्हीं जातियों का है, जो लड़ी हैं। इतिहास उन्हीं का होगा जो भविष्य में लड़ेंगी। डॉ. सुखबीर सिंह का संदेश बहुत साफ है कि स्वर्णिम कल के लिए अपमानित आज को बलिदान कर दो, इसलिए कवि बूढ़े हाथों द्वारा सँजोकर रखी गयी लाठी के रूप में हथियार उठाने की सलाह देता है। शताब्दियों से चले आ रहे शोषण की समाप्ति के लिए और इस शोषण के जिम्मेदार लोगों के लिए कविता का अन्तिम हिस्सा आप भी पढ़ें और सहभागी बनें इस मुक्ति युद्ध के—

"और यहाँ आकर खत्म होती है वह पगडंडी / जिसके एक ओर हरे भरे खेत हैं, और दूसरी ओर / अभिशप्त पाँवों के लिए / जलती हुई रेत है सिर्फ रेत जिसके किनारों पर / पेड़ तो खड़े हैं पास-पास / पर आदमी की तरह कुएँ दूर-दूर हैं / लेकिन यहाँ पर / लम्बी-लम्बी हिंसा के झुण्ड के झुण्ड जरूर हैं जिनके बीचोंबीच छिपी है / एक मजबूत इरादों वाली लाठी / बूढ़े हाथों ने जो सहेज कर रखी थी / वक्त जरूरत के लिए /

हमेशा!! यहीं से पक्की सड़क शुरू होती है / जो मुझे रेल की पटरी तक ले जाएगी कोल्हू के बैल की तरह घूमती हुई / सदियों के दायरे में / ठहर गयी तेरी जिन्दगी से छुटकारा दिलाएगी।"

दलित जीवन की विद्रूपता की सीवन उधेड़ते हुए गाँव के सौन्दर्य पर भी उनकी दृष्टि बराबर लगी रही और कहीं-कहीं तो ऐसे मोहक चित्र हैं कि दृष्टि बरबस ठहर कर रह जाती है। स्मृतियों के झरोखे से साकार हुआ एक सौन्दर्य चित्र यहाँ प्रस्तुत हैं—

"ऐसा नहीं है / कि मैं भूल गया हूँ / नीले पीले फूलों के बीच से झांकती मटर की फलियाँ / हरे भरे खेतों में दूर तक फैली / सरसों की सुनहरी दोहर / गन्ने के खेतों की / रसभीनी गंध / अमराइयों का बौरायापन / कोयल की कू-कू और हलवाहे की टिटकार के साथ बजती / बैलों की घंटियाँ।"

दलित हिन्दी काव्य इस समय जब अपना क्षेत्र विस्तार करता हुआ, अपने सौन्दर्य शास्त्र के निर्माण में व्यस्त है, ऐसे में समय में डॉ. सुखबीर सिंह की सोच का व्यापक फलक एवं उदात्त सौन्दर्यबोध दलित साहित्य की अनमोल धरोहर है। उस धरोहर को हमें संरक्षित, सुरक्षित तो रखना है, उसका विकास भी करना है।

शब्द की अग्नियात्रा का शिल्पी : ओमप्रकाश वाल्मीकि

कवि और कथाकार ओमप्रकाश वाल्मीकि का आत्मसंघर्ष अब स्थापित होकर प्रतिष्ठित हो गया है। उनकी व्यापक संवेदना ने चाहे कथा के रूप में अभिव्यक्ति पायी हो या कविता में, उनका संवरा हुआ शिल्प बरबस पाठक का ध्यान अपनी ओर खींचता है। गुणग्राहक आलोचकों को उन्होंने झकझोरा है। तभी तो उनकी प्रतिभा को पहचान कर उन्हें 'परिवेश सम्मान : 1995' प्रदान किया गया। चूँकि ओमप्रकाश वाल्मीकि की तकनीकी शिक्षा महाराष्ट्र में हुई, अत: वहाँ पर विकसित हो रही दलित चेतना को उन्होंने ग्रहण किया और धीरे-धीरे हिन्दी में उसे अभिव्यक्ति प्रदान करना प्रारम्भ किया। आज स्थिति यह है कि दलित कविता और दलित कहानी के क्षेत्र में ओमप्रकाश वाल्मीकि एक स्थापित नाम है। उन्होंने हिन्दी साहित्य में अपना एक ऐसा स्थान बना लिया है, जो लम्बी साहित्य साधना के बाद ही उपलब्ध होता है।

30 जून 1950 को बरला, जिला मुजफ्फरनगर (उ.प्र.) में जन्मे ओमप्रकाश वाल्मीकि सहज और सरल व्यक्तित्व के धनी थे, कहीं कोई कृत्रिमता उन्हें छू तक नहीं गयी थी, तभी तो वे साथी लेखकों में इतने लोकप्रिय थे। जैसे-जैसे व्यक्ति साहित्य के क्षेत्र में प्रतिष्ठित होता जाता है, जैसे-तैसे उसके शत्रुओं की संख्या में बढ़ोत्तरी होती जाती है। ओमप्रकाश वाल्मीकि में शत्रु को भी मित्र बनाने की अद्‌भुत क्षमता थी। वे अपनी बात को पूरी तार्किकता के साथ कहते थे। उनके स्वभाव की यह विशेषता थी कि वे सही बात कहने से डरते नहीं थे और गलत बात पर अड़ते नहीं थे। यही कारण है कि वे बड़े से बड़े लेखक और बड़ी से बड़ी कृति पर भी प्रश्नचिन्ह लगाने से नहीं हिचके। मुझे ध्यान है, प्रथम हिन्दी दलित लेखक सम्मेलन, नागपुर के अध्यक्ष पद से दिया गया उनका भाषण, जिसमें उन्होंने प्रेमचन्द की 'कफन' कहानी का विवेचन करते हुए उसे दलित विरोधी कहानी कहा था और जब उनका यह वक्तव्य 'समकालीन जनमत' में छपा, तो उस पर लगभग वर्ष भर विवाद चलता रहा और अंतत: यह बहस गाली-गलौज पर जाकर समाप्त हुई। इसी

प्रकार उन्होंने 'नाच्यौ बहुत गोपाल' (अमृतलाल नागर) 'परिशिष्ट' (गिरिराज किशोर) जैसी कृतियों पर भी प्रश्नचिन्ह लगाये और दलित लेखकों के सम्मुख यह अवधारणा रखी कि वे एक-आध कृति या लेखक को नहीं, बल्कि सम्पूर्ण भारतीय साहित्य का दलित दृष्टिकोण से पुनःपाठ करें। जिसकी प्रतिक्रिया धीरे-धीरे सामने आने लगी है। 'प्रज्ञा साहित्य' के 'दलित साहित्य विशेषांक' (जिसके वे अतिथि सम्पादक थे) के अपने सम्पादकीय 'साहित्य में कठमुल्लापन' में यथास्थितिवादी लेखकों को उन्होंने आड़े हाथों लिया था और दलित साहित्य की संवेदना को रेखांकित करते हुए लिखा था कि—"वर्ण व्यवस्था से उपजी घोर अमानवीय, स्वतन्त्रता समता विरोधी सामाजिक अलगाव की पक्षधर सोच को परिवर्तित कर बदलाव की प्रक्रिया तेज करना दलित साहित्य की मूलभूत सवेदना है।" उन्होंने दलित साहित्य की अवधारणा को स्पष्ट करने में एक महत्त्वपूर्ण भूमिका निभाई है।

ऐसा भी नहीं कि उनकी दृष्टि अपनों और परायों में भेद करती हो। वे पूरी तटस्थता से दलित लेखकों के अन्तर्विरोधों पर भी प्रहार करते हैं। अपनी आत्मकथा के प्रकाशित अंश 'मैं और मेरा सरनेम' में यह तथ्य उभर कर सामने आता है कि दलित लेखक साहित्य में तो दलित चेतना पर बढ़-चढ़कर लिखते और बोलते हैं। लेकिन किसी दूसरे से मिलते समय अपनी तो जाति छुपाते ही हैं, दूसरो को छुपाने के लिए प्रेरित भी करते हैं। क्या इससे दलित समस्या का कोई निदान हो पाएगा?

ओमप्रकाश वाल्मीकि ने सर्जन का प्रारम्भ कविता से ही किया था। उन्होंने कविता के सम्बन्ध में अपनी अवधारणा को स्पष्ट करते हुए लिखा है कि—"मेरे लिए कविता कला से ज्यादा, जीवन की अदम्य लालसा, गतिशीलता की संवाहक है, जो हमारी पीड़ा, हमारे सुख-दुःख की अभिव्यक्ति है, जिसमें हम अपने वर्तमान का प्रतिबिम्ब शिद्दत के साथ देख सकें। जो जीवन की विद्रूपताओं से जूझने का हौसला दे...सच्ची और सही कविता है, जो सच को सच और झूठ को झूठ कहने का हौसला रखती है।" और हमें यह कहने में कोई संकोच नहीं है कि ओमप्रकाश वाल्मीकि की कविता ने छद्म चाहे वह धार्मिक हो, या सामाजिक, उसका पर्दाफाश करने में कोई कोर-कसर नहीं छोड़ी। उनकी कविताएँ हिन्दी के प्रतिष्ठित पत्र-पत्रिकाओं में तो ससम्मान छपती ही रही हैं, उनका एक काव्य संग्रह 'सदियों के सन्ताप' भी प्रकाशित हुआ है। इस संग्रह की कविताओं पर टिप्पणी करते हुए श्रीकृष्ण शलभ ने लिखा है कि—"ओम का कवि तिक्तता में जीता है, स्थितियों पर दूर तक सम्यक दृष्टि रखकर अपने धारदार चिन्तन से उन्हें विश्लेषित करता है। परन्तु हुंकार के साथ। उसमें वर्तमान से संघर्ष करने का उछाह है, भविष्य के प्रति आश्वस्ति हैं। अन्धेरों को मात्र जुगनुओं के सहारे नहीं, सूरज के सहारे धकियाने का सार्थक प्रयास है— ओम का रचना संसार। जिसके शब्दचिन्तन में कहीं एक

प्रकाशपर्व अन्तर्निहित है।" (सुमनलिपि, नवम्बर–1995, पृ. 40) निश्चय ही ओमप्रकाश वाल्मीकि ने हिन्दी दलित कविता को एक नयी दिशा दी हैं। इसके अतिरिक्त उनका एक और कविता संग्रह 'बस्स! बहुत हो चुका' भी प्रकाशित हुआ है। उन्हें सबसे अधिक प्रतिष्ठा अपनी आत्मकथा 'जूठन' के कारण मिली। जिसके कई भारतीय तथा विदेशी भाषाओं में अनुवाद हुए हैं।

कथाकार के रूप में भी उन्होंने अपनी छाप छोड़ी है और हिन्दी साहित्य में अपना एक अलग और महत्त्वपूर्ण स्थान बनाया है। सच तो यह है कि उनकी कहानियाँ शिल्प के दृष्टिकोण से हिन्दी के किसी भी बड़े कथाकार की तुलना में रखी जा सकती हैं। हिन्दी कहानी के सुप्रसिद्ध आलोचक श्री जानकी प्रसाद शर्मा ने अपने लेख 'कहानीः परम्परा से रिश्ता और समकालीन दृष्टि' (आजकल मई 1995) में उन्हें हिन्दी दलित कथा का प्रमुख कथाकार माना है तथा उनकी कहानी 'भय' पर टिप्पणी करते हुए वे लिखते हैं कि–"ओमप्रकाश बाल्मीकि की 'भय' कहानी काबिले जिक्र है। यह कहानी वर्ण और वर्ग के अन्तर्विरोधों को बड़ी बारीकी से उद्घाटित कर देती है। यहाँ दलितों की समस्या का एक विशिष्ट आयाम मौजूद हैं। वह यह है कि एक ओर मझोले नौकरी पेशावर्ग की कृत्रिम सम्भ्रान्तता है। यह सम्भ्रान्तता की ग्रन्थि इतनी प्रबल हो जाती है कि व्यक्ति वर्ण को लेकर अतिरिक्त रूप से सजग हो जाता है और ऊँची जातियों से मिलने वाले अपमान के कारण वह अपनी वर्णगत पहचान को छुपाना चाहता है। इसका अर्थ यह भी नहीं कि वह वर्गीय पहचान से जुड़ना चाहता है बल्कि एक मिथ्या चेतना से मुक्त होकर वह दूसरी मिथ्या चेतना से जुड़ जाते हैं। दूसरी ओर अपनी जाति के रीति-रिवाज प्रेत की तरह उसके पीछे लगे रहते हैं। 'भय' कहानी का दिनेश इन्हीं अन्तर्विरोधों की गिरफ्त में कसमसाता रहता है। उसे माई मदारन की पूजा के लिए सूअर के बच्चे का ताजा मांस भी चाहिए और उसे इस बात का भय भी है कि कहीं पड़ोसी ब्राह्मण को उसकी जाति का पता न चल जाए। कथाकार की निरीक्षण क्षमता अद्भुत है, 'भय' के अतिरिक्त उनकी 'ग्रहण', बैल की खाल, कहाँ जाए सतीश, और कुचक्र, आदि दलित चेतना की अद्भुत कहानियाँ हैं, जो उनके 'सलाम' तथा 'घुसपैठिये' कहानी संग्रहों में संकलित हैं। 'सफाई देवता' भी उनका एक अन्य महत्त्वपूर्ण कथा संग्रह है। उनकी कहानियों पर टिप्पणी करते हुए प्रतिष्ठित दलित लेखक श्री कंवल भारती ने लिखा है कि "हालाँकि ओमप्रकाश वाल्मीकि को सबसे ज्यादा सफलता उनकी आत्मकथा 'जूठन' से मिली, पर सत्य यह है कि अनुभूतियों का सर्वाधिक विस्तार उनकी कहानियों में हुआ है। उन्होंने नयी कहानी के दौर में दलित कहानी की रचना करके नयी कहानी के अलम्बरदारों को यह बताया कि नयी कहानी में व्यक्ति की अपेक्षा समाज तो अस्तित्व में है पर दलित

समाज उसमें भी मौजूद नहीं है। 'सलाम', 'पच्चीस चौका डेढ़ सौ', 'रिहाई', 'सपना', 'बैल की खाल', 'गोहत्या', 'ग्रहण', 'जिनावर', 'अम्मा', 'खानाबदोश', 'कुचक्र', 'घुसपैठिये', 'प्रमोशन', 'हत्यारे', 'मैं ब्राह्मण नहीं हूँ' और 'कूड़ाघर' जैसी कहानियों ने यह बताया कि यथार्थ में नयी कहानी वह नहीं है जिसे राजेन्द्र यादव और कमलेश्वर लिख रहे थे बल्कि वह है जिसमें हाशिये का समाज अपने सवालों के साथ मौजूद है।" इसके अतिरिक्त हिन्दी दलित साहित्य के सौन्दर्य शास्त्र को स्पष्ट करने में उनकी पुस्तक 'दलित साहित्य का सौन्दर्य शास्त्र' ने महत्त्वपूर्ण भूमिका निभाई है।

यूँ तो श्री ओमप्रकाश वाल्मीकि को नाटकों में अभिनय, निर्देशन एवं लेखक के रूप में और भी दर्जनों पुरस्कार एवं समान मिल चुके हैं। भारतीय दलित साहित्य अकादमी, दिल्ली ने भी उन्हें 'डॉ. अम्बेडकर राष्ट्रीय पुरस्कार-1993' प्रदान किया और वे प्रथम हिन्दी दलित लेखक साहित्य सम्मेलन नागपुर के अध्यक्ष पद पर आसीन भी रहे। लेकिन 'परिवेश सम्मान-1995' एक महत्त्वपूर्ण सम्मान है, जो किसी लेखक को उसकी लेखकीय गुणवत्ता पर एक निर्णायक समिति की संस्तुति पर दिया जाता है। निर्णायक समिति में इस बार थे—सुप्रसिद्ध कथाकार काशीनाथ सिंह, प्रसिद्ध समीक्षक और 'परिवेश' के सम्पादक श्री मूलचन्द गौतम तथा कथाकार श्री महेश राही। श्री ओमप्रकाश वाल्मीकि को प्रदान किये जाने वाला यह सम्मान वस्तुतः उस साहित्यधारा का सम्मान है, जिसके लिए अनेक दलित साहित्यकार पूरी निष्ठा से अहिर्निश साहित्य सर्जन में संलग्न हैं। उनको दिए जाने वाला यह सम्मान हम सभी के लिए गौरव की बात है। इसके अतिरिक्त उन्हें, कथाक्रम सम्मान (2001), न्यू इंडिया बुक पुरस्कार (2004), 8वाँ विश्व हिन्दी सम्मेलन (2007), न्यूयार्क, अमेरिका सम्मान, साहित्य भूषण सम्मान (2008) से भी सम्मानित किया जा चुका है। शब्द की अग्नियात्रा के इस सजग शिल्पी का साहित्य दलित समाज को सदैव प्रेरणा देता रहेगा।

युयुत्सु पत्रकार : मोहनदास नैमिशराय

मोहनदास नैमिशराय का जन्म भारत के चेतना सम्पन्न नगर मेरठ में हुआ। जहाँ पर सबसे पहले मातादीन भंगी ने हिन्दू सैनिकों को ललकारा था कि तुम हमारे हाथ का पानी पीने से परहेज करते हो, लेकिन जो कारतूस तुम्हें चलाने के लिए दिए जाते हैं, उनमें गाय की चर्बी लगी रहती है। जिसे तुम लोगों को मुँह से खींचकर खोलना पड़ता है। इस ललकार के परिणामस्वरूप मंगल पाण्डे उठ खड़े हुए। यह घटना बताती है कि स्वतन्त्रता की चेतना और गुलामी से मुक्ति की ललक दलितों में सबसे पहले जगी और जिस धरती पर जगी वह मेरठ छावनी थी। वहीं पर मोहनदास नैमिशराय का जन्म हुआ। उन्हें उच्च शिक्षा का सुयोग भी मिला। वे चाहते तो अध्यापक, क्लर्क या अधिकारी बनकर अपना जीवन यापन आराम से कर सकते थे। लेकिन उन्होंने लेखन के कंटकाकीर्ण मार्ग को स्वेच्छा से चुना। अनेक कष्ट झेलते हुए भी वे इससे विमुख नहीं हुए। इसलिए मैं उन्हें एक जिद्दी दलित लेखक कहता हूँ। उनकी यह जिद्द जुनून की हद तक चली जाती है। झूठ से उसने कभी समझौता नहीं किया और सच कहने में उसने कभी लिहाज नहीं किया। चाहे वह कितना ही बड़ा आदमी क्यों न रहा हो, इस मामले में वह मित्रता और मुरब्बत का निर्वाह भी नहीं करते। वह भीतर और बाहर से एक समान हैं। वह जो कहते हैं डंके की चोट पर और जो करते हैं खुले आम। ये खुलापन और निर्भीकता उनके लेखन में भी झलकती है। यहाँ उनकी साहित्यिक उपलब्धियों का उल्लेख करना मेरा लक्ष्य नहीं है, क्योंकि यहाँ मैं उनकी पत्रकारिता पर ही बात करूँगा। लेकिन फिर भी हिन्दी दलित साहित्य के क्षेत्र में मोहनदास नैमिशराय ने वर्तमान युग की पहली आत्मकथा 'अपने-अपने पिंजरे' दी। जिसका ऐतिहासिक महत्त्व है। इसके अतिरिक्त उनका कहानी संग्रह 'आवाजें' तथा उपन्यास 'मुक्तिपर्व' दलित वेदना और अपने समय के सच को अभिव्यक्ति देने में नायाब कृतियों के रूप में रेखांकित की जाती है।

बतौर पत्रकार मोहनदास नैमिशराय ने अपना सफर मेरठ के एक साप्ताहिक पत्र

से प्रारम्भ किया और फिर दिल्ली जाकर उन्होंने जो लेख लिखे उन्हें भारतवर्ष के लगभग सभी बड़े पत्रों ने छापने का गौरव प्राप्त किया। ये उनकी कलम की धार का ही कमाल है कि उनके लेखों को एक ओर वामपंथी रुझान के अखबार जनसत्ता ने छापा वहीं दूसरी ओर धुर दक्षिणपंथी साप्ताहिक पत्र 'पांचजन्य' ने भी छापा। दलित चिन्तन के प्रखर प्रवक्ता नैमिशराय एक तरह से देखा जाए तो प्रकाशन निरपेक्ष पत्रकार हैं। जिनका मानना है कि मंच किसी का हो, बात हमारी होगी। इसलिए वे दलित हित में अपनी आवाज को किसी भी पत्र के माध्यम से जनता तक पहुँचाने में विश्वास रखते हैं। यूँ तो इस सच से इंकार करना सम्भव नहीं है कि आजादी के पचास-पचपन वर्षों में दलितों की स्थिति में परिवर्तन नहीं आया है लेकिन दलित और गैर-दलित बुद्धिजीवी भी इस बात से चिन्तित हैं कि यह परिवर्तन उतना नहीं हुआ है, जितना अपेक्षित था। आज भी दलित उत्पीड़न की घटनाएँ बराबर घट रही हैं। इसका कारण भारतीय राजनीति के दोहरे चरित्र में निहित है। क्योंकि जिन लोगों के हाथ में सत्ता के सूत्र हैं, उनकी मानसिक बनावट हिन्दूवादी ही है और वे दलितों को बराबर का हक यथार्थ के धरातल पर देना ही नहीं चाहते। वे केवल अपनी राजनीतिक मजबूरियों के कारण इस मुद्दे पर केवल भाषण ही करते हैं। इस तथ्य को रेखांकित करते हुए श्री मोहनदास नैमिशराय ने अपने लेख 'विकास प्रक्रिया में दलित' में स्वतन्त्रता दिवस पर राष्ट्रीय नेताओं द्वारा दिये गये भाषणों पर टिप्पणी करते हुए लिखा है कि—वैसे तो यह सब राजनीति के सिकन्दर दोहराते ही रहते हैं, लेकिन साल में दो दिन तो निश्चित है ही। इन दो दिनों के अलावा और भी बहुत सारे अनआफिसियली दिनों में भी सत्ता की लगाम थामे हुए लोग दलितों, भूमिहीनों, मजदूर, किसानों, बन्धुआ मजदूरों आदि के लिए कुछ न कुछ घोषणाएँ करते ही रहते हैं। विशेष रूप से जब कभी दलितों का कोई गाँव या कस्बा सामूहिक हत्याकाण्ड का पर्यटन स्थल बन जाता है। पर सच इन घोषणाओं से कोसों दूर है। आज भी देश के कई भागों में अधिकांश गाँव और कस्बों की मुख्य गलियों में दलित समाज का कोई व्यक्ति जूता पहनकर नहीं चल सकता। मन्दिरों में अभी भी प्रवेश नहीं, कई होटलों में भी उसे चाय नहीं दी जाती। नाई उसके बाल नहीं काटता। गाँव के सार्वजनिक कुँए से पानी नहीं भरने दिया जाता। दलित वर्ग का दूल्हा घोड़ी पर नहीं चढ़ सकता। रही सही कमी सूदखोर महाजन पूरी कर देता है। भूख और कंगाली के कारण लाखों लोग महानगरों की तरफ भागते हैं। जहाँ स्लम और फुटपाथ उनकी प्रतीक्षा करते हैं। वे जहाँ, तहाँ महानगर के हाशिए पर पसर जाते हैं। उत्तर प्रदेश का पूर्वांचल हो या बिहार का उत्तरांचल सभी स्थानों पर अधिकांश लोग भूख का भूगोल पढ़ने के लिए मजबूर हैं। आज भी बहुत से गाँव ढूँढ़ने पर ऐसे मिल जाएँगे, जहाँ पर सास और बहू एक ही साड़ी में गुजारा करती हैं।

देश में अभी भी ऐसे करोड़ों बच्चें मिल जाएँगे जो दूसरों की जूठन खाने को विवश हैं। वे कपड़ा पहनते हैं, तो दूसरों का उतरा हुआ। भूख कंगाली और गुलामी की स्थिति में वही बच्चे जब पलकर बड़े होते हैं, तब वे और भी अधिक गुलामों की भीड़ ही बढ़ाते हैं। (जनमोर्चा, दैनिक, फैजाबाद, 9 अगस्त 1994) पत्रकारिता में वैचारिक लेखन अपने आप में सबसे कठिन काम है। जिसमें न आकर्षण है और नहीं पैसा। इस काम को कोई भी पत्रकार अपनी वैचारिक प्रतिबद्धता के कारण ही करता है। मोहनदास नैमिशराय अपने दलित सरोकारों के कारण ही ये अग्रलेख लिखते रहे हैं। जिसके कारण वे दलित लेखकों में अग्रणी और सम्मानीय हो गये। लेखन में उनकी यह साधारण से असाधारण होने की यात्रा सचमुच बडी त्रासद और घटनापूर्ण रही है। इस यात्रा में चाहे जितनी भी त्रासदियाँ आयी हैं लेकिन नैमिशराय लड़खड़ाए नहीं और मजबूती से खड़े रहे। बल्कि हमारा तो ये विचार है कि पत्रकारिता का यह योद्धा जिन विषम परिस्थितियों में अपना अस्तित्व बनाये रख सका, कोई और होता तो मैदान छोड़कर भाग जाता, लेकिन दलित मिशन के लिए समर्पण उनका स्थायी भाव है। इसके लिए शिक्षा को जरूरी समझते हुए वे अपने लेख 'शिक्षा के अभाव में निर्बल होते जा रहे हैं दलित' में लिखते है कि—आज से लगभग एक सौ वर्ष पूर्व ज्योतिबा फुले ने लिखा था—विद्ये बिना मति गेले, मती बिना नीती गेली, नीती बिना गति गेली, मती बिना वित गेले, वित बिना शूद्र खचले, एवढे अनर्थ एका अविधैने केले।' (ज्ञान के अभाव में बुद्धि गयी, बुद्धि के अभाव में नीति गयी, नीति के अभाव में गतिशीलता खत्म हुई, गतिशीलता के अभाव में अर्थ की हानि हुई और अर्थ के अभाव में शूद्र निर्बल हो गये। इतना अधिक अनर्थ हुआ शिक्षा के अभाव में।) महात्मा फुले की इस प्रखर सामाजिक दृष्टि को बाबा साहब डॉ. अम्बेडकर ने पूर्णतः स्वीकार किया था। इसलिए शिक्षा के मूलमंत्र को पहचाना और दलित शोषित समाज के सर्वागीण विकास के लिए महत्त्वपूर्ण काम किया था। (पांचजन्य, 23 मार्च 1994, पृ. 97) लेकिन अम्बेडकर के बाद के दलित नेताओं ने दलितों में शिक्षा के प्रसार की मुहिम से अलग हटकर सत्ता की मलाई चाटने का काम किया। इस पर आक्रोश व्यक्त करते हुए मोहनदास नैमिशराय ने लिखा है कि 'दलित बुद्धिजीवी वर्ग में यह सवाल बार-बार उठता रहा है कि अधिकांश दलित नेताओं की शिक्षा के प्रति ऐसी उपेक्षापूर्ण स्थिति क्यों है? इस तरह के सवालों को लेकर देशभर में बहसें भी हुई हैं। कुछ साथियों का मानना है कि दलित नेताओं को शिक्षा मंत्रालय तथा शिक्षा कमेटी आदि में नहीं रखा जाता। इसलिए सम्बन्धित क्षेत्रों में उनकी वैसी भागीदारी नहीं हो पाती। वे कुछ करना चाहते हुए भी नहीं कर पाते। पर इस तरह के तर्कों में पूर्ण सच्चाई नहीं है। एक सीमा तक इसमें से कुछ बातें सही हो सकती हैं, पर आजादी के बाद कुछ शिक्षा

संस्थानों में दलितों का प्रवेश हुआ है। भले ही उस तरह के प्रवेश का प्रतिशत कम रहा हो। एक दो राज्यों में दलितों को शिक्षा मंत्री भी बनाया गया। विश्वविद्यालयों में कहीं-कहीं उपकुलपति के पद भी उन्हें दिये गये पर शिक्षा के क्षेत्र में स्वयं और सहज तरीके से आगे बढ़ने की भावना बहुत कम दलितों में देखी और महसूस की गयी।' (पांचजन्य, 23 जनवरी 1994, पृ. 98) दरअसल पत्रकारिता की यह पहली शर्त है कि पत्रकार के पास एक दृष्टि हो, एक दर्शन हो। जिससे वह अतीत, वर्तमान और भविष्य को देख सके। इसका तात्पर्य यह है कि पत्रकारिता का मतलब केवल किसी घटना का आँखों देखा हाल लिख देना भर नहीं है। जिसे पत्रकारिता की भाषा में रिपोर्टिंग कहा जाता है। दृष्टि सम्पन्न पत्रकार केवल घटित घटना को ही नहीं देखता बल्कि वह घटना क्यों घटी है और भविष्य में उसके क्या परिणाम निकलने की सम्भावना है या समाज के किसी मुख्तलिफ हिस्से पर उसका क्या प्रभाव पड़ेगा। इसका भी विश्लेषण करता है। मोहनदास नैमिशराय ने भारतीय दलित राजनीति में घटने वाली लगभग सभी घटनाओं का इस दृष्टि से विश्लेषण किया है। इस दृष्टि से यहाँ पर मैं उनके कुछ लेखों जैसे 'दलित कहाँ होंगे, भाजपा के हिन्दू राष्ट्र में' (नवभारत टाइम्स, दिल्ली, 10 मार्च 1990) 'दलित राजनीति के बदलते तेवर' (जनसत्ता, दिल्ली, 27 दिसम्बर 1993) 'शक्ति प्रदर्शन के सूत्रधारों का लक्ष्य' (राष्ट्रीय सहारा, दिल्ली, 9 नवम्बर 1998) का उल्लेख विशेषत: करना चाहता हूँ। अपने एक लेख 'दलित उत्पीड़न को राजनीति निरपेक्ष होकर देखिए' में मोहनदास नैमिशराय दलित उत्पीड़न की एक घटना का उल्लेख यूँ करते है—'25 सितम्बर 1989 को भोपा गाँव (मुजफ्फरनगर) के दलितों पर एक जाति विशेष के सैकड़ों लोगों के द्वारा घातक हमला किये जाने के परिणामस्वरूप ग्यारह दलितों को जान से हाथ धोना पड़ा था। यह हत्याकाण्ड, तत्कालीन उत्तर प्रदेश के गृह राज्यमंत्री सईदुज्जमा और महेन्द्र सिंह टिकैत के बीच पनपी आपसी रंजिश और राजनीतिक प्रतिस्पर्धा का नतीजा था। जिसमें दलित जाति के ही एक कार्यकर्ता जगपाल सिंह मिठारिया का इस्तेमाल किया गया था। उन्हें भारतीय मजदूर यूनियन का संयोजक भी बनाया गया था।' (दैनिक जागरण, मेरठ, 4 सितम्बर 1991) इस घटना पर टिप्पणी करते हुए उन्होंने लिखा है कि 'इस तरह सीधे-सीधे उक्त घटना अन्य घटनाओं की तरह जाति आधारित राजनीति की उपज थी। बाद में 1989 के अन्त में चुनाव भी हुए। लेकिन उन चुनावों के बाद किसी को भी इतनी फुर्सत नहीं मिली कि वे देखें कि भोपा काण्ड के दोषी लोगों को सजा मिली या नहीं।' (वही) इस प्रकरण पर अपना दृष्टिकोण मोहनदास नैमिशराय ने इस प्रकार प्रस्तुत किया है—'ऐसी परम्परा क्यों चली आ रही है कि एक विशेष सरकार के कार्यकाल में जब दलित उत्पीडन की कोई घटना होती है तो उस पार्टी के अधिकांश प्रतिनिधि

चुप रहते हैं। जब कि उसी घटना के बारे में विपक्ष पूरी तरह से सत्ता पक्ष पर हमला करने के लिए उठ खड़ा हो जाता है। लेकिन दलित उत्पीड़न की घटना को उठाने के पीछे का उद्देश्य राजनैतिक नफा-नुकसान तो नहीं होना चाहिए। हर एक उत्पीड़न के प्रति मानवीयता के नाते भी सजग होना चाहिए।' (वही) इस पूरे घटनाक्रम, उस पर अपनी टिप्पणी और उसका विश्लेषण करने के बाद नैमिशराय दलित उत्पीड़न कैसे रुक कर जो कार्य योजना प्रस्तुत करते है, वह काबिले गौर है। 'दलित उत्पीड़न को खत्म करने के सवाल पर बिना किसी राजनीतिक लाभ-हानि के राष्ट्रीय कार्यक्रम बनने चाहिए। साथ ही दलितों को समता दिलाने की जो लड़ाई अम्बेडकर और लोहिया के नेतृत्व में आरम्भ हुई थी, उसे जारी रखने का प्रयास भी सभी को मिलकर करना है। वह लड़ाई जाति, प्रांत, भाषा तथा पार्टी को लेकर अलग-अलग टुकड़ों में नहीं बँटनी चाहिए। आज दलित उत्पीड़न को रोकने के लिए साझी लड़ाई की जरूरत है।' (जागरण दैनिक, मेरठ, 4 दिसम्बर 1991) मोहनदास नैमिशराय ने दलित उत्पीड़न के खिलाफ अपनी कलम के जेहादी तेवर की निरन्तर प्रखर से प्रखरतर किया है। जिसकी चरम परिणति हम उनके द्वारा सम्पादित 'लोकायन' के 'दलित उत्पीड़न विशेषांक' में देख सकते हैं। उनके इस प्रयास की दूरदर्शिता और लोकप्रियता का अन्दाज हम इस बात से लगा सकते हैं कि आगे चलकर लाल बहादुर शास्त्री राष्ट्रीय प्रशासन अकादमी मन्सूरी की डॉ. अम्बेडकर पीठ ने अपनी अनियतकालीन पत्रिका का नाम ही 'दलित उत्पीड़न' रख लिया। यहीं नहीं उसमें छपने वाली सामग्री भी ठीक वैसी ही थी जैसी नैमिशराय जी ने 'लोकायन' में छापी थी।

मेरी दृष्टि में किसी दलित पत्रकार का जो अहम दायित्व है वह है अपने समय के राजनीतिक सच से दलितों को अवगत कराना है, क्योंकि मेरा मानना है कि मध्यकाल में जो भूमिका धर्म की थी, आज के समय में वही भूमिका राजनीति की है। उस समय धर्म तय करता था कि कौन क्या पेशा करेगा या किसे किस अपराध की सजा क्या मिलेगी। आज यही राजनीति तय करती है। आज इसका आधार आरक्षण है। जैसे पूर्व में धर्म ने दलित वर्ग को जातियों में बाँट दिया था। स्वतन्त्रता के पश्चात् डॉ. अम्बेडकर ने उन्हें 'अनुसूचित जाति' (जो एक सामूहिक संज्ञा थी) के रूप में जोड़ दिया था। इन पचास-पचपन वर्षों में वे एक-दूसरे से जुड़कर 'दलित' के रूप में एक राजनीतिक शक्ति बन गयी थी। जिसके कारण उत्तर प्रदेश और बिहार में दलित मुख्यमंत्री रहे और भारत का राष्ट्रपति भी दलित बना। आरक्षण के नाम पर अति दलित और अति पिछड़ों का विभाजन संयुक्त दलित शक्ति को तोड़ने का मनुवादी प्रयास नहीं, तो और क्या है? न्याय के धरातल पर हम देखे तो पाते हैं कि एक ही अपराध करने के बावजूद नरसिम्हाराव और सुखराम मौज

ले रहे है। क्योंकि वे ब्राह्मण हैं। उसी अपराध के लिए लालू प्रसाद यादव और जयललिता को गैर ब्राह्मण होने के कारण दुश्वारियों का सामना करना पड़ रहा है। इसलिए मैं कहता हूँ कि दलित पत्रकार का दायित्व बहुत महत्त्वपूर्ण है कि वह यह बता दें कि किस राजनीतिक पार्टी की दलित सन्दर्भो में क्या स्थिति है। मेरे विचार से मोहनदास नैमिशराय ने इस भूमिका का निर्वाह बहुत ही सफलतापूर्वक किया है। इस दृष्टि से उनका लेख 'दलित कहाँ होंगे भाजपा के हिन्दू राष्ट्र में' बहुत ही महत्त्वपूर्ण है। भाजपा नौवीं संसद से एक जोरदार विपक्ष के रूप में उभरी और फिर सत्ता में थी। नौवें आम चुनावों के नतीजों का विश्लेषण करते हुए मोहनदास नैमिशराय लिखते हैं कि "एक लम्बे अरसे से देश में रहने वाले करोड़ों दलितों को यह अहसास बार-बार कचोटता रहा है कि हिन्दू धर्म के ठेकेदार उन्हें अपने जैसा हिन्दू मानने के लिए तैयार नहीं हैं। आज दलित समाज के बुद्धिजीवी के मन में यह विचार बार-बार पनपता रहा है कि कैसा होगा भाजपा के हिन्दू राज्य का सपना।" हिन्दू राष्ट्र बनने के बाद साम्प्रदायिक दंगे नहीं होंगे, पर भाजपा की कुछ नीति ऐसी है, जो समझ से बाहर हैं या एक-दूसरे की विरोधी है। धर्म परिवर्तन पर वह रोक लगाने की नीति में विश्वास करती है। धर्म परिवर्तन पर आर.एस.एस. से लेकर विश्व हिन्दू परिषद तक वैसे तो सभी शोर मचाते हैं लेकिन आदिवासियों का शोषण करने वालों को कोई कुछ नहीं कहता। पुरी के शंकराचार्य द्वारा दलितों के मन्दिर प्रवेश को लेकर क्या कुछ नहीं कहा गया। लेकिन भाजपा की ओर से पुरी के शंकराचार्य की खुली भर्त्सना नहीं की गयी। पंजाब और कश्मीर में हुई हिन्दुओं की हत्या को लेकर भाजपा ने बहुत कुछ कहाँ पूरे देश में सवर्णो द्वारा दलितों की हत्याएँ लगातार हुई, पर भाजपा एक शब्द भी बोलना ठीक नहीं समझती। इसी लेख में भाजपा की कथनी और करनी पर अनेक प्रश्नचिन्ह लगाकर नैमिशराय ने उसे पूरी तरह दलित विरोधी प्रमाणित कर दिया है। वे लिखते है कि "सत्ता में आने से लेकर सत्ता का उपयोग करने के बीच क्या दलितों को न्याय मिल सकेगा? भाजपा के सामने दलितों की ओर से आज अनेक प्रश्न खड़े किये जा रहे है। मसलन कोई दलित शंकराचार्य क्यों नहीं बनता? मन्दिरों में दलित पुजारी क्यों नहीं होता? आर. एस.एस. से लेकर भाजपा के भीतरी संगठन में दलित का प्रवेश अभी भी वर्जित क्यों हैं? दलित इस देश का प्रधानमंत्री क्यों नहीं बन सकता? उस पर अभी भी अत्याचार क्यों होते हैं? आदि आदि। ऐसे ही कुछ और भी सवाल हैं जो दलितों के मन को बींधते, कचोटते रहते हैं। पर उनका उत्तर उन्हें नहीं मिल पाता। क्या हिन्दू राष्ट्र का सपना देखने वाले भाजपाई उन्हें इन सवालों के जवाब दे पाएँगें या हिन्दू राष्ट्र के बनने पर देश में शम्बूक ऋषि का वध और एकलव्य के अँगूठा काटे जाने की परम्पराएँ पुनः लौट आयेगी? देश भाजपा नेताओं से उत्तर चाहता है। उसकी

कथनी से भी और करनी से भी।'' (नवभारत टाइम्स, दिल्ली, 10 मार्च 1990) दलित उत्पीड़न और इससे मुक्ति तथा दलित राजनीति मोहनदास नैमिशराय की पत्रकारिता के मुख्य सरोकार रहे हैं। दलित राजनीति जब शेष लोगों के प्रति असहिष्णु होने लगी और उसने सार्वजनिक रूप से कड़ुवाहट भरी भाषा का प्रयोग करना प्रारम्भ कर दिया, तो इस स्थिति के विश्लेषण में मोहनदास नैमिशराय का आक्रोश देखते ही बनता है, जो दलित राजनीतिज्ञों के लिए सलाह भी है। वे अपने लेख 'दलित राजनीति के बदलते तेवर' में लिखते हैं कि "लेकिन आजादी के बाद के दशक में जिस दलित राजनीति का उद्भव और विकास हुआ। उसमें राजनीतिक सत्ता पर कब्जा करने के सवाल को पहले स्थान पर रखा गया। अन्य सभी सवाल पीछे रहे। यानी ज्योतिबा फुले और डॉ. अम्बेडकर के विचार के बिल्कुल उलट संस्कृति का विकास हुआ। जो विचारधारा बाद के दिनों में और भी मजबूत होती हुई देखी और महसूस की गयी। बिना किसी घोषणापत्र के चुनाव लड़ी बसपा के अध्यक्ष का कहना था कि अब तक शोषण में लगे लोगों को राजनीतिक सत्ता से बेदखल करना ही उनका मकसद था। यूँ उन्हें उनके मकसद में सफलता भी मिल गयी है। यानि उत्तर प्रदेश में बसपा सत्ता पर काबिज हो गयी। भले ही सपा, जनता दल और कांग्रेस की मदद से सरकार बनी, पर इसके बाद क्या? यह सवाल अधिक महत्त्वपूर्ण है। क्योंकि इसी सवाल के धरातल से सामाजिक परिवर्तन की कोपले फूटेंगी। पर यह याद रखना ही चाहिए कि सामाजिक क्रांति या सामाजिक परिवर्तन पानी की सतह पर वैसे बुलबुले कतई नहीं हैं, जिन्हें किसी बर्तन में जरा सी आँच दिखलाकर उनके रूप और स्वरूप में परिवर्तन कर दिया जाए। सामाजिक परिवर्तन की प्रक्रिया न नारों से बनती है और न किसी व्यक्ति, जाति या धर्म के बारे में कटु बोलने से। कड़ुवाहट से मुक्ति के बाद ही उसका सृजन होता है। वह स्थिति दलित राजनीति के भीतर कमजोर होती जा रही है। उसमें सृजन के कम और ध्वंस के अधिक विचार पनप रहे हैं। चन्द दलित राजनीतिज्ञों के अपने बनाए हुए प्रतिमान समूचे दलित समाज के मूल्यों पर हावी हुए हैं। जिससे दलित राजनीति स्वयं तो भ्रमित हुई ही साथ ही भारतीय समाज के बीच झंझावात पैदा करने में भी उसने महत्वपूर्ण भूमिका निभाई है।" (जनसत्ता, दिल्ली, 27 दिसम्बर 1993) इस सम्पूर्ण लेख में दलित राजनीति के उत्थान-पतन का इतिहास प्रस्तुत करते हुए जिस तरह नैमिशराय उसके भविष्य की रूपरेखा प्रस्तुत करते हैं। उससे उनके चिन्तन की गहराई स्पष्ट होती है। यह गहराई उन्हें यूँ ही उपलब्ध नहीं हो गयी। इसके लिए उन्हें देश भर में लम्बी-लम्बी यात्राएँ करनी पड़ीं। कितने ही तरह के लोगों से बार-बार मिलना पड़ा। इसके सबूत के तौर पर मैं उनके दो लेखों का उल्लेख करना उपयुक्त समझता हूँ। ये हैं—'बोध गया आज' तथा 'बेटियों और देवदासियों के बीच

एक दिन।' अपने पहले लेख में मोहनदास नैमिशराय बोध गया के आसपास धूमकर और वहाँ मन्दिर के टूरिस्टों आदि से मिलकर उसके आसपास रह रहे दलित और आदिवासियों की स्थिति का जो सर्वेक्षण प्रस्तुत करते हैं, वह दिल दहला देने वाला है। उनका निष्कर्ष आप भी देखें—"कैसी दु:खदायी स्थिति है कि जिस स्थान पर गौतमबुद्ध को ज्ञान प्राप्त हुआ था, वहीं अब ज्ञान का स्रोत्र रुकता सा जा रहा है। शिक्षा की ओर लोगों का आकर्षण कम होता जा रहा है। इसलिए कि व्यवसाय प्रवृत्ति का दबाव बढ़ता जा रहा है। बिहार में स्थिति जैसी दयनीय है, उससे ही मिलती-जुलती यहाँ पर भी है। मन्दिरों की चमक दमक तथा विदेशी पर्यटकों के आगमन से सभी का पेट भरता है। वह सब तो कुछ ही हाथों में सीमित हो गया है। ज्ञान साधना केन्द्रों से लेकर आध्यात्मिकता के अनेक पहलुओं तक। बोध गया में पिछली एक शताब्दी पुनर्जागरण की स्थिति में थी। आज का बोध गया तो विभिन्न देशों की मिलीजुली संस्कृतियों से जूझ रहा है। निश्चित ही इसे हम संक्रांति काल भी कह सकते हैं। जब प्राचीन मूल्यों के स्थान पर नये मूल्य जुड़े रहे हों और बोध गया की अपनी पहचान लुप्त होती जा रही हो। इसी सक्रांति काल के किसी भी बिन्दु से हमें गुम हुए उसी पुराने बोध गया की तलाश करनी होगी, जहाँ से नये सिरे से और नयी दिशाओं में मानव-मानव के बीच आये फासले को कम किया जा सके। उसी स्थिति में बोध गया की सार्थकता भी सिद्ध होगी।" (साप्ताहिक हिन्दुस्तान, 17 मई, 1992, पृ. 35) देवदासियों का धर्म के नाम पर यौन शोषण तथा उनके साथ की गयी क्रूरता किसी से छिपी नहीं है लेकिन अधिकांश लेखकों के लिए यह एक किताबी सच्चाई ही है। जिसको पास जाकर देखने का साहस और उपक्रम कम ही लोग कर पाते हैं। सच तो यह है कि ये देवदासियाँ अधिकांश दलित परिवारों से ही आती हैं। इसलिए भी नैमिशराय की तड़फ और बेकरारी उनसे मिलकर और उनकी वास्तविक पीड़ा को जानकर ही शान्त हो सकती थी। देखिए यह युयुत्सु पत्रकार कितना कष्ट उठाकर आंध्रप्रदेश स्थित सोनदत्ती में यलम्मा देवी के मन्दिर तक पहुँचता है। इस कष्टपूर्ण यात्रा का विवरण नैमिशराय कुछ इस प्रकार प्रस्तुत करते हैं—"भरी दोहपरी, बेलगाम का बस अड्डा। चारों तरफ कोलाहल, अव्यवस्था, भागते-दौड़ते स्त्री-पुरूष, उनके पीछे बच्चे। समूचे भारत में बस अड्डों की लगभग एक जैसी स्थिति होती है। फर्क होता है तो केवल भाषा का। हमें भी सोनदत्ती स्थित यलम्मा देवी तक पहुँचना था। बरसों से मेरे भीतर देवदासियों की देवी यलम्मा के मन्दिर को देखने की जिज्ञासा थी। यलम्मा तो एक बहाना था, असल में देवदासियों की व्यथा कथा को कई बार पढ़ा था। स्वयं मैंने भी लिखा था। पर अक्षरों के भीतर कहीं आँच महसूस की थी। उसी आँच को करीब से देखना चाहता था। विराट संस्कृति के पोषक क्या ऐसा भी कर सकते हैं। बिना देखे

विश्वास न होता था। उनकी क्रूरता दूरदर्शन के स्क्रीन पर भी कई बार देखी थी। स्वयं देवदासियों के कातर स्वर कानों में पड़े थे। मन भीतर से उद्वेलित हुए बिना नहीं रह सका था। कई बार सोनदत्ती आने की योजना बनी, पर इतनी लम्बी दूरी तय नहीं कर सका। इस बार की योजना के पीछे दृढ़ निश्चय था, इसलिए यहाँ तक आ गया। बस अड्डे पर खड़े हमें लगभग एक घण्टा हो गया था। लम्बी प्रतीक्षा के बाद सोनदत्ती की बस आ गयी थी...लगभग तीन घण्टे बाद हम सोनदत्ती पहुँच गये। चार बजने को थे, यहाँ से आगे यलम्मा देवी की पहाड़ी पर जाना था।" (समाज कल्याण, मासिक, दिल्ली अगस्त-2001, पृ. 15-16)

कुल मिलाकर श्री मोहनदास नैमिशराय के साहित्यिक और पत्रकारिता सम्बन्धी सरोकारों पर उनके लेखों के माध्यम से विचार कर हम इस निष्कर्ष पर पहुँचते है कि नैमिशराय केवल दलित सन्दर्भों में ही नहीं, बल्कि राष्ट्रीय सन्दर्भों में भी एक बहुत ही जरूरी और बड़ा नाम है। जिसकी प्रतिभा का लाभ दलित साहित्य, संस्कृति और समाज के उत्थान को मिला। यह हम सबके लिए गौरव की बात हैं। हम कामना करते है कि इनकी रचनात्मकता चिरायु हो।

आचार्य पृथ्वी सिंह आजाद : जीवन के कुछ अछूते पहलू

जहाँ तक आचार्य पृथ्वी सिंह आजाद के जीवन का प्रश्न है उनका जन्म 9 अगस्त, 1905 को जिला रोपड़ की खरड तहसील के ग्रा. बड़ाला नवाशहर में हुआ था। उन्होंने क्रिश्चियन हाई स्कूल खरड में मैट्रिक स्तर तक की शिक्षा प्राप्त की, उनकी राजनीतिक गतिविधियों के कारण उन्हें महेन्द्रा कालिज पटियाला में प्रवेश नहीं मिल सका। वे 1928 में सार्वजनिक सेवा के क्षेत्र में कूद पड़े। उन्होंने हरिजनों, श्रमिकों व पिछड़े वर्गों के आर्थिक व राजनीतिक कल्याण के लिए कार्य किया। 1928 में अखिल भारतीय कांग्रेस कमेटी सदस्य रहे। स्वतन्त्रता आन्दोलन के दौरान वे कई बार जेल गये। वे 1942 से 1945 तक तथा 1952 से 1965 तक पंजाब दलितवर्ग संघ के अध्यक्ष रहे। 1962 से 1968 तक पंजाब खादी बोर्ड के अध्यक्ष भी रहे। वे राज्य सिटीजन कौंसिल, हरिजन कल्याण के सलाहकार बोर्ड के सदस्य भी थे। वे श्री गुरु गोविन्द सिंह फाउंडेशन तथा अखिल भारतीय राष्ट्रीय एकता परिषद के सदस्य थे। वह 1946 में पंजाब विधान सभा के लिए चुने गये तथा 1947 से 1951 तक मंत्री रहे। वे भारतीय संविधान सभा के सदस्य भी थे।

आचार्य पृथ्वीसिंह आजाद एक स्वतन्त्रता सेनानी थे, नेता थे, श्री गोपीचन्द भार्गव के मंत्रिमण्डल में मंत्री थे। उन्होंने स्वतन्त्रता आन्दोलन के दौरान जेल यातनाएँ सही थीं। यह कुल मिलाकर उनकी राजनीतिक छवि को तो जन मानस पर अंकित करता है। लेकिन उनके जीवन का एक अछूता पहलू यह भी है कि वह एक निष्ठावान साहित्यकार तथा अन्वेषी समीक्षक भी थे। इस ओर शायद ही किसी का ध्यान गया हो।

रैदास–साहित्य अपनी सृजना के आदि से लेकर अब तक आलोचकों की उपेक्षा का शिकार रहा है। यदि आचार्य पृथ्वीसिंह 'आजाद' उसके अन्वेषण–अनुसन्धान में प्रवृत्त नहीं होते तो सम्भव है रैदास का कृतिव अधिकांश लोगों के लिए अनजाना ही रह जाता। उन्होंने सर्वप्रथम 'रविदास दर्शन' नामक पुस्तक सम्पादित की जिसमें रैदास के जीवन और कृतित्व का विस्तृत अध्ययन, विश्लेषण प्रस्तुत किया। लेकिन उन्हें लगा कि यह काम पर्याप्त नहीं है। इस सबको विद्वानों को भी जानना चाहिए। उनके प्रयास

से रैदास–साहित्य पर पंजाब विश्वविद्यालय में विचार–गोष्ठी का आयोजन किया गया जिसमें देश–भर के महत्त्वपूर्ण विद्वानों ने भाग लिया। यह आचार्य जी के प्रभाव का ही परिणाम था कि हरियाणा के तत्कालीन राज्यपाल श्री जी.डी. तपासे ने इस संगोष्ठी की रिपोर्ट प्रकाशित करने के लिए दस हजार रुपये दिये। आचार्य जी के सम्पादन में यह रिपोर्ट 'युग–प्रवर्तक सन्त गुरु रविदास' शीर्षक से प्रकाशित हुई जिससे रैदास साहित्य को जानने समझने और रैदास के प्रति श्रद्धा रखने वाले लोगों को आश्चर्य हुआ कि शताब्दियों के बाद रैदास–काव्य पर भी कुछ बुद्धिजीवी विचार कर सकते हैं। इसके अतिरिक्त आचार्य जी ने 'गुरु रविदास' नामक कृति का प्रणयन किया जिसे राष्ट्रीय चरित्र माला के अन्तर्गत 'नेशनल बुक ट्रस्ट' दिल्ली ने प्रकाशित किया। इसमें रैदास के जीवन के साथ ही रैदास–काव्य को भी उन्होंने प्रस्तुत किया है। आचार्य जी की बड़ी इच्छा थी कि सन्त गुरु रविदास का जीवन–वृत्त देववाणी संस्कृत में भी लिखा जाये। इस मन्तव्य को उन्होंने विश्वेश्वरानन्द विश्वबन्धु एवं भारत–भारती अनुशीलन संस्थान, होशियारपुर में कार्यरत डा. शिवप्रसाद भारद्वाज जी से कहा जिन्होंने 'श्री गुरु रविदास शतकम्' नाम से रैदास का जीवन–चरित्र संस्कृत में लिखा और आचार्य जी ने इसका हिन्दी भाष्य कर अपनी उनासीवीं वर्षगाँठ पर प्रकाशित कर रैदास–भक्तों को समर्पित किया।

मुझे अपने शोध 'रैदास–काव्य का पाठालोचन एवं समीक्षात्मक अध्ययन' के सम्बन्ध में आचार्य जी से बहुत बार मिलना पड़ा। मैं जब–जब भी उनसे मिला, रैदास–साहित्य पर उनके अध्ययन और विश्लेषण पर मुग्ध हो गया। अन्तिम बार उनसे मेरी भेंट 11 अक्टूबर, 1985 को उनके खरड स्थित निवास पर हुई। आचार्य जी बहुत बीमार नजर आ रहे थे तथा एक दो दिन पूर्व ही हरिद्वार से दवाई लेकर लौटे थे। डाक्टर ने ज्यादा बोलने से मना कर रखा था। बार–बार पत्नी द्वारा न बोलने की हिदायत देने के बावजूद वह लगभग आध–पौन घण्टे मुझसे बातें करते रहे। उन्होंने मुझे बताया कि उनका एक ग्रन्थ तैयार है, जिसका सम्पादन मैं स्वास्थ्य खराब होने के कारण नहीं कर पा रहा हूँ। उन्होंने मुझे डॉ. धर्मपाल सिंह, अध्यक्ष रैदास पीठ, पंजाब विश्वविद्यालय चण्डीगढ़ के नाम एक पत्र दिया जिसमें लिखा था– "डा. धर्मपाल जी, नमस्ते! मैं आपके पास डॉ. एन. सिंह को भेज रहा हूँ। यह डी. लिट्. कर रहे हैं। मेरा स्वास्थ्य ठीक नहीं है। मैं इनकी अधिक सहायता नहीं कर सकता। आपको तो शायद अन्तिम दर्शन का भी समय न मिले।" किसे पता था कि ठीक दो माह बाद इसी तिथि को मुझे अखबार द्वारा आचार्य जी के निधन की खबर मिलेगी और मैं भी उनका अन्तिम दर्शन नहीं कर पाऊँगा। हाय! हन्त!!

आचार्य पृथ्वी सिंह आजाद जितने बड़े राजनीतिज्ञ थे, उतने ही बड़े सत्यवादी समीक्षक और इससे भी बढ़कर वह एक अच्छे इन्सान थे। हिन्दी साहित्य ने रैदास–साहित्य का एक अनन्य उपासक और अधिकारी विद्वान खो दिया। काश! हम उनके अधूरे कार्य को पूरा कर पाते।

डॉ. अम्बेडकर की चिन्तन परम्परा के इतिहासज्ञ डॉ. अवन्तिका प्रसाद 'मरमट'

डॉ. अवन्तिका प्रसाद 'मरमट' का स्मरण आते ही एक ऐसे सहज, सरल व्यक्ति की छवि हमारे मानस पर उभर आती है, जो जितना सरल है, उतना ही कर्मठ भी। जो जितना सहज है, तो उतना ही राजनीतिक दाँवपेचों का माहिर भी। उन्होंने अपने सतत अध्ययन और शोधवृत्ति से दलित स्वाभिमान को जाग्रत करने का एक अनूठा कार्य किया है। जिसने उन्हें डॉ. अम्बेडकर की चिन्तन परम्परा का इतिहासज्ञ विद्वान स्थापित किया है। आज तक दलित उत्पीड़न की जितनी भी घटनाएँ हुई हैं, उनके पीछे एक ही कारण रहा है—हिन्दू धर्म की वर्ण व्यवस्था। जिसके कारण दलितों को यही पाठ पढ़ाया गया है कि तुम्हें भगवान ने दलित ही बनाया है। अतः तुम दलित होकर ही जीवित रहोगे और दलित होकर ही मरोगे। यह पूरा समाज भारत की एक अरब आबादी में 28 करोड़ के लगभग है। इतनी आबादी किसी एक जाति की भारत में नहीं है। लेकिन इतना बड़ा जन समुदाय कुछ लोगों की अनैतिक नीतियों के कारण उत्पीड़ित होता रहा है, हो रहा है और अभी आगे कब तक होता रहेगा, कुछ कहा नहीं जा सकता। इस पूरे वर्ग के सम्मान की लड़ाई की वैसे तो एक पूरी परम्परा रही है। जो नाथों, सिद्धों, बौद्धों से होती हुई, सन्तों तक आयी और फिर फुले, पेरियार से होती हुई डॉ. अम्बेडकर तक आयी। लेकिन इस दलित स्वाभिमान की लड़ाई को जिस व्यक्ति ने सैद्धान्तिक और जमीनी स्तर पर लड़ा, उसे हम डॉ. अम्बेडकर के नाम से जानते हैं। जिन्होंने दलित स्वाभिमान की लड़ाई को व्यावहारिक स्तर पर लड़कर दलितों को राजनीतिक पदों और सरकारी सेवाओं में आरक्षण दिलाया तथा सैद्धान्तिक धरातल पर 'अछूत कौन और कैसे?' तथा 'शूद्रों की खोज' जैसी पुस्तकों की रचना करके बताया कि दलित वस्तुतः भारत की मूल निवासी जातियाँ हैं, जिन्होंने लम्बे समय तक यहाँ पर राज्य किया है। उन्होंने वेदों का अध्ययन कर बताया कि यहाँ के आदिवासी राजाओं में दस्यु, दास, असुर, राक्षस, नाग आदि जातियों के अनेक राजा हुए हैं। जिनके पास असंख्य अजेय पुरियाँ थीं। आर्यो के सेनापति इन्द्र ने इस असुर राजाओं की अनेक पुरियों का

विध्वंस किया था। इसलिए इन्द्र का एक नाम पुरन्दर (पुरियों का विध्वंस करने वाला) भी है। कुल मिलाकर उनके इस विवेचन-विश्लेषण का लबोलुआब यह है कि भारत की दलित जातियाँ यहाँ की प्राचीन शासक जातियाँ हैं। जैसा कि नियम है, जो युद्ध में जीतता है, वह राजा तथा जो हारता है, वह डाकू। इन जातियों में जिन जातियों ने जितनी देर तक संघर्ष किया, उन्हें उतने ही घृणित पेशे करने पर बाध्य किया गया। जिन्होंने हार मान ली और समर्पण कर दिया उन्हें कम घृणित पेशे सौंपे गये। इन्हीं जातियों को वर्तमान में पिछड़ी जातियाँ कहा जाता है। दलित जातियों में सबसे अधिक देर तक संघर्ष 'चमार' और 'भंगी' जातियों ने किया। जिन्हें आर्यों ने प्रतिशोध लेने के लिए पूरी तरह 'अछूत' बनाकर दुनियां के सबसे गन्दे पेशे (मरे हुए जानवरों की खाल निकालना) करने पर विवश कर दिया। आर्यों के अत्याचार की इन्तहा यहीं तक नहीं रही, उन्होंने 'भंगी' समाज को मैला उठाने का घृणित कार्य करने पर विवश किया।

इन तथ्यों पर यहाँ प्रकाश डालने से मेरा अभिप्राय सिर्फ इतना है कि इतिहास लेखन की जिस परम्परा को डॉ. अम्बेडकर ने प्रारम्भ किया था, उसे हमारे समय में डॉ. मरमट ने अपनी शोधवृत्तियों से आगे बढ़ाया है। उनके चिन्तन को हम दो धरातलों पर देख सकते हैं। एक—वर्ण व्यवस्था का अध्ययन प्रस्तुत कर उसके उत्स पर चोट करना और दो—भारत की समस्त दलित जातियों का सम्बन्ध नाग राजवंशों से जोड़कर उनके अतीत गौरव की याद दिलाकर अपने प्राचीन वैभव को पुनः प्राप्त करने के लिए संघर्षशील होने की प्रेरणा देना।

पहले हम डॉ. अवन्तिका प्रसाद 'मरमट' के वर्ण व्यवस्था सम्बन्धी विवेचन और निष्कर्षों पर ही दृष्टिपात करते हैं। इस सम्बन्ध में उनकी पुस्तक 'वर्ण व्यवस्था और दलित समस्याएँ' हमारी बड़ी मदद करती हैं। इस पुस्तक में उनके नौ लेख संगृहीत हैं। ये लेख हैं—सामाजिक व्यवस्था में सवर्ण और अवर्ण, वर्ण व्यवस्था और दलितोत्थान के सन्दर्भ में महात्मा गाँधी के विचार, हिन्दू सामाजिक संरचना और डॉ. भीमराव अम्बेडकर, हिन्दू धर्म और संस्कृति से दलितों को क्या मिला, भारतीय प्राचीन संस्कृति और दलित साहित्य, बौद्धमत में वर्ण व्यवस्था का परिवर्तित स्वरूप, सन्त कबीर और बुद्ध के विचारों में अद्भुत साम्यता, वर्ण व्यवस्था : एक विवेचनात्मक अध्ययन और डॉ. भीमराव अम्बेडकर द्वारा प्रवर्तित नवबौद्ध दर्शन। वर्ण व्यवस्था पर विचार करते हुए स्वयं डॉ. अवन्तिका प्रसाद 'मरमट' जी ने इस पुस्तक की भूमिका में लिखा है कि—"चौथे वर्ण शूद्र के पतन की शुरूआत धार्मिक संस्कारों के निषेध से हुई। बाद में उन्हें शिक्षा से धन धान्य से वंचित किया गया और योजनाबद्ध रूप से रोजी रोटी के लिए उन्हें मोहताज किया गया। यहीं नहीं उन्हें घृणित धंधे करने हेतु मजबूर किया गया और हिन्दू धर्मावलम्बी होते हुए भी उनकी छाया से परहेज किया। इतने सारे जुल्मों को सहने के बाद भी दलितों ने धैर्य नहीं

खोया।" इस पुस्तक में वर्ण व्यवस्था के वैदिक उत्स से लेकर मनुस्मृति तक लगभग समस्त ऐतिहासिक और वर्तमान स्थितियों का विवेचन किया गया है। लेकिन इस पुस्तक की सबसे बड़ी विशेषता यह है कि कांग्रेस पार्टी के सक्रिय कार्यकर्ता और विधायक होते हुए भी डॉ. मरमट लिखते हैं कि "गाँधी जी की यह भी मान्यता है कि वर्ण का बंटवारा मनुष्य की बनायी गयी योजना नहीं है, इसकी जड़ तो कुदरत या ईश्वर के कानून में है। वर्ण व्यवस्था के साथ गाँधी जी के विचार 'वर्ण धर्म' के बारे में भी स्पष्ट हैं। उनके मत में वर्ण धर्म में सभी को अपना-अपना काम धर्म समझकर करना चाहिए। चारों वर्णो को अपने-अपने धर्म (कर्तव्य) में लगे रहना चाहिए। वे इस वर्ण धर्म की व्यवस्था को इतना असरदायक समझते हैं कि उनके मत में सारी दुनियाँ के समझदार लोगों के लिए यह व्यवस्था लागू हो सकती है।" सम्भवत: गाँधी जी के इन विचारों को मान्य करते हुए ही श्री आनन्द कुमार शास्त्री ने यह लिखने की हिम्मत (हिमाकत) की है कि "घोडा कभी गाय नहीं बन सकता और गाय घोड़ा नहीं बन सकती, काली गाय को लाखों बार पवित्र गंगा में साबुन लगाकर नहलाने पर सफेद नहीं हो सकती, ठीक उसी प्रकार हजारों कोशिश करने के बाद भी जो चमार है, भंगी है, वह बाद में भी चमार ही रहेगा, भंगी ही रहेगा।" इस विवेचन से स्पष्ट समझा जा सकता है कि गाँधी किसी भी सूरत में दलितों की वर्ण व्यवस्था से मुक्ति नहीं चाहते थे। बल्कि उन्हें कुछ धार्मिक रियायतें देकर उन्हें हिन्दू धर्म में ही बनाये रखना चाहते थे, ताकि हिन्दू अल्पसंख्यक न हो जाएँ। इस तथ्य पर प्रकाश डालते हुए डॉ. मरमट लिखते हैं कि "महात्मा गाँधी को आभास हो गया था कि अगर हिन्दुओं ने अछूतों के साथ बुरा सलूक जारी रखा तो इसमें शक नहीं है कि आखिर हिन्दू धर्म मिटकर ही रहेगा।" डॉ. मरमट की पार्टी और गाँधीवादी विचारधारा के साथ प्रतिबद्धता के बावजूद गाँधी पर ऐसी बेबाक टिप्पणी डॉ. मरमट को एक सजग इतिहासकार घोषित करती है। इस सम्पूर्ण व्यवस्था पर अपने चिन्तन का निष्कर्ष वर्तमान सन्दर्भो में वे इस प्रकार प्रस्तुत करते है—"वर्तमान परिप्रेक्ष्य में अवर्ण समाज को सामाजिक, धार्मिक एवं राजनैतिक क्षेत्र में अपनी एक मत सोच बनानी होगी, ताकि सवर्ण समाज को उसकी हठधर्मिता का अहसास दिलाया जा सके। इसके साथ-साथ उसे अपने ही समाज में बौद्धिक और वैचारिक क्रांति के माध्यम से आपसी एकता भी स्थापित करनी चाहिए।" कुल मिलाकर शिक्षा, संगठन और संघर्ष का रास्ता ही दलितों को हिन्दू धर्म की दासता से मुक्ति दिला सकता है। डॉ. मरमट के वर्ण व्यवस्था सम्बन्धी विचारों पर इस पुस्तक को आद्योपांत पढ़ने के बाद हिन्दी के वरिष्ठ दलित साहित्यकार डॉ. जयप्रकाश कर्दम ने ठीक ही लिखा है—"मरमट जी की दृष्टि में दलितों की प्रमुख समस्या सामाजिक, आर्थिक, असमानता, अन्याय और उत्पीड़न की है, और इन समस्याओं का मूल वर्ण व्यवस्था में है। जब तक वर्ण व्यवस्था रहेगी दलित हिन्दू

धर्म व्यवस्था का अंश बने रहेंगे, वे इन समस्याओं से ग्रस्त रहेंगे। अर्थात दलितों की मुक्ति तथा सम्मान और स्वाभिमान की उनकी आकांक्षा वेद तथा वर्ण व्यवस्था का पोषण या समर्थन करने वाले तथाकथित धर्म ग्रन्थों से मुक्ति में ही सम्भव है और इसके दो ही रास्ते हैं या तो दलित एकजुट होकर वर्ण व्यवस्था के खिलाफ खुला विद्रोह करें या फिर हिन्दू धर्म से अपना सम्बन्ध बिल्कुल तोड़ दें।" मैं डॉ. कर्दम के इस मत से शत-प्रतिशत सहमत हूँ।

डॉ. अवन्तिका प्रसाद मरमट जी का दलित समाज और दलित साहित्य को दूसरा महत्त्वपूर्ण अवदान है—भारत की समस्त दलित जातियों को नाग राजवंशों से जोड़ना। इस सन्दर्भ में उनकी वेद कालीन नाग जातियों, राजाओं तथा संस्कृति की खोज, नागवंशीय शोध, आलेख, नाग संस्कृति कोश के अतिरिक्त नाग संस्कृति आदि महत्त्वपूर्ण कृतियाँ हैं। इस सिलसिले में ध्यान देने की बात यह है कि एक ही मुद्दे पर इतनी सारी पुस्तकों की रचना करना कोई आसान काम नहीं है। जो निश्चय ही डॉ. मरमट को एक गम्भीर अध्येता और धैर्यवान शोधकर्ता प्रमाणित तो करता ही है साथ ही उनकी निष्ठा और प्रतिबद्धता को भी रेखांकित करता है। उनकी इस पुस्तक पर टिप्पणी करते हुए हरियाणा के महामहिम राज्यपाल बाबू परमानन्द जी ने लिखा है कि—"उन्होंने इस पुस्तक के माध्यम से नाग संस्कृति की प्राचीनता, व्यापकता, सामाजिकता व सांस्कृतिक परम्पराएँ, आदिवासी जातियों की उत्पत्ति, मिथक तथा गोत्रों में नाग प्रतीकवाद, भारत में नाग पूजा के स्वरूप, नागवंशी/महार, नागमाता, मनसा, ग्रामीण परिवेश में नाग संस्कृति, वृक्ष पूजा और नागों से संघर्ष, सर्प देवता 'इया' की बेबीलोनिया से इंडिया तक की सांस्कृतिक यात्रा तथा शूद्र नाग संस्कृति को लेकर भारत की नाग परम्परा पर अपनी लेखनी चलायी है। डॉ. मरमट ने इस कठिन सांस्कृतिक विषय को भारतवासियों के मूल जीवन, इतिहास व सभ्यता से सम्बन्ध, स्थापित करते हुए अनेक वेदों, पुराणों तथा साहित्यिक रचनाओं के माध्यम से कितनी ही उपमाएँ, संज्ञाएँ व सन्दर्भ देते हुए भारत की सर्प संस्कृति का सरल शैली में सुन्दर ढंग से अंकन किया है।" दरअसल प्राचीन साहित्य का अध्ययन करने से यह तथ्य प्रमाणित होता है कि आर्य संस्कृति और नाग संस्कृति में परस्पर विरोध रहा है, जिसके कारण हिन्दू प्रायः उसका दमन करते रहे हैं। इसके प्रमाण हमें कृष्ण द्वारा कालिया नाग मर्दन, जनमेजय का नाग यज्ञ आदि के रूप में मिलते हैं। इसके अतिरिक्त बौद्ध संस्कृति और दलित संस्कृति में नाग पूजा आज भी किसी न किसी रूप में मौजूद है। डॉ. मरमट द्वारा प्रस्तुत केवल एक 'महार' जाति के 'नाग' होने का विवरण हम यहाँ उदाहरणार्थ प्रस्तुत कर रहे हैं। वे लिखते है कि—"हमारे विचार में 'महार' जाति 'नाग' जाति के राजवंशों के वंशज हैं। महार जातिगत नाम को भी टोटम के आधार पर परीक्षण किया गया। जिससे ज्ञात होता है कि महार जाति का नाग प्राणी से सीधा सम्बन्ध है। महार सर्प

के बारे में सर्प मंत्रवेत्ता श्री जहूर भाई ने बताया कि 'महार' नामक सर्प बहुत बड़ा होता है, फणवाला और जहरीला होता है। मध्य प्रदेश, उत्तर प्रदेश और राजस्थान में यह सर्प मिलता है। सर्प पकड़ने के विशेषज्ञ श्री तुकोजीराव इंगले के अनुसार यह सर्प काफी बड़ा होता है। इस सर्प की पुष्टि अन्य सर्प मंत्रवेत्ता श्री विजय एस. निकम उर्फ नागोबा सनावढ ने भी की है।"

इस सन्दर्भ में महार जाति के जो मुखियाओं के नाम प्राचीन लेखों या शिलालेखों में आये है, उनमें नाग शब्द नाम के साथ जुड़ा है। नाक 'नाग' का ही पर्याय नाम है। इस कारण महार जाति के नामों में जैसे—सिद्धनाक, अम्बरनाक, अमृतनाक, कैडनाक, कठिनाक, गणनाक, रूपनाक, बालनाक आदि नामों का उल्लेख मिलता है। उनसे भी यही प्रतिपादित होता है कि महार जाति के योद्धागण तथा विशिष्ट व्यक्तियों का सम्बन्ध नागवंश से रहा है।

शोध से महार जाति के गोत्र भी 'नाग टोटमवाद' से सम्बन्धित पाये जाते है। श्री तुकाजीराव इंगले (उज्जैन) तथा श्री विजय एस. निकम उर्फ नागोबा (सनावढ) दोनों सर्प मंत्रवेत्ताओं ने महार जाति के गोत्रों जैसे—गोलघाटिया, पानतावडे, घोडे सवार, मेढे, गजभिये, लेजवार, चक्रे, दिवेकर, नागदेवे, वानखेडे, कांबले, सोनाने, फूलमाली, भनेश्वर, ज्ञानेश्वर, तुम्बारे, चहांदे आदि नामक सर्पो का पाया जाना बताया है, डॉ. मरमट के इस अध्ययन से स्पष्ट होता है कि उन्होंने अपने शोध अध्ययन में साक्षात्कार, सर्वेक्षण तथा तथ्य विश्लेषण जैसी सभी शोध प्रविधियों का प्रयोग किया है और तभी वह अपने निष्कर्षो पर पहुँचे हैं। इसलिए उनके निष्कर्ष सटीक और प्रामाणिक हैं। जिन्होंने विद्वानों को तो प्रभावित किया ही है, शोध के नये द्वार भी खोले हैं। उन्होंने द्रविड और मीणा जातियों को भी इसी प्रकार नाग राजवंशों से जोड़ा है। इसलिए मेरी दृष्टि में डॉ. मरमट ने डॉ. अम्बेडकर के चिन्तन, मनन और इतिहास लेखन की परम्परा को आगे बढ़ाया है।

उपर्युक्त विवेचन के आधार पर हम कह सकते हैं कि डॉ. अवन्तिका प्रसाद मरमट हिन्दी दलित साहित्य के क्षेत्र में सक्रिय एक ऐसे दलित लेखक हैं, जिन्होंने डॉ. अम्बेडकर के चिन्तन से प्रेरणा लेकर नाग संस्कृति को अपने अध्ययन का विषय बनाया और अपने सुदीर्घ शोध से ब्राह्मणों द्वारा स्थापित वर्ण व्यवस्था के चौथे वर्ण शूद्र की व्युत्पति को नकारकर उन्होंने जो अवधारणा दी है कि द्रविड जो अब दलित है, इस देश के मूल निवासी और शासक थे जो प्राचीन नाग राजवंशों से सम्बन्धित थे। आर्यों ने उन्हें युद्धों में पराजित कर पद दलित कर दिया था। इस अवधारणा से दलित वर्गों में जो मुक्ति कामी वैचारिक आन्दोलन इस समय चल रहे हैं, उन्हें बड़ा बल मिला है। उनके इस शाश्वत अवदान के लिए मैं उनका शाश्वत अभिनन्दन करता हूँ।

□□